民间非营利组织会计人员学习培训丛书（之二）

适用于2024年12月修订的《民间非营利组织会计制度》

新《民间非营利组织会计制度》讲解

民间非营利组织会计制度研究组　编

中国财经出版传媒集团
中国财政经济出版社
·北京·

图书在版编目（CIP）数据

新《民间非营利组织会计制度》讲解 / 民间非营利组织会计制度研究组编．-- 北京：中国财政经济出版社，2025.7．-- ISBN 978-7-5223-4015-9

Ⅰ．F233.2

中国国家版本馆 CIP 数据核字第 2025YB0362 号

责任编辑：李瑞荣　　责任校对：张　凡

封面设计：卜建辰　　责任印制：史大鹏

新《民间非营利组织会计制度》讲解

XIN《MINJIAN FEIYINGLI ZUZHI KUAIJI ZHIDU》JIANGJIE

中国财政经济出版社 出版

URL：http：//www.cfeph.cn

E-mail：cfeph@cfeph.cn

社址：北京市海淀区阜成路甲 28 号　邮政编码：100142

营销中心电话：010-88191522

天猫网店：中国财政经济出版社旗舰店

网址：https：//zgczjjcbs.tmall.com

北京中兴印刷有限公司印刷　各地新华书店经销

成品尺寸：170mm×240mm　16 开　30.5 印张　399 000 字

2025 年 7 月第 1 版　2025 年 7 月北京第 1 次印刷

定价：118.00 元

ISBN 978-7-5223-4015-9

（图书出现印装问题，本社负责调换，电话：010-88190548）

本社图书质量投诉电话：010-88190744

打击盗版举报热线：010-88191661　QQ：2242791300

前言

PREFACE

在我国，民间非营利组织主要包括基金会、社会团体、社会服务机构和宗教场所等，涉及科研、教育、卫生、社会保障、文化、体育、工商业服务、农村和农业发展等社会生活的各个领域。作为公共服务供给的重要力量，各基金会、社会团体、社会服务机构、宗教场所等社会组织在灾害救助、贫困救济、医疗救助、教育救助、扶老助残和其他公益事业领域发挥了积极作用。近年来，我国民间非营利组织得到了迅速发展。据有关资料显示，2005年底，我国社会组织数量尚不足29万家。截至2024年底，在我国登记的社会组织已达90万家。

2004年财政部制定发布的《民间非营利组织会计制度》，是我国首次针对民间非营利组织制定的会计制度，填补了我国会计制度的一项空白，对规范民间非营利组织的会计行为、提高会计信息质量、促进民间非营利组织健康发展发挥了积极作用。随着民间非营利组织的不断发展壮大，社会公众对于其资产和经费使用等有关问题的关注度日益提高。同时，民间非营利组织在会计核算、信息披露等方面也面临着一些新情况、新问题，比如，民间非营利组织接受捐赠的形式和种类不断创新，开展服务活动的业务模式越来越灵活多样，对外投资的类型不断丰富、出资设立其他民间非营利组织、承接政府购买服务等事项不断增多。2020年财政部发布《〈民间非营利组织会计制度〉若干问题的解释》进一步明确了民间非营利组织组织有关经济业务事项的会计处理，回应了实务关切。党的二十大报告要求“引导、支持有意愿有能力的企业、社会组织和个人积极参与公益慈善事业”，党的二十届三中全会提出“健全社会组织管理制度”。民间非营利组织相关法律法规不断修订完善，行业主管部门和监管部门的管理要求不断强化，加之民间非营利组织的规模和数量持续扩大以及出现的很多新业务、新情况，对民间非营利组织的会计信息质量和会计核算的规范性提出了新的要求。为贯彻落实党中央有关社会组织发展决策部署、推动会计制度与相关法律法规有效衔接、促进会计制度与行业管理协同配合、适应实务发展需要，记录和反映新的业务活动，解决模式创新后出现的会计处理问题，2022 年财政部正式启动《民间非营利组织会计制度》修订工作，经过专家课题研究、深入调研、征求意见、协调沟通、修改完善形成送审稿，履行审核批准程序后，修订后的《民间非营利组织会计制度》于 2024 年 12 月正式印发，自 2026 年 1 月 1 日起施行。

在实践中，相关调研发现：超过 60% 的中小型非营利组织存在账务处理不规范、限定性资金管理混乱、税收优惠适用错误等共性问题；近三年民政部门通报的违规案例中，有 45% 直接与会计核算失当相关。这些痛点不仅制约组织发展，更可能引发公信力危机。为了更好地服务于我国政府及非营利组织会计改革，帮助广大民间非营利组织会计人员更好地理解本次制度修订的相关内容，做好相关实施工作，已经学成毕业的全国高端会计人才和中央国家机关会计领军人才们成立研究小组，结合其长期在非营利组织会计实务领域的工作经验，深入领会党中央、国务院对于民间非营利组织管理的重要部署和规划，调查分析了非营利组织近年来出现的新业务、新情况，系统梳理了非营利组织领域的相关法律法规，认真学习了非营利组织会计制度体系的相关内容，在此基础上编写了《新〈民间非营利组织会计制度〉讲解》一书。

首先，本书体现了民间非营利组织会计制度修订的最新精神和要求。在编写过程中，我们参考了财政部发布的民间非营利组织会计制度、民间非营利组织会计制度讲解等资料，就相关问题咨询财政部、民政部有关司局，并得到专业权威解答和悉心指导，对本次修订的相关内容做了详细介绍。同时在编写过程中充分体现了本次会计制度修订的精神实质，既对制度的总体内容进行概括与总结，又将制度的具体内容真正融入到相关章节中，示例也较为丰富，突出实用性和指导性。同时与原制度相比，着墨于变化之处，做了重点提醒和说明。

其次，本书以非营利组织财务人员在新时代的业务需求为导向，在编写过程中，我们以民间非营利组织会计工作者近年来所面对的日常业务为主线，对会计实务工作中需要使用的会计科目进行了全面介绍。同时，本书兼顾了会计核算与财务工作实际需求，收集整理了大量实际工作中的典型业务案例，突出如何运用相关会计制度进行会计实务操作，便于会计人员参考学习和熟练掌握最新修订的会计制度要求和特点。

最后，体例编排新颖。本书在内容设计上兼顾了会计制度的完整性与实际业务的导向性。第一章介绍了民间非营利组织会计制度的历史沿革以及本次修订的时代背景、主要意义，第二章介绍了民间非营利组织会计制度的会计基本概念，第三章至第七章为本书的主体内容，分别对资产、负债、净资产、收入、费用五部分的具体业务处理进行了详细介绍。为便于使用者学习，相关章节多以会计科目来命名。第八章至第十章分别为财务会计报告、特殊交易或者事项、外币业务。

本书可作为民间非营利组织新手会计人员的案头工具书，有助于他（她）们尽快掌握民间非营利组织会计制度的实操要求，规范执行相关会计制度，实现“一本在手，操作无忧”；也可以作为已在民间非营利组织工作多年的“老财务”快速了解和把握新修订的民间非营利组织会计制度主要变化的实用手册；本书也可作为财经院校、培训机构会计专业相关课程的教学参考用书和教材。在编写过程中，我们深刻体会到：非营利组织的会计工作，本质上是将社会爱心善意转化为可度量、可验证、可持续的公共价值的过程。期待本书能成为这场转化之旅的可靠路标。

本书由中国财政经济出版社尉敏发起策划，具体编写分工如下，第一、第二、第三章，由赵国撰写，第四、第五、第六、第七、第八、第九、第十章，由白莹撰写。

我们衷心地希望通过本书的编写与出版，能够为新时代民间非营利组织会计制度的实施尽绵薄之力。尽管我们力求完善，但由于时间仓促，水平有限，书中不妥之处，恳请广大读者批评指正。

编　者

2025 年 3 月

目录

CONTENTS

第一章
《民间非营利组织会计制度》概述

第一节　民间非营利组织概述

一、民间非营利组织的界定

我国现行法律、行政法规体系中，对于“民间非营利组织”本身并没有明确的界定，但对于社会团体、基金会和民办非企业单位等民间非营利组织的具体组织形式有明确的界定。比如，《社会团体登记管理条例》规定，社会团体是指“中国公民自愿组成，为实现会员共同意愿，按照其章程开展活动的非营利性社会组织”。《基金会管理条例》规定，“基金会是指利用自然人、法人或者其他组织捐赠的财产，以从事公益事业为目的，按照本条例的规定成立的非营利性法人”。《民办非企业单位登记管理暂行条例》规定，民办非企业单位是指“企业事业单位、社会团体和其他社会力量以及公民个人利用非国有资产举办的，从事非营利性社会服务活动的社会组织”。

二、我国民间非营利组织发展现状

民间非营利组织作为介于政府组织与营利组织之间的社会组织，又被称为“第三部门”，是市场经济体系的有机组成部分和我国社会主义现代化建设的重要力量。民间非营利组织通过筹集社会民间资金用于社会公益事业，提供公共产品，可以有效弥补政府公共财政资金在提供公共产品上的不足，同时也可以避免像企业那样的趋利倾向，从而在一定程度上解决政府失灵和市场失灵问题，为促进社会各项事业的协调发展做出积极贡献。

党中央、国务院历来高度重视社会组织工作。改革开放以来，我国民间非营利组织不断发展，在促进经济发展、繁荣社会事业、激发社会活力、创新社会治理、疏解就业压力、推进公益事业、保护公民宗教信仰自由权利等方面发挥了很好的作用，已成为社会主义市场经济体系中的一支重要力量。

截至2023年底，我国共有社会组织88.2万个，吸纳社会各类人员就业1 152.3万人，涉及科研、教育、卫生、社会服务、文化、体育、工商业服务、农村及农村发展等社会生活的各个领域（见表1－1）。

表1－1　2023年社会组织按登记机关分类　单位：个

指标	社会团体	基金会	民办非企业单位
民政部登记	1 996	213	86
省级民政部门登记	32 415	6 333	14 824
市级民政部门登记	91 483	2 028	61 190
县级民政部门登记	246 768	1 043	423 195
合计	**372 662**	**9 617**	**499 295**

三、我国民间非营利组织会计制度发展历程

2005年前，我国并没有专门针对民间非营利组织的会计制度，民间非营利组织在实际工作中执行的会计制度五花八门，有的执行事业单位的

会计制度，有的执行企业的会计制度，有的则是多种会计制度的融合。这也导致民间非营利组织提供的会计信息质量参差不齐，既不利于各民间非营利组织的内部财务管理，也无法满足外部信息使用者的信息需要和政府监督管理的需要。

为了解决我国民间非营利组织执行会计标准较为混乱的状况和法律依据不足的问题，2004 年 8 月 18 日，财政部正式发布了《民间非营利组织会计制度》，于 2005 年 1 月 1 日起施行。该制度的发布统一了我国民间非营利组织会计核算标准，对于规范我国民间非营利组织的会计核算行为，真实完整地反映民间非营利组织的财务状况、业务活动情况和现金流量，提高民间非营利组织会计信息质量，增强民间非营利组织的公信力，促进民间非营利组织的健康发展和规范管理具有深远的意义。

为进一步明确民间非营利组织有关经济业务或事项的会计处理，提高会计信息质量，根据《民间非营利组织会计制度》的规定，财政部于 2020 年 6 月发布了《〈民间非营利组织会计制度〉若干问题的解释》，采用制定解释的方式对《民间非营利组织会计制度》进行补充和完善，重点针对《民间非营利组织会计制度》规定不明确或不再适用的事项，以及由于实务发展而产生的尚未规范的业务事项进行了解释，进一步提高了实务可操作性。

随着民间非营利组织相关法律法规不断修订完善，行业主管单位的管理要求不断规范，以及民间非营利组织的规模持续扩大，业务模式更加多样，为有效衔接民间非营利组织法治和监管的制度需要，解决实务问题，提高会计信息质量，服务民间非营利组织高质量发展，2024 年 12 月，财政部修订印发《民间非营利组织会计制度》，于 2026 年 1 月 1 日起施行。这也是《民间非营利组织会计制度》制定发布 20 年来，首次对制度进行系统修订。

第二节 《民间非营利组织会计制度》概述

一、适用范围

虽然我国现行法律、行政法规体系对于社会团体、基金会和民办非企业单位等民间非营利组织的具体组织形式有明确的界定，但对于“民间非营利组织”本身并没有明确的界定。为了对所有的民间非营利组织制定一套统一的会计制度，《民间非营利组织会计制度》根据现行的法律、行政法规对于民间非营利组织具体形式的定义，规定适用于《民间非营利组织会计制度》的民间非营利组织应当同时具备以下三个特征。

（一）为公益目的或者其他非营利目的成立

民间非营利组织的设立和业务活动的最终目标不以营利为目的，这是民间非营利组织和营利性组织之间本质特征的综合体现。对于营利性组织来说，其设立和业务活动的最终目标是增加组织的利润，为投资者积累更多的资本。而对于民间非营利组织来讲，其设立和开展业务活动并不是为了追逐利润，其目的在于按照资金提供者的期望和要求，为社会带来更多的服务或商品。

（二）资产提供者向该组织投入资源不取得经济回报

营利性组织的资源是投资者出资形成的，其所有权归属于出资者。投资者出资的目的是将其资源投入生产经营过程后，与其他生产要素相结合，生产社会所需要的产品或服务，并使投入的资本增值。同时，营利性组织所有者将资产交付组织后，不但保留收回投资的权利，而且对经营利润以及解散、破产的剩余财产也有按一定比例分享的权利。而非营利组织资金提供者，其出资目的并不是期望得到同等或成比例的出资回报，而是希望组织为整个社会或特定团体提供更多的服务或商品，并不指望获取对非营利组织净资产予以分享的权利。

（三）资产提供者对该组织的财产不保留或享有任何财产权利

营利性组织的资产归出资者所有，因积累形成的新资产也归属出资者。而民间非营利组织的净资产既不属于组织所有，也不属于出资人（如捐赠人、会员等）。任何单位或个人不因为出资而拥有民间非营利组织的所有权，也不存在该组织一旦清算可以分享剩余财产的净资产。非营利组织一旦进行清算，清算后的剩余财产只能交给政府或其他非营利组织，继续从事为社会服务的公益事业。

《民间非营利组织会计制度》规定，本制度适用于在中华人民共和国境内依法设立的符合本制度规定特征的民间非营利组织，包括依照国家法律、行政法规登记的社会团体、基金会、社会服务机构、宗教活动场所、国际性社会团体、外国商会和境外非政府组织在中国境内依法登记设立的代表机构等组织。国务院财政部门另有规定的，从其规定。

【修订】《民间非营利组织会计制度》与《民法典》《慈善法》《企业所得税法实施条例》等法律法规相衔接，修订了民间非营利组织的三个特征。其中，在第二条将原制度中特征“（一）该组织不以营利为宗旨和目的”修订为“（一）为公益目的或者其他非营利目的成立”，特征“（三）资产提供者不享有该组织的所有权”修订为“（三）资产提供者对该组织的财产不保留或享有任何财产权利”。

【修订】根据有关监管要求和实务意见，在修订后的《民间非营利组织会计制度》适用范围中增加了国际性社会团体、外国商会和境外非政府组织在中国境内依法登记设立的代表机构等组织。

【修订】与《宗教事务条例》相衔接，在制度第二条中将寺院、宫观、清真寺、教堂统一表述为宗教活动场所。

二、主要特点

与行政事业单位和企业的会计制度相比，《民间非营利组织会计制度》主要体现出以下特点。

（一）充分考虑民间非营利组织会计信息的使用者及其需要，以相关性作为拟定民间非营利组织财务会计报告的内容以及相应的会计确认和计量原则。

（二）考虑到会计国际化的大趋势和不少民间非营利组织从国际上取得捐赠资金等现实情况，借鉴国际惯例，尽可能与国际通行做法相协调。

（三）积极引入权责发生制，在考虑民间非营利组织业务特点的基础上，尽可能使民间非营利组织的资产、负债、收入、费用等会计要素的确认、计量原则与企业会计准则、制度接轨。

（四）既规范民间非营利组织会计核算的一般原则和概念基础，又区分民间非营利组织的不同业务提供相应的确认和计量原则，同时，还设计了详细的会计核算所需要的会计科目和会计报表，有利于实务操作。

三、框架和主要内容

《民间非营利组织会计制度》由正文和附录（会计科目和会计报表）两部分组成。

（一）正文

正文分为八章共九十五条。

第一章总则共十三条，主要阐述了《民间非营利组织会计制度》的制定目的和制定依据、适用范围、核算基础、基本原则等总体要求。

第二章资产共四十五条，分别对流动资产、长期投资、固定资产、文物资源、无形资产、长期待摊费用、受托代理资产等资产进行会计规范。同时，对接受捐赠的资产、非货币性交易等特殊交易或事项进行了规范。

第三章负债共八条，分别对流动负债、长期负债、受托代理负债等负债进行会计规范。

第四章净资产共五条，分别对限定性净资产、非限定性净资产进行会计规范。

第五章收入共四条，分别按收入的来源、收入的性质、收入的使用是否存在限制，对不同的收入类型进行会计规范。

第六章费用共四条，分别按照费用的功能、是否存在限定等，对不同的费用类型进行会计规范。

第七章财务会计报告共十四条，主要对民间非营利组织会计报告类型、编制要求，以及会计政策、会计估计变更和差错更正、会计报表附注等作出规范。

第八章附则共两条，主要规范施行日期以及与原制度的衔接问题。

（二）附录（会计科目和会计报表）

附录共六部分。

第一部分为总说明，主要规范会计科目设置、报表编制要求等内容，对会计科目、会计凭证、会计账簿、财务会计报告等进行总说明。

第二部分为会计科目名称和编号，包括资产类、负债类、净资产类、收入类、费用类五大类共计 56 个一级会计科目。

第三部分为会计科目使用说明，主要对 56 个一级会计科目的核算内容、明细核算要求、主要账务处理等进行详细规定。本部分内容是《民间非营利组织会计制度》的核心内容。

第四部分为会计报表格式，包括资产负债表、业务活动表、现金流量表。

第五部分为会计报表编制说明，主要规定了第四部分列出的 3 张报表的编制说明。

第六部分为会计报表附注，主要规定了会计报表附注应当披露的内容。

第三节 《民间非营利组织会计制度》修订情况

一、修订背景

民间非营利组织是我国社会主义现代化建设的重要力量。2004 年财政部制定发布的《民间非营利组织会计制度》，是我国首次对民间非营利组织制定的会计制度，填补了我国会计制度的一项空白，对规范民间非营利组织的会计行为、提高会计信息质量、促进民间非营利组织健康发展发挥了积极作用。2020 年财政部发布《〈民间非营利组织会计制度〉若干问题的解释》，进一步明确了民间非营利组织有关经济业务事项的会计处理，回应了实务关切。近年来，民间非营利组织相关的法律法规、行业监管以及民间非营利组织自身的业务活动发生了一些变化，有必要及时修订完善《民间非营利组织会计制度》，解决实务问题，助力民间非营利组织高质量发展。

（一）修订《民间非营利组织会计制度》是贯彻落实党中央有关社会组织发展决策部署的重要举措

党的十八大以来，以习近平同志为核心的党中央高度重视社会组织发展，党的二十大报告要求“引导、支持有意愿有能力的企业、社会组织和个人积极参与公益慈善事业”，党的二十届三中全会提出“健全社会组织管理制度”，党中央决策部署为新时代社会组织健康有序发展提供了科学指引，为会计工作指明了方向。修订《民间非营利组织会计制度》是从规范会计核算方面贯彻落实党中央有关社会组织发展决策部署的重要举措。

（二）修订《民间非营利组织会计制度》是适应民间非营利组织法律法规和监管制度的必然要求

民间非营利组织相关法律法规不断修订完善，行业主管部门和监管部门的管理要求不断强化，对民间非营利组织会计信息质量和会计核算的规范性提出了新的要求。因此，修订《民间非营利组织会计制度》有利于推动会计制度与相关法律法规有效衔接，推动民间非营利组织法治化发展；有利于会计制度与行业管理协同配合，促进民间非营利组织高质量发展；有利于会计制度与监管规定形成政策合力，推动民间非营利组织规范化发展。

（三）修订《民间非营利组织会计制度》是规范民间非营利组织会计核算、提高管理水平、推动高质量发展的制度保障

民间非营利组织的规模和数量持续扩大，出现了很多新业务、新情况。例如，捐赠形式不断丰富、对外投资的类型和金额不断增加，出资设立其他民间非营利组织等新事项有所增多。为适应实务发展需要，记录和反映新的业务活动，解决模式创新后出现的会计处理问题，需要及时修订《民间非营利组织会计制度》，为推动民间非营利组织高质量发展提供有力支撑。

二、主要特点

（一）对原《民间非营利组织会计制度》的系统修订

随着民间非营利组织相关的法律法规、行业监管以及民间非营利组织的自身业务活动发生变化，会计核算需要适应实务发展需要，记录和反映新的业务活动，及时解决模式创新后出现的会计处理问题。本次修订是对原《民间非营利组织会计制度》的系统修订，增加和修订了部分会计处理规定，删除了合并报表会计处理规定。

（二）与相关法律法规有效衔接

近年来，民间非营利组织相关法律法规不断修订完善，本次修订后的《民间非营利组织会计制度》与《民法典》《慈善法》《企业所得税法实施条例》等法律法规，以及《宗教事务条例》相衔接，以使会计制度与监管规定形成政策合力。

（三）满足实务核算和监管需要

本次修订结合目前民间非营利组织的实务实践，对由于实务发展而产生的尚未规范的业务事项进行了新增，对不再适用或实践意义不大的事项进行了删除。有助于会计人员理解和操作，提高会计核算效率。

三、主要修订内容

（一）增加部分会计处理规定

1. 增加适用制度的组织类型

根据有关监管要求和实务意见，在制度适用范围中增加了国际性社会团体、外国商会和境外非政府组织在中国境内依法登记设立的代表机构等组织。与《民法典》《慈善法》《企业所得税法实施条例》等法律法规相衔接，修改了民间非营利组织的三个特征。与《宗教事务条例》相衔接，将寺院、宫观、清真寺、教堂统一表述为宗教活动场所。

2. 增加服务捐赠会计处理规定

近年来，服务捐赠的形式和数量不断增加，有必要确认服务捐赠形成的收入和成本。为此，增加了服务捐赠的会计核算规定，即民间非营利组织接受服务捐赠，如果捐赠方提供了发票等有关凭据，且凭据上标明的金额能够反映受赠服务的公允价值，民间非营利组织应当按照凭据金额入账，并在会计报表附注中予以披露。

3. 增加风险准备金等有关核算规定

监管要求部分民间非营利组织可以建立风险准备金制度等，例如《慈善组织保值增值投资活动管理暂行办法》规定慈善组织可以建立风险准备金制度，《民办教育促进法实施条例》规定实施学前教育、学历教育的民办学校应当建立专项资金或基金。为此，《民间非营利组织会计制度》增加了相关规定，即民间非营利组织根据国家有关法律、行政法规等提取风险准备金、专项资金或基金等，应当按照实际提取额，从非限定性净资产转入限定性净资产。

4. 增加部分会计科目

为了满足实务核算和监管需要，主要增加以下科目：增加“其他长期投资”科目核算持有时间超过 1 年的除股权和债权以外的其他长期投资；增加“长期待摊费用”科目核算实务中摊销期在 1 年以上的待摊费用；增加“以前年度净资产调整”科目核算本年度发现的前期差错更正；增加“税金及附加”科目核算民间非营利组织业务活动发生的各项税金及附加；增加“所得税费用”科目核算民间非营利组织应当缴纳的所得税费用等。

5. 增加相关信息披露要求

加强关联方披露，要求民间非营利组织应当在会计报表附注中披露关联方关系的性质、交易类型及交易要素，同时要求披露分支机构、代表机构设立情况的说明。细化长期股权投资的披露要求，对被投资单位具有控制、共同控制或重大影响的长期股权投资，应当披露对被投资单位的影响程度及变动情况、被投资单位当年实现的净利润或发生的净亏损等。增加披露担任慈善信托的委托人和受托人的情况，包括参与的所有慈善信托的设立、变更、终止、信托事务处理情况和财产状况等。

（二）修订部分会计处理规定

1. 修改限定性净资产的会计处理方法

为适应实务需要，本次制度修订简化了限定性净资产的重分类要求，将民间非营利组织发生的各项收入和费用区分为限定性和非限定性核算，期末将限定性收入和费用直接结转至限定性净资产，取消了限定性净资产在使用时重分类为非限定性净资产的要求。修订后的会计处理方法，更有助于会计人员理解和操作，提高会计核算效率。

2. 修改长期股权投资的会计处理方法

将长期股权投资的权益法和成本法核算修改为统一用成本法核算，并增加相关披露要求。主要考虑是民间非营利组织更加关注可用于各类项目支出的货币资金，成本法加计提减值准备的会计处理方法更加符合民间非营利组织的业务特点和管理要求。民间非营利组织的资产提供者向民间非营利组织投入资源不取得经济回报，没有所有者权益的概念，成本法更符合民间非营利组织的特征。同时，增加相关披露要求，单独反映被投资单位当年实现的净利润或发生的净亏损，充分满足信息使用者的需求。

3. 修改管理费用科目核算内容

考虑到管理费用和资产减值损失两者性质不同，将资产减值损失从“管理费用”科目的核算内容中独立出来，增设“资产减值损失”科目核算。

（三）删除合并报表要求

实践表明，民间非营利组织的会计信息使用者目前没有对合并报表会计信息的使用需求，主要关注个别报表中的会计信息，所以在本次修订中删除了要求民间非营利组织编制合并报表的规定，与之相关的信息在会计报表附注中加以披露。

第二章
会计基本概念

第一节　会计目标和会计核算基础

一、会计目标

会计目标亦称会计目的，是指会计所需要达到的目的。“受托责任观”与“决策有用观”是关于会计目标的两大主流观点，前者认为财务会计的目标是反映受托责任的履行情况，后者认为财务会计的目标是为了向财务会计使用者提供有助于他们做出决策的信息。

民间非营利组织会计是指各类民间非营利组织对其预算资金及业务活动收支过程和结果进行全面、系统、连续核算和监督的专业会计。民间非营利组织的会计目标，即民间非营利组织的财务会计报告目标，解决的是民间非营利组织财务会计报告编制的目的问题。根据《民间非营利组织会计制度》，民间非营利组织的财务会计报告应如实反映民间非营利组织的财务状况、业务活动情况和现金流量等信息，所提供的信息应当能够满足会计信息使用者的需要。整个《民间非营利组织会计制度》所规范的确认、计量和披露原则都是在这一目标的指导下制定的。

要进一步明确民间非营利组织的会计目标，必须着重解决会计目标的主体和会计目标的客体两个方面的问题，即谁是民间非营利组织会计信息的使用主体，也就是谁需要使用民间非营利组织的会计信息，以及这些会计信息的使用者需要什么样的会计信息用于其决策。

（一）会计信息使用者

民间非营利组织是市场经济条件下的产物，随着市场经济体制完善及市场经济的深入发展，民间非营利组织会计信息的使用者越来越多，对信息的要求越来越高，日益呈现出多元化层次的趋势。民间非营利组织会计信息的使用者主要包括四类。

1. 民间非营利组织基本资源的提供者

民间非营利组织基本资源的提供者主要是组织的捐赠人和会员。民间非营利组织的类型多种多样，其捐赠人和会员的身份也多种多样：可能是各种各样的法人，可能是慈善家，也可能是普通的公民个人；从地域上看，这些法人或自然人可能来自当地，也可能来自全国各地，甚至可能来自境外、国外或者是国际组织。当然，政府也很有可能对民间非营利组织给予适当的资助。无论他们的身份如何，他们关心的问题是相同的，他们需要了解所捐赠的资产、缴纳的会费能否为民间非营利组织开展业务活动所服务，或者所捐赠的资产能否保证按照捐赠人的意愿发挥该资产应有的服务潜力，以及预期的捐赠目标能否实现等。

2. 民间非营利组织的债权人和其他资源的提供者

民间非营利组织无论规模大小，都会有一系列的债权人和其他的资产提供者。民间非营利组织需要向银行借款，需要其他各种形式的融资，在购买商品和劳务的过程中形成赊欠，这些资源的提供者，特别是债权人都非常关心民间非营利组织的债务偿还能力，关心民间非营利组织对利息等使用费用的支付能力。

3. 民间非营利组织的管理者

民间非营利组织的经营管理者要对民间非营利组织的运营负责，他们关心民间非营利组织对所支配资源的利用是否合理，关心民间非营利组织是否按照章程运行，是否实现预期目标以及预期目标的实现程度，关心业务活动的发展趋势和财务收支情况。民间非营利组织的经营管理者需要根据财务会计所提供的财务信息，作出相关问题的决策。

4. 民间非营利组织的其他利益相关者

与民间非营利组织的利益密切相关者还有很多，例如，政府部门特别是民政部门、业务主管部门、财政部门、统计部门以及其他一些相关监管机构，与民间非营利组织具有紧密利益关系的内部职工等，也都会站在自身的立场上关注民间非营利组织的会计信息。

（二）会计信息使用者的信息需求

对各种会计信息使用者的信息需求进行归纳和概括，可以划分为以下三类。

1. 反映民间非营利组织财务状况和现金流量方面的信息，包括民间非营利组织的资产、负债、净资产和现金流入、现金流出、净流量方面的信息。通过这些信息，可以判断民间非营利组织的财务状况、资金运转情况和偿债能力。

2. 反映民间非营利组织业务活动和财务收支情况方面的信息，包括民间非营利组织的收入、成本费用、净资产变动等方面的信息。通过这些信息，可以判断民间非营利组织资源的使用情况，并预测其发展趋势。

3. 其他有关方面的会计信息，既包括一些相关的财务性质的信息，也包括一些有助于理解和评价相关情况的非财务性质的信息。

二、会计核算基础

会计核算基础主要包括收付实现制和权责发生制两种，其中，收付实现制是以本期款项的实际收付作为确定本期收入和费用的标准。凡是本期实际收到款项的收入和付出款项的费用，不论款项是否属于本期，只要在本期实际发生，即作为本期的收入和费用，所以又叫实收实付制。权责发生制是按收入的权利和支出的义务是否归属于本期来确认收入、费用的制度，而不是按款项的实际收支是否在本期发生，也就是以应收应付为标准。在权责发生制下，凡属本期的收入和费用，不论其是否发生均要计入本期，凡不属本期的收入、费用，尽管发生了也不计入本期，所以又称应收应付制。

《民间非营利组织会计制度》规定，民间非营利组织的会计核算应当以权责发生制为基础。主要原因在于，如果采用收付实现制将不利于真实、完整地反映民间非营利组织的财务状况、业务活动情况和现金流量，难以向会计信息使用者提供决策有用的信息。采用权责发生制核算基础有助于反映民间非营利组织资产负债和业务活动全貌，有助于实现民间非营利组织的会计目标，满足会计信息使用者的信息需要。

三、民间非营利组织会计制度的特点

民间非营利组织会计制度是以货币为主要计量单位，对依法设立的社会团体、基金会、社会服务机构、宗教活动场所、国际性社会团体、外国商会和境外非政府组织在中国境内依法登记设立的代表机构等组织的经济业务进行核算和监督的专业会计。民间非营利组织会计制度的特点主要体现在以下方面。

（一）民间非营利组织的资金具有民间性

民间非营利组织的资金来源主要来自社会各界的捐赠、会员缴纳的会费、接受服务对象缴纳的服务费等，具有显著的民间性。

（二）以权责发生制原则为会计核算基础

民间非营利组织会计采用权责发生制原则作为会计核算基础来确认收

支，从而要求民间非营利组织计提固定资产折旧，进行成本核算等，有助于民间非营利组织加强资产负债管理和成本管理，提高运营绩效，有效弥补收付实现制会计的不足。

（三）设置了资产、负债、净资产、收入和费用五个会计要素

民间非营利组织会计设置了资产、负债、净资产、收入和费用五个会计要素。由于民间非营利组织资产提供者既不享有组织的所有权，也不从组织中取得回报，所以民间非营利组织不存在核算“所有者权益”和“利润”问题。但是，民间非营利组织在权责发生制会计核算基础上，需要适当地进行成本核算，要进行收支配比，因此需要设置费用作为会计要素。

（四）计量基础包括历史成本和公允价值

民间非营利组织会计在坚持以历史成本为计量基础的同时，对于一些特殊的交易事项，如捐赠、政府补助等，引入了公允价值等其他计量基础。这主要是由民间非营利组织的业务特征所决定的，其许多资产的取得并没有实际成本，比如捐赠资产、政府补助资产等都是无偿取得的，如果严格按照实际成本原则将难以进行确认和计量，从而难以实现真实、完整反映的目的。

（五）净资产分为限定性净资产和非限定性净资产两类进行核算和列报

民间非营利组织的净资产分为限定性净资产和非限定性净资产两类进行核算和列报。其中，限定性净资产是指其使用存在时间或（和）用途限制的净资产，除此之外的其他净资产即为非限定性净资产。限定性资产和非限定性资产的划分可以更加真实地反映民间非营利组织净资产的构成和性质等情况。

（六）收入的确认标准具有特殊性

由于民间非营利组织收入来源的特殊性，民间非营利组织的收入区分为交换交易形成的收入和非交换交易形成的收入，分别界定其确认标准。对于按照等价交换原则所进行的交易，按照交换交易收入的确认原则进行确认和计量；对于按照非等价交换原则进行的交易，如政府补助、捐赠等，按照非交换交易收入的确认原则进行确认和计量。

第二节　会计基本假设

一、会计基本假设的概念

会计基本假设是指为保证会计工作的正常进行和会计信息的质量，对会计核算的范围、内容、基本程序和方法所作的基本假定。会计工作所处的经济环境十分复杂，受很多不确定因素的影响，而会计基本假设是会计确认、计量和报告的前提，是对会计核算所处时间空间环境等所作的合理假定。

二、会计基本假设的组成

民间非营利组织在进行会计核算时，应遵循的会计假设包括会计主体假设、持续经营假设、会计分期假设和货币计量假设。

（一）会计主体假设

会计主体，是指会计工作服务的特定单位，是民间非营利组织会计确认、计量和报告的空间范围。为了向财务报告使用者反映民间非营利组织的财务状况、业务活动情况和现金流量，提供与其决策有用的信息，民间非营利组织会计核算和财务报告的编制应当集中于反映特定对象的活动，并将其与其他经济实体区别开来，才能实现财务报告的目标。

在会计主体假设下，民间非营利组织应当对其发生的交易或者事项进行会计确认、计量和报告，反映其所从事的各项业务活动。明确界定会计主体是开展会计确认、计量和报告工作的重要前提。

首先，明确会计主体，才能划定会计所要处理的各项交易或事项的范围。在会计工作中，只有那些影响民间非营利组织自身经济利益的各项交易或事项才能加以确认、计量和报告，那些不影响其自身经济利益的各项交易或事项则不能加以确认、计量和报告。会计工作中通常所讲的资产和负债的确认、收入的实现、费用的发生等，都是针对特定会计主体而言的。

其次，明确会计主体，才能将会计主体的交易或者事项与会计主体所有者的交易或者事项以及其他会计主体的交易或者事项区分开来。例如，捐赠人的经济交易或者事项是捐赠人自身所发生的，不应纳入民间非营利组织会计核算的范围，但是捐赠人投入民间非营利组织的资源，则应当纳入民间非营利组织会计核算的范围。

需要注意的是，会计主体不同于法律主体。一般来说，法律主体必然是一个会计主体，例如，民间非营利组织作为法律主体，应当建立财务会计系统，独立反映其财务状况、业务活动情况和现金流量。但是，会计主体不一定是法律主体，例如，某民间非营利组织拥有若干子公司，虽然他们是不同的法律主体但是为了全面反映民间非营利组织整体的财务状况、业务活动情况和现金流量，有必要将其子公司纳入作为一个会计主体，编制合并财务报表。

（二）持续开展活动假设

持续开展活动，是指会计主体开展的活动将无限期持续下去，在可以预见的将来不会倒闭进行结算。在持续开展活动的前提下，会计确认、计量和报告应当以民间非营利组织持续、正常地开展活动为前提。

民间非营利组织是否持续开展活动，在会计原则和会计方法的选择上有很大差别。一般情况下，应当假定民间非营利组织将会按照当前的规模和状态继续开展活动。明确这个基本假设，就意味着会计主体将按照既定用途使用资产、按照既定的合约条件清偿债务，会计人员就可以在此基础上选择会计原则和会计方法。例如，如果判断民间非营利组织会持续开展活动，就可以假定民间非营利组织的固定资产会在持续开展活动的过程中长期发挥作用，并服务于开展活动过程，固定资产就可以根据历史成本进行记录，并采用折旧的方法，将历史成本分摊到各个会计期间或相关产品的成本中。相反，如果判断民间非营利组织不会持续开展活动，固定资产就不应采用历史成本进行记录并按期计提折旧。

需要说明的是，民间非营利组织也有可能面临破产或清算的风险，也就是说，民间非营利组织不能持续开展活动的可能性是存在的。如果有确凿证据（通常是破产公告的发布）证明民间非营利组织已经不能再持续开展活动了，就应当改变会计核算的原则和方法，并在财务会计报告中作相应披露。

【修订】将“持续经营”表述修订为“持续开展活动”，即原制度第四条“会计核算应当以民间非营利组织的持续经营为前提”，修订为“会计核算应当以民间非营利组织的持续开展活动为前提”。

（三）会计分期假设

会计分期，是指将一个民间非营利组织持续经营的生产经营活动划分为一个个连续的、长短相同的期间。会计分期的目的，在于通过会计期间的划分，将持续经营的生产经营活动划分成连续、相等的期间，据以结算盈亏，按期编报财务报告，从而及时向财务报告使用者提供有关民间非营利组织财务状况、业务活动情况和现金流量的信息。

在会计分期假设下，民间非营利组织应当划分会计期间，分期结算账目和编制财务报告。会计期间通常分为年度和中期，其中，中期是指短于一个完整的会计年度的报告期间，可根据需要划分为半年度、季度和月度等。无论是年度还是中期，均按公历起讫日期确定。

明确会计分期假设意义重大。由于会计分期，才有了当期与以前期间、以后期间的差别，才使不同类型的会计主体有了记账的基准，进而出现了折旧、摊销等会计处理方法。

【新增】第五条中，新增“会计期间至少分为年度和月度。会计年度、月度等会计期间的起讫日期采用公历日期”的相关规定。

（四）货币计量假设

货币计量，是指会计主体在财务会计确认、计量和报告时以货币计量反映会计主体的生产经营活动。

会计主体的经济活动是多种多样、错综复杂的，为了实现会计目的，必须综合反映会计主体的各项经济活动，这就要求有一个统一的计量尺度。在会计的确认、计量和报告过程中之所以选择货币为基础进行计量，是由货币自身的属性决定的。货币是商品的一般等价物，是衡量一般商品价值的共同尺度，具有价值尺度、流通手段、贮藏手段和支付手段等特点。其他计量单位，如重量、长度、容积、台、件等，只能从一个侧面反映会计主体的业务活动情况，无法在总量上进行汇总和比较，不便于会计计量和日常管理。为了全面反映会计主体的资产负债和业务活动等情况，会计核算选择以货币作为计量单位。

《民间非营利组织会计制度》规定，民间非营利组织会计核算以人民币为记账本位币。业务收支以人民币以外的货币为主的民间非营利组织，可以选定其中一种作为记账本位币，但是编报的财务会计报表应当折算为人民币。

【修订】在第六条中，将"……除另有规定外，所有与外币业务有关的账户，应当采用业务发生时的汇率"修订为"……除另有规定外，所有与外币业务有关的账户，应当采用业务发生当日的即期汇率"。同时，删除"当汇率波动较小时，也可以采用业务发生当期期初的汇率进行折算"的表述。

【修订】在第六条中，将"各种外币账户的外币余额，期末时应当按照期末汇率折合为记账本位币。按照期末汇率折合的记账本位币金额与账面记账本位币金额之间的差额，作为汇兑损益计入当期费用"修订为"各种外币账户的外币余额，期末时应当按照期末的即期汇率折合为记账本位币。按照期末的即期汇率折合的记账本位币金额与账面记账本位币金额之间的差额，作为汇兑损益计入当期费用"。

【修订】在第六条中，将"……但是，属于在借款费用应予资本化的期间内发生的与购建固定资产有关的外币专门借款本金及其利息所产生的汇兑差额，应当予以资本化，计入固定资产成本。借款费用应予资本化的期间依照本制度第三十五条加以确定"修订为"……但是，属于在借款费用应予资本化的期间内发生的与购建固定资产、无形资产等非流动资产有关的外币专门借款本金及其利息所产生的汇兑差额，应当予以资本化，计入固定资产、无形资产等非流动资产成本。借款费用应予资本化的期间依照本制度第三十八条加以确定"。

【修订】在第六条中，将"本制度所称的专门借款是指为购建固定资产而专门借入的款项"修订为"本制度所称的专门借款是指为购建固定资产、无形资产等非流动资产而专门借入的款项"。

第三节　会计核算的基本原则和会计要素

一、会计核算的基本原则

会计核算的基本原则是对会计核算提供信息的标准和质量要求，是处理具体会计业务的基本依据。民间非营利组织在进行会计核算时，应当遵循客观性原则、相关性原则、实质重于形式原则、一贯性原则、可比性原则、及时性原则、清晰性原则、配比原则、历史成本原则、谨慎性原则、划分费用性支出与资本性支出原则和重要性原则。

（一）客观性原则

《民间非营利组织会计制度》规定，会计核算应当以实际发生的交易或者事项为依据，如实反映民间非营利组织的财务状况、业务活动情况和现金流量等信息。

根据这一原则，民间非营利组织在进行会计核算时，应当做到内容真实、数字准确、资料可靠；应当客观地反映民间非营利组织的财务状况、业务活动情况和现金流量，保证会计信息的真实性；会计核算应当正确运用会计原则和政策，如实反映民间非营利组织的实际情况；会计信息应当经受验证，以核实其是否真实。

（二）相关性原则

《民间非营利组织会计制度》规定，会计核算所提供的信息应当能够满足会计信息使用者（如出资人、设立人、捐赠人、会员、监管者等）的需要。

根据这一原则，民间非营利组织在进行会计核算时，应当关注所提供会计信息的价值。相关的会计信息能够帮助会计信息使用者评价过去的决策，证实或修正某些预测，也有助于其做出未来的决策，因此，相关的会计信息应当具有反馈价值和预测价值。

在会计核算工作中坚持相关性原则，就要求在收集、加工、处理和提供会计信息的过程中，充分考虑会计信息使用者的信息需求。对于特定用途的会计信息，不一定都能通过财务会计报告来提供，也可以采用其他形式加以提供。如果会计信息提供以后，没有满足会计信息使用者的需要，对会计信息使用者的决策没有什么作用，那么就不具有相关性。

【修订】在第八条中，会计信息使用者在捐赠人、会员、监管者的基础上，增加了出资人和设立人。

（三）实质重于形式原则

《民间非营利组织会计制度》规定，会计核算应当按照交易或者事项的实质进行，而不应当仅仅按照它们的法律形式作为其依据。

在实际工作中，交易或事项的外在形式或人为形式并不能完全真实地反映其实质内容，所以会计信息拟反映的交易或事项，必须根据交易或事项的实质和经济现实，而不能仅仅根据它们的法律形式进行核算。

例如，以融资租赁的形式租入的固定资产，虽然从法律形式来讲民间非营利组织并不拥有其所有权，但是由于租赁合同中规定的租赁期相当长，接近于该资产的使用寿命，租赁期结束时承租的民间非营利组织有优先购买的选择权，在租赁期内有权支配资产并从中受益。从实质上看，民间非营利组织控制了该项资产的使用权及这一资产创造的未来经济利益或者所提供服务潜力，所以在会计核算上，应当将以融资租赁形式租入的固定资产视为民间非营利组织的资产。

如果民间非营利组织的会计核算仅仅按照交易或事项的法律形式或人

为形式进行，而这些形式又没有反映其经济实质和经济现实，那么，其最终结果将不仅不会有利于会计信息使用者的决策，反而会误导会计信息使用者决策。

（四）一贯性原则

《民间非营利组织会计制度》规定，民间非营利组织在进行会计核算时，会计政策前后各期应当保持一致，不得随意变更。如有必要变更，应当在会计报表附注中披露变更的内容和理由、变更的累积影响数，累积影响数不能合理确定的，应当披露累积影响数不能合理确定的理由。

在会计核算中，会计处理方法的变更往往会导致不同会计期间成本、收入等指标口径的不一致，影响会计信息的可比性，最终影响会计信息的价值。坚持一贯性原则，不仅能够提高会计信息的使用价值，而且可以制约和防止通过变更会计方法人为地操纵收入和费用等会计指标的行为。

【修订】在第八条中，对于“披露累积影响数不能合理确定的理由”情形，增加了“累积影响数不能合理确定”这一条件。

（五）可比性原则

《民间非营利组织会计制度》规定，会计核算应当按照规定的会计处理方法进行，会计信息应当口径一致、相互可比。

可比性原则要求民间非营利组织的会计核算应当按照国家统一的会计制度的规定进行，使所有民间非营利组织的会计核算都建立在相互可比的基础上。只要是相同的交易或事项，都应当采用相同的会计处理方法。会计处理方法的统一是保证会计信息可比的基础。

（六）及时性原则

《民间非营利组织会计制度》规定，会计核算应当及时进行，不得提前或延后。

会计信息的价值在于帮助会计信息使用者作出有关决策，因此，会计信息除了必须保证其真实性和可靠性外，还应当保证信息的时效性。不及时的信息将使其有用性大打折扣，甚至毫无价值。会计信息的及时性与其真实性、可靠性同等重要。因此，民间非营利组织在会计核算中必须做到及时记账、算账和报账。及时性原则有两重含义：一是处理及时，对于民间非营利组织发生的经济活动应及时在本会计期间内进行会计处理，而不延至下期；二是报送及时，在国家统一的会计制度规定的时限内，将会计资料如会计报表等按规定日期及时报送出去，传递给财务会计报告使用者。

（七）清晰性原则

《民间非营利组织会计制度》规定，会计核算和编制的财务会计报告应当清晰明了，便于理解和使用。

民间非营利组织的会计记录和会计报表都应当清晰明了，便于理解和使用，能清楚地反映民间非营利组织经济活动的来龙去脉及其财务状况和业务活动情况。根据清晰性原则，会计记录应准确清晰，账户对应关系明确，文字摘要清楚，数字金额准确，手续齐备，程序合理，以便信息使用者准确完整地把握信息的内容，更好地加以利用。

（八）配比原则

《民间非营利组织会计制度》规定，民间非营利组织在会计核算中，所发生的费用应当和与其相关的收入相配比，同一会计期间内的各项收入和与其相关的费用，应当在该会计期间内确认。

会计主体的经济活动会带来一定的收入，也必然要发生相应的费用。配比原则的依据是受益原则，即谁受益，费用归谁负担，将一定时期内的收入与为取得收入所发生的费用在同一期间内进行确认和计量。在会计核算工作中坚持配比原则有两层含义：一是因果配比，根据收入与费用之间因果关系进行直接配比，例如，与产品销售有关的费用，应从产品销售收入中得到补偿；二是时间配比，根据收入与费用项目之间存在的时间上的一致关系进行间接配比，例如，一定会计期间所发生的费用支出，如果应该归属于当期产品的费用，则应计入当期的成本和费用。

（九）谨慎性原则

《民间非营利组织会计制度》规定，会计核算应当遵循谨慎性原则。

在市场经济条件下，民间非营利组织的资产、负债和业务活动等存在风险和不确定性，因此需要应用谨慎性原则，避免高估资产或收入、少计负债或费用，以如实反映民间非营利组织的财务状况和运营绩效。

（十）划分费用性支出与资本性支出原则

《民间非营利组织会计制度》规定，会计核算应当合理划分应当计入当期费用的支出和应当予以资本化的支出。

民间非营利组织在会计核算中应严格区分费用性支出和资本性支出的界限，以正确计算各期损益。凡支出的效益基于几个会计期间的，应当作为资本性支出，计列于资产负债表中，作为资产反映，以真实反映民间非营利组织的财务状况；凡支出的效益仅基于本会计期间的，应当作为费用性支出，计列于业务活动表中，反映当期净资产的减少，以正确计算民间非营利组织当期的运营绩效。只有正确划分费用性支出与资本性支出的界限，才能真实反映民间非营利组织的财务状况和正确计算当期的运营绩效。

（十一）重要性原则

《民间非营利组织会计制度》规定，会计核算应当遵循重要性原则，对资产、负债、净资产、收入、费用等有较大影响，进而影响财务会计报告使用者据以做出合理判断的重要会计事项，必须按照规定的会计方法和程序进行处理，并在财务会计报告中予以充分披露；对于非重要的会计事项，在不影响会计信息真实性和不至于误导会计信息使用者做出正确判断的前提下，可适当简化处理。

在评价某些项目的重要性时，很大程度上取决于会计人员的职业判断。一般来说应当从质和量两个方面进行分析。从性质来说，当某一事项可能对决策产生一定影响时，就属于重要项目；从数量方面来说，当某一项目的数量达到一定规模时，就可能对决策产生影响。在实际工作中，民间非营利组织应当根据自己的具体情况，将质和量两个因素结合起来进行重要性判断。例如，一笔经济业务的性质比较特殊，不单独反映就有可能遗漏一个重要事实，不利于信息使用者全面掌握这个民间非营利组织的情况时，就应当单独反映并提请注意，反之，就没有必要单独反映。

【删除】删除了会计核算原则中的“历史成本原则”即原制度第八条中“（九）资产在取得时应当按照实际成本计量，但本制度有特别规定的，按照特别规定的计量基础进行计量。其后，资产账面价值的调整，应当按照本制度的规定执行；除法律、行政法规和国家统一的会计制度另有规定外，民间非营利组织一律不得自行调整资产账面价值”。

二、会计要素

会计要素是对民间非营利组织会计反映和监督的内容所作的基本分类，是对财务会计报表所反映内容的概括。在民间非营利组织会计中，会计要素被划分为资产、负债、净资产、收入、费用。其中，前三者为反映民间非营利组织财务状况的要素，构成了资产负债表的基本内容；后两者为反映民间非营利组织业务活动情况的要素，构成了业务活动情况表的基本内容。

（一）反映财务状况的会计要素

财务状况是指在财务报告中列示的资产，以及对这些资产主张的权利所产生的结果和评价。反映民间非营利组织财务状况的会计要素包括资产、负债和净资产。

1. 资产

资产是指由民间非营利组织过去的交易或事项形成并由民间非营利组织拥有或者控制的资源，该资源预期会给民间非营利组织带来经济利益或者服务潜能，包括各种财产、债权和权利。从民间非营利组织角度讲，资产的取得主要是因为它具有潜在的效益，民间非营利组织可以从资产的使用中得到预期的利益。

2. 负债

负债是民间非营利组织过去的交易或事项形成的现时义务，履行该义务预期会导致含有经济利益或者服务潜能的资源流出民间非营利组织。负债按其流动性分为流动负债、长期负债和受托代理负债。记录一项负债必须具有法律上的依据，并按稳健性原则记录。民间非营利组织的任何一项负债都必须具有经济实质，不应记录主观判断确定的负债项目。

3. 净资产

净资产是指民间非营利组织的资产减去负债后的余额。净资产应当按其是否受到限制，分为限定性净资产和非限定性净资产。

（二）反映业务活动情况的会计要素

业务活动情况是指民间非营利组织一定时期内从事各种业务活动所实现的收入和发生的费用情况。反映民间非营利组织业务活动情况的会计要素包括收入和费用。

1. 收入

收入是指民间非营利组织开展业务活动取得、导致本期净资产增加和经济利益或者服务潜力的流入。收入应当按其来源，分为捐赠收入、会费收入、提供服务收入、政府补助收入、商品销售收入、投资收益、总部拨款收入等主要业务活动收入和其他收入等。对于民间非营利组织来说，收入表现为一定期间货币资产的流入、其他资产的增加或负债的减少。

2. 费用

费用是指民间非营利组织为开展业务活动所发生的、导致本期净资产减少的经济利益或者服务潜力的流出。民间非营利组织的费用应当按照其功能，分为业务活动成本、税金及附加、管理费用、筹资费用、资产减值损失、所得税费用和其他费用等。

（三）会计要素之间的关系

根据《民间非营利组织会计制度》，反映财务状况的会计要素之间的会计等式为：资产 - 负债 = 净资产；反映业务活动情况的会计要素之间的会计等式为：收入 - 费用 = 净资产变动额。

民间非营利组织在年末进行结账时，可以将以上两个会计等式合并为：

资产 = 负债 + 净资产 +（收入 - 费用）

或资产 = 负债 + 净资产 + 净资产变动额

上式中净资产加净资产的变动额，即为期末净资产总额。

会计等式表明了资产、负债、净资产、收入、费用等会计要素之间的基本数量关系，是进行复式记账和编报会计报表的理论依据。

三、会计核算方法

民间非营利组织的会计核算方法，是对民间非营利组织会计对象进行连续、系统、完整的核算和监督所采用的方法，具体包括设置会计科目、确定记账方法、填制和审核会计凭证、登记账簿、成本计算、财产清查、编制财务报告等。这些方法互相联系，互相补充，构成一个完整的会计核算的方法体系。

（一）会计科目的设置

会计科目是指对会计要素的具体内容进行分类核算的项目。民间非营利组织会计制度规定设置的会计科目分为资产、负债、净资产、收入和费用五大类。具体内容如表 2－1 所示。

表 2－1　　会计科目名称和编号

序号	科目编号	名称
一、资产类		
1	1001	现金
2	1002	银行存款
3	1009	其他货币资金
4	1101	短期投资
5	1102	短期投资跌价准备
6	1111	应收票据
7	1121	应收账款
8	1122	其他应收款
9	1131	坏账准备
10	1141	预付账款
11	1201	存货
12	1202	存货跌价准备
13	1301	待摊费用
14	1401	长期股权投资
15	1402	长期债权投资
16	1403	其他长期投资
17	1421	长期投资减值准备
18	1501	固定资产
19	1502	累计折旧
20	1505	在建工程
21	1506	文物资源

续表

序号	科目编号	名称
22	1509	固定资产清理
23	1601	无形资产
24	1602	累计摊销
25	1701	长期待摊费用
26	1801	受托代理资产
二、负债类		
27	2101	短期借款
28	2201	应付票据
29	2202	应付账款
30	2203	预收账款
31	2204	应付职工薪酬
32	2206	应交税费
33	2209	其他应付款
34	2301	预提费用
35	2501	长期借款
36	2502	长期应付款
37	2503	预计负债
38	2601	受托代理负债
三、净资产类		
39	3101	非限定性净资产
40	3102	限定性净资产
41	3201	以前年度净资产调整
四、收入类		
42	4101	捐赠收入
43	4201	会费收入
44	4301	提供服务收入
45	4401	政府补助收入
46	4501	商品销售收入
47	4601	投资收益
48	4701	总部拨款收入
49	4901	其他收入

续表

序号	科目编号	名称
五、费用类		
50	5101	业务活动成本
51	5201	税金及附加
52	5301	管理费用
53	5401	筹资费用
54	5501	资产减值损失
55	5601	所得税费用
56	5901	其他费用

（二）记账方法的确定

《民间非营利组织会计制度》规定，会计记账应当采用借贷记账法。在借贷记账法下，民间非营利组织会计中各类账户的基本结构是不同的。

民间非营利组织会计的资产和费用类账户中，借方记增加，分别反映资产的增加和费用的发生；贷方记减少，分别反映资产的减少和费用的冲销与结转。资产类账户期末一般有余额，表示结存资产的成本；费用类账户期末将账户余额进行结转，结转后账户无余额。费用类账户的基本结构与资产类账户基本相同。

民间非营利组织会计的负债、净资产、收入类账户中，贷方记增加，反映民间非营利组织负债、净资产的增加和收入的发生；借方记减少，反映民间非营利组织负债、净资产的减少和收入的冲减与结转。负债、净资产类账户期末可能有余额，表示的是尚未清偿的债务和结存的净资产。收入类账户余额在期末进行结转，结转后账户无余额。收入类账户的基本结构与负债、净资产类账户基本相同。

（三）填制和审核会计凭证

会计凭证是记录经济业务发生和完成情况的书面证明，也是登记账簿的依据。

民间非营利组织在处理经济业务时，必须由执行和完成该项经济业务的有关人员从单位外部取得或自行填制有关凭证，以书面形式记录和证明所发生经济业务的性质、内容、数量、金额等，并在凭证上签名或盖章，以对经济业务的合法性和凭证的真实性、完整性负责。任何会计凭证都必须经过有关人员的严格审核并确认无误后，才能作为记账的依据。合法地取得、正确地填制和审核会计凭证，是民间非营利组织会计核算的基本方法之一，也是民间非营利组织会计核算工作的起点，在民间非营利组织会计核算中具有重要意义。

（四）登记账簿

民间非营利组织为了全面、连续地核算和监督经济活动及其财务收支情况，应设置会计账簿。会计账簿是指由一定格式账页组成的，以会计凭证为依据，全面、系统、连续地记录各项经济业务的簿籍。设置和登记会计账簿，是民间非营利组织编制会计报表的基础，是连接会计凭证与会计报表的中间环节，在民间非营利组织会计核算中具有重要意义。

（五）账务处理程序

账务处理程序，也称会计核算组织程序或会计核算形式，是指会计凭证、会计账簿、会计报表相结合的方式。会计凭证、会计账簿、会计报表之间的结合方式不同，就形成了不同的账务处理程序，不同的账务处理程序又有不同的方法、特点和适用范围。科学、合理地选择适用于本单位的账务处理程序，对于有效地组织会计核算具有重要意义。

民间非营利组织一般规模较小，经济业务量较少，可以采用记账凭证账务处理程序。如果民间非营利组织规模较大，经济业务量较多，则可采用科目汇总表账务处理程序。

（六）成本计算

成本计算是按一定的成本对象，对经营过程中所发生的成本费用进行归集，以确定各核算对象成本的一种专门方法。民间非营利组织通过成本计算，可以掌握其业务活动成本构成情况和单位营运过程的其他成本费用，为民间非营利组织科学合理确认成本与收益及配比结果奠定基础。

（七）财产清查

财产清查是指通过对货币资金、实物资产和往来款项的盘点和核对，确定其实存数，查明账存数与实存数是否相符的一种专门方法。

进行财产清查工作，是民间非营利组织编制财务报告的重要基础工作，是保证会计信息真实与可靠的重要方法。加强财产清查工作，对于加强民间非营利组织管理、充分发挥会计的监督作用具有重要意义。

（八）编制财务会计报告

民间非营利组织财务会计报告，是对民间非营利组织日常会计核算资料的归集、加工和整理，是反映民间非营利组织财务状况、业务活动情况和现金流量等的书面文件。编制民间非营利组织财务会计报告能够为信息使用者的决策提供有用信息，也能为评价民间非营利组织的受托责任提供依据。

第三章
资　　产

第一节　资产概述

一、资产的概念和特征

《民间非营利组织会计制度》规定，资产是指过去的交易或者事项形成并由民间非营利组织拥有或者控制的资源，该资源预期会给民间非营利组织带来经济利益或者服务潜力。

按照资产的概念，符合民间非营利组织资产的资源，应当同时具备以下特征。

（一）资产预期能给民间非营利组织带来经济利益或服务潜力

经济利益是指直接或间接地注入民间非营利组织的现金或现金等价物。例如，民间非营利组织对外投资是为了获得增值或回报，持有一些存货是为了对外出售换取现金，都应当作为资产予以确认。与企业不同的是，民间非营利组织持有许多资产并非为了获取经济利益，而是为了向服务对象提供服务。例如，基金会接受捐赠物资是为了向救助对象提供救助服务。因此，对于民间非营利组织而言，是否具备服务潜力是衡量一项经济资源是否应当作为资产予以确认和计量的重要标志。

（二）资产是民间非营利组织拥有或控制的

民间非营利组织拥有资产，就能排他性地从资产中获得经济利益或服务潜力。有些资产虽然不为民间非营利组织所拥有，但民间非营利组织能够支配这些资产，因此同样能够排他性地从资产中获得经济利益或服务潜力。如果民间非营利组织不能拥有或控制资产所能带来的经济利益或服务潜力，那么就不能作为民间非营利组织的资产。例如，以融资租赁方式租入的固定资产，民间非营利组织虽然并不拥有其所有权，但租赁期接近资产的使用寿命，租赁期满后一般有优先购买该资产的选择权，且在租赁期内有权支配资产并从中受益或者可以向服务对象提供服务，因此应视为民间非营利组织的资产。

（三）资产是由过去的交易或事项形成的

资产必须是现实的资产，而不是预期的资产。只有过去发生的交易或事项才能增加或减少民间非营利组织的资产，而不能根据谈判中的交易或计划中的经济业务来确认资产。

二、资产的分类

民间非营利组织的资产分为流动资产、非流动资产和受托代理资产，非流动资产包括长期投资、固定资产、无形资产等。其中，流动资产是指预期可在 1 年以内（含 1 年）变现或者耗用的资产，主要包括货币资金、短期投资、应收款项、预付账款、存货、待摊费用等。非流动资产中的长期投资是指除短期投资以外的投资，包括持有时间超过 1 年（不含 1 年）的各种股权性质的投资、不能或不准备随时变现的债券投资、其他债权投资和其他长期投资；固定资产是指民间非营利组织为行政管理、提供服务、生产商品或者出租目的而持有的单位价值较高、预计使用年限超过1年的有形资产；无形资产是指民间非营利组织为开展业务活动、出租给他人或为管理目的而持有的且没有实物形态的非货币性长期资产。受托代理资产是指民间非营利组织接受委托方委托从事受托代理业务而收到的资产。

【修订】与流动资产相对应，本次修订增加了"非流动资产"的表述，非流动资产包括长期投资、固定资产、无形资产等；同时，还增加了"受托代理资产"。

表3－1　　资产的分类及其主要内容

资产分类	主要内容
流动资产	现金
	银行存款
	其他货币资金
	短期投资
	应收款项（应收票据、应收账款、其他应收款）
	预付账款
	存货
非流动资产	长期投资（长期股权投资、长期债权投资、其他长期投资）
	固定资产
	文物资源
	无形资产
受托代理资产	受托代理资产

三、资产的确认和计量

（一）资产的确认

《民间非营利组织会计制度》规定，在取得一项经济资源时，如果该资源符合资产定义，且同时满足以下条件时，应当确认为资产：一是与该资源有关的服务潜力很可能实现或者经济利益很可能流入民间非营利组织；二是该资源的成本或者价值能够可靠地计量。

符合资产定义并确认的资产项目，应当列入资产负债表。

【新增】《民间非营利组织会计制度》在第十五条新增了上述两条资产确认的条件。

（二）资产的初始计量

民间非营利组织的资产在取得时应当按照实际成本计量，但《民间非营利组织会计制度》有特别规定的，按照特别规定的计量基础进行计量。

1. 接受捐赠收到的资产

（1）对于民间非营利组织接受捐赠收到的现金资产，应当按照实际收到的金额入账。

（2）对于民间非营利组织接受捐赠收到的股权，应当按照民间非营利组织根据有关规定开具的捐赠票据等凭据金额入账。

（3）对于民间非营利组织接受捐赠收到的其他非现金资产，应当按照以下方法确定其入账价值：

① 如果捐赠方提供了有关凭据（如发票、报关单、有关协议等）的，应当按照凭据上标明的金额作为入账价值。

② 如果捐赠方没有提供有关凭据，或者凭据上标明的金额与受赠资产公允价值相差较大，受赠资产应当以其公允价值作为入账价值。

③ 对于民间非营利组织接受的固定资产、无形资产捐赠，如果捐赠方没有提供有关凭据，且有确凿的证据表明该资产的公允价值确实无法可靠计量，应当按照名义金额（即人民币 1 元）入账。对于民间非营利组织接受的文物资源捐赠，如果捐赠方没有提供有关凭据，应当按照名义金额入账。

④ 对于民间非营利组织接受的服务捐赠，如果捐赠方提供了发票等

有关凭据，且凭据上标明的金额能够反映受赠服务的公允价值，民间非营利组织应当按照凭据金额入账，其他情况不予确认。

⑤ 民间非营利组织接受非现金资产捐赠时发生的应归属于其自身的相关税费、运输费等，应当计入筹资费用。

公允价值是指市场参与者在计量日发生的有序交易中，出售一项资产所能收到或者转移一项负债所需支付的价格。对于以公允价值作为其入账价值的非现金资产，民间非营利组织应当按照《民间非营利组织会计制度》第十九条所规定的顺序确定公允价值：

（1）如果同类或者类似资产存在活跃市场的，应当按照同类或者类似资产的市场价格确定公允价值。

本项所指的市场价格，一般是指取得资产当日捐赠方自产物资的出厂价、捐赠方所销售物资的销售价、政府指导价、知名大型电商平台同类或者类似商品价格等。

（2）如果同类或类似资产不存在活跃市场，或者无法找到同类或者类似资产的，应当采用合理的计价方法确定资产的公允价值。

【新增】服务捐赠的会计处理规定为制度新增。近年来，服务捐赠的形式和数量不断增加，服务捐赠与货币或实物捐赠一样，如果满足资产的定义，且其成本或价值可以可靠计量，应当予以确认。但服务捐赠也较为特殊，其捐赠价值较难确定，存在一定的虚增收入和避税风险。由此，《民间非营利组织会计制度》基于以上情况对服务捐赠的会计核算进行规定，即，民间非营利组织接受的服务捐赠，如果捐赠方提供了合法有效凭据，且凭据上标明的金额能够反映受赠服务的公允价值，民间非营利组织可以按照凭据金额入账，并在会计报表附注中予以披露。

【修订】公允价值的定义，由原制度第十七条“本制度中所称的公允价值是指在公平交易中，熟悉情况的交易双方自愿进行资产交换或者债务清偿的金额”，修订为第十九条“本制度中所称的公允价值是指市场参与者在计量日发生的有序交易中，出售一项资产所能收到或者转移一项负债所需支付的价格”。

2. 非货币性交易换入的资产

《民间非营利组织会计制度》规定，民间非营利组织如发生非货币性交易，应当按照以下原则处理：

（1）以换出资产的公允价值，加上应支付的相关税费，作为换入资产的入账价值。

（2）非货币性交易中如果发生补价，应区别不同情况处理：

① 支付补价的，以换出资产的公允价值加上支付的补价和应支付的相关税费，作为换入资产的入账价值。换出资产的公允价值与其账面价值之间的差额计入当期损益。

有确凿证据表明换入资产的公允价值更加可靠的，以换入资产的公允价值和应支付的相关税费作为换入资产的初始计量金额，换入资产的公允价值减去支付补价的公允价值，与换出资产账面价值之间的差额计入当期损益。

② 收到补价的，以换出资产的公允价值减去收到的补价再加上应支付的相关税费，作为换入资产的入账价值。换出资产的公允价值与其账面价值之间的差额计入当期损益。

有确凿证据表明换入资产的公允价值更加可靠的，以换入资产的公允价值和应支付的相关税费作为换入资产的初始计量金额，换入资产的公允价值加上收到补价的公允价值，与换出资产账面价值之间的差额计入当期损益。

（3）在非货币性交易中，如果同时换入多项资产，应按换入各项资产的公允价值占换入资产公允价值总额的比例，对换出资产的公允价值总额和应支付的相关税费进行分配，以确定各项换入资产的入账价值。

《民间非营利组织会计制度》所称非货币性交易是指交易双方以非货币性资产进行的交换，该交换不涉及或只涉及少量的货币性资产（即补价）。

其中，货币性资产是指民间非营利组织持有的货币资金和收取固定或可确定金额的货币资金的权利；非货币性资产是指货币性资产以外的资产。

【修订】换入资产的入账价值，由原制度第十八条“以换出资产的账面价值，加上应支付的相关税费，作为换入资产的入账价值”，修订为第二十条“以换出资产的公允价值，加上应支付的相关税费，作为换入资产的入账价值”。同时，明确了如果发生补价，换出资产的公允价值与其账面价值之间的差额计入当期损益，以及有确凿证据表明换入资产的公允价值更可靠这一情形下，换入资产的初始计量金额如何确定。

（三）资产的后续计量

资产账面价值的调整，应当按照《民间非营利组织会计制度》的规定执行；除法律、行政法规和国家统一的会计制度另有规定外，民间非营利组织一律不得自行调整资产账面价值。

《民间非营利组织会计制度》规定，民间非营利组织应当定期或者至少于每年年度终了，对短期投资、应收款项、存货、长期投资等资产是否发生了减值进行检查，如果这些资产发生了减值，应当计提减值准备，确认减值损失，并计入当期费用。对于固定资产、无形资产等其他资产，如果发生了重大减值，也应当计提减值准备，确认减值损失，并计入当期费用。

也就是说，对于短期投资、应收款项、存货和长期投资，民间非营利组织必须计提减值；而对于固定资产、无形资产，在其因技术更新、遭受自然灾害等原因而发生重大减值时，也应计提减值准备。

对于已计提减值准备的资产，如果其价值在以后会计期间得以恢复，则应当在该资产已计提减值准备的范围内部分或全部转回已确认的减值损失，冲减当期费用。

第二节　货币资金

一、货币资金概述

民间非营利组织的货币资金包括现金、银行存款和其他货币资金。民间非营利组织应当按照《民间非营利组织会计制度》及其他有关法律法规的规定，做好货币资金的管理和会计核算工作。

二、现金

（一）现金的管理

由于现金是流动性最强的一种货币资金，民间非营利组织必须对现金进行严格的管理和控制，以确保现金的安全与完整。

1. 应当设置现金日记账，由出纳人员根据收付款凭证，按照业务发生顺序逐日逐笔登记。每日终了应当结算当天的现金收入合计数、现金支出合计数和结余数，并将结余数和实际余额进行核对，做到日清月结，其账面余额必须与库存数相符，严禁以“白条”抵充库存现金。每月月末，“现金日记账”的月末余额应与“现金”科目的余额相等。

2. 根据业务需要正确核定库存现金限额，超过库存限额部分的现金须在当天或次日上午解交银行，以保证现金的安全。

3. 除零星开支外，一切付款均应通过支票、转账汇款、信用卡等方式进行。

4. 不得“坐支”现金，即以本单位的现金收入直接支付现金支出。

5. 内部审计人员应定期或不定期地对库存现金进行查核。

（二）现金的会计处理

民间非营利组织应当严格按照国家有关现金管理的规定收支现金，并严格按照《民间非营利组织会计制度》规定核算现金的各项收支业务。

1. 会计科目设置

为了总括反映现金的收支和结存情况，民间非营利组织应当设置“现金”科目，核算民间非营利组织的库存现金。借方反映现金的增加，贷方反映现金的减少，期末余额在借方，反映民间非营利组织实际持有的库存现金。

有外币现金业务的，还应当分别按人民币和外币进行明细核算。

2. 主要账务处理

（1）民间非营利组织从银行等金融机构提取现金时，一般只编制银行付款凭证，不再编制现金收款凭证。应根据支票存根编制银行存款付款凭证，据以登记“银行存款日记账”和“现金日记账”，同时，按照实际提取的金额，借记“现金”科目，贷记“银行存款”科目；将现金存入银行等金融机构时，一般只编制现金付款凭证，不再编制银行收款凭证。应根据银行盖章退回的交款回单及时编制现金付款凭证，据以登记“现金日记账”和“银行存款日记账”，同时，按照实际存入金额，借记“银行存款”科目，贷记“现金”科目。

（2）因提供服务、物品或者其他事项收到现金，按照实际收到的金额，借记“现金”科目，贷记“会费收入”“商品销售收入”“提供服务收入”“其他收入”等科目，涉及增值税业务的，相关账务处理参见本书第四章第七节“应交增值税”科目。因购买服务、物品或者其他事项支付现金，按照实际支付的金额，借记“业务活动成本”“管理费用”“筹资费用”“其他费用”等科目，贷记“现金”科目。

【例3－1】2026年1月2日，某民间非营利组织收到某单位会员以现金形式缴纳的2026年会费1 000元，该会费的使用没有限定专门用途和使用时间。该民间非营利组织账务处理如下：

借：现金　　1 000

　　贷：会费收入——非限定性收入　　1 000

（3）因支付内部职工出差等原因借出的现金，按照实际借出的现金金额，借记“其他应收款”科目，贷记“现金”科目。出差人员报销差旅费时，按照实际报销的金额，借记“管理费用”“业务活动成本”等科目；按照实际借出的现金金额，贷记“其他应收款”科目；按照差额（出差人员交回的差旅费剩余款或补领的现金），借记或贷记“现金”科目。

【例 3－2】2026 年 1 月 6 日，某民间非营利组织综合部门员工李某出差，借差旅费 1 200 元；业务部门员工张某出差，借差旅费 2 000 元。1 月 11 日，李某和张某出差归来，李某实际报销差旅费 1 000 元；张某实际报销差旅费 2 600 元。该民间非营利组织账务处理如下：

①1 月 6 日，出借差旅费。

借：其他应收款——李某　　1 200
　　贷：现金　　1 200
借：其他应收款——张某　　2 000
　　贷：现金　　2 000

②1 月 11 日，李某报销差旅费。

借：现金　　200
　　管理费用　　1 000
　　贷：其他应收款——李某　　1 200

③1 月 11 日，张某报销差旅费。

借：业务活动成本　　2 600
　　贷：现金　　600
　　　　其他应收款——张某　　2 000

（4）每日终了结算现金收支、财产清查等发现的现金短缺或溢余，应当及时查明原因，并根据管理权限，报经批准后，在期末结账前处理完毕。

① 如为现金短缺，属于应由责任人或保险公司赔偿的部分，借记“其他应收款”科目，贷记“现金”科目；属于无法查明的其他原因的部

分，借记“管理费用”科目，贷记“现金”科目。

② 如为现金溢余，属于应支付给有关人员或单位的部分，借记“现金”科目，贷记“其他应付款”科目；属于无法查明的其他原因的部分，借记“现金”科目，贷记“其他收入”科目。

【例 3-3】 2026 年 3 月 20 日，某民间非营利组织当日盘点发现现金余额比账面余额多出 160 元。经调查，其中 100 元属于应该支付给单位员工王某的款项，剩余 60 元无法查明原因。该民间非营利组织账务处理如下：

借：现金　　160

　贷：其他应付款——王某　　100

　　其他收入　　60

【例 3-4】 2026 年 3 月 20 日，某民间非营利组织当日盘点时发现现金余额比账面余额少 200 元。经调查，其中 100 元应该由相关责任人刘某赔偿，剩余 100 元无法查明原因。该民间非营利组织账务处理如下：

借：其他应收款——刘某　　100

　管理费用　　100

　贷：现金　　200

三、银行存款

（一）银行存款账户的管理

银行存款是民间非营利组织存入银行或其他金融机构的货币资金。民间非营利组织根据业务需要，在其所在地银行开设账户，运用所开设的账户进行存款、取款以及各种收支转账业务的结算。

正确开立和使用银行账户是做好资金结算工作的基础，民间非营利组织只有在银行开立了存款账户，才能通过银行同其他单位进行结算，办理资金的收付。民间非营利组织应按规定在银行开设和使用存款账户。

根据《人民币银行结算账户管理办法》，单位银行结算账户按用途可分为基本存款账户、一般存款账户、临时存款账户和专用存款账户四类。其中，基本存款账户是指民间非营利组织因办理日常转账结算和现金收付需要开立的银行账户，一个民间非营利组织只能选择一家银行的一个营业机构开立一个基本存款账户。一般存款账户是指民间非营利组织因借款或其他结算需要，在基本存款账户开户银行以外的银行营业机构开立的银行账户，该账户可以办理转账结算和现金缴存，但不能提取现金。临时存款账户是指民间非营利组织因临时需要并在规定期限内使用而开立的银行账户，该账户既可以办理转账结算，也可以根据现金管理规定存取现金。专用存款账户是指民间非营利组织按照法律、行政法规和规章，对其特定用途资金进行专项管理和使用而开立的银行账户，如一些专项资金等。民间非营利组织的银行存款账户只能用来办理本单位生产经营业务活动的结算，不得出租和出借账户。

（二）银行结算方式

民间非营利组织目前可以选择使用的票据结算工具主要包括银行汇票、商业汇票、银行本票和支票等票据，可以选择使用的结算方式主要包括汇兑和委托收款两种。民间非营利组织采用的支付结算方式不同，其处理手续及有关会计核算也有所不同。

1. 银行汇票结算方式

银行汇票是由单位或个人将款项交存开户银行，由银行签发给其办理转账结算或支取现金的票据。银行汇票一律记名，付款期为 1 个月（不分大月、小月，一律按次月对日计算，到期如遇节假日顺延），逾期的汇票兑付银行不予受理，但汇款人可持银行汇票或解讫通知到出票银行办理退款手续。银行汇票具有使用方便、票随人到、兑付性强等特点，同城、异地均可使用，单位和个人都可使用银行汇票办理结算业务。

民间非营利组织使用银行汇票，应向银行提交银行汇票申请书，出票银行受理并收妥款项后，签发银行汇票。民间非营利组织持银行汇票可向收款单位办理结算，并在收到银行签发的银行汇票后，根据“银行汇票申请书（存根联）”编制付款凭证。收款单位对银行汇票审核无误后，将汇票、解讫通知和进账单送交开户银行办理转账结算，并根据银行退回的进账单和有关的原始凭证编制收款凭证。

申请人如有多余款项或因汇票超过付款期等原因而退款时，应交回汇票和解讫通知，根据银行退回并加盖了转讫章的多余款收账通知编制收款凭证。

2. 商业汇票结算方式

商业汇票是出票人签发的，委托付款人在指定日期无条件支付确定的金额给收款人或持票人的票据。商业汇票适用于先收货后收款或者双方约定延期付款的商品交易或债权债务的清偿，同城或异地均可使用。商业汇票必须以真实的商品交易为基础，禁止签发无商品交易的商业汇票。商业汇票一律记名，付款期最长为 6 个月，允许背书转让，承兑人即付款人到期必须无条件付款。

商业汇票按承兑人不同，分为商业承兑汇票和银行承兑汇票。前者是指由银行以外的付款人承兑的商业汇票，可由收款人签发，经过付款人承兑，也可由付款人签发并由付款人承兑；后者是指由银行承兑的商业汇票，应由在承兑银行开立账户的存款人或承兑申请人签发，并由承兑申请人向开户银行申请，经银行审查同意承兑的票据。

（1）采用商业承兑汇票结算方式。

付款人应于汇票到期前将款项足额存到银行，银行在到期日凭票将款项划转给收款人、被背书人或贴现银行。如到期日付款人账户存款不足支付票款，开户银行不承担付款责任，将汇票退回收款人、被背书人或贴现银行，由其自行处理，并对付款人处以罚款。

采用商业承兑汇票方式的，收款单位将要到期的商业承兑汇票连同填制的邮划或电划委托收款凭证，一并送交银行办理转账，根据银行盖章退回的收账通知，据以编制收款凭证；付款单位在收到银行的付款通知时，据以编制付款凭证。

（2）采用银行承兑汇票结算方式。

承兑申请人应持购销合同向开户银行申请承兑，银行按有关规定审查同意后，与承兑申请人签订承兑协议，在汇票上盖章并按票面金额收取一定的手续费。承兑申请人应于到期前将票款足额交存银行。到期未能存足票款的，承兑银行除凭票向收款人、被背书人或贴现银行无条件支付款项外，还将按承兑协议的规定，对承兑申请人执行扣款，并将未扣回的承兑金额作为逾期贷款，同时收取一定的罚息。

采用银行承兑汇票方式的，收款单位将要到期的银行承兑汇票连同填制的邮划或电划委托收款凭证，一并送交银行办理转账，根据银行的收账通知，据以编制收款凭证；付款单位在收到银行的付款通知时，据以编制付款凭证。

收款单位将未到期的商业汇票向银行申请贴现时，应按规定填制贴现凭证，连同汇票一并送交银行，根据银行的收账通知，据以编制收款凭证。

3. 银行本票结算方式

银行本票是银行签发的，承诺自己在见票时无条件支付确定金额给收款人或持票人的票据。单位或个人在同城范围内的商品交易等款项的结算可采用银行本票。

银行本票一律记名，可以背书转让，不予挂失。银行本票的提示付款期限最长不能超过 2 个月，付款期内银行见票即付，逾期兑付银行不予受理但可办理退款手续。申请人和收款人均应为个人才可申请办理现金银行本票。银行本票分为定额本票和不定额本票，定额本票面额分别为 1 000 元、5 000 元、10 000 元和 50 000 元。填列“现金”字样的银行本票可以挂失止付，未填明“现金”字样的银行本票不得挂失止付；银行本票丧失，失票人可凭人民法院出具的其享有票据权利的证明，向出票银行请求付款或退款。

采用银行本票方式的，收款单位按规定受理银行本票后，应将本票连同进账单送交银行办理转账，根据银行盖章退回给收款单位的收款凭证联和有关原始凭证编制收款凭证；付款单位填送“银行本票申请书”并将款项交存银行，收到银行签发的银行本票后，根据申请书存根联编制付款凭证。收款单位因银行本票超过付款期限或其他原因要求退款时，在交回本票和填制的进账单经银行审核盖章后，根据银行退回给收款单位的收款凭证联编制收款凭证。

4. 支票结算方式

支票是出票人签发的，委托办理存款业务的银行在见票时无条件支付确定金额给收款人或持票人的票据。适用于同城或同一票据交换区域内商品交易、劳务供应等款项的结算。支票分为现金支票、转账支票和普通支票。现金支票只能提取现金；转账支票只能用于转账；普通支票既可用于支取现金，也可用于转账。在普通支票左上角画两条平行线的为划线支票，只能用于转账，不得支取现金。转账支票可在票据交换区域内背书转让。

支票一律记名。支票提示付款期为 10 天。民间非营利组织不得签发空头支票，严格控制空白支票。已签发的现金支票遗失，可向银行申请挂失，但挂失前已支取的除外；已签发的转账支票遗失，银行不受理挂失。

采用支票方式的，收款单位对于收到的支票应填制进账单，并连同支票送交银行，根据银行盖章退给收款单位的收款凭证联和有关的原始凭证编制收款凭证，或根据银行转来由签发人送交银行的支票后，经银行审查盖章的收款凭证联和有关的原始凭证编制收款凭证；付款单位对于付出的支票，应根据支票存根和有关原始凭证编制付款凭证。

5. 汇兑结算方式

汇兑是汇款人委托银行将款项汇给收款人的一种结算方式。汇兑分为信汇和电汇两种，其中，信汇是指汇款人委托银行以邮寄方式将款项划转给收款人；电汇则是指汇款人委托银行通过电报方式将款项划转给收款人，后者的汇款速度比前者迅速。

汇兑适用于单位和个人在同城或异地之间的款项结算，其手续简便，方式灵活，便于汇款人主动付款，收付双方不需要事先订立合同，应用范围广泛。

采用汇兑结算方式的，收款单位对于汇入的款项，应在收到银行的收账通知时，据以编制收款凭证；付款单位对于汇出的款项，应在向银行办理汇款后，根据汇款回单编制付款凭证。

6. 委托收款结算方式

委托收款是收款人委托银行向付款人收取款项的结算方式。委托收款按款项划回方式可分为邮寄划回和电报划回两种，民间非营利组织可根据需要选择不同方式。

委托收款只适用于单位和个人已承兑的商业汇票、债券、存单等付款人债务证明办理款项的结算，手续简便、灵活，便于主动、及时收回款项。银行只承担代为收款的义务，不承担审查拒付理由的责任，收付双方在结算中如发生争议，由双方自行处理。同域、异地均可使用委托收款结算方式。

民间非营利组织办理委托收款，应填制委托收款凭证。付款单位接到银行通知及有关附件，应在规定的付款期（3 天）内付款。在付款期内付款人未向银行提出异议，银行视作同意付款，并于付款期满的次日（节假日顺延）将款项主动划转收款人账户。如果付款单位在审查有关单证后决定部分或全部拒付，应在付款期内出具“拒付理由书”，连同有关单证通过银行转交收款单位。

采用委托收款结算方式的，收款单位对于托收款项，根据银行的收账通知编制收款凭证；付款单位在收到银行转来的委托收款凭证后，根据委托收款凭证的付款通知和有关的原始凭证编制付款凭证。

7. 托收承付结算方式

托收承付是指根据购销合同由收款人发货后委托银行向异地付款人收取款项、由付款人向银行承认付款的一种结算方式。托收承付结算起点为1万元。按划回方式的不同，可分为邮寄和电报两种。办理托收承付结算的款项必须是商品交易以及因商品交易而产生的劳务供应的款项。贷销、寄销、赊销商品的款项，不得办理托收承付结算。

收款人必须以持有商品已发运的证件为依据向银行办理托收，填制托收凭证，并将有关单证送交开户银行。开户银行审查无误后，将托收凭证及有关单证交付款人开户银行。付款人开户银行收到托收凭证及有关附件后，通知付款人，付款人在收到有关单据后应立即审核。付款人的承付期依据验单付款或验货付款两种不同方式而确定，验单付款承付期为3天，验货付款承付期为10天。付款人可在承付期内根据实际情况提出全部或部分拒付理由，并填制“拒付理由书”，经过银行审查同意后，办理全部拒付或部分拒付。

采用托收承付结算方式的，收款单位对于托收款项，根据银行的收账通知和有关的原始凭证编制收款凭证；付款单位对于承付的款项，应于承付时根据托收承付结算凭证的承付支款通知和有关发票账单等原始凭证编制付款凭证。如拒绝付款，属于全部拒付的，不作账务处理；属于部分拒付的，付款部分按上述规定处理，拒付部分不作账务处理。

（三）银行存款的管理

《民间非营利组织会计制度》规定，民间非营利组织应按开户银行和其他金融机构、存款种类等，分别设置“银行存款日记账”，由出纳人员根据收付款凭证，按照业务的发生顺序逐笔登记，每日终了应结出余额。“银行存款日记账”应定期与“银行对账单”核对，至少每月核对一次。月度终了，民间非营利组织“银行存款”账面结余与银行对账单余额之间如有差额，必须逐笔查明原因进行处理，并按月编制“银行存款余额调节表”，调节相符。银行对账单余额与银行存款日记账余额不一致的原因主要有：一是记账错误。单位或银行记账错误，如民间非营利组织在几家银行同时开户，记账时可能发生银行之间串户错误，同样银行也可能把各种存款账目相互混淆；二是未达账项。未达账项是指民间非营利组织与银行之间由于双方记账时间不同而发生的一方已入账、另一方尚未入账的事项。

（四）银行存款的会计处理

1. 会计科目设置

民间非营利组织应当设置“银行存款”科目，核算存入银行或者其他金融机构的存款。借方反映民间非营利组织银行存款的增加，贷方反映银行存款的减少，期末借方余额反映实际存在银行或者其他金融机构的款项。

民间非营利组织的外埠存款、银行本票存款、银行汇票存款、信用卡存款等不在“银行存款”科目核算，应在“其他货币资金”科目核算。

2. 主要账务处理

民间非营利组织应严格按照制度规定进行银行存款的核算和管理，银行存款收支及其相关事项的主要账务处理如下：

（1）民间非营利组织将款项存入银行或其他金融机构，借记“银行存款”科目，贷记“现金”“应收账款”“捐赠收入”“会费收入”等有关科目。

【例 3－5】 2026 年 3 月 20 日，某民间非营利组织收到一笔无条件的现金捐赠20 000元，并于当日将款项存入银行。该民间非营利组织账务处理如下：

借：现金　　20 000

　　贷：捐赠收入——非限定性收入　　20 000

借：银行存款　　20 000

　　贷：现金　　20 000

（2）民间非营利组织提取和支出存款时，借记“现金”“应付账款”“业务活动成本”“管理费用”等有关科目，贷记“银行存款”科目。

【例3－6】2026年3月20日，某民间非营利组织综合部门员工李某出差归来报销差旅费1 200元，李某出差前未借款，报销款打入李某工资卡。该民间非营利组织账务处理如下：

借：管理费用　　1 200

　　贷：银行存款　　1 200

（3）民间非营利组织收到存款利息时，借记“银行存款”科目，贷记“其他收入”“其他应收款”等科目。但是，收到的属于在借款费用应予资本化的期间内发生的与购建固定资产专门借款有关的存款利息，应当冲减在建工程成本，借记“银行存款”科目，贷记“其他应收款”或“在建工程”科目。

【例3－7】2026年3月31日，某民间非营利组织收到银行一季度银行利息入账的回单，利息为8 000元。该民间非营利组织账务处理如下：

借：银行存款　　8 000

　　贷：其他收入　　8 000

（4）民间非营利组织应当加强对银行存款的管理，并定期对银行存款进行检查，如果有确凿证据表明存在银行或其他金融机构的款项已经部分或者全部不能收回的，应当将不能收回的金额确认为当期损失，冲减银行存款，借记“管理费用”科目，贷记“银行存款”科目。

（五）外币业务的账务处理

民间非营利组织发生外币业务的，应当按照业务发生当日的即期汇率，将外币金额折算为人民币金额记账，并登记外币金额和汇率。

1. 以外币购入商品、设备、服务等，按照购入当日的即期汇率将支付的外币或应支付的外币折算为人民币金额，借记“固定资产”“存货”等科目，贷记“现金”“银行存款”“应付账款”等科目的外币账户。

2. 以外币销售商品、提供服务或者获得外币捐赠等，按照收入确认当日的即期汇率将收取的外币或应收取的外币折算为人民币金额，借记“银行存款”“应收账款”等科目的外币账户，贷记“捐赠收入”“提供服务收入”“商品销售收入”等科目。

3. 借入外币借款时，按照借入当日的即期汇率将借入款项折算为人民币金额，借记“银行存款”科目的外币账户，贷记“短期借款”“长期借款”等科目的外币账户；偿还外币借款时，按照偿还当日的即期汇率将偿还款项折算为人民币金额，借记“短期借款”“长期借款”等科目的外币账户，贷记“银行存款”科目的外币账户。

4. 发生外币兑换业务时，如为购入外币，按照购入当日的即期汇率将购入的外币折算为人民币金额，借记“银行存款”科目的外币账户，按照实际支付的人民币金额，贷记“银行存款”科目的人民币账户，两者之间的差额，借记或贷记“筹资费用”等科目；如为卖出外币，按照实际收到的人民币金额，借记“银行存款”科目的人民币账户，按照卖出当日的即期汇率将卖出的外币折算为人民币金额，贷记“银行存款”科目的外币账户，两者之间的差额，借记或贷记“筹资费用”等科目。

各种外币账户的外币余额，期末时应当按照期末的即期汇率折合为人民币。按照期末的即期汇率折合的人民币金额与账面人民币金额之间的差额，作为汇兑损益计入当期费用。但是，属于在借款费用应予资本化的期间内发生的与购建固定资产有关的外币专门借款本金及其利息所产生的汇兑差额，应当予以资本化，记入“在建工程”科目。

【修订】将原制度第六条中“业务发生时的汇率”修订为“业务发生当日的即期汇率”，“期末汇率”修订为“期末的即期汇率”。

四、其他货币资金

民间非营利组织对于外埠存款、银行汇票存款、银行本票存款、信用卡存款、信用证保证金存款、存出投资款（或者存入其他金融机构）、非银行支付机构网络支付账户余额等各种其他货币资金，应当单独设置“其他货币资金”科目进行核算。借方反映民间非营利组织其他货币资金的增加，贷方反映其他货币资金的减少，期末借方余额反映民间非营利组织实际持有的其他货币资金。“其他货币资金”科目应设置“外埠存款”“银行汇票”“银行本票”“信用卡存款”“信用证保证金存款”“存出投资款”“非银行支付机构网络支付款”等明细科目，并按外埠存款的开户银行、银行汇票或本票的收款单位等设置明细账。

民间非营利组织应加强对其他货币资金的管理，及时办理结算，对于逾期尚未办理结算的银行汇票、银行本票等，应按规定及时转回，借记“银行存款”科目，贷记“其他货币资金”科目。

（一）外埠存款

外埠存款，是指民间非营利组织到外地进行临时或零星采购时，汇往采购地银行开立采购专户的款项。采购资金存款不计利息，除采购员差旅费可以支取少量库存现金外，一律转账。采购专户只付不收，付完结束账户。民间非营利组织将款项委托当地银行汇往采购地开立专户时，借记“其他货币资金——外埠存款”科目，贷记“银行存款”科目；收到采购员交来供应单位发票账单等报销凭证时，借记“存货”等科目，贷记“其他货币资金——外埠存款”科目。将多余的外埠存款转回当地银行时，根据银行的收账通知，借记“银行存款”科目，贷记“其他货币资金——外埠存款”科目。

（二）银行汇票存款

银行汇票存款，是指民间非营利组织为取得银行汇票按规定存入银行的款项。民间非营利组织在填写“银行汇票申请书”并将款项交存银行，取得银行汇票后，根据银行盖章退回的申请书存根联，借记“其他货币资金——银行汇票存款”科目，贷记“银行存款”科目；民间非营利组织使用银行汇票后，根据发票账单等有关凭证，借记“存货”等科目，贷记“其他货币资金——银行汇票存款”科目。如有多余款或因汇票超过付款期等原因而退回款项，根据开户行转来的银行汇票第四联（多余款收账通知），借记“银行存款”科目，贷记“其他货币资金——银行汇票存款”科目。

（三）银行本票存款

银行本票存款，是指民间非营利组织为取得银行本票按规定存入银行的款项。民间非营利组织向银行提交“银行本票申请书”并将款项交存银行，取得银行本票后，根据银行盖章退回的申请书存根联，借记“其他货币资金——银行本票存款”科目，贷记“银行存款”科目；民间非营利组织使用银行本票后，根据发票账单等有关凭证，借记“存货”等科目，贷记“其他货币资金——银行本票存款”科目。因本票超过付款期等原因而要求退款时，应当填制进账单一式两联，连同本票一并送交银行，根据银行盖章退回的进账单第一联，借记“银行存款”科目，贷记“其他货币资金——银行本票存款”科目。

（四）信用卡存款

信用卡存款，是指民间非营利组织为取得信用卡按照规定存入银行的款项。民间非营利组织应按规定填制申请表，连同支票和有关资料一并送交发卡银行，根据银行盖章退回的进账单第一联，借记“其他货币资金——信用卡存款”科目，贷记“银行存款”科目；民间非营利组织用信用卡购物或支付有关费用，借记有关科目，贷记“其他货币资金——信用卡存款”科目。民间非营利组织信用卡在使用过程中，需向其账户续存资金的，借记“其他货币资金——信用卡存款”科目，贷记“银行存款”科目。

（五）信用证保证金存款

信用证保证金存款，是指民间非营利组织为取得信用证按规定存入银行的保证金。民间非营利组织向银行交纳保证金，根据银行退回的进账单第一联，借记“其他货币资金——信用证保证金存款”科目，贷记“银行存款”科目。根据开证行交来的信用证来单通知书及有关单据列明的金额，借记“存货”等科目，贷记“其他货币资金——信用证保证金存款”科目和“银行存款”科目。

（六）存出投资款

存出投资款，是指民间非营利组织存入证券公司但尚未进行投资的现金。民间非营利组织向证券公司划出资金时，应按实际划出的金额，借记“其他货币资金——存出投资款”科目，贷记“银行存款”科目；购买股票、债券、基金等时，按实际发生的金额，借记“短期投资”等科目，贷记“其他货币资金——存出投资款”科目。

（七）非银行支付机构网络支付账户余额

非银行支付机构网络支付账户余额，是指民间非营利组织存入非银行支付机构网络支付账户的预付交易资金的余额。民间非营利组织向非银行支付机构网络支付账户存入资金时，应按实际存入的金额，借记“其他货币资金——非银行支付机构网络支付款”科目，贷记“银行存款”科目；使用余额进行网络支付时，借记“存货”“业务活动成本”“管理费用”等科目，贷记“其他货币资金——非银行支付机构网络支付款”科目。

【新增】“非银行支付机构网络支付账户余额”，为《民间非营利组织会计制度》新增的其他货币资金类型。

第三节　短期投资

一、短期投资概述

（一）投资的概念

投资有广义和狭义之分。广义的投资不仅包括对外投资如对外长期股权投资等，还包括对内投资，如投资购买固定资产等。狭义的投资仅指对外投资，它是指民间非营利组织为了通过分配来增加财富，或为谋求其他利益而将资产让渡给其他单位所获得的另一项资产。《民间非营利组织会计制度》中所规定的投资，除特殊情况外仅指狭义的投资。这里所说的特殊情况是指现金流量表中的投资活动范围，它除了狭义投资外，还包括购置固定资产和无形资产等。

（二）投资的分类

投资可按不同的标准分类。按照投资的性质，可分为权益性投资、债权性投资、混合性投资等；按照投资对象的变现能力，可分为易于变现的投资和不易变现的投资；按照投资的目的和期限，可分为短期投资和长期投资。

在《民间非营利组织会计制度》中，投资是按照目的和期限分类的，即民间非营利组织在进行投资核算时，首先应将投资分为短期投资和长期投资。在涉及长期投资核算时，再根据投资的性质进行分类，将长期投资分为长期股权投资、长期债权投资和其他长期投资。

（三）长短期投资的划分

长短期投资的划分主要依据民间非营利组织管理层的意图而定，管理当局意图短期持有的作为短期投资核算，长期持有的作为长期投资核算。一项投资是否作为短期投资核算，一般应符合两个条件：一是能够在公开市场交易并且有明确的市价；二是持有投资是剩余资金的存放形式，并保持其流动性和获利性。长期投资之所以区别于短期投资，不但在于投资期限的长短，更在于投资目的的不同。民间非营利组织管理层取得长期投资的目的在于持有而不在于出售，这是与短期投资的一个重要区别。

通常情况下，短期投资由于期限较短，并且能够随时变现，在会计核算中采用较为简单的方法，在资产负债表上作为流动资产列示；长期投资由于期限长、投资金额较大，在会计核算时采用不同的方法进行核算，在资产负债表中作为长期资产列示。

《民间非营利组织会计制度》规定，民间非营利组织改变投资目的，将短期投资划转为长期投资，应当按短期投资的成本与市价孰低结转。

关于长期股权投资、长期债权投资和其他长期投资，将在本章第六节介绍。

（四）短期投资概述

《民间非营利组织会计制度》规定，短期投资是指民间非营利组织持有的各种能随时变现且持有时间不超过1年（含1年）的投资。通常包括有价证券和其他投资，其中，有价证券包括各种股票和债券等，如购买其他股份公司发行的各种股票，政府或其他企业发行的各种债券（国库券、国家重点建设债券、地方政府债券和企业融资债券等）；其他投资如民间非营利组织向其他单位投出的货币资金、材料、固定资产和无形资产等。

短期投资是民间非营利组织存放剩余资金、用活资金的一种策略，当民间非营利组织拥有的货币资金过多时，存在银行又不太合算，就可以用部分资金作短期投资，买股票、国库券之类的有价证券，以获得更高的收益。

二、短期投资的账务处理

（一）短期投资的初始计量

1. 会计科目设置

民间非营利组织应设置“短期投资”科目，核算持有的能够随时变现并且持有时间不准备超过1年（含1年）的投资，包括股票、债券投资等。

“短期投资”科目应当按照短期投资种类设置明细账，进行明细核算。民间非营利组织如果有委托贷款或者委托投资（包括委托理财）且作为短期投资核算的，应当在本科目下单设明细科目核算。本科目期末借方余额，反映民间非营利组织持有的各种股票、债券等短期投资的成本。

2. 主要账务处理

短期投资在取得时应当按照投资成本计量，具体如下：

（1）以现金购入的短期投资，按照实际支付的全部价款，包括税金、手续费等相关费用作为其投资成本，借记“短期投资”科目，贷记“银行存款”等科目。

① 短期股票投资实际支付的价款中包含已宣告但尚未领取的现金股利。

如果民间非营利组织购入短期股票投资时支付的价款中包含被投资单位已宣告但尚未发放的现金股利，不包括股票股利，这种情况下应将其计入“其他应收款”科目，不构成短期投资成本。按照实际支付的全部价款减去其中已宣告但尚未领取的现金股利后的金额作为短期投资成本，借记“短期投资”科目，按照应领取的现金股利，借记“其他应收款——应收股利”科目，按照实际支付的全部价款，贷记“银行存款”等科目。

【例3－8】某民间非营利组织2026年4月30日购入A股票2 000股，每股单价8.5元，其中0.5元为已宣告但尚未发放的股利，另外支付相关税费共计2 500元。该民间非营利组织账务处理如下：

短期投资的入账成本＝2 000×8.5＋2 500－2 000×0.5＝18 500（元）

已宣告但尚未发放的股利＝2 000×0.5＝1 000（元）

借：短期投资——A股票	18 500	
其他应收款——应收股利	1 000	
贷：银行存款		19 500

② 短期债券投资实际支付的价款中包含已到付息期但尚未领取的债券利息。

如果民间非营利组织购入短期债券投资时支付的价款中包含已到付息期但尚未领取的债券利息，这种情况下应按照实际支付的全部价款减去其中已到付息期但尚未领取的债券利息后的金额作为短期投资成本，借记“短期投资”科目，按照应领取的债券利息，借记“其他应收款——应收利息”科目，按照实际支付的全部价款，贷记“银行存款”等科目。

【例3－9】某民间非营利组织2026年1月2日以100 000元的价格买入2024年1月1日发行的年利率为5%的3年期债券，按年付息到期收回本金，2 月 28 日收到 2025 年债券利息 5 000 元。该民间非营利组织账务处理如下：

① 2026 年 1 月 2 日购买短期债券。

借：短期投资　　　　　　　　　　　　　　95 000

　　其他应收款——应收利息　　　　　　　　5 000

　　贷：银行存款　　　　　　　　　　　　　　100 000

② 2026 年 2 月 28 日收到 2025 年债券利息。

借：银行存款　　　　　　　　　　　　　　5 000

　　贷：其他应收款——应收利息　　　　　　　　5 000

（2）接受捐赠的短期投资，按照接受捐赠资产的确认与计量原则确定其投资成本，根据确定的成本，借记“短期投资”科目，贷记“捐赠收入”科目。

（二）取得短期投资现金股利和利息的核算

1. 收到被投资单位发放的现金股利或利息

《民间非营利组织会计制度》规定，民间非营利组织应将实际收到的股利或利息作为初始投资成本的收回，冲减短期投资的账面价值。按照实际收到的金额借记“银行存款”等科目，贷记“短期投资”科目。

2. 收到的现金股利或利息为实际支付的价款中包含的已宣告但尚未领取的现金股利或利息

因这部分现金股利或利息在购买时已记入“其他应收款——应收股利”或“其他应收款——应收利息”科目，实际收到时借记“银行存款”等科目，贷记“其他应收款——应收股利”或“其他应收款——应收利息”科目。

3. 持有股票期间所获得的股票股利，不作账务处理，但应在辅助账簿中登记所增加的股份。

（三）短期投资的期末计价

短期投资的期末计价是指期末短期投资在资产负债表上反映的价值，采用成本与市价孰低的原则。这里的市价一般是指在证券市场上挂牌的交易价格，在具体计算时应按期末证券市场上的收盘价格作为市价。采用成本与市价孰低时，民间非营利组织原则上应当按照单项投资计算，确定计提的跌价准备。按单项投资计算短期投资的成本与市价孰低，是指按每一短期投资的成本与市价孰低计算提取跌价准备的方法。

《民间非营利组织会计制度》规定，民间非营利组织应当定期或者至少于每年年度终了，对短期投资是否发生了减值进行检查，如果发生了减值，应当计提短期投资跌价准备。

如果已计提跌价准备的短期投资价值在以后期间得以恢复，则应当在已计提跌价准备的范围内部分或全部转回已确认的跌价损失，冲减当期费用。

1. 会计科目设置

民间非营利组织应设置“短期投资跌价准备”科目，核算提取的短期投资跌价准备。本科目期末贷方余额，反映民间非营利组织已计提的短期投资跌价准备。

2. 主要账务处理

（1）如果短期投资的期末市价低于账面价值，按照市价低于账面价值的差额，借记“资产减值损失——短期投资跌价损失”科目，贷记“短期投资跌价准备”科目。

（2）如果以前期间已计提跌价准备的短期投资的价值在当期得以恢复，即短期投资的期末市价高于账面价值，按照市价高于账面价值的差额，在原已计提跌价准备的范围内，借记“短期投资跌价准备”科目，贷记“资产减值损失——短期投资跌价损失”科目。

【修订】民间非营利组织的资产减值损失和管理费用存在本质区别。资产减值损失是资产的可收回金额低于其账面价值确认的损失，管理费用是为组织和管理民间非营利组织业务活动发生的各项费用，会计核算内容和计量方法不同，因此，《民间非营利组织会计制度》不再将短期投资跌价准备计入"管理费用"科目，而是增设"资产减值损失"科目单独核算。

【例 3-10】某民间非营利组织的短期投资期末按成本与市价孰低计价，且分别按单项投资计提跌价准备，2026 年 12 月 31 日，短期投资成本与市价金额如表 3-2 所示。

表 3-2　　短期投资的成本与市价金额

项目	成本	市价	预计跌价损失
短期投资——股票			
股票 A	105 000	102 000	3 000
股票 B	120 500	123 000	
小计			3 000
短期投资——债券			
C 公司债券	79 200	81 000	
D 公司债券	115 400	114 000	1 400
小计			1 400
合计			4 400

该民间非营利组织账务处理如下：

2026 年 12 月 31 日，该民间非营利组织应当计提的短期投资跌价准备为 3 000 + 1 400 = 4 400（元）

借：资产减值损失——短期投资跌价损失　　4 400

　　贷：短期投资跌价准备——股票 A　　3 000

　　　　　　　　　　——D 公司债券　　1 400

(四)短期投资处置的账务处理

短期投资处置主要指短期投资的出售、转让等情形。《民间非营利组织会计制度》规定，处置短期投资时应将实际取得价款与短期投资账面价值的差额确认为当期投资损益。民间非营利组织出售或收回短期投资，或者以其他方式处置短期投资时，应当同时结转已计提的跌价准备。

民间非营利组织按实际收到的金额，借记“银行存款”科目，按已计提的减值准备，借记“短期投资跌价准备”科目，按所出售或收回短期投资的账面余额，贷记“短期投资”科目，按未领取的现金股利或利息，贷记“其他应收款”科目，差额记“投资收益”科目，差额可以在借方也可以在贷方。

【例3－11】承【例3－10】假设该民间非营利组织2027年4月20日将A股票全部出售，扣除相关税费后所得净收入为103 000元。

该民间非营利组织账务处理如下：

借：银行存款	103 000	
短期投资跌价准备——股票A	3 000	
贷：短期投资——股票A		105 000
投资收益		1 000

第四节　应收款项和预付款项

一、应收款项和预付款项概述

《民间非营利组织会计制度》规定，应收款项是指民间非营利组织在日常业务活动中发生的各项应收未收债权，包括应收票据、应收账款和其他应收款等。对于应收款项，民间非营利组织应当按照实际发生额入账，并按照往来单位或个人等设置明细账，进行明细核算。期末应当分析应收款项的可收回性，对预计可能产生的坏账损失计提坏账准备，确认坏账损失并计入当期费用。

预付账款是指民间非营利组织预付给商品供应单位或者服务提供单位的款项。对于预付款项，民间非营利组织应当按照实际发生额入账，并按照往来单位或个人设置明细账，进行明细核算。

二、应收票据

（一）应收票据概述

1. 应收票据的概念及其分类

应收票据是指民间非营利组织因销售商品、提供劳务等而收到的且尚未到期的商业汇票。商业汇票根据承兑人不同，分为由付款人承兑的商业承兑汇票和由银行承兑的银行承兑汇票；根据是否计息，又可分为带息票据和不带息票据。商业汇票既可以依法背书转让，也可以向银行申请贴现。根据我国现行法律规定，商业汇票的付款期限不得超过6个月，符合条件的商业汇票的持票人可以持未到期的商业汇票和贴现凭证向银行申请贴现。

民间非营利组织应当设置“应收票据备查簿”，逐笔登记每一应收票据的种类、号数和出票日期、票面金额、票面利率、交易合同号和付款人、承兑人、背书人的姓名或单位名称、到期日、背书转让日、贴现日期、贴现率和贴现净额、计提的利息，以及收款日期和收回金额、退票情况等资料，应收票据到期结清票款或退票后，应当在备查簿内逐笔注销。

2. 应收票据的入账价值

应收票据入账价值的确定有两种方法：一种是按其面值入账，另一种是按未来应收金额的现值入账。为简化核算，《民间非营利组织会计制度》对于应收票据一律按照其面值作为实际发生额入账，即民间非营利组织在收到应收票据时，按照票据的票面价值或票面金额入账。

（二）应收票据的会计处理

1. 会计科目设置

为了反映和监督应收票据的取得和票款收回等经济业务，民间非营利组织应当设置“应收票据”科目进行核算。本科目期末借方余额，反映民间非营利组织持有的商业汇票的票面价值和应计利息。

2. 主要账务处理

（1）不带息应收票据。

不带息票据的到期价值等于应收票据的面值。

① 因销售商品、提供服务等收到开出、承兑的商业汇票，按照应收票据的面值，借记“应收票据”科目，贷记“商品销售收入”“提供服务收入”等科目。

② 收到应收票据以抵偿应收账款时，按照应收票据的面值，借记“应收票据”科目，贷记“应收账款”科目。

③ 应收票据到期收回时，按照实际收到的金额，借记“银行存款”科目，按照应收票据的账面余额，贷记“应收票据”科目。因付款人违约拒付或无力支付票款，收到银行退回的商业承兑汇票、委托收款凭证、未付票款通知书或拒绝付款证明等，将到期票据的票面余额转入“应收账款”科目，按照应收票据的账面余额，借记“应收账款”科目，贷记“应收票据”科目。对于银行承兑汇票，由于承兑人是银行，通常不存在退票的情况。

④ 如果有确凿证据表明所持有的未到期应收票据不能够收回或收回的可能性不大时，按照应收票据账面余额，借记“应收账款”科目，贷记“应收票据”科目。

【例 3-12】2026 年 3 月 1 日，某民间非营利组织销售一批商品给甲公司，货已发出，价款合计 80 000 元。当日收到甲公司签发的不带息商业承兑汇票一张，票据期限为 3 个月。该民间非营利组织账务处理如下：

① 2026 年 3 月 1 日，收到票据。

借：应收票据　　80 000

　　贷：商品销售收入　　80 000

② 2026 年 6 月 1 日，应收票据到期。

如果该民间非营利组织收到款项 80 000 元：

借：银行存款　　80 000

　　贷：应收票据　　80 000

如果甲公司无力偿还票款，应当将到期票据的票面金额转入“应收账款”科目：

借：应收账款　　80 000

　　贷：应收票据　　80 000

（2）带息应收票据。

如果民间非营利组织收到的应收票据为带息票据，除按上述原则进行核算外，还应当在持有期间的期末、贴现、背书转让或票据到期时，按照带息应收票据的票面价值和确定的利率计提利息，计提的利息增加带息应收票据的账面余额，借记“应收票据”科目，贷记“其他收入”科目。

到期不能收回的带息应收票据，转入“应收账款”科目核算后，期末不再计提利息，其所包含的利息，在有关备查簿中进行登记，待实际收到时计入其他收入，借记“银行存款”等科目，贷记“其他收入”科目。

票据利息的计算公式为：

应收票据利息 = 应收票据票面金额 × 利率 × 期限

上式中“利率”一般是指年利率，“期限”是指签发日至到期日的时间间隔（有效期）。票据期限按月表示的，应以到期月份中与出票日相同的那一天为到期日，如4月15日签发的两个月票据，到期日应为6月15日，同时计算利息使用的利率，要换算成月利率（年利率/12）；票据期限按日表示的，应从出票日起按实际经历天数计算，通常出票日和到期日，只能计算其中的一天，即“算头不算尾”或是“算尾不算头”，如4月15日签发的40天票据，到期日应为5月25日，同时计算利息使用的利率，要换算成日利率（年利率/360）。

带息应收票据到期收回时，按照实际收到的本金和利息，借记“银行存款”科目，按照应收票据的账面余额，贷记“应收票据”科目，按其差额（未计提利息部分），贷记“其他收入”科目。

【修订】根据《民间非营利组织会计制度》，带息应收票据的利息不再记入“筹资费用”科目，而是记入“其他收入”科目。

【例3-13】2026年9月1日，某民间非营利组织销售一批商品给甲公司，货已发出，价款合计80 000元。当日收到甲公司签发的商业承兑汇票一张，票据期限为6个月，票面利率3%。该民间非营利组织账务处理如下：

① 2026年9月1日，收到票据。

借：应收票据　　80 000

　　贷：商品销售收入　　80 000

② 2026年12月31日，计提票据利息。

票据利息=80 000×3%÷12×4=800（元）

借：应收票据　　800

　　贷：其他收入　　800

③ 2027年3月1日，票据到期、收回款项。

收款金额=80 000×（1+3%÷12×6）=81 200（元）

2027年未计提的票据利息=80 000×3%÷12×2=400（元）

借：银行存款　　81 200

　　贷：应收票据　　80 800

　　　　其他收入　　400

（3）应收票据转让。

民间非营利组织可以将自己持有的未到期的商业汇票背书转让给其他单位或者个人。背书是指持票人在票据背面签字，签字人称为背书人，背书人对于票据的到期付款负有连带责任。

民间非营利组织将持有的商业汇票背书转让以取得所需物资时，按照所取得物资应确认的成本，借记“存货”科目，按应收票据的账面余额，贷记“应收票据”科目，按实际收到或支付的银行存款等，借记或贷记“银行存款”等科目。民间非营利组织将持有的应收票据背书转让时，应按票面金额结转。如为带息应收票据，还应将尚未计提的利息计入其他收入。

【例3－14】某民间非营利组织2026年10月1日取得应收票据，票据面值为10 000元，票面利率为12%，票据期限为6个月；2027年2月1日，将该票据背书转让购进存货，专用发票注明价款为12 000元，差额部分通过银行支付。假定不考虑其他税费，该民间非营利组织账务处理如下：

① 2026年12月31日计提利息。

票据利息＝10 000×12%÷12×3＝300（元）

借：应收票据　　300

　　贷：其他收入　　300

② 2027年2月1日将票据背书转让。

2027年未计提的票据利息＝10 000×12%÷12×1＝100（元）

借：存货　　12 000

　　贷：应收票据　　10 300

　　　　其他收入　　100

　　　　银行存款　　1 600

（4）应收票据贴现。

应收票据贴现是指持票人因急需资金以未到期的商业汇票通过背书手续，请银行按贴现率从票据价值中扣除自贴现日起到票据到期日止的贴息后，以余额兑付给民间非营利组织的业务活动。对于贴现银行来说就是收购没有到期的票据，是融通资金的一种信贷形式，背书的应收票据是此项借款的担保品。

用应收票据向银行申请贴现时，持票人必须在票据上“背书”。民间非营利组织付给银行的票据到期值与贴现实际金额之间的差额称为贴现利息，银行计算贴现利息的利率称为贴现率，民间非营利组织从银行获得的票据到期值扣除贴现利息后的货币收入，称为贴现所得。其公式为：

贴现利息 = 票据到期值 × 贴现率/360 × 贴现天数

贴现天数 = 贴现日至票据到期日实际天数 − 1

贴现所得金额 = 票据到期值 − 贴现利息

不带息票据的到期值为票据的面值，带息票据的到期值为面值加上按票据载明的利率计算的票据全部期间的利息。

民间非营利组织持未到期的应收票据向银行贴现，应当根据银行盖章退回的贴现凭证第四联收账通知，按实际收到的金额（即减去贴现息后的净额），借记“银行存款”科目，按照应收票据的账面余额，贷记“应收票据”科目，按照差额，借记“筹资费用”科目。

贴现的商业承兑汇票到期，如果付款单位有款足额支付票款，收款单位应于贴现银行收到票款后将应收票据在备查簿中注销。如果承兑人的银行账户不足支付，申请贴现的民间非营利组织收到银行退回的应收票据、支款通知和拒绝付款理由书或付款人未付票款通知书时，按照所付本息，借记“应收账款”科目，贷记“银行存款”科目；如果申请贴现的民间非营利组织的银行存款账户余额不足，银行作逾期贷款处理时，按照转作贷款的本息，借记“应收账款”科目，贷记“短期借款”科目。

【例 3－15】某民间非营利组织收到购货单位交来2026年12月31日签发的带息商业票据一张，金额900 000元，票面利率为4%，承兑期限5个月。2027年1月31日该民间非营利组织持汇票向银行申请贴现，带追索权，年贴现率5%。假定不考虑其他税费，该民间非营利组织账务处理如下：

① 2026年12月31日收到票据。

借：应收票据　　900 000

　　贷：商品销售收入　　900 000

② 2027年1月31日期末计提利息。

借：应收票据　　3 000

　　贷：其他收入　　3 000

到期值 $=900\ 000\times(1+4\%\times5/12)=915\ 000$（元）

贴现息 $=915\ 000\times5\%\times4/12=15\ 250$（元）

贴现净额 $=915\ 000-15\ 250=899\ 750$（元）

借：银行存款　　899 750

　　筹资费用　　3 250

　　贷：应收票据　　903 000

【例 3－16】承【例 3－15】2027年5月31日票据到期时，因承兑人的银行账户不足支付，该民间非营利组织现已收到银行退回的应收票据、支款通知和付款人未付票款通知书，同时银行从该民间非营利组织的银行账户中将票据款划回。该民间非营利组织账务处理如下：

借：应收账款　　915 000

　　贷：银行存款　　915 000

【例 3－17】承【例 3－15】2027年5月31日票据到期时，因承兑人的银行账户不足支付，该民间非营利组织现已收到银行退回的应收票据、支款通知和付款人未付票款通知书。如果该民间非营利组织的银行账户存款也不足时，账务处理如下：

借：应收账款　　　　915 000

　　贷：短期借款　　　　915 000

三、应收账款

（一）应收账款的概念及其确认

应收账款是指民间非营利组织因销售商品、提供服务等主要业务活动，应当向会员、购买单位或接受服务单位等收取的，但尚未实际收到的款项，是民间非营利组织因销售商品、提供服务等主要业务活动所形成的债权。

应收账款应当按实际发生额入账，确认时点及其金额应当依据相对应的收入确认时点和金额而定。

民间非营利组织应当定期或者至少于每年年度终了，对应收账款进行全面检查，计提坏账准备，具体详见本节“坏账准备”部分内容。

（二）应收账款的会计处理

1. 会计科目设置

为了核算因销售商品、提供服务等主要业务活动而发生的应收未收款项，民间非营利组织应设置“应收账款”科目。本科目应当按照债务人设置明细账，进行明细核算。期末余额在借方，反映民间非营利组织尚未收回的应收账款。

2. 主要账务处理

（1）民间非营利组织因销售商品、提供服务等主要业务活动而发生应收账款时，按照应收未收金额，借记“应收账款”科目，贷记“会费收入”“提供服务收入”“商品销售收入”等科目。

（2）民间非营利组织收回应收账款时，按照实际收到的款项金额，借记“银行存款”等科目，贷记“应收账款”科目。

（3）如果民间非营利组织的应收账款改用商业汇票结算，在收到承兑的商业汇票时，按照票面价值，借记“应收票据”科目，贷记“应收账款”科目。

【例 3－18】 某民间非营利组织 2026 年 3 月 20 日销售给 A 公司 2 000 件产品，每件 20 元，货已发出货款尚未收到。2026 年 4 月 10 日，该民间非营利组织从 A 公司收到货款。假定不考虑相关税费，该民间非营利组织账务处理如下：

① 2026 年 3 月 20 日发出产品。

借：应收账款——A 公司　　40 000

　　贷：商品销售收入　　40 000

② 2026 年 4 月 10 日收到货款。

借：银行存款　　40 000

　　贷：应收账款——A 公司　　40 000

四、其他应收款

（一）其他应收款的概念及其内容

民间非营利组织的其他应收款是指除应收票据、应收账款以外的其他各项应收、暂付款项，包括应收股利、应收利息、应向职工收取的各种垫付款项、职工借款、应收保险公司赔款等。

民间非营利组织应当定期或者至少于每年年度终了，对其他应收款进行全面检查，计提坏账准备，具体详见本节“坏账准备”部分内容。

（二）其他应收款的会计处理

1. 会计科目设置

为了核算除应收票据、应收账款以外的其他各项应收及暂付款项，民间非营利组织应当设置“其他应收款”科目。在核算过程中为便于管理，民间非营利组织应当按其他应收款的具体项目进行分类，并按不同的债务人设置明细账，进行明细核算。本科目期末借方余额，反映尚未收回的其他应收款。

2. 主要账务处理

（1）对外进行短期或长期股权投资应收取的现金股利。

① 购入股票时，如果实际支付的价款中包含已宣告但尚未领取的现金股利，按照实际支付的全部价款减去其中已宣告但尚未领取的现金股利后的金额，借记“短期投资”“长期股权投资”科目，按照应当领取的现金股利，借记“其他应收款”科目，按照实际支付的价款，贷记“银行存款”等科目。

② 对外长期股权投资应分得的现金股利或利润，应当于被投资单位宣告发放现金股利或分派利润时，借记“其他应收款”科目，贷记“投资收益”科目。

③ 实际收到的现金股利或利润，按照实际收到的金额，借记“银行存款”科目，贷记“其他应收款”科目。

（2）对外进行债权投资或其他投资应收取的利息。（到期一次还本付息的长期债券投资应收取的利息，在“长期债权投资”“其他长期投资”科目核算，不在本科目核算）

① 购入债券投资或其他投资，如果实际支付的价款中包含已到付息期但尚未领取的利息，按照实际支付的全部价款减去其中已到付息期但尚未领取的利息后的金额，借记“短期投资”“长期债权投资”“其他长期投资”科目，按照应当领取的利息，借记“其他应收款”科目，按照实际支付的价款，贷记“银行存款”等科目。

② 分期付息、到期还本的投资以及分期付息的其他长期投资持有期间，已到付息期而应收未收的利息，应于确认投资收益时，按照应获得的

利息，借记“其他应收款”科目，贷记“投资收益”科目。

③ 实际收到的利息，按照实际收到的利息金额，借记“银行存款”科目，贷记“其他应收款”科目。

（3）发生的其他各项应收和暂付款项等。

发生其他各项应收和暂付款项时，根据实际发生额，借记“其他应收款”科目，贷记“现金”“银行存款”等科目；收回上述各项款项时，借记“现金”“银行存款”等科目，贷记本科目。

五、坏账准备

（一）坏账的概念及其基本确认原则

坏账是指民间非营利组织无法收回或收回的可能性极小的应收款项。由于发生坏账而产生的损失称为坏账损失。民间非营利组织应当定期或者至少于每年年度终了对应收款项进行全面检查，分析其可收回性，对预计可能产生的坏账损失计提坏账准备，确认坏账损失并计入当期费用。

民间非营利组织在确定坏账损失时，应具体分析各项应收款项的特性、金额的大小、信用期限、债务人的信誉和当时的经营情况等因素。一般来讲，确定坏账损失的标准主要有两条：一是因债务人破产或死亡，以其破产财产或遗产清偿后，仍不能收回的应收款项；二是债务人较长时间未履行其偿债义务，并有足够的证据表明无法收回或收回的可能性极小。对有确凿证据表明确实无法收回的应收款项，根据民间非营利组织管理权限，经民间非营利组织理事会或类似权力机构批准后作为坏账损失。

（二）坏账损失的核算方法

应收款项坏账损失的核算方法主要有两种：一是直接转销法：二是备抵法。

直接转销法是指在坏账损失实际发生时，才将坏账损失予以确认，并冲销应收款项。备抵法是指在坏账损失实际发生前，就采用一定的方法按期预计坏账损失，计提坏账准备计入当期费用，待坏账损失实际发生时再冲减已计提的坏账准备，同时转销相应的应收款项。

《民间非营利组织会计制度》规定，民间非营利组织只能采用备抵法核算坏账损失。计提坏账准备的范围主要包括应收账款和其他应收款等应收款项。

（三）坏账准备的会计处理

1. 会计科目设置

民间非营利组织应当设置“坏账准备”科目，核算预计可能发生的坏账损失。本科目期末贷方余额，反映民间非营利组织已提取的坏账准备。

民间非营利组织当期应补提或冲减的坏账准备按照以下公式计算：

当期应补提或冲减的坏账准备 = 当期按应收款项计算应计提的坏账准备金额 - 本科目期初贷方余额

如果当期按应收款项计算应提坏账准备金额大于“坏账准备”科目的贷方余额，应按其差额提取坏账准备；如果当期按应收款项计算应提坏账准备金额小于“坏账准备”科目的贷方余额，应按其差额冲减已计提的坏账准备；如果当期按应收款项计算应提坏账准备金额为零，应将前期提取的“坏账准备”科目余额全部冲回。

2. 主要账务处理

（1）提取坏账准备时，借记“资产减值损失——坏账损失”科目，贷记“坏账准备”科目；冲减坏账准备时，借记“坏账准备”科目，贷记“资产减值损失——坏账损失”科目。

（2）对于确实无法收回的应收款项，应当及时查明原因，并根据管理权限，报经批准后，按照无法收回的应收款项金额，借记“坏账准备”

科目，贷记“应收账款”“其他应收款”等科目。

（3）如果已确认并转销的应收款项在以后期间又收回，按照实际收回的金额，借记“应收账款”“其他应收款”科目，贷记“坏账准备”科目；同时，借记“银行存款”科目，贷记“应收账款”“其他应收款”科目。

【修订】民间非营利组织的资产减值损失和管理费用存在本质区别。资产减值损失是资产的可收回金额低于其账面价值确认的损失，管理费用是为组织和管理民间非营利组织业务活动发生的各项费用，会计核算内容和计量方法不同，因此，《民间非营利组织会计制度》不再将坏账准备计入“管理费用”科目，而是增设“资产减值损失”科目单独核算。

（四）坏账准备的计提方法

坏账准备的计提方法由民间非营利组织自行确定。民间非营利组织应制定计提坏账准备的政策，明确计提坏账准备的范围、提取方法、账龄划分和提取比例。在确定坏账准备的计提比例或应计提的坏账准备金额时，民间非营利组织应当根据以往的经验和债务人的资信状况、财务状况、现金流量状况等相关信息予以合理估计。民间非营利组织应当根据应收款项的实际可收回情况合理计提坏账准备，不得多提或少提。坏账准备计提方法一经确定，不得随意变更。

坏账准备的计提方法通常有应收款项余额百分比法、账龄分析法和个别认定法等。

1. 应收款项余额百分比法

应收款项余额百分比法，是按照期末应收款项余额的一定百分比估计坏账损失、计提坏账准备的方法。坏账百分比由民间非营利组织根据以往的资料或经验自行确定。

采用应收款项余额百分比法计提坏账准备的计算公式如下：

（1）首次计提坏账准备。

当期应计提的坏账准备 = 期末应收款项余额 × 坏账准备计提百分比

（2）以后计提坏账准备。

当期应计提的坏账准备 = 当期按应收款项计算应计提的坏账准备金额 +／- 坏账准备账户借方余额（或贷方余额）

【例 3－19】某民间非营利组织从 2026 年开始计提坏账准备，2026 年末应收账款余额为 2 000 000 元，坏账准备的提取比例为 5‰。该民间非营利组织账务处理如下：

① 该民间非营利组织 2026 年应计提的坏账准备 = 2 000 000 × 5‰ = 10 000（元）。

借：资产减值损失——坏账损失　　10 000

　　贷：坏账准备　　10 000

② 2027 年 6 月，该民间非营利组织发现有 3 000 元的应收账款已经确实无法收回，将其确认为坏账损失。

借：坏账准备　　3 000

　　贷：应收账款　　3 000

此时，"坏账准备"科目贷方余额 = 10 000 － 3 000 = 7 000（元）。

③ 2027 年 12 月 31 日，该民间非营利组织应收账款余额为 3 000 000 元。按本年年末应收账款余额计算的"坏账准备"科目的贷方余额 = 3 000 000 × 5‰ = 15 000（元）。

2027 年实际应提取的坏账准备金额 = 15 000 － 7 000 = 8 000（元）

借：资产减值损失——坏账损失　　8 000

　　贷：坏账准备　　8 000

此时，"坏账准备"科目贷方余额为 15 000 元。

④ 2028 年 3 月，接银行通知上年度已冲销的 3 000 元坏账又收回，款

项已存于银行。

借：应收账款　　3 000

　　贷：坏账准备　　3 000

借：银行存款　　3 000

　　贷：应收账款　　3 000

此时，“坏账准备”科目贷方余额为 18 000 元。

⑤ 2028 年 12 月 31 日，该民间非营利组织应收账款余额为 1 000 000 元。按本年年末应收账款余额计算的“坏账准备”科目的贷方余额 = 1 000 000 × 5‰ = 5 000（元）。

本年度应冲销多提的坏账准备 = 18 000 − 5 000 = 13 000（元）。

借：坏账准备　　13 000

　　贷：资产减值损失——坏账损失　　13 000

此时，“坏账准备”科目贷方余额为 5 000 元。

2. 账龄分析法

账龄分析法，是根据应收款项账龄的长短来估计坏账损失的方法。账龄是指债务人所欠账款的时间。通常而言，应收款项的账龄越长，发生坏账的可能性越大。将应收款项按账龄长短进行分组，分别确定不同的计提百分比估算坏账损失，可以使坏账损失的计算结果更符合客观情况。

采用账龄分析法计提坏账准备的计算公式如下：

（1）首次计提坏账准备。

当期应计提的坏账准备 = $\sum$（期末各账龄组应收款项余额 × 各账龄组坏账准备计提百分比）

（2）以后计提坏账准备。

当期应计提的坏账准备 = 当期按应收款项计算应计提的坏账准备金额 +/− 坏账准备账户借方余额（或贷方余额）

【例 3 − 20】某民间非营利组织 2026 年 12 月 31 日应收账款账龄及估

计损失如表 3－3 所示。

表 3－3　　应收账款账龄及估计损失

应收账款账龄	应收账款金额（元）	估计损失	预计损失金额（元）
（根据约定）未到期	80 000	5‰	400
过期 1 个月	60 000	1%	600
过期 2 个月	50 000	2%	1 000
过期 3 个月	40 000	3%	1 200
过期 6 个月	30 000	4%	1 200
过期 12 个月	20 000	5%	1 000
合计	280 000		5 400

由表 3－3 可知，该民间非营利组织在 2026 年 12 月 31 日的 280 000 元应收账款金额预计坏账损失为 5 400 元。

假设期初“坏账准备”科目账面余额为 4 000 元，则当期应补提坏账准备 1 400 元（5 400－4 000）。账务处理如下：

借：资产减值损失——坏账损失　　1 400

　　贷：坏账准备　　1 400

假设期初“坏账准备”科目账面余额为 6 000 元，则当期应冲销坏账准备 600 元（6 000－5 400）。账务处理如下：

借：坏账准备　　600

　　贷：资产减值损失——坏账损失　　600

需要说明的是，在采用账龄分析法计提坏账准备时，收到债务单位当期偿还的部分债务后，剩余的应收款项不应改变其账龄，仍应按原账龄加上本期应增加的账龄确定；在存在多笔应收款项且各笔应收款项账龄不同的情况下，收到债务单位当期偿还的部分债务，应当逐笔认定收到的是哪一笔应收款项；如果确实无法认定的，按照先发生先收回的原则确定，剩余应收款项的账龄按上述同一原则确定。

3. 个别认定法

个别认定法，是针对每项应收款项的实际情况分别估计坏账损失的方法。在采用账龄分析法、余额百分比法等方法的同时，如果某项应收款项的可收回性与其他各项应收款项存在明显差异，如债务单位所处的特定地区等，导致该项应收款项如果按照与其他应收款项同样的方法计提坏账准备将无法真实地反映其可收回金额的，可对该项应收款项采用个别认定法计提坏账准备。在同一会计期间内运用个别认定法的应收款项，应从用其他方法计提坏账准备的应收款项中剔除。

六、预付账款

预付账款是民间非营利组织因购货和接受服务，预付给商品供应单位或者服务提供单位的款项。

（一）会计科目设置

民间非营利组织应设置“预付账款”科目，核算预付给商品供应单位或者服务提供单位的款项。预付账款应当按照实际发生额入账，并按照往来单位和个人等设置明细账，进行明细核算。期末借方余额，反映民间非营利组织实际预付的款项。

（二）主要账务处理

1. 因购货而预付款项时，按照实际预付的金额，借记“预付账款”科目，贷记“银行存款”等科目。

2. 收到所购货物时，按照应确认所购货物成本的金额，借记“存货”等科目，按照本科目账面余额，贷记“预付账款”科目，按照退回或补付的款项，借记或贷记“银行存款”等科目。

3. 如果有确凿证据表明预付账款并不符合预付款项性质，或者因供货单位破产、撤销等原因已无望再收到所购货物的，应将原计入预付账款的金额转入其他应收款。按照预付账款账面余额，借记“其他应收款”

科目，贷记“预付账款”科目。

【例3－21】某民间非营利组织2026年3月10日根据购货合同规定，通过银行转账预付给A公司定购复印纸款6 000元。3月20日收到定购的复印纸，发票注明价款10 000元，补付余款。该民间非营利组织账务处理如下：

①3月10日预付复印纸款。

借：预付账款——A公司　　6 000

　　贷：银行存款　　6 000

②3月20日收到复印纸并补付余款。

借：存货　　10 000

　　贷：预付账款——A公司　　6 000

　　　　银行存款　　4 000

需要说明的是，民间非营利组织对其预付账款，一般不计提坏账准备。如果有确凿证据表明预付账款并不符合预付款项性质，或者因供货单位破产、撤销等原因已无望再收到所购货物的，应先将其转入其他应收款，然后再按规定计提坏账准备。

第五节　存　　货

一、存货概述

《民间非营利组织会计制度》规定，存货是指民间非营利组织在日常业务活动中持有以备出售或捐赠的，或者为了出售或捐赠仍处在生产过程中的，或者将在生产、提供服务或日常管理过程中耗用的材料、物资、商品等。具体包括材料、包装物、燃料、在产品、半成品、库存商品、委托加工材料，以及达不到固定资产标准的工具、器具、用品等。

民间非营利组织的存货主要有以下特点：

（一）民间非营利组织的存货具有较强的流动性，经常处于不断销售、耗用、购买或重置中，具有较快的变现能力和明显的流动性。民间非营利组织持有存货的目的不是投资增值和长期持有，而是出售、捐赠或日常使用。

（二）民间非营利组织的存货是有形资产，但状态可以是多样的，可能是直接可以使用、对外出售、捐赠或提供服务之用的产成品或商品，也可能是购入的尚需加工的材料、物资等，或处于生产过程但尚未制成产成品的在产品或半成品等。

（三）民间非营利组织的存货具有时效性和发生潜在损失的可能性。在正常经营活动下，存货能够规律地转换为货币资产或其他资产，但长期不能耗用的存货有可能变为积压物资或降价销售，从而造成损失。

民间非营利组织在判断一项资产是否应当作为存货予以确认时，首先要看是否符合存货的定义，其次还应同时满足以下两个条件：一是与该存货有关的经济利益或服务潜力很可能流入民间非营利组织；二是该存货的成本能够可靠地计量。

二、存货取得的核算

（一）存货成本的确定

《民间非营利组织会计制度》规定，存货在取得时，应当以其实际成本入账。存货的取得渠道不同，其成本构成也不相同。存货成本包括采购成本、加工成本和其他成本。其中，采购成本一般包括实际支付的采购价款、相关税费、运输费、装卸费、保险费以及其他可直接归属于存货采购的费用。加工成本包括直接人工以及按照合理方法分配的与存货加工有关的间接费用。其他成本是指除采购成本、加工成本以外的，使存货达到目前场所和状态所发生的其他支出。接受捐赠的存货，按照接受捐赠资产的有关规定确定其成本。盘盈的存货，其成本按公允价值确定。通过非货币性交易换入的存货，其成本的确定参见本书第九章第二节。

1. 采购成本

采购成本一般包括实际支付的采购价款、相关税费、运输费、装卸费、保险费以及其他可直接归属于存货采购的费用。

（1）采购价款，是指民间非营利组织购入材料或商品的购货发票上注明的货款金额。

（2）相关税费，是指民间非营利组织进口货物按规定支付的进口关税和不得抵扣的增值税进项税额等其他相关税金。

（3）运杂费，是指存货采购过程中发生的运输费、装卸费、包装费、保险费和仓储费等。

（4）运输途中的合理损耗，是指存货运输途中的定额内损耗。但是在运输途中所发生的非合理的损耗，能确定由过失人员负责的，应向有关人员索赔，不计入购货成本中；如果由于自然灾害发生的意外损失而又难以得到补偿的，不计入购货成本，应及时作为净损失处理。

（5）入库前整理挑选费用，是指购入的存货在进入原料仓库前进行挑选过程中发生的人工费用、残次料成本等。

2. 加工成本

加工成本是指在存货加工过程中发生的追加费用，包括直接人工以及按照合理方法分配的与存货加工有关的间接费用。直接人工是指民间非营利组织在生产产品过程中，直接从事产品生产的人员工资及其福利费，直接人工和间接人工的划分依据是生产人员是否与所产生的产品直接相关。

民间非营利组织在存货加工过程中发生的间接费用，应按一定方法分配计入有关成本核算对象。分配方法一经确定不得随意变更。

3. 其他成本

其他成本是指除采购成本、加工成本以外的，使存货达到目前场所和状态所发生的其他支出，如民间非营利组织为特定产品所发生的设计费等。

以上所讲的存货成本主要是针对民间非营利组织外购或自制存货而言。除外购或自制外，民间非营利组织还可能通过非货币性交易、接受捐赠、盘盈等方式取得存货。其中，通过非货币性交易换入的存货的核算原则在第九章第二节讲解。

4. 接受捐赠取得的存货成本

对许多民间非营利组织来说，资产（包括存货）的一个重要来源是通过捐赠取得，但由于民间非营利组织在取得资产时没有付出成本或付出的成本较小，如果按历史成本原则进行确认，这些资产的入账价值将等于零或远远偏离其实际价值，从而不利于真实反映民间非营利组织的财务状况。《民间非营利组织会计制度》规定，民间非营利组织对于接受捐赠的存货等其他非现金资产，应当按以下方法确定其入账价值：

（1）如果捐赠方提供了有关凭据（如发票、报关单、有关协议等）的，应当按照凭据上标明的金额作为入账价值。

（2）如果捐赠方没有提供有关凭据，或者凭据上标明的金额与受赠资产公允价值相差较大，受赠资产应当以其公允价值作为入账价值。

（3）民间非营利组织接受存货捐赠时发生的应归属于其自身的相关税费、运输费等，应当计入筹资费用。

5. 盘盈、盘亏或者毁损的存货成本

《民间非营利组织会计制度》规定，民间非营利组织对于存货应当定期进行清查盘点，每年至少盘点一次。对于发生的盘盈、盘亏以及变质、毁损等存货，应当及时查明原因，并根据民间非营利组织的管理权限，经理事会或类似权力机构批准后，在期末结账前处理完毕。对于盘盈的存货，应当按照其公允价值入账，并确认为当期收入；对于盘亏或者毁损的存货，应先扣除残料价值、可以收回的保险赔偿和过失人的赔偿等，将净损失确认为当期费用。

（二）存货取得的账务处理

存货在取得时，应当以其成本入账，具体如下：

1. 外购存货

民间非营利组织外购的存货，按照采购成本，借记“存货”科目，贷记“银行存款”“应付账款”等科目。民间非营利组织可以根据需要在“存货”科目下设置“材料”“库存商品”等明细科目。

【例3－22】某民间非营利组织2026年3月1日购入一批文具共3 000元，采用支票方式支付，购入的文具当日到货验收入库。该民间非营利组织账务处理如下：

借：存货	3 000	
贷：银行存款		3 000

2. 自行加工或委托加工完成的存货

民间非营利组织自行加工或委托加工完成的存货，按照采购成本、加工成本（包括直接人工以及按照合理方法分配的与存货加工有关的间接费用）和其他成本（除采购成本、加工成本以外的，使存货达到目前场所和状态所发生的其他支出），借记“存货”科目，贷记“银行存款”“应付账款”“应付职工薪酬”等科目。

由于自行加工或委托加工的存货从投入生产到生产完毕需要一段时间，民间非营利组织可以根据实际情况，在“存货”科目下设置“生产成本”等明细科目，归集相关成本。待生产完成后再从“生产成本”等明细科目转到“产成品”明细科目。

【例3－23】某民间非营利组织2026年3月1日将成本75 000元的一批A材料委托甲公司制作成用具，材料出库运往甲公司；2026年3月15日，通过银行汇款的方式支付加工费用、运输费等共25 000元，并将加工完成的用具验收入库（不作为固定资产核算）。该民间非营利组织账务处理如下：

①3 月 1 日委托加工出库。

借：存货——委托加工存货成本　　75 000

　　贷：存货——A 材料　　75 000

②3 月 15 日加工完成入库。

借：存货——委托加工存货成本　　25 000

　　贷：银行存款　　25 000

借：存货——用具　　100 000

　　贷：存货——委托加工存货成本　　100 000

3. 接受捐赠的存货

民间非营利组织对于接受捐赠的存货，按照所确定的成本，借记“存货”科目，贷记“捐赠收入”科目。民间非营利组织接受存货捐赠时发生的应归属于其自身的相关税费、运输费等，应当计入筹资费用，借记“筹资费用”科目，贷记“银行存款”等科目。

【例 3－24】某民间非营利组织 2026 年 3 月 1 日收到社会爱心人士捐赠的一批书包，捐赠人要求将该批书包捐赠给贵州贫困山区的儿童。捐赠人提供的凭据上标明的金额为 30 000 元，与市场价值不相上下。该民间非营利组织已将书包验收入库，并通过银行转账方式支付运输费 500 元。该民间非营利组织账务处理如下：

借：存货　　30 000

　　贷：捐赠收入——限定性收入　　30 000

借：筹资费用　　500

　　贷：银行存款　　500

三、存货发出的核算

（一）存货发出的计价方法

《民间非营利组织会计制度》规定，存货在发出时，应当根据实际情况采用个别计价法、先进先出法或者加权平均法，确定发出存货的实际成本。

1. 个别计价法

个别计价法是以每一批存货的实际进价作为计算存货成本的一种方法。采用这一方法，存货的成本流转与实物流转相一致，按照各种存货逐一辨认各批发出存货和期末存货所属的购进批别或生产批别，分别按其购入或生产时所确定的单位成本作为计算各批发出存货和期末存货成本的方法，又称“个别认定法”“具体辨认法”“分批实际法”。

这种方法计算发出存货的成本和期末存货的成本比较合理、准确，但工作量较大，适用于直运存货和进货批次少、销售能分清进货批次的存货。

2. 先进先出法

先进先出法是以先购入的存货先发出这样一种存货实物流转假设为前提对发出存货进行计价的方法。采用这种方法，先购入的存货成本在后购入的存货成本之前转出，据此确定发出存货和期末存货的成本。用先进先出法计算的期末存货金额，比较接近市价。

3. 加权平均法

加权平均法是指以当月全部进货数量加上月初存货数量作为权数，去除当月全部进货成本加上月初进货成本，计算出存货的加权平均单位成本，以此为基础计算当月发出存货的成本和期末存货成本的一种方法。该方法考虑了不同批次入库存货的数量及其单价，计算结果较为均衡，不论物价是上涨还是下降，都不会出现发出及结存存货成本明显偏高或偏低、当期利润明显偏低或偏高的现象。但由于全部计算工作集中在月末进行，平时不能从账上反映发出及结存存货的单价与金额，不利于加强对存货的管理和控制。采用加权平均法计算存货平均单位成本的公式如下：

加权平均单位成本 =（期初结存存货成本 + 本期购入存货的总成本）/（期初结存存货的数量 + 本期购入存货的总数量）

本期发出存货成本 = 本期发出存货的数量 × 加权平均单位成本

期末结存存货成本 = 期末结存存货的数量 × 加权平均单位成本

（二）存货发出的账务处理

1. 民间非营利组织业务活动过程中领用存货，按照确定的成本，借记“管理费用”等科目，贷记“存货”科目。

【例 3-25】 2026 年 3 月 20 日，某民间非营利组织行政管理人员张某领用一批打印纸，成本 500 元，已办理领用手续。该民间非营利组织账务处理如下：

借：管理费用　　500

　贷：存货　　500

2. 民间非营利组织对外出售或捐赠存货，按照确定的出售存货成本，借记“业务活动成本”等科目，贷记“存货”科目。

【例 3-26】 2026 年 4 月 1 日，某民间非营利组织经批准对外出售不需使用的存货一批，账面价值 80 000 元，获得价款 100 000 元。假定存货的使用不受限制，该民间非营利组织账务处理如下：

借：银行存款　　100 000

　贷：商品销售收入　　100 000

借：业务活动成本——非限定性费用（商品销售成本）

　　80 000

　贷：存货　　80 000

【例 3-27】 2026 年 3 月 20 日，某民间非营利组织经批准对外捐赠 100 000 元食品给受灾群众。假定该笔支出为非限定性费用，该民间非营利组织账务处理如下：

借：业务活动成本——非限定性费用（捐赠项目成本）

　　100 000

　贷：存货　　100 000

3. 民间非营利组织的各种存货，应当定期进行清查盘点，每年至少盘点一次。对于发生的盘盈、盘亏以及变质、毁损等存货，应当及时查明原因，并根据民间非营利组织的管理权限，经理事会或类似权力机构批准后，在期末结账前处理完毕：如为存货盘盈，按照其公允价值，借记“存货”科目，贷记“其他收入”科目；如为存货盘亏或者毁损，按照存货账面价值扣除残料价值、可以收回的保险赔偿和过失人的赔偿等后的金额，借记“管理费用”科目，按照可以收回的保险赔偿和过失人赔偿等，借记“现金”“银行存款”“其他应收款”等科目，按照存货的账面余额，贷记“存货”科目。

四、存货的后续计量

（一）存货后续计量的基本原则

民间非营利组织应在会计期末对存货是否发生了减值进行检查。如果存货的可变现净值低于其账面价值，应当按照可变现净值低于账面价值的差额计提存货跌价准备，确认存货跌价损失并计入当期费用。如果存货的可变现净值高于其账面价值，应当在该存货期初已计提跌价准备的范围内转回可变现净值高于账面价值的差额，冲减当期费用。

《民间非营利组织会计制度》所称的可变现净值是指在正常业务活动中，以存货的估计售价减去至完工将要发生的成本以及销售所必需的费用后的金额。

民间非营利组织应以确凿证据为基础计算确定存货的可变现净值。存货可变现净值的确凿证据，是指对确定存货的可变现净值有直接影响的客观证明，如存货的市场价格、与所持有存货相同或类似商品的市场价格、供应方提供的有关资料、销售方提供的有关资料和生产成本资料等。

（二）存货跌价准备的核算

1. 会计科目设置

民间非营利组织应设置“存货跌价准备”科目，核算民间非营利组织提取的存货跌价准备。本科目期末贷方余额，反映民间非营利组织已计提的存货跌价准备。

民间非营利组织应当定期或者至少于每年年度终了，对存货是否发生了减值进行检查，如果发生了减值，应当计提存货跌价准备。存货存在下列情况之一的，表明存货存在减值迹象：

（1）该存货的市场价格持续下跌，并且在可预见的未来无回升的希望；

（2）民间非营利组织使用该项存货生产的产品的成本大于产品的销售价格；

（3）民间非营利组织因产品更新换代，原有存货已不适应新产品的需要，而该存货的市场价格又低于其账面成本；

（4）其他足以证明该项存货实质上已经发生减值的情形。

如果已计提跌价准备的存货价值在以后期间得以恢复，则应当在已计提跌价准备的范围内部分或全部转回已确认的跌价损失，冲减当期费用。

2. 主要账务处理

（1）计提存货跌价准备。

存货跌价准备通常应当按单个存货项目计提，但是，对于数量繁多、单价较低的存货，可以按照存货类别计提存货跌价准备。与在同一地区生产和销售的产品系列相关、具有相同或类似最终用途或目的，且难以与其他项目分开计量的存货，可以合并计提存货跌价准备。

资产负债表日，如果存货的期末可变现净值低于账面价值，按照可变现净值低于账面价值的差额，借记“资产减值损失——存货跌价损失”

科目，贷记“存货跌价准备”科目。

（2）存货跌价准备的确认和转回。

民间非营利组织应在每一资产负债表日，比较存货成本与可变现净值，计算出应计提的存货跌价准备，再与已提数进行比较，若应提数大于已提数，应予补提。如果以前期间已计提跌价准备的存货价值在当期得以恢复，即存货的期末可变现净值高于账面价值，应当在已计提跌价准备的范围内转回冲减当期费用。按照可变现净值高于账面价值的差额，在原已计提跌价准备的范围内，借记“存货跌价准备”科目，贷记“资产减值损失——存货跌价损失”科目。

【修订】民间非营利组织的资产减值损失和管理费用存在本质区别。资产减值损失是资产的可收回金额低于其账面价值确认的损失，管理费用是为组织和管理民非组织业务活动发生的各项费用，会计核算内容和计量方法不同，因此，《民间非营利组织会计制度》不再将存货跌价准备计入“管理费用”科目，而是增设“资产减值损失”科目单独核算。

【例3-28】某民间非营利组织2026年1月1日接受捐赠一批物资A，未限定用途，入账价值80 000元。2026年6月30日，市场上该同类物资的价格跌至70 000元。2026年12月31日，该批物资的可变现净值跌至58 000元。该民间非营利组织账务处理如下：

① 2026年1月1日。

借：存货	80 000	
贷：捐赠收入——非限定性收入		80 000

② 2026年6月30日。

借：资产减值损失——存货跌价损失	10 000	
贷：存货跌价准备		10 000

③ 2026 年 12 月 31 日。

物资 A 的减值金额 = 80 000 − 58 000 = 22 000（元）

应计提的跌价准备 = 22 000 − 10 000 = 12 000（元）

借：资产减值损失——存货跌价损失　　　　12 000

　　贷：存货跌价准备　　　　　　　　　　　12 000

【例 3 − 29】 承【例 3 − 28】假设 2027 年 6 月 30 日，物资 A 可变现净值回升至 65 000 元。该民间非营利组织账务处理如下：

物资 A 的减值金额 = 80 000 − 65 000 = 15 000（元）

应计提的跌价准备 = 15 000 − 22 000 = −7 000（元）

借：存货跌价准备　　　　7 000

　　贷：资产减值损失——存货跌价损失　　　　7 000

【例 3 − 30】 承【例 3 − 28】假设 2027 年 6 月 30 日，物资 A 可变现净值回升至 85 000 元。该民间非营利组织账务处理如下：

因物资 A 的可变现净值高于物资 A 的成本，应将物资 A 的账面价值恢复至初始成本，即将已计提的存货跌价准备全部转回。

借：存货跌价准备　　　　22 000

　　贷：资产减值损失——存货跌价损失　　　　22 000

第六节　长期投资

《民间非营利组织会计制度》规定，长期投资是指除短期投资以外的投资，包括长期股权投资、长期债权投资和其他长期投资等。长期投资在很大程度上是为了积累整笔资金，以供特定用途之需，为了获得长期的资产增值的目的，或为了达到通过控制其他单位或对其他单位实施重大影响而获得长期回报，或出于其他性质的目的而进行的投资。

一、长期股权投资

（一）长期股权投资的初始计量

长期股权投资在取得时，应当以取得时的实际成本作为初始投资成本。

1. 会计科目设置

民间非营利组织应设置“长期股权投资”科目，核算民间非营利组织持有时间准备超过1年（不含1年）的各种股权性质的投资，包括长期股票投资和其他长期股权投资。民间非营利组织如果有委托贷款或者委托投资（包括委托理财）且作为长期股权投资核算的，应当在本科目下单设明细科目核算。

“长期股权投资”科目应当按照被投资单位设置明细账，进行明细核算。本科目期末借方余额，反映民间非营利组织持有的长期股权投资的价值。

2. 主要账务处理

（1）以现金购入的长期股权投资，按照实际支付的全部价款，包括税金、手续费等相关费用作为其初始投资成本，借记“长期股权投资”科目，贷记“银行存款”等科目。

如果实际支付的价款中包含已宣告但尚未领取的现金股利，则按照实际支付的全部价款减去其中已宣告但尚未领取的现金股利后的金额作为其初始投资成本，借记“长期股权投资”科目，按照应领取的现金股利，借记“其他应收款”科目，按照实际支付的全部价款，贷记“银行存款”等科目。

（2）接受捐赠的长期股权投资，按照接受捐赠资产的确认与计量原则确定其初始投资成本，根据确定的初始投资成本，借记“长期股权投资”科目，贷记“捐赠收入”科目。

（3）通过非货币性交易换入的长期股权投资，其核算原则参见本书

第九章第二节。

【例 3－31】 某民间非营利组织 2026 年 1 月 1 日购入 B 公司发行的面值为 100 元的股票 2 万股，占 B 公司有表决权股份的 30%。发生手续费等相关费用 20 000 元。该民间非营利组织账务处理如下：

借：长期股权投资——B 公司　　　　2 020 000

　　贷：银行存款　　　　2 020 000

（二）长期股权投资核算的方法

长期股权投资持有期间，按照成本法核算。成本法是指长期股权投资按成本计价的方法。采用成本法核算时，“长期股权投资”账户账面价值反映的是该项投资的实际成本，除非民间非营利组织追加（或收回）投资或者发生减值，长期股权投资的账面价值一般保持不变。

【新旧衔接】按照原制度采用权益法核算的长期股权投资，如果被投资单位发生净亏损导致账面余额减记至零，新账中，应当按照其初始投资成本的金额，借记“长期股权投资”科目，贷记“长期投资减值准备——长期股权投资减值准备”科目。

被投资单位经股东大会或者类似权力机构批准宣告发放的利润或现金股利，作为当期投资收益。民间非营利组织确认的投资收益，仅限于所获得的被投资单位在投资后产生的净利润的分配额。

【修订】《民间非营利组织会计制度》对长期股权投资的会计处理方法进行了修改，即删除权益法核算要求，将长期股权投资的权益法和成本法核算修改为统一用成本法核算，并增加相关披露要求。主要考虑是：一是民间非营利组织更加关注可用于各类项目支出的货币资金，成本法加计提减值准备的会计处理方法更加符合民间非营利组织的业务特点和管理要求。二是权益法核算主要反映所有者权益份额因投资而发生的增减变动情况，民间非营利组织的资产提供者向民间非营利组织投入资源不取得经济回报，没有所有者权益的概念，所以相较于权益法而言，成本法更符合民间非营利组织的特征。同时，《民间非营利组织会计制度》增加相关披露要求，单独反映被投资单位当年实现的净利润或发生的净亏损，充分满足信息使用者的需求。

1. 账务处理

（1）被投资单位宣告发放现金股利或利润时，按照宣告发放的现金股利或利润中属于民间非营利组织应享有的部分，确认当期投资收益，借记“其他应收款”科目，贷记“投资收益”科目。民间非营利组织确认投资收益，仅限于所获得的被投资单位在接受投资后产生的累计净利润的分配额，所获得的被投资单位宣告分派的利润或现金股利超过上述数额的部分，作为初始投资成本的收回，冲减投资的账面价值。

① 投资年度利润或现金股利的处理。

被投资单位当年实现的盈余一般在下一个年度分配，即发放利润或现金股利，因此，通常情况下民间非营利组织投资当年分得的利润或现金股利是由投资前被投资单位实现的利润分配得来，不能作为当期投资收益，而应作为初始投资成本的收回。如果民间非营利组织投资当年分得的利润或现金股利，有一部分来自投资后被投资单位的盈余分配，则该部分应作为民间非营利组织投资年度的投资收益。具体计算时，如能分清投资前和投资后被投资单位实现的净利润，则应分投资前和投资后计算确认属于投资收益还是冲减初始投资成本的金额，否则应按以下公式计算：

应确认的投资收益＝投资当年被投资单位实现的净损益×民间非营利组织持股比例×当年投资持有月份÷12

应冲减初始投资成本的金额＝被投资单位分派的利润或现金股利×民间非营利组织持股比例－民间非营利组织投资年度应享有的投资收益

② 投资年度以后利润或现金股利的处理。

投资年度以后确认属于投资收益和冲减初始投资成本的金额，可按以下公式计算：

应冲减初始投资成本的金额 =（投资后至本年末止被投资单位累计分派的利润或现金股利 − 投资后至上年末止被投资单位累计实现的净损益）× 民间非营利组织持股比例 − 民间非营利组织已冲减的初始投资成本

应确认的投资收益 = 民间非营利组织当年获得的利润或现金股利 − 应冲减初始投资成本的金额

（2）实际收到现金股利或利润时，按照实际收到的金额，借记“银行存款”等科目，贷记“其他应收款”科目。

（3）被投资单位宣告分派的股票股利，不作账务处理，但应当设置辅助账，进行数量登记。

【例 3 − 32】某民间非营利组织 2026 年 12 月 10 日购买 B 公司 3 万股普通股的 10%，每股售价 30 元，购买时发生费用 3 600 元，款项以银行存款支付，并在 2026 年 12 月 31 日之前办妥过户手续。B 公司已于 2026 年 12 月 1 日宣告发放股利，每股按 3 元计，定于 2027 年 1 月 5 日按当年 1 月 1 日的股东名册支付。2027 年 12 月 1 日宣告发放股利，每股按 4 元计。该民间非营利组织账务处理如下：

① 2026 年 12 月 10 日购入 B 公司股票。

购入股票包含的已宣告的股利 = 30 000 × 10% × 3 = 9 000（元）

借：长期股权投资——B 公司　　84 600
　　其他应收款——应收股利　　9 000
　　贷：银行存款　　93 600

② 2027 年 1 月 5 日收到 B 公司发放的股利。

借：银行存款　　9 000
　　贷：其他应收款——应收股利　　9 000

③ 2027 年 12 月 1 日宣告发放股利。

该民间非营利组织可分配的股利 = 30 000 × 10% × 4 = 12 000（元）

借：其他应收款——应收股利　　12 000

　　贷：投资收益　　12 000

【例 3－33】 某民间非营利组织 2026 年 1 月 1 日以 5 000 000 元购入 A 公司 5% 的股份，该民间非营利组织未以任何方式参与 A 公司的生产经营决策。A 公司各年实现的净利润及利润分配如表 3－4 所示。

表 3－4　　各年度净利润及利润分配　　单位：元

年度	A 公司净利润	A 公司当年度分配利润
2026 年	8 000 000	6 000 000
2027 年	10 000 000	5 000 000

其中，A 公司 2026 年度分派的利润是对其 2025 年及以前实现净利润的分配。该民间非营利组织账务处理如下：

① 2026 年 1 月 1 日取得投资。

借：长期股权投资——A 公司　　5 000 000

　　贷：银行存款　　5 000 000

② 2026 取得 A 公司分配的利润。

由于该利润 300 000 元（6 000 000 × 5%）属于投资前的利润分配，应冲减投资成本。

借：银行存款　　300 000

　　贷：长期股权投资——A 公司　　300 000

③ 2027 年取得 A 公司分配的利润。

应冲减投资成本金额 = (6 000 000 + 5 000 000 − 8 000 000) × 5% − 300 000

= −150 000（元）

当年实际分得的利润 = 5 000 000 × 5% = 250 000（元）

应确认的投资收益 = 250 000 − (−150 000) = 400 000（元）

借：银行存款　　250 000

　　长期股权投资——A 公司　　150 000

　　贷：投资收益　　400 000

【例 3－34】某民间非营利组织 2026 年 1 月 2 日以银行存款 1 000 000 元向 A 公司进行长期投资，持有 A 公司 30% 的股份，具有重大影响。2026 年 A 公司亏损 100 000 元。2027 年 A 公司实现净利润 300 000 元。2028 年 3 月 10 日，A 公司宣告发放现金股利 200 000 元。2028 年 3 月 20 日，该民间非营利组织收到 A 公司的现金股利。假定不考虑相关税费，该民间非营利组织账务处理如下：

① 2026 年 1 月 2 日投资。

借：长期股权投资——A 公司　　1 000 000

　　贷：银行存款　　1 000 000

② 2026 年 12 月 31 日，A 公司亏损 100 000 元。

该民间非营利组织尽管持有 A 公司 30% 股份，根据 2024 年 12 月修订的《民间非营利组织会计制度》采用成本法核算。

如果 A 公司亏损，长期股权投资发生了减值，应计提减值准备

借：资产减值损失——长期股权投资减值损失（100 000 × 30%）

30 000

　　贷：长期投资减值准备——长期股权投资减值准备（A 公司）

30 000

如果 A 公司亏损，但长期股权投资未发生减值，不进行账务处理。应依据有关披露要求，单独反映被投资单位 A 公司当年发生的净亏损情况，充分满足信息使用者的需求。

③ 2027 年 12 月 31 日，A 公司实现净利润 300 000 元。

该民间非营利组织尽管持有 A 公司 30% 股份，根据 2024 年 12 月修订的《民间非营利组织会计制度》采用成本法核算，不进行账务处理。应

依据有关披露要求，单独反映被投资单位A公司当年实现的净利润情况，充分满足信息使用者的需求。

需要说明的是，假如②中计提减值准备的长期股权投资价值全部得以恢复，应转回已确认的减值损失，即

借：长期投资减值准备——长期股权投资减值准备（A公司）

30 000

贷：资产减值损失——长期股权投资减值损失 30 000

④ 2028年3月10日，宣告发放现金股利。

借：其他应收款——应收股利 60 000

贷：投资收益（200 000×30%） 60 000

⑤ 2028年3月20日，收到现金股利。

借：银行存款 60 000

贷：其他应收款——应收股利 60 000

2. 相关披露要求

如果民间非营利组织对被投资单位具有控制、共同控制或重大影响，应当在会计报表附注中作相关披露。《民间非营利组织会计制度》所称的控制是指有权决定被投资单位的财务政策和经营政策，并能据以从该单位的经营活动中获得利益；本制度所称的共同控制，是指按合同约定对某项经济活动所共有的控制；本制度所称的重大影响，是指对被投资单位的财务政策和经营政策有参与决策的权力，但并不决定这些政策。对于接受股权捐赠形成的表决权、分红权与股权比例不一致的长期股权投资，民间非营利组织应当结合交易实质判断是否对被投资单位具有控制、共同控制或重大影响关系。

【新增】《民间非营利组织会计制度》增加了相关信息披露要求。细化长期股权投资的披露要求，对被投资单位具有控制、共同控制或重大影响的长期股权投资，应当披露对被投资单位的影响程度及变动情况、被投资单位当年实现的净利润或发生的净亏损等。

（三）长期股权投资的后续计量

1. 计量原则

为如实反映民间非营利组织资产的价值，《民间非营利组织会计制度》规定，民间非营利组织应当定期或者至少于每年年度终了，对长期股权投资是否发生了减值进行检查，如果发生了减值，应当计提长期股权投资减值准备。如果长期股权投资的可收回金额低于其账面价值，应当按照可收回金额低于账面价值的差额计提长期股权投资减值准备，确认长期股权投资减值损失并计入当期费用；如果长期股权投资的可收回金额高于其账面价值，应当在该长期股权投资期初已计提减值准备的范围内转回可收回金额高于账面价值的差额。如果已计提减值准备的长期股权投资价值在以后期间得以恢复，则应当在已计提减值准备的范围内部分或全部转回已确认的减值损失，冲减当期费用。

长期股权投资的可收回金额，是指长期股权投资的销售净价与预期从该投资的持续使用和使用寿命结束时的处置中形成的预计未来现金流量的现值两者之中的较高者，其中销售净价是指销售价值减去投资处置费用后的余额。在实务中，可收回金额应当根据被投资单位的财务状况、资信状况、市场价值等具体情况确定。

2. 会计科目设置及主要账务处理

民间非营利组织应当设置“长期投资减值准备——长期股权投资减值准备”科目，核算提取的长期股权投资减值准备。本科目的期末贷方余额，反映民间非营利组织已计提的长期股权投资减值准备。

（1）如果长期股权投资的期末可收回金额低于账面价值，按照可收回金额低于账面价值的差额，借记“资产减值损失——长期股权投资减值损失”科目，贷记“长期投资减值准备——长期股权投资减值准备”科目。

（2）如果以前期间已计提减值准备的长期股权投资价值在当期得以恢复，即长期股权投资的期末可收回金额高于账面价值，按照可收回金额高于账面价值的差额，在原计提减值准备的范围内，借记“长期投资减值准备——长期股权投资减值准备”科目，贷记“资产减值损失——长期股权投资减值损失”科目。

【修订】民间非营利组织的资产减值损失和管理费用存在本质区别。资产减值损失是资产的可收回金额低于其账面价值确认的损失，管理费用是为组织和管理民间非营利组织业务活动发生的各项费用，会计核算内容和计量方法不同，因此，《民间非营利组织会计制度》不再将长期股权投资减值损失计入“管理费用”科目，而是增设“资产减值损失”科目单独核算。

【例3－35】某民间非营利组织2026年1月2日以每股4元的价格购入A公司股票100 000股，未发生其他费用，款项以银行存款支付。2026年5月下旬A公司发生火灾，部分资产损失，生产经营活动受到重大不利影响。A公司股票因此下跌，5月31日跌至每股2元。2026年12月31日，A公司股价回升至每股3元。该民间非营利组织账务处理如下：

① 2026年1月2日购入A公司股票。

借：长期股权投资——A公司　　400 000

　　贷：银行存款　　400 000

② 2026年5月31日股价下跌。

该民间非营利组织应提取A公司投资减值准备＝100 000×4－100 000×2＝200 000（元）

借：资产减值损失——长期股权投资减值损失　　200 000

　　贷：长期投资减值准备——长期股权投资减值准备（A公司）

　　　　200 000

③ 2026 年 12 月 31 日股价回升。

该民间非营利组织应转回长期投资减值准备 = 100 000 × 3 − 100 000 × 2 = 100 000（元）

借：长期投资减值准备——长期股权投资减值准备（A 公司）

100 000

贷：资产减值损失——长期股权投资减值损失　　100 000

（四）长期股权投资的处置

《民间非营利组织会计制度》规定，民间非营利组织在处置长期股权投资时，应当将实际取得价款与投资账面价值的差额，确认为当期投资损益。民间非营利组织出售或收回长期股权投资，或者以其他方式处置长期股权投资时，应当同时结转已计提的减值准备。民间非营利组织按实际取得的价款，借记“银行存款”科目，按已计提的减值准备，借记“长期股权投资减值准备——长期股权投资减值准备”科目，按所处置长期股权投资的账面余额，贷记“长期股权投资”科目，按尚未领取的已宣告发放的现金股利或利润，贷记“其他应收款——应收股利”科目，按照其差额，借记或贷记“投资收益”科目。

【例 3 − 36】承【例 3 − 35】假设该民间非营利组织 2027 年 4 月 1 日将其持有的 A 公司股票 100 000 股以每股 3. 5 元的价格出售，款项已收存银行，不考虑相关税费。该股票在出售前的账面余额为 400 000 元，计提的减值准备为 100 000 元。该民间非营利组织账务处理如下：

借：银行存款　　350 000

长期投资减值准备——长期股权投资减值准备（A 公司）

100 000

贷：长期股权投资——A 公司　　400 000

投资收益　　50 000

（五）短期股权投资划转为长期股权投资

民间非营利组织改变投资目的，将短期股权投资划转为长期股权投资，应当按短期股权投资的账面价值与市价孰低结转，并按此确定的价值作为长期股权投资的成本，借记“长期股权投资”科目，按照已计提的相关短期投资跌价准备，借记“短期投资跌价准备”科目，按照原短期股权投资的账面余额，贷记“短期投资”科目，按照其差额，借记或贷记“投资收益”科目。

【修订】原第二十九条“民间非营利组织改变投资目的，将短期投资划转为长期投资，应当按短期投资的成本与市价孰低结转”修订为第三十二条“民间非营利组织改变投资目的，将短期投资划转为长期投资，应当按短期投资的账面价值与市价孰低结转”。

二、长期债权投资

长期债权投资是指民间非营利组织购入的在1年内（不含1年）不能变现或不准备随时变现的债券和其他债权投资。长期债权投资又可分为债券投资和其他债权投资。债权投资不是为了获取被投资单位的所有者权益，只能获取投资单位的债权，债权投资自投资之日起即成为债务单位的债权人，并按约定的利率收取利息，到期收回本金。

（一）长期债权投资的初始计量

长期债权投资在取得时，应当按照取得时的实际成本作为初始投资成本。

1. 会计科目设置

民间非营利组织应设置“长期债权投资”科目，核算民间非营利组织购入的在1年内（不含1年）不能变现或不准备随时变现的债券和其他债权投资。本科目期末借方余额，反映民间非营利组织持有的长期债权投资价值。

民间非营利组织可以根据具体情况设置明细科目，进行明细核算，如：

（1）债券投资，下设明细科目：面值、溢价或折价、债券费用、应收利息等；

（2）可转换公司债券；

（3）其他债权投资。

民间非营利组织如果有委托贷款或者委托投资（包括委托理财）且作为长期债权投资核算的，应当在本科目下单设明细科目核算。

2. 主要账务处理

（1）以现金购入的长期债权投资，按照实际支付的全部价款，包括税金、手续费等相关费用作为其初始投资成本，借记“长期债权投资”科目，贷记“银行存款”等科目。

如果实际支付的价款中包含已到付息日但尚未领取的债券利息，则按照实际支付的全部价款减去其中已到付息日但尚未领取的债券利息后的金额作为其初始投资成本，借记“长期债权投资”科目，按照应领取的利息，借记“其他应收款”科目，按照实际支付的全部价款，贷记“银行存款”等科目。

（2）接受捐赠的长期债权投资，按照接受捐赠资产的确认与计量原则确定其初始投资成本，借记“长期债权投资”科目，贷记“捐赠收入”科目。

（3）通过非货币性交易换入的长期债权投资，其核算原则参见本书第九章第二节。

【例3－37】某民间非营利组织2026年1月5日以1 050 000元的价格购入乙公司2026年1月1日发行的5年期债券，债券年利率10%，债券面值1 000 000元。该债券每年付息一次，最后一年还本金并支付最后一次利息。假定该民间非营利组织按年计算利息，账务处理如下：

借：长期债权投资——债券投资（面值）　　1 000 000

　　　　　　　　——债券投资（溢价）　　50 000

　　贷：银行存款　　1 050 000

（二）长期债权投资利息收入的核算

1. 核算原则

《民间非营利组织会计制度》规定，长期债权投资应当按照票面价值与票面利率按期计算确认利息收入。长期债券投资的初始投资成本与债券面值之间的差额，应当在债券存续期间，按照直线法于确认相关债券利息收入时予以摊销。

2. 主要账务处理

（1）长期债权投资利息应当按期计提，计提的利息按债券面值及利率计算，并计入当期投资收益（假如不考虑溢折价摊销）。

① 到期一次还本付息的债权投资。

应计未收利息于确认投资收益时增加投资的账面价值，借记“长期债权投资——债券投资（应收利息）”，贷记“投资收益”科目。实际收到利息时，冲减长期投资的账面价值。

② 分期付息、到期还本的债权投资。

应计未收利息于确认投资收益时作为应收利息单独核算，不增加投资的账面价值，借记“其他应收款——应收利息”科目，贷记“投资收益”科目。实际收到利息时，冲减已计提的应收利息。

（2）长期债券溢折价的确定和摊销。

《民间非营利组织会计制度》规定，长期债券投资的初始投资成本与债券面值之间的差额，应当在债券存续期间，按照直线法于确认相关债券利息收入时予以摊销。直线法是将长期债券溢折价按债券的还款期限

（或付息期数）平均分摊，每期摊销额相等。

长期债券溢折价 = 债券初始投资成本 − 债券面值

其中，“债券初始投资成本”是指民间非营利组织购入长期债券时，按实际支付的价款（含税金、手续费等相关费用）减去其中包含的已到付息期但尚未领取的债券利息后的余额。

① 如初始投资成本高于债券面值，按照应当分摊的金额，借记“投资收益”科目，贷记“长期债权投资——债券投资（溢价）”科目。

② 如初始投资成本低于债券面值，按照应当分摊的金额，借记“长期债权投资——债券投资（折价）”科目，贷记“投资收益”科目。

【例 3－38】 某民间非营利组织 2026 年 1 月 5 日按 1 060 元的价格购入乙公司 2026 年 1 月 1 日发行的 5 年期债券 60 张，票面利率 12%，债券面值每张 1 000 元，另支付有关税费 5 000 元。该债券每年付息一次，最后一年归还本金并支付最后一次利息。假设该民间非营利组织按年计算利息并按直线法摊销溢价，账务处理如下：

① 2026 年 1 月 5 日投资时。

债券溢价 = 60 × 1 060 − 60 × 1 000 = 3 600（元）

借：长期债权投资——债券投资（面值）　　60 000
　　　　　　　　——债券投资（溢价）　　3 600
　　　　　　　　——债券费用　　5 000
　贷：银行存款　　68 600

② 年度终了，计算并摊销溢价及债券费用。

应收利息 = 60 × 1 000 × 12% = 7 200（元）

应摊销溢价 = 3 600 ÷ 5 = 720（元）

应摊销债券费用 = 5 000 ÷ 5 = 1 000（元）

应计投资收益 = 当期应收利息 − 债券溢价摊销 − 债券费用摊销
= 7 200 − 720 − 1 000 = 5 480（元）

债券溢价摊销表（直线法）如表3－5所示。

表3－5　　债券溢价摊销表（直线法）　　单位：元

计息	应收利息（1）	投资收益（2）	溢价摊销（3）	未摊销溢价（4）	债券费用摊销（5）	未摊销债券费用（6）	面值与未摊销溢价、费用之和（7）
日期	（1）＝面值×票面利率	（2）＝（1）－（3）－（5）	（3）＝3 600/5	（4）＝上一期（4）－（3）	（5）＝5 000/5	（6）＝上一期（6）－（5）	（7）＝上一期（7）－（3）－（5）
2026. 1. 5				3 600		5 000	68 600
2026. 12. 31	7 200	5 480	720	2 880	1 000	4 000	66 880
2027. 12. 31	7 200	5 480	720	2 160	1 000	3 000	65 160
2028. 12. 31	7 200	5 480	720	1 440	1 000	2 000	63 440
2029. 12. 31	7 200	5 480	720	720	1 000	1 000	61 720
2030. 12. 31	7 200	5 480	720	0	1 000	0	60 000
合计	36 000	27 400	3 600	—	5 000	—	

账务处理如下（每年相同）：

借：其他应收款——应收利息　　7 200

　　贷：投资收益——债券利息收入　　5 480

　　　　长期债权投资——债券投资（溢价）　　720

　　　　　　　　　　——债券费用摊销　　1 000

③ 各年收到债券利息（除最后一次付息外）。

借：银行存款　　7 200

　　贷：其他应收款——应收利息　　7 200

④ 到期还本并收到最后一次利息。

借：银行存款　　67 200

　　贷：长期债权投资——债券投资（面值）　　60 000

　　　　其他应收款——应收利息　　7 200

（三）长期债权投资的后续计量

1. 计量原则

《民间非营利组织会计制度》规定，民间非营利组织应当定期或者至少于每年年度终了，对长期债权投资是否发生了减值进行检查，如果发生了减值，应当计提长期债权投资减值准备。如果长期债权投资的可收回金额低于其账面价值，应当按照可收回金额低于账面价值的差额计提长期债权投资减值准备，确认长期债权投资减值损失并计入当期费用；如果长期债权投资的可收回金额高于其账面价值，应当在该长期债权投资期初已计提减值准备的范围内转回可收回金额高于账面价值的差额，冲减当期费用。

如果已计提减值准备的长期债权投资价值在以后期间得以恢复，则应当在已计提减值准备的范围内部分或全部转回已确认的减值损失，冲减当期费用。

长期债权投资的可收回金额，是指长期债权投资的销售净价与预期从该投资的持续使用和使用寿命结束时的处置中形成的预计未来现金流量的现值两者之中的较高者，其中销售净价是指销售价值减去投资处置费用后的余额。在实务中，可收回金额应当根据被投资单位的财务状况、资信状况、市场价值等具体情况确定。

2. 会计科目设置及主要账务处理

民间非营利组织应当设置“长期投资减值准备——长期债权投资减值准备”科目，核算计提的长期债权投资减值准备。本科目的期末贷方余额，反映民间非营利组织已计提的长期债权投资减值准备。

（1）如果长期债权投资的期末可收回金额低于账面价值，按照可收回金额低于账面价值的差额，借记“资产减值损失——长期债权投资减值损失”科目，贷记“长期投资减值准备——长期债权投资减值准备”科目。

（2）如果以前期间已计提减值准备的长期债权投资价值在当期得以

恢复，即长期债权投资的期末可收回金额高于账面价值，按照可收回金额高于账面价值的差额，在原计提减值准备的范围内，借记“长期投资减值准备——长期债权投资减值准备”科目，贷记“资产减值损失——-长期债权投资减值损失”科目。

【修订】民间非营利组织的资产减值损失和管理费用存在本质区别。资产减值损失是资产的可收回金额低于其账面价值确认的损失，管理费用是为组织和管理民间非营利组织业务活动发生的各项费用，会计核算内容和计量方法不同，因此，《民间非营利组织会计制度》不再将长期债权投资减值损失计入“管理费用”科目，而是增设“资产减值损失”科目单独核算。

【例3－39】某民间非营利组织2026年1月5日以面值购入甲公司发行的可公开交易的公司债券100 000元，准备长期持有，该公司债券年利率6%，期限5年，按年付息。2026年12月31日，假定其可收回金额为95 000元，低于其账面价值5 000元。该民间非营利组织应计提减值准备5 000元，并确认减值损失。账务处理如下：

借：资产减值损失——长期债权投资减值损失　　　　5 000

　　贷：长期投资减值准备——长期债权投资减值准备　　5 000

（四）可转换公司债券的核算

持有可转换公司债券的民间非营利组织，可转换公司债券在转换为股份之前，应当按一般债券投资进行处理。当民间非营利组织行使转换权利，将其持有的债券投资转换为股份时，应当按所转换债券投资账面价值减去收到的现金后的余额，作为股权投资的初始投资成本，借记“长期股权投资”科目，按照收到的现金等，借记“现金”“银行存款”科目，按照所转换债券投资的账面价值，贷记“长期债权投资”科目。

（五）长期债权投资的处置

《民间非营利组织会计制度》规定，民间非营利组织在处置长期债权投资时，应当将实际取得价款与投资账面价值的差额，确认为当期投资损益。民间非营利组织按实际取得的价款，借记“银行存款”等科目，按已计提的减值准备，借记“长期投资减值准备——长期债权投资减值准备”科目，按所处置长期债权投资的账面余额，贷记“长期债权投资”科目，按到期一次还本付息债券未领取的债券利息，贷记“长期债权投资——债券投资（应收利息）”科目，按分期付息、到期还本债券未领取的债券利息，贷记“其他应收款——应收利息”科目，按照其差额，借记或贷记“投资收益”科目。

【例 3－40】 承【例 3－38】该民间非营利组织 2029 年 1 月 1 日将所持有的乙公司债券对外出售，售价为 74 000 元，假定该民间非营利组织 2028 年预计的该年利息尚未收到，之前未对该债券计提过减值准备。该民间非营利组织账务处理如下：

借：银行存款	74 000	
贷：长期债权投资——债券投资（面值）		60 000
——债券投资（溢价）		1 440
——债券费用		2 000
其他应收款——应收利息		7 200
投资收益		3 360

（六）短期债权投资划转为长期债权投资

民间非营利组织改变投资目的，将短期债权投资划转为长期债权投资，应当按短期债权投资的账面价值与市价孰低结转，并按此确定的价值作为长期债权投资的成本，借记“长期债权投资”科目，按照已计提的相关短期投资跌价准备，借记“短期投资跌价准备”科目，按照原短期债权投资的账面余额，贷记“短期投资”科目，按照其差额，借记或贷记“投资收益”科目。

三、其他长期投资

【新增】为了满足实务核算和监管需要，《民间非营利组织会计制度》增加“其他长期投资”科目，核算持有时间超过1年的除股权和债权以外的其他各类投资。

（一）其他长期投资的初始计量

其他长期投资在取得时，应当按照取得时的实际成本作为初始投资成本。

1. 会计科目设置

民间非营利组织应设置“其他长期投资”科目，核算民间非营利组织购入的在1年以内（不含1年）不能变现或持有时间准备超过1年（不含1年）的，除股权和债权以外的其他各类投资。本科目期末借方余额，反映民间非营利组织持有的其他长期投资的价值。

2. 主要账务处理

（1）以现金购入的其他长期投资，按照实际支付的全部价款，包括税金、手续费等相关费用作为其初始投资成本，借记“其他长期投资”科目，贷记“银行存款”等科目。

如果实际支付的价款中包含已到付息日但尚未领取的利息，则按照实际支付的全部价款减去其中已到付息日但尚未领取的利息后的金额作为其初始投资成本，借记“其他长期投资”科目，按照应领取的利息，借记“其他应收款”科目，按照实际支付的全部价款，贷记“银行存款”等科目。

（2）接受捐赠的其他长期投资，按照接受捐赠资产的确认与计量原则确定其初始投资成本，借记“其他长期投资”科目，贷记“捐赠收入”科目。

（3）通过非货币性交易换入的其他长期投资，其核算原则参见本书第九章第二节。

【例 3－41】 某民间非营利组织 2026 年 1 月 1 日以 500 000 元购入 B 公司一项版权且不打算在 1 年内出售，发生手续费等相关费用 20 000 元。该民间非营利组织账务处理如下：

借：其他长期投资——B 公司　　　　520 000

　　贷：银行存款　　　　520 000

（二）其他长期投资持有期间收益核算

其他长期投资在持有期间实际取得的分红、利息等现金收益，应当确认为投资收益，借记“其他应收款——应收利息”科目，贷记“投资收益”科目。实际收到利息收入时，按照实际收到的金额，借记“银行存款”等科目，贷记“其他应收款——应收利息”科目。

（三）其他长期投资的后续计量

1. 计量原则

《民间非营利组织会计制度》规定，民间非营利组织应当定期或者至少于每年年度终了，对其他长期投资是否发生了减值进行检查，如果发生了减值，应当计提其他长期投资减值准备。如果其他长期投资的可收回金额低于其账面价值，应当按照可收回金额低于账面价值的差额计提其他长期投资减值准备，确认其他长期投资减值损失并计入当期费用；如果其他长期投资的可收回金额高于其账面价值，应当在该其他长期投资期初已计提减值准备的范围内转回可收回金额高于账面价值的差额，冲减当期费用。

如果已计提减值准备的其他长期投资价值在以后期间得以恢复，则应当在已计提减值准备的范围内部分或全部转回已确认的减值损失，冲减当期费用。

其他长期投资的可收回金额，是指其他长期投资的销售净价与预期从该投资的持续使用和使用寿命结束时的处置中形成的预计未来现金流量的现值两者之中的较高者，其中销售净价是指销售价值减去投资处置费用后的余额。在实务中，可收回金额应当根据被投资单位的财务状况、资信状况、市场价值等具体情况确定。

2. 会计科目设置及主要账务处理

民间非营利组织应当设置“长期投资减值准备——其他长期投资减值准备”科目，核算提取的其他长期投资减值准备。本科目的期末贷方余额，反映民间非营利组织已计提的其他长期投资减值准备。

（1）如果其他长期投资的期末可收回金额低于账面价值，按照可收回金额低于账面价值的差额，借记“资产减值损失——其他长期投资减值损失”科目，贷记“长期投资减值准备——其他长期投资减值准备”科目。

（2）如果以前期间已计提减值准备的其他长期投资价值在当期得以恢复，即其他长期投资的期末可收回金额高于账面价值，按照可收回金额高于账面价值的差额，在原计提减值准备的范围内，借记“长期投资减值准备——其他长期投资减值准备”科目，贷记“资产减值损失——其他长期投资减值损失”科目。

【例 3－42】承【例 3－41】2026 年 12 月 31 日，该民间非营利组织根据市场价值等预计该项投资可收回金额为 510 000 元，低于其账面价值 10 000 元。该民间非营利组织计提减值准备 10 000 元，并确认减值损失。账务处理如下：

借：资产减值损失——其他长期投资减值损失　　　10 000

　　贷：长期投资减值准备——其他长期投资减值准备　　10 000

（四）其他长期投资的处置

《民间非营利组织会计制度》规定，民间非营利组织在处置其他长期投资时，应当将实际取得价款与投资账面价值的差额，确认为当期投资损益。民间非营利组织按实际取得的价款，借记“银行存款”科目，按已计提的减值准备，借记“长期投资减值准备——其他长期投资减值准备”科目，按所处置其他长期投资的账面余额，贷记“其他长期投资”科目，按照未领取的利息，贷记“其他应收款——应收利息”科目，按照其差额，借记或贷记“投资收益”科目。

【例3－43】 承【例3－42】该民间非营利组织2027年9月1日将所持有的版权对外出售，售价为526 000元。该民间非营利组织账务处理如下：

借：银行存款	526 000	
长期投资减值准备——其他长期投资减值准备	10 000	
贷：其他长期投资——B公司		520 000
投资收益		16 000

（五）短期投资划转为其他长期投资

民间非营利组织改变投资目的，将短期投资划转为其他长期投资，应当按短期投资的账面价值与市价孰低结转，并按此确定的价值作为其他长期投资的成本，借记“其他长期投资”科目，按照已计提的相关短期投资跌价准备，借记“短期投资跌价准备”科目，按照原短期投资的账面余额，贷记“短期投资”科目，按照其差额，借记或贷记“投资收益”。

【新旧衔接】民间非营利组织应当按照新制度有关规定，对原制度的长期股权投资、长期债权投资进行分析判断，属于长期股权投资的，将其账面余额转入新账的“长期股权投资”科目；属于长期债权投资的，将其账面余额转入新账的“长期债权投资”科目；

属于其他长期投资的，重新分类将其账面余额转入新账的“其他长期投资”科目。

第七节　固定资产

一、固定资产的概念

《民间非营利组织会计制度》规定，固定资产是指同时具有以下特征的有形资产：

（一）为行政管理、提供服务、生产商品或者出租目的而持有的；

（二）预计使用年限超过 1 年；

（三）单位价值较高。

区分固定资产与其他资产的一个最基本的特征是，民间非营利组织持有固定资产的目的是行政管理、提供服务、生产商品或者出租，而不是直接用于对外出售或捐赠，从而明显区别于流动资产。有些无形资产可能同时符合固定资产的其他特征，但由于其没有实物形态，所以不属于固定资产。固定资产的概念除强调持有固定资产的目的和具有实物形态这两个特征外，还强调了固定资产的使用年限应当超过 1 年和单位价值较高这两个特征。

但是，由于各民间非营利组织的业务特点和规模大小不同，固定资产的具体标准在不同的组织可能并不完全一致。民间非营利组织应当根据固定资产定义，结合本组织的具体情况，制定适合于本组织的固定资产目录，分类方法，每类或每项固定资产的折旧年限、折旧方法，作为进行固定资产核算的依据。

民间非营利组织制定的固定资产目录，分类方法，每类或每项固定资产的折旧年限、预计净残值、折旧方法等，应当编制成册，并按照管理权限，经批准后备置于民间非营利组织所在地，以供相关方面查阅。民间非营利组织有关固定资产的价值标准、固定资产目录、分类方法和每类或每项固定资产的折旧年限、折旧方法等，一经确定不得随意变更，如需变更应当经相关程序，并在会计报表附注中予以说明。

二、固定资产的分类

民间非营利组织根据不同的管理需要和核算要求以及不同的分类标准，可以对固定资产进行不同的分类，常见的分类方法主要包括按其经济用途、使用情况和产权归属分类。

（一）按经济用途分类

民间非营利组织的固定资产按经济用途，可分为行政管理用和非行政管理用两类。

1. 行政管理用固定资产，是指直接服务于民间非营利组织行政管理需要的各种固定资产，如办公用房、办公用车、办公家具、办公设备等。

2. 非行政管理用固定资产，是指民间非营利组织除行政管理用固定资产以外的其他固定资产，如用于制造存货的房屋、建筑物、机器、设备、工具等。

（二）按使用情况分类

民间非营利组织的固定资产按使用情况，可分为使用中、未使用、不需用三类。

1. 使用中固定资产，是指民间非营利组织正在使用的各种固定资产，包括由于季节性和大修理等原因暂时停用以及存放在使用部门以备替换使用的机器设备。民间非营利组织出租（指经营性租赁）给其他单位使用的固定资产也属于使用中固定资产。

2. 未使用固定资产，是指已完工或已购建的尚未正式投入使用的新增固定资产和经批准停止使用的固定资产。

3. 不需用固定资产，是指民间非营利组织多余不需用、准备处理的固定资产。

（三）按产权归属分类

民间非营利组织的固定资产按产权归属，可分为自有、接受投资和租入三类。

1. 自有固定资产，是指民间非营利组织拥有所有权的各种固定资产。

2. 接受投资固定资产，是指民间非营利组织接受投资取得的固定资产。

3. 租入固定资产，是指民间非营利组织从外部租赁来的固定资产。租入固定资产又可分为经营租赁固定资产和融资租赁固定资产，经营租赁固定资产所有权不属于承租人，而融资租赁固定资产在到期后所有权归承租人，承租人可以视为自有资产进行管理，要计提折旧。

三、固定资产的初始计量

（一）计量原则

《民间非营利组织会计制度》规定，固定资产在取得时，应当按取得时的实际成本入账。取得时的实际成本包括买价、包装费、运输费、缴纳的有关税金等相关费用，以及为使固定资产达到预定可使用状态前所必要的支出。固定资产取得时的实际成本应根据不同的取得方式分别确定。

（二）不同取得方式下固定资产的会计处理

1. 会计科目设置

民间非营利组织应当设置“固定资产”科目，核算民间非营利组织固定资产的原价。民间非营利组织应当设置“固定资产登记簿”和“固定资产卡片”，按固定资产类别设置明细账，进行明细核算。经营租入的固定资产，应当另设辅助簿进行登记，不在“固定资产”科目核算。本科目期末借方余额，反映民间非营利组织期末固定资产的账面原价。

2. 主要账务处理

（1）外购的固定资产，按照实际支付的买价、相关税费以及为使固定资产达到预定可使用状态前所发生的可直接归属于该固定资产的其他支出（如运输费、安装费、装卸费等）确定其成本。

如果以一笔款项购入多项没有单独标价的固定资产，按各项固定资产公允价值的比例对总成本进行分配，分别确定各项固定资产的成本。

① 购入不需安装的固定资产。

不需安装的固定资产是指民间非营利组织购入的固定资产不需要安装就可以直接交付使用。民间非营利组织应按购入时实际支付的买价、包装费、运杂费、保险费、专业人员服务费和相关税费等，借记“固定资产”科目，贷记“银行存款”“应付账款”等科目。

【例 3 –44】 某民间非营利组织 2026 年 3 月 5 日购入一台不需要安装的设备，价款 200 000 元，以银行存款转账支付。设备验收后已交付使用，假定不考虑其他相关税费。该民间非营利组织账务处理如下：

借：固定资产　　200 000

　　贷：银行存款　　200 000

② 购入需要安装的固定资产。

需要安装的固定资产是指民间非营利组织购入的固定资产需要经过安装才能交付使用。民间非营利组织应先通过“在建工程”科目核算，待安装完毕达到预定可使用状态时再由“在建工程”科目转入“固定资产”科目。按购入时实际支付的买价、包装费、运杂费、保险费、专业人员服务费和相关税费等，借记“在建工程”科目，贷记“银行存款”“应付账款”等科目；安装完毕达到预定可使用状态时，按其实际成本，借记“固定资产”科目，贷记“在建工程”科目。

【**例 3－45**】某民间非营利组织 2026 年 4 月 2 日购入一台需要安装的设备，价款 300 000 元，包装费、运杂费共计 6 000 元。设备由供货商安装，支付安装费 5 000 元，款项已通过银行支付，安装完毕交付使用。假定不考虑其他相关税费，该民间非营利组织账务处理如下：

① 购入时支付设备价款和包装费、运杂费。

借：在建工程　　306 000

　　贷：银行存款　　306 000

② 支付安装费。

借：在建工程　　5 000

　　贷：银行存款　　5 000

③ 设备安装完毕交付使用。

借：固定资产　　311 000

　　贷：在建工程　　311 000

（2）自行建造的固定资产，按照建造该项资产达到预定可使用状态前所发生的全部必要支出确定其成本。

民间非营利组织应设置“在建工程”科目，核算民间非营利组织进行在建工程（包括施工前期准备、正在施工中的建筑工程、安装工程、技术改造工程等）所发生的实际支出。民间非营利组织可以根据需要，在本科目下设置明细科目，进行明细核算。本科目的期末借方余额，反映民间非营利组织尚未完工的各项在建工程发生的实际支出。

在建工程应当按照所建造工程达到预定可使用状态前实际发生的全部必要支出确定其工程成本，并单独核算。工程项目较多且工程支出较大的，应当按照工程项目的性质分项核算。在建工程的工程成本应当根据以下具体情况分别确定：

① 自营工程。

按照建造工程所发生的直接材料、直接人工、直接机械使用费等确定其成本。领用材料物资时，按所领用材料物资的账面余额，借记“在建工程”科目，贷记“存货”科目；发生应负担的职工薪酬时，按照实际应负担的职工薪酬金额，借记“在建工程”科目，贷记“应付职工薪酬”科目；对于工程应当分摊的水、电等其他费用，按照实际应分摊的金额，借记“在建工程”科目，贷记“银行存款”等科目。

② 出包工程。

按照应支付的工程价款等确定其成本。依据合同规定向承包商预付工程款、备料款时，按照实际预付的金额，借记“在建工程”科目，贷记“银行存款”科目；与承包商办理工程价款结算时，按照补付的工程款，借记“在建工程”科目，贷记“银行存款”“应付账款”等科目。

③ 在建工程发生的工程管理费、征地费、可行性研究费等，借记“在建工程”科目，贷记“银行存款”等科目。

④ 借款费用的资本化。

为购建固定资产而发生的专门借款的借款费用在规定的允许资本化的期间内，应当按照专门借款的借款费用的实际发生额予以资本化，计入在建工程成本。借记“在建工程”科目，贷记“长期借款”等科目。这里的借款费用包括因借款而发生的利息、辅助费用以及因外币借款而发生的汇兑差额。

只有在以下三个条件同时具备时，民间非营利组织因专门借款所发生的借款费用才允许资本化：一是资产支出已经发生；二是借款费用已经发生；三是为使资产达到预定可使用状态所必要的购建活动已经开始。

如果固定资产的购建活动发生非正常中断，并且中断时间连续超过3个月（含3个月），应当暂停借款费用的资本化，将中断期间内所发生的借款费用确认为当期费用，直至资产的购建活动重新开始。但是，如果中断是使购建的固定资产达到预定可使用状态所必要的程序，则借款费用的资本化应当继续进行。

⑤ 出售在建工程。

在建工程报废、毁损或者以其他方式处置在建工程时，按照所处置在建工程的账面价值，借记“固定资产清理”科目，按照在建工程账面余额，贷记“在建工程”科目。

⑥ 购建的固定资产达到预定可使用状态。

当民间非营利组织所购建的固定资产达到预定可使用状态时，应当停止借款费用的资本化，之后所发生的借款费用应当于发生时计入当期费用。通常所购建的固定资产达到以下状态时，应当视为该固定资产已经达到预定可使用状态：一是固定资产的实体建造（包括安装）工作已经全部完成或者实质上已经完成；二是所购建的固定资产与设计要求或者合同要求相符或者基本相符，即使有极个别与设计或者合同要求不相符的地方，也不影响其正常使用；三是继续发生在所购建固定资产上的支出金额很少或者几乎不再发生。

民间非营利组织所购建的固定资产已达到预定可使用状态时，应当自达到预定可使用状态之日起，将在建工程成本转入固定资产核算。按照建造该项固定资产达到预定可使用状态前所发生的全部支出，借记“固定资产”科目，贷记“在建工程”科目。

【例 3 – 46】 某民间非营利组织自行建造一个车库，2026 年 5 月 12 日购入为工程准备的各种物资 500 000 元，全部用于工程建设，款项已通过银行转账支付。5 月 15 日领用上述物资，开始工程建设，6 月 13 日领用一批本单位自有的产品用于工程建设，价值 60 000 元，7 月 20 日支付工程人员工资 80 000 元，7 月 30 日工程完工交付使用。假定不考虑其他相关税费。该民间非营利组织账务处理如下：

① 5 月 12 日购入工程物资。

借：存货　　　　500 000

　　贷：银行存款　　　　500 000

②5 月 15 日领用工程物资开工建设。

借：在建工程　　500 000

　　贷：存货　　500 000

③6 月 13 日领用本单位自有的产品。

借：在建工程　　60 000

　　贷：存货　　60 000

④7 月 20 日支付工程人员工资。

借：在建工程　　80 000

　　贷：应付职工薪酬　　80 000

⑤7 月 30 日工程完工交付使用。

借：固定资产　　640 000

　　贷：在建工程　　640 000

（3）接受捐赠的固定资产，按照接受捐赠资产的确认与计量原则确定成本，借记“固定资产”科目，贷记“捐赠收入”科目。

（4）融资租入的固定资产，按照租赁协议或者合同确定的价款、运输费、途中保险费、安装调试费以及融资租入固定资产达到预定可使用状态前发生的借款费用等确定其成本，借记“固定资产——融资租入固定资产”科目，贷记“长期应付款”科目。具体核算原则参见本书第九章第三节。

（5）通过非货币性交易换入的固定资产，其核算原则参见本书第九章第二节。

四、固定资产折旧

（一）固定资产折旧的基本要求

折旧是指在固定资产的使用寿命内，按照确定的方法对应计提折旧额进行的系统分摊。其中，应计提折旧额是指应当计提折旧的固定资产原价扣除其预计净残值后的余额，如果已对固定资产计提减值准备，还应当扣除已计提的固定资产减值准备累计金额。《民间非营利组织会计制度》规定，民间非营利组织应当对固定资产计提折旧，在固定资产的预计使用寿命内系统地分摊固定资产的成本。

【新增】作为固定资产进行会计处理的图书档案、艺术品、标本模型、动植物和以名义金额计量的固定资产等不计提折旧。

《民间非营利组织会计制度》没有对固定资产的预计使用寿命和预计净残值做出具体的规定，而是要求民间非营利组织根据固定资产的性质和消耗方式，合理地确定固定资产的预计使用年限和预计净残值。确定一项固定资产的使用寿命通常主要考虑以下因素：一是该资产的预计服务潜力或者生产能力；二是该资产的有形损耗，如设备使用中发生磨损、房屋建筑物受到自然侵蚀等；三是该资产的无形损耗，如因新技术的出现而使现有的资产技术水平相对陈旧、服务能力下降；四是有关资产使用的法律或者类似的限制。民间非营利组织应当在考虑上述因素的基础上，结合不同固定资产的性质、消耗方式、所处环境等因素对一项固定资产的预计使用寿命做出判断。在相同环境条件下，对于同样的固定资产的预计使用寿命，应具有相同的预期。

（二）固定资产折旧的方法

《民间非营利组织会计制度》规定，民间非营利组织应当按照固定资产所含经济利益或者服务潜力的预期实现方式选择折旧方法，可选用的折旧方法包括年限平均法、工作量法、双倍余额递减法和年数总和法。其中，年限平均法和工作量法属于直线法，双倍余额递减法和年数总和法属于加速折旧法。折旧方法一经确定，不得随意变更。如果由于固定资产所含经济利益或者服务潜力预期实现方式发生重大改变而确实需要变更的，应当在会计报表附注中披露相关信息。固定资产的价值、使用寿命、预计净残值等发生变更的，应当根据变更后的价值、预计尚可使用寿命和净残值等，按照选定的折旧方法计提折旧。

民间非营利组织应当按月提取折旧，当月增加的固定资产，当月计提折旧；当月减少的固定资产，当月不提折旧。

【修订】《民间非营利组织会计制度》对固定资产计提折旧的时间进行了修订，将原制度第三十八条“……当月增加的固定资产，当月不提折旧，从下月起计提折旧；当月减少的固定资产，当月照提折旧，从下月起不提折旧”修订为“第四十一条……当月增加的固定资产，当月计提折旧；当月减少的固定资产，当月不提折旧”。

固定资产提足折旧后，无论能否继续使用，均不再提取折旧；提前报废的固定资产，也不再补提折旧。所谓提足折旧，是指已经提足该项固定资产应当提取的折旧总额，其中应当提取的折旧总额为固定资产原价减去预计净残值。

计提融资租入固定资产折旧时，应当采用与自有应折旧固定资产相一致的折旧政策。能够合理确定租赁期届满时将会取得租入固定资产所有权的，应当在租入固定资产尚可使用年限内计提折旧；无法合理确定租赁期届满时能够取得租入固定资产所有权的，应当在租赁期与租入固定资产尚可使用年限两者中较短的期间内计提折旧。

1. 年限平均法

年限平均法是指将固定资产的应计折旧额均衡地分摊到固定资产预计使用寿命内的一种方法。采用这种方法计算的每期折旧额相等，计算公式如下：

年折旧额 =（原值 − 预计净残值）÷ 预计使用寿命（年）

月折旧额 = 年折旧额 ÷ 12

年折旧率 =（1 – 预计净残值率）÷ 预计使用寿命（年）× 100%

月折旧率 = 年折旧率 ÷ 12

月折旧额 = 固定资产原价 × 月折旧率

预计净残值率 =（预计残值 – 预计清理费用）÷ 原值

年限平均法最大的优点是简单明了，易于掌握，简化了会计核算，因此在实际工作中得到了广泛的应用。但它也存在一些明显的局限性，首先，固定资产在使用前期操作效能高，使用资产所获得的收入比较高。根据收入与费用配比原则，前期应提的折旧额应该相应比较多；其次，固定资产使用的总费用包括折旧费和修理费两部分，通常在固定资产使用后期修理费会逐渐增加，而年限平均法的折旧费用在各期是不变的，这造成了总费用逐渐增加，不符合配比的原则；再次，年限平均法未考虑固定资产的利用程度和强度，忽视了固定资产使用磨损程度的差异及工作效能的差异；最后，年限平均法没有考虑到无形损耗对固定资产的影响。

【例 3 – 47】 某民间非营利组织有一台设备原价为 160 000 元，预计净残值率 4%，预计使用年限 10 年。假定该设备在使用寿命内没有发生减值，按年限平均法计提折旧。则该设备折旧率和折旧额计算如下：

年折旧率 =（1 – 4%）÷ 10 = 9.6%

月折旧率 = 9.6% ÷ 12 = 0.8%

月折旧额 = 160 000 × 0.8% = 1 280（元）

2. 工作量法

工作量法是根据实际工作量计算每期应提折旧额的一种方法。计算公式如下：

单位工作量折旧额 = 固定资产原价 ×（1 – 预计净残值率）÷ 预计总工作量

某项固定资产月折旧额 = 该项固定资产当月工作量 × 单位工作量折旧额

【例3－48】某民间非营利组织有一辆大型货车，原价为500 000元，预计可行驶里程为600 000千米，预计净残值率为4%，本月实际行驶3 500千米。假定对该货车采用工作量法计提折旧，则该货车月折旧额计算如下：

单位里程折旧额＝500 000×（1－4%）÷600 000＝0.8（元/千米）

本月应计提折旧额＝3 500×0.8＝2 800（元）

3. 双倍余额递减法

双倍余额递减法是指在不考虑固定资产预计净残值的情况下，根据每年年初固定资产原值减去累计折旧后的余额（即固定资产净值）和双倍的年限平均法折旧率计算固定资产折旧额的一种方法。计算公式如下：

年折旧率＝2÷预计使用寿命(年)×100%

月折旧率＝年折旧率÷12

月折旧额＝固定资产年初账面余额(固定资产净值)×月折旧率

由于每年年初固定资产净值没扣除预计净残值，因此，在应用这种方法计算折旧额时必须注意不能使固定资产的净值降低到其预计净残值以下，即采用双倍余额递减法计提折旧的固定资产，通常在其折旧年限到期前两年内，将固定资产净值扣除预计净残值后的余额平均分摊。

【例3－49】某民间非营利组织有一台设备原价为100 000元，预计净残值率4%，预计使用年限5年。假定该设备在使用寿命内没有发生减值，按双倍余额递减法计提折旧。则各年折旧额计算如下：

年折旧率＝2÷5＝40%

预计净残值＝100 000×4%＝4 000（元）

第一年折旧额＝100 000×40%＝40 000（元）

第二年折旧额＝(100 000－40 000)×40%＝24 000（元）

第三年折旧额＝(100 000－40 000－24 000)×40%＝14 400（元）

第四、第五年折旧额＝(100 000－40 000－24 000－14 400－4 000)÷2
＝8 800（元）

4. 年数总和法

年数总和法也称合计年限法，是指将固定资产的原价减去预计净残值后的净额，乘以一个以各年年初固定资产尚可使用年限做分子，以预计使用年限逐年数字之和做分母的逐年递减的分数计算每年折旧额的一种方法。计算公式如下：

年折旧率 = 尚可使用年限 ÷ 预计使用年限的年数总和 ×100%

预计使用年限的年数总和 = 年限 ×（年限 +1）÷2

月折旧率 = 年折旧率 ÷12

月折旧额 =（固定资产原价 - 预计净残值）× 月折旧率

【例 3 -50】 承【例 3 -49】采用年数总和法计提折旧，则各年折旧额计算如下：

第一年折旧额 =（100 000 -4 000）×5 ÷15 =32 000（元）

第二年折旧额 =（100 000 -4 000）×4 ÷15 =25 600（元）

第三年折旧额 =（100 000 -4 000）×3 ÷15 =19 200（元）

第四年折旧额 =（100 000 -4 000）×2 ÷15 =12 800（元）

第五年折旧额 =（100 000 -4 000）×1 ÷15 =6 400（元）

（三）固定资产折旧的会计处理

1. 会计科目设置

民间非营利组织应设置“累计折旧”科目，核算民间非营利组织固定资产的累计折旧。本科目期末贷方余额，反映民间非营利组织提取的固定资产折旧累计数。

2. 主要账务处理

民间非营利组织应当按月对固定资产提取折旧，并根据用途进行账务处理。如果固定资产是用于行政管理的，应当将所计提折旧计入管理费用，借记“管理费用”科目，贷记“累计折旧”科目；如果固定资产是用于生产存货的，应当将所计提折旧计入存货制造成本，借记“存货——生产成本”科目，贷记“累计折旧”科目。

【例 3 – 51】 某民间非营利组织 2026 年 5 月计提折旧为：办公用房折旧额 80 000 元，行政管理用轿车折旧额 6 000 元。该民间非营利组织账务处理如下：

借：管理费用　　　　　　　　　　　　　　86 000

　　贷：累计折旧　　　　　　　　　　　　　　86 000

五、固定资产的后续支出

民间非营利组织的固定资产投入使用后，为了维护或提高固定资产的使用效能，往往需要对现有固定资产进行维护、改建、扩建或改良，为此所发生的支出即为固定资产的后续支出。

（一）资本化的后续支出

《民间非营利组织会计制度》规定，与固定资产有关的后续支出，如果使可能流入民间非营利组织的经济利益或者服务潜力超过了原先的估计，如延长了固定资产的使用寿命，或者使服务质量实质性提高，或者使商品成本实质性降低，则应当计入固定资产账面价值，但其增计后的金额不应当超过该固定资产的可收回金额。

发生与固定资产有关的更新改造等后续支出时，民间非营利组织应将该固定资产的原价、已计提的累计折旧和减值准备转销，将固定资产的价值转入在建工程。固定资产发生的可资本化的后续支出，通过“在建工程”科目核算，借记“在建工程”科目，贷记“银行存款”等科目。在固定资产发生的后续支出完工并达到预定可使用状态时，应在后续支出资本化后的固定资产账面价值不超过其可收回金额的范围内，从“在建工程”科目转入“固定资产”科目，借记“固定资产”科目，贷记“在建工程”科目，并按重新确定的使用寿命、预计净残值和折旧方法计提折旧。

（二）费用化的后续支出

一般情况下，固定资产投入使用后因磨损、各组成部分耐用程度不同，可能导致固定资产的局部损坏，为了维护固定资产的正常运转和使用，充分发挥其使用效能，民间非营利组织将对固定资产进行必要的维护。发生固定资产维护支出只是确保固定资产的正常工作状况，并不导致固定资产性能的改变或固定资产未来经济利益的增加。因此，应在发生时一次性直接计入当期费用，借记“管理费用”等科目，贷记“银行存款”等科目。

六、固定资产的处置

固定资产的处置主要是指固定资产的报废和出售，以及对因各种不可抗拒的自然灾害而遭到毁坏和损失的固定资产所进行的清理工作。民间非营利组织在日常业务活动中，对那些不适用或不需用的固定资产，可以通过对外出售的方式进行处置；对那些由于使用而不断磨损直到最终报废，或由于技术进步等原因发生提前报废，或由于遭受自然灾害等非正常损失发生毁损的固定资产也应及时进行清理。《民间非营利组织会计制度》规定，民间非营利组织由于出售、报废或者毁损等原因而发生的固定资产清理净损益，应当计入当期收入或者费用。

固定资产满足下列条件之一的，应当予以终止确认：一是该固定资产处于处置状态；二是该固定资产预期通过使用或处置不能产生经济利益。

民间非营利组织对固定资产的购建、出售、清理、报废和内部转移等都应当办理会计手续，并应当设置固定资产明细账（或者固定资产卡片）进行明细核算。

1. 会计科目设置

民间非营利组织应当设置“固定资产清理”科目，核算因出售、报废和毁损或其他处置等原因转入清理的固定资产价值及其清理过程中所发生的清理费用和清理收入等。“固定资产清理”科目应当按照被清理的固定资产设置明细账，进行明细核算。本科目期末余额，反映尚未清理完毕的固定资产的价值以及清理净收入（清理收入减去清理费用）。

2. 主要账务处理

（1）所处置固定资产、在建工程转入清理时，按照所处置固定资产、在建工程的账面价值，借记“固定资产清理”科目，按照已提取的折旧，借记“累计折旧”科目，按照固定资产、在建工程账面余额，贷记“固定资产”“在建工程”科目。

（2）清理过程中发生的费用和相关税金，按照实际发生额，借记“固定资产清理”科目，贷记“银行存款”等科目。

（3）收回所处置固定资产的价款、残料价值和变价收入等，借记“银行存款”等科目，贷记“固定资产清理”科目；应当由保险公司或过失人赔偿的损失，借记“现金”“银行存款”“其他应收款”等科目，贷记“固定资产清理”科目。

（4）固定资产清理后的净收益，借记“固定资产清理”科目，贷记“其他收入”科目；固定资产清理后的净损失，借记“其他费用”科目，贷记“固定资产清理”科目。

为了进一步反映其他收入和其他费用的构成情况，民间非营利组织在实务中除了需要在“其他收入”科目下面设置“限定性收入”和“非限定性收入”二级明细科目外，还可以设置“处置固定资产净收益”三级明细科目，或者在“其他费用”科目下面设置“处置固定资产净损失”明细科目。

【例 3 – 52】某民间非营利组织 2026 年 5 月报废一台设备，原值 150 000 元，使用期已满。该设备预计残值 5 000 元，清理过程中取得残值变价收入 3 000 元，以银行存款支付清理费用 4 000 元。假定不考虑其他相关税费，该民间非营利组织账务处理如下：

① 转入清理。

借：固定资产清理　　5 000

　　累计折旧　　145 000

　　贷：固定资产　　150 000

② 收到残值收入。

借：银行存款　　3 000

　　贷：固定资产清理　　3 000

③ 支付清理费用。

借：固定资产清理　　4 000

　　贷：银行存款　　4 000

④ 结转净损益。

借：其他费用——处置固定资产净损失　　6 000

　　贷：固定资产清理　　6 000

【例 3－53】 某民间非营利组织 2026 年 3 月出售一栋办公楼，原价 2 000 000 元，已提折旧 300 000 元，以银行存款支付清理费用 10 000 元，出售的价款收入为 1 900 000 元。假定不考虑其他相关税费，该民间非营利组织账务处理如下：

① 转入清理。

借：固定资产清理　　1 700 000

　　累计折旧　　300 000

　　贷：固定资产　　2 000 000

② 支付清理费用。

借：固定资产清理　　10 000

　　贷：银行存款　　10 000

③ 收到价款。

借：银行存款　　1 900 000

贷：固定资产清理　　　　　　　　　　　　　　1 900 000

④ 结转净损益。

借：固定资产清理　　　　　　　　　　　　190 000

贷：其他收入——非限定性收入——处置固定资产净收益

190 000

七、固定资产的盘盈盘亏

民间非营利组织对固定资产应当定期或者至少每年实地盘点一次。对盘盈、盘亏的固定资产，应当及时查明原因，写出书面报告，并根据管理权限经理事会或类似权力机构批准后，在期末结账前处理完毕：

（一）如为固定资产盘盈，按照其公允价值，借记“固定资产”科目，贷记“其他收入”科目。

（二）如为固定资产盘亏，按照固定资产账面价值扣除可以收回的保险赔偿和过失人的赔偿等后的金额，借记“管理费用”科目，按照可以收回的保险赔偿和过失人赔偿等，借记“现金”“银行存款”“其他应收款”等科目，按照已提取的累计折旧，借记“累计折旧”科目，按照固定资产的账面余额，贷记“固定资产”科目。

八、固定资产的期末计价

（一）固定资产减值

民间非营利组织的固定资产通常不是为了出售或为了创造未来的经济利益，只要其能够提供预定的效能，一般情况下发生减值的可能性比较小，因此，在会计期末通常不必对固定资产计提减值准备。但如果固定资产发生了重大减值，则应当计提减值准备，单独设置“固定资产减值准备”科目进行核算。同时，设置“资产减值损失”科目，核算计提资产减值准备所形成的损失。

1. 某项固定资产因市价持续下跌或技术陈旧、损坏、长期闲置等原因导致其可收回金额低于账面价值，发生重大减值时，应按可收回金额低于账面价值的差额计提固定资产减值准备，确认减值损失。根据所计提的减值准备，借记“资产减值损失——固定资产减值损失”科目，贷记“固定资产减值准备”科目。

2. 冲减或转回固定资产减值准备时，按照转回的金额，借记“固定资产减值准备”科目，贷记“资产减值损失——固定资产减值损失”科目。

3. 发生重大减值的固定资产价值通常在以后会计期间很难恢复，除非进行改良或者修复，此时需要按照固定资产后续支出的会计处理原则进行处理。

（二）计提减值准备后固定资产折旧的调整

如果固定资产计提了减值准备，那么固定资产的折旧计提也需相应做出调整。

民间非营利组织应当对已计提减值准备的固定资产，按照该固定资产的账面价值（即固定资产净值减去已经计提的减值准备后的余额）以及尚可使用寿命重新计算确定折旧率和折旧额。

固定资产计提减值准备后，民间非营利组织应当重新复核固定资产的折旧方法、预计使用寿命和预计净残值（或预计净残值率），并视不同情况采用不同的处理方法。

1. 如果固定资产所含经济利益的预期实现方式没有发生变更，民间非营利组织仍应遵循原有的折旧方法，按照固定资产的账面价值扣除预计净残值后的余额以及尚可使用寿命重新计算确定折旧率和折旧额；

2. 如果固定资产所含经济利益的预期实现方式发生了重大改变，民间非营利组织应当相应改变固定资产折旧方法，并按照新的折旧方法计提折旧，但对于以前期间已经计提的折旧则不必调整；

3. 如果固定资产的预计使用寿命没有发生变更，民间非营利组织仍应遵循原有的预计使用寿命，按照固定资产的账面价值扣除预计净残值后的余额以及尚可使用寿命重新计算确定折旧率和折旧额；

4. 如果固定资产的预计使用寿命发生变更，民间非营利组织应当相应改变固定资产的预计使用寿命，并按照新的预计使用寿命计提折旧。

第八节　文物资源

一、文物资源概述

按照《中华人民共和国文物保护法》等有关法律、行政法规规定被认定为文物的有形资产和尚未被认定为文物的古籍等藏品，作为文物资源单独核算。在资产负债表中，应当单列“文物资源”项目予以单独反映。考虑到文物资源在持有期间一般不会像其他固定资产那样会发生损耗，因此不必计提折旧。

其他未纳入文物资源范围的图书档案、艺术品、标本模型等，应当按照存货、固定资产进行会计处理。

【修订】原制度中“文物文化资产”部分内容在“固定资产”一节中列示，修订后单独作为一节，名称由“文物文化资产”改为“文物资源”。

二、文物资源的初始计量

民间非营利组织应设置“文物资源”科目，核算民间非营利组织的文物资源。为了加强对文物资源的管理，民间非营利组织应当设置文物资源登记簿和文物资源卡片，按文物资源类型等设置明细账，进行明细核算。本科目期末借方余额，反映民间非营利组织期末文物资源的金额。

【新旧衔接】民间非营利组织应当按照新制度有关规定，对原制度下的文物文化资产进行分析判断，重新分类为文物资源、固定资产、存货，转入新账的相应科目。

（一）计量原则

《民间非营利组织会计制度》规定，文物资源一般采用历史成本进行计量，无法取得历史成本的，按照名义金额计量。接受捐赠的文物资源，按照接受捐赠资产的确认与计量原则确定其成本。

1. 文物资源在取得时，如果取得了有关凭据，应当按照凭据上标明的金额作为入账价值；如果未取得有关凭据，应当按照名义金额计量。

2. 取得文物资源时，发生的应归属于其自身的相关税费、运输费等，应当计入当期费用。

（二）主要账务处理

1. 外购的文物资源

按照取得的购买凭证上注明的金额，借记“文物资源”科目，贷记“银行存款”“应付账款”等科目。

如果一笔购入多项文物资源，取得的购买凭证上没有单独标价的，应当将各项文物资源按照系统、合理的方法对总成本进行分配，分别确定各项文物资源的入账价值。

2. 接受捐赠的文物资源

如果取得了发票等有关凭据，应当按照凭据上标明的金额，借记“文物资源”科目，贷记“捐赠收入”科目；如果未取得发票等有关凭据，应当按照名义金额，借记“文物资源”科目，贷记“捐赠收入”科目。

3. 民间非营利组织为取得文物资源发生的相关支出，包括文物资源入藏前发生的保险费、运输费、装卸费以及专业人员服务费等，应当按照实际支付的金额，借记“其他费用”等科目，贷记“银行存款”“应付账款”等科目。

【例 3 – 54】 某民间非营利组织 2026 年 5 月接受捐赠一件被认定为三级文物的工艺品，发票标明的金额为 50 000 元，捐赠人对该工艺品的使用未设置任何限制。该民间非营利组织账务处理如下：

借：文物资源　　50 000

　　贷：捐赠收入——非限定性收入　　50 000

三、文物资源的后续支出

为了维护或提高文物资源的使用效能，民间非营利组织往往需要对文物资源本体进行修复修缮等保护工作，为此所发生的支出即为文物资源的后续支出。

民间非营利组织对文物资源本体的修复修缮等保护支出，在发生时计入费用。按照实际发生的费用，借记“其他费用”等科目，贷记“银行存款”等科目。

民间非营利组织对于文物资源安防、消防及防雷等保护性设施建设支出，符合相关资产确认条件的，应当计入固定资产等其他相关资产成本。

四、文物资源撤销退出

文物资源撤销退出是指不可移动文物降级撤销和可移动文物退出。对于文物资源撤销退出等业务，在履行相关报批程序后，参照固定资产清理进行账务处理。按照所撤销退出文物资源的账面余额，借记“固定资产清理”科目，贷记“文物资源”科目。

五、文物资源盘点

民间非营利组织对文物资源应当定期或者至少每年实地盘点一次。对盘盈、盘亏的文物资源，应当及时查明原因，并根据管理权限，报经批准后，在期末前结账处理完毕：

（一）如为文物资源盘盈或普查发现，按照名义金额，借记“文物资源”科目，贷记“其他收入”科目。

（二）如为文物资源盘亏，按照有关规定履行报批程序后，按照文物资源的账面余额扣除可以收回的保险赔偿和过失人的赔偿等后的金额，借记“管理费用”科目，按照可以收回的保险赔偿和过失人赔偿等，借记“现金”“银行存款”“其他应收款”等科目，按照文物资源的账面余额，贷记“文物资源”科目。

【例3－55】某民间非营利组织2026年12月31日盘点时盘亏一件古籍藏品，价值为20 000元，该古籍系当年9月发生火灾时损坏，未购买保险。该民间非营利组织账务处理如下：

借：管理费用　　20 000

　　贷：文物资源　　20 000

第九节　无形资产

一、无形资产概述

（一）无形资产的概念

《民间非营利组织会计制度》规定，无形资产是指民间非营利组织为开展业务活动、出租给他人或为管理目的而持有的且没有实物形态的非货币性长期资产，包括专利权、非专利技术、商标权、著作权、土地使用权等。

（二）无形资产的特征

民间非营利组织的无形资产具有以下几个特征。

1. 无形资产不具有实物形态

这是无形资产区别于固定资产以及其他有形资产的显著标志，一方面无形资产没有人们感官可感触的物质形态，只能从观念上感觉它，或者表现为人们心目中的一种形象，或者以特许权形式表现为社会关系范畴；另一方面，它在使用过程中没有有形损耗，报废时也无残值。需要说明的是，某些无形资产的存在需要依赖于实物载体，如计算机软件需存储在磁盘中，但这并不改变无形资产本身不具有实物形态的特征。

2. 无形资产具有垄断性

无形资产的垄断性表现在有些无形资产在法律制度的保护下，禁止非持有人无偿取得，排斥他人的非法竞争，如专利权、商标权等；有些无形资产的独占权虽不受法律保护，但只要能确保秘密不泄露于外界，实际上也能独占，如专有技术、秘方等。

3. 无形资产具有不确定性

一方面，无形资产的有效期受技术进步和市场变化的影响很难准确确定；另一方面，由于有效期不稳定，其实际价值也不容易确定。

4. 无形资产属于非货币性长期资产

属于非货币性长期资产且不是流动资产，是无形资产的又一特征。无形资产属于长期资产，主要是因为其能够长期使用，使民间非营利组织长期受益。

5. 无形资产的持有目的不是出售

民间非营利组织持有无形资产的目的是用于开展业务活动、出租给他人或为管理活动目的，而不是对外销售。

（三）无形资产的分类

民间非营利组织的无形资产主要包括专利权、非专利技术、商标权、著作权、土地使用权等。

1. 专利权

专利权，是指权利人在法定期限内对某一发明创造所拥有的独占权和专有权。专利权的主体是依据专利法被授予专利权的个人或单位，专利权的客体是受专利法保护的专利范围。并非所有的专利权都能给持有者带来经济效益或服务潜力，有的专利可能没有经济价值（或服务潜力）或具有很小的经济价值（或服务潜力），有的专利会被另外更有经济价值（或服务潜力）的专利所淘汰。因此，民间非营利组织无须将其拥有的一切专利权都作为无形资产核算，只有那些能给民间非营利组织带来较大经济价值或服务潜力或民间非营利组织为此花费了成本并且符合无形资产确认标准的专利权才能作为无形资产核算。

2. 非专利技术

非专利技术又称专有技术，是指发明人垄断的、不公开的、具有实用价值的先进技术、资料、技能和知识等。非专利技术用自我保密的方式来维持其独占性，具有经济性、机密性和动态性等特点。由于非专利技术未经公开亦未申请专利权，所以不受法律保护，但事实上具有专利权的效用。非专利技术可以用蓝图、配方、技术记录、操作方法的说明等具体资料表现出来，也可以通过卖方派出技术人员进行指导，或接受买方人员进行技术实习等手段实现。非专利技术一般包括工业专有技术、商业贸易专有技术、管理专有技术等。

民间非营利组织的非专利技术有些是自己开发研究的，有些是根据合同规定从外部购入的。开发研究过程中发生的相关费用，会计核算上一般将其列作当期费用处理，不作为无形资产核算。从外部购入的非专利技术应按实际发生的费用予以资本化，作为无形资产入账核算。非专利技术可以作为资产对外投资，也可以转让。

3. 商标权

商标权，是指民间非营利组织专门在某种指定的商品上使用特定的名称、图案和标记的权利。根据我国商标法的规定，经商标局核准注册的商标为注册商标，商标注册人享有商标专用权，受法律保护。商标权有效期10年，期满前可继续申请延长注册期。商标权包括独占使用权和禁止使用权两个方面，独占使用权是指商标享有人在商标的注册范围内独家使用其商标的权利，禁止使用权是指商标享有人排除和禁止他人对商标独占使用权进行侵犯的权利。

4. 著作权

著作权也称版权，是指著作权人对其著作依法享有的出版、发行等方面的专有权利。著作权包括两方面的权利，即精神权利（人身权利）和经济权利（财产权利），前者是指作者署名、发表作品、确认作者身份、保护作品的完整性、修改已经发表的作品等权利，包括发表权、署名权、修改权和保护作品完整权；后者是指以出版、表演、广播、展览、录制唱片、摄制影片等方式使用作品以及因授权他人使用作品而获得经济利益的权利，包括使用权和获得报酬权。

5. 土地使用权

土地使用权，是指民间非营利组织依照法定程序或依约定对国有土地享有的开发、利用和经营的权利。根据我国土地管理法的规定，我国土地实行公有制，任何单位和个人不得侵占、买卖或以其他形式非法转让。民间非营利组织可依法取得和依法转让土地使用权。如果民间非营利组织取得土地使用权时未花费任何代价，例如民间非营利组织拥有的未入账的土地使用权，不能将其作为无形资产核算。如果取得土地使用权付出了成本，则应将其资本化，作为无形资产核算。

二、无形资产的确认

民间非营利组织的无形资产只有同时满足下列条件时，才能予以确认：

一是符合无形资产的定义；

二是与无形资产有关的经济利益或服务潜力很可能流入民间非营利组织；

在会计实务中，要确定无形资产所创造的经济利益是否很可能流入民间非营利组织，需要对无形资产在预计使用寿命内可能存在的各种经济因素做出合理估计，并且应当有明确的证据支持。

三是无形资产的成本能够可靠地计量。

【新增】民间非营利组织购入的不构成相关硬件不可缺少组成部分的软件，应当确认为无形资产。

三、无形资产的初始计量

（一）计量原则

《民间非营利组织会计制度》规定，无形资产在取得时，应当按照取得时的实际成本入账。无形资产的取得方式不同，其价值的构成也不相同。

（二）不同取得方式下无形资产的会计处理

1. 会计科目设置

民间非营利组织应设置“无形资产”科目，核算民间非营利组织持有的专利权、非专利技术、商标权、著作权、土地使用权等无形资产。“无形资产”科目应当按照无形资产类别设置明细账，进行明细核算。本科目期末借方余额，反映民间非营利组织无形资产的账面余额。

2. 主要账务处理

（1）购入的无形资产。

购入的无形资产，成本包括购买价款、支付的相关税费以及其他直接归属于使该项资产达到预定用途所发生的支出，包括专业服务费用、测试无形资产是否能够正常发挥作用的费用等。民间非营利组织按照实际支付的价款确定其实际成本，借记“无形资产”科目，贷记“银行存款”等科目。

【新增】民间非营利组织委托软件公司开发的软件，视同外购无形资产确定其成本，按照实际支付的价款，借记“无形资产”科目，贷记“银行存款”等科目。

需要说明的是，对于一揽子购入的无形资产，其成本通常应按该无形资产和其他资产的公允价值相对比例确定。例如，某民间非营利组织购入一项专利权和相关设备，价格及相关费用共计300万元，其中，专利权可单独辨认，但与其相关设备的价格没有分别标明，在这种情况下应考虑专利权和相关设备公允价值的相对比例来分配实际支付的300万元价款。假设该专利权和相关设备公允价值的相对比例为5：1，不考虑其他相关税费，那么专利权的成本应为250万元，相关设备的成本应为50万元。采用公允价值相对比例来确定与其他资产一同购入的无形资产的成本，须以该无形资产的相对价值是否较大为前提。如果相对价值较小则无须单独核算，可计入其他资产的成本，视为其他资产的组成部分核算，反之则需要单独核算。例如，只是作为电脑必不可少的附件随机购入的、金额相对较小的软件不必单独核算，但如果是连同一组电脑购入、金额也相对较大（甚至占主要部分）的管理系统软件，则应单独核算。与地上附着物一同购入的土地使用权也属于类似的情况。如果一揽子购入的无形资产与其他资产在使用上不可分离，在使用年限方面也基本一致，则无须将其与其他资产分开来核算。

【例3－56】某民间非营利组织2026年4月30日购入一项专利权，实际支付价款300 000元，并支付相关税费10 000元和专业服务费用50 000元，款项已通过银行转账支付。该民间非营利组织账务处理如下：

借：无形资产——专利权　　360 000

　　贷：银行存款　　360 000

（2）自行开发并按法律程序申请取得的无形资产。

按依法取得时发生的注册费、聘请律师费等费用，作为无形资产的实际成本，借记“无形资产”科目，贷记“银行存款”等科目。依法取得前，在研究与开发过程中发生的材料费用、直接参与开发人员的工资及福利费、开发过程中发生的租金、借款费用等直接计入当期费用，借记“管理费用”等科目，贷记“银行存款”等科目。

【例3－57】某民间非营利组织2026年1月1日经董事会批准研发某项非专利技术，研究过程中发生材料费5 000 000元，其他费用4 000 000元，注册费1 000 000元，款项以银行汇款方式支付。2026年12月31日，该项非专利技术达到预定可使用状态。该民间非营利组织账务处理如下：

借：管理费用	9 000 000	
无形资产——非专利技术	1 000 000	
贷：存货		5 000 000
银行存款		5 000 000

（3）接受捐赠的无形资产，按照接受捐赠资产的确认与计量原则确定成本，借记“无形资产”科目，贷记“捐赠收入”科目。

（4）通过非货币性交易换入的无形资产，其核算原则参见本书第九章第二节。

四、无形资产的摊销

（一）摊销原则

无形资产属于民间非营利组织的长期资产，能在较长时间里给民间非营利组织带来经济利益，但无形资产通常有一定的有效期限，它所具有的价值的权利或特权总会终结或消失，因此，民间非营利组织应将入账的无形资产在一定年限内摊销。

【新增】《民间非营利组织会计制度》规定，民间非营利组织应当于取得或形成无形资产时合理确定其使用年限。无形资产的使用年限为有限的，应当估计该使用年限。无法预见无形资产为民间非营利组织产生服务潜力或者带来经济利益流入期限的，应当视为使用年限不确定的无形资产。使用年限不确定的无形资产不应摊销。

民间非营利组织应当对使用年限有限的无形资产进行摊销，但已摊销完毕仍继续使用的无形资产和以名义金额计量的无形资产除外。无形资产应当自取得当月起在预计使用年限内分期平均摊销，计入当期费用。

如预计使用年限超过了相关合同规定的受益年限或法律规定的有效年限，该无形资产的摊销年限按如下原则确定：

（1）合同规定了受益年限但法律没有规定有效年限的，摊销期不应超过合同规定的受益年限；

（2）合同没有规定受益年限但法律规定了有效年限的，摊销期不应超过法律规定的有效年限；

（3）合同规定了受益年限，法律也规定了有效年限的，摊销期不应超过受益年限和有效年限两者之中较短者。

如果合同没有规定受益年限，法律也没有规定有效年限的，摊销期不应超过 10 年。

（二）无形资产摊销核算

1. 会计科目设置

民间非营利组织应设置“累计摊销”科目，核算民间非营利组织对无形资产计提的累计摊销。“累计摊销”科目应当按照所对应无形资产的明细分类进行明细核算。本科目期末贷方余额，反映民间非营利组织计提的无形资产摊销累计数。

【新增】《民间非营利组织会计制度》增加“累计摊销”科目，用于核算民间非营利组织对无形资产计提的累计摊销。

2. 主要账务处理

（1）按月对无形资产进行摊销时，按照应摊销金额，借记“业务活动成本”“管理费用”“存货”“在建工程”等科目，贷记“累计摊销”科目。

（2）经批准处置无形资产时，按照实际取得的价款，借记“银行存款”等科目，按照已计提摊销，借记“累计摊销”科目，按照无形资产的账面余额，贷记“无形资产”科目，按照其差额，贷记“其他收入”科目或借记“其他费用”科目。

【例3－58】2026年1月1日，某民间非营利组织购入一块土地使用权，通过银行转账方式支付80 000 000元，并在该土地上自行建造办公用房等工程，发生材料支出120 000 000元，工资费用80 000 000元，其他相关费用100 000 000元。该工程已经完工并达到预定可使用状态。假定土地使用权的使用年限为50年，办公用房的使用年限为25年，两者都没有净残值，都采用直线法进行摊销和计提折旧，不考虑其他相关税费。该民间非营利组织账务处理如下：

① 支付转让价款。

借：无形资产——土地使用权	80 000 000	
贷：银行存款		80 000 000

② 在土地上自行建造办公用房。

借：在建工程	300 000 000	
贷：存货		120 000 000
应付职工薪酬		80 000 000
银行存款		100 000 000

③ 办公用房达到预定可使用状态。

借：固定资产	300 000 000	
贷：在建工程		300 000 000

④ 每年分期摊销土地使用权和对办公用房计提折旧。

土地使用权摊销金额 = 80 000 000 ÷ 50 = 1 600 000（元）

办公用房折旧额 = 300 000 000 ÷ 25 = 12 000 000（元）

借：管理费用　　13 600 000

　　贷：累计摊销　　1 600 000

　　　　累计折旧　　12 000 000

五、无形资产的处置

民间非营利组织出售或以其他方式处置无形资产，应当将实际取得的价款与该项无形资产的账面价值之间的差额，计入当期收入或者费用。按照实际取得的价款，借记“银行存款”等科目，按照已计提的摊销金额，借记“累计摊销”科目，按照该项无形资产的账面余额，贷记“无形资产”科目，如果取得的价款大于无形资产的账面价值，应按照其差额贷记“其他收入”科目；如果取得的价款小于无形资产的账面价值，应按照其差额借记“其他费用”科目。

【例 3－59】 2026 年 1 月 1 日，某民间非营利组织拥有某项专利权的成本是 10 000 000 元，已摊销金额为 5 000 000 元，已计提减值准备 200 000 元。该民间非营利组织于 2026 年将该项专利权出售给 A 公司，取得出售收入 5 500 000 元，不考虑其他相关税费。该民间非营利组织账务处理如下：

借：银行存款　　5 500 000

　　累计摊销　　5 000 000

　　无形资产减值准备　　200 000

　　贷：无形资产——专利权　　10 000 000

　　　　其他收入——无形资产处置收益　　700 000

【例 3－60】 承【例 3－59】假设其他条件不变，如果该民间非营利组织出售该项专利权取得出售收入 4 500 000 元，不考虑其他相关税费。

该民间非营利组织账务处理如下：

借：银行存款	4 500 000
无形资产减值准备	200 000
累计摊销	5 000 000
其他费用——无形资产处置损失	300 000
贷：无形资产——专利权	10 000 000

六、无形资产的期末计价

（一）无形资产减值

民间非营利组织的无形资产在一般情况下发生减值的可能性比较小，因此，在会计期末通常不必对无形资产计提减值准备。但如果无形资产发生了重大减值，应当对无形资产的可收回金额进行估计，并根据该无形资产的账面价值超过可收回金额的部分计提减值准备，确认减值损失，并将所确认的减值损失计入当期费用。民间非营利组织的无形资产如果发生了重大减值计提减值准备的，应当单独设置“无形资产减值准备”科目进行核算。同时，设置“资产减值损失”科目，核算计提资产减值准备所形成的损失。

1. 某项无形资产由于已被其他新技术替代，使其为民间非营利组织创造经济利益或提供服务潜力的能力受到重大不利影响；无形资产的市价在当期大幅下跌，在剩余摊销年限内预期不会恢复；以及出现其他足以表明无形资产的可收回金额已经低于账面价值的情形时，应对无形资产计提减值准备。根据所计提的减值准备，借记“资产减值损失——无形资产减值损失”科目，贷记“无形资产减值准备”科目。

2. 冲减或转回无形资产减值准备时，按照转回的金额，借记“无形资产减值准备”科目，贷记“资产减值损失——无形资产减值损失”科目。

（二）计提减值准备后无形资产摊销的调整

如果无形资产计提了减值准备，那么无形资产的摊销也需相应做出调整。民间非营利组织应当按照该项无形资产的账面价值（即无形资产账面余额减去已经计提的减值准备后的余额）在剩余年限内进行摊销。

【例 3－61】 2026 年 1 月 1 日，某民间非营利组织外购 A 专利权，实际支付的价款为 1 200 000 元。根据相关法律，A 专利权的有效年限为 10 年，已使用 1 年，该民间非营利组织估计 A 专利权还可使用 6 年。2027 年 12 月 31 日，由于与 A 专利权相关的经济因素发生不利变化，致使 A 专利权发生减值，该民间非营利组织估计其可收回金额为 250 000 元。2029 年 12 月 31 日，该民间非营利组织发现导致 A 专利权在 2027 年发生减值的不利因素已全部消失，估计 A 专利权可收回金额为 400 000 元。假定不考虑相关税费，无形资产的预计使用年限保持不变。

2026 年 1 月 1 日，该民间非营利组织估计 A 专利权还可使用 6 年，没有超过相关法律对 A 专利权规定的有效年限。A 专利权的成本应自 2026 年 1 月起于 6 年内摊销。考虑到减值损失及减值损失转回的情形，A 专利权在摊销期内的价值变化情况如表 3－6 所示。

表 3－6　　A 专利权在摊销期内价值变化　　单位：元

时间	项目	金额
2026 年 1 月 1 日	成本	1 200 000
2026 年 12 月 31 日	摊销	200 000
	账面价值	1 000 000
2027 年 12 月 31 日	摊销	200 000
	减值	550 000
	账面价值	250 000
2028 年 12 月 31 日	摊销	62 500
	账面价值	187 500

续表

时间	项目	金额
2029 年 12 月 31 日	摊销	62 500
	减值损失转回前账面价值	125 000
	减值损失转回	275 000
	减值损失转回后账面价值	400 000
2030 年 12 月 31 日	摊销	200 000
	账面价值	200 000
2031 年 12 月 31 日	摊销	200 000
	账面价值	0

该民间非营利组织账务处理如下：

① 2026 年 1 月 1 日购入 A 专利权。

借：无形资产——A 专利权　　1 200 000

　　贷：银行存款　　1 200 000

② 2026 年、2027 年摊销 A 专利权账面价值。

借：管理费用　　200 000

　　贷：累计摊销　　200 000

③ 2027 年计提 A 专利权减值准备。

借：资产减值损失——无形资产减值损失　　550 000

　　贷：无形资产减值准备——A 专利权　　550 000

④ 2028 年、2029 年摊销 A 专利权账面价值。

借：管理费用　　62 500

　　贷：累计摊销　　62 500

⑤ 2029 年 12 月 31 日，无形资产资产减值损失转回。

借：无形资产减值准备——A 专利权　　275 000

　　贷：资产减值损失——无形资产减值损失　　275 000

⑥ 2030 年、2031 年摊销 A 专利权账面价值。

借：管理费用　　200 000

贷：累计摊销　　200 000

⑦ 2031 年 12 月 31 日转销 A 专利权减值准备的余额。

借：无形资产减值准备——A 专利权　　275 000

贷：无形资产——A 专利权　　275 000

第十节　长期待摊费用

一、长期待摊费用概述

长期待摊费用是民间非营利组织已经支出，但应由本期和以后各期负担的分摊期限在 1 年以上（不含 1 年）的各项支出，如对以经营租赁方式租入的固定资产发生的改良支出等。

一般情况下，民间非营利组织的长期待摊费用具有以下三个特征：

（一）长期待摊费用属于长期资产；

（二）长期待摊费用是民间非营利组织已经支出的各项费用；

（三）长期待摊费用应能使以后会计期间受益。

长期待摊费用应当在对应资产的受益年限内平均摊销。如果某项长期待摊费用已经不能使民间非营利组织受益，应当将其摊余金额一次性计入当期费用。

二、长期待摊费用核算

（一）会计科目设置

【新增】《民间非营利组织会计制度》增加“长期待摊费用”科目，用于核算实务中民间非营利组织已经发生但应由本期和以后各期负担的分摊期限在 1 年以上（不含 1 年）的各项费用。

“长期待摊费用”科目应当按照对应资产的类别设置明细账，进行明细核算。本科目期末借方余额，反映民间非营利组织尚未摊销完毕的长期待摊费用。

（二）主要账务处理

1. 发生长期待摊费用时，按照支出金额，借记“长期待摊费用”科目，贷记“银行存款”等科目。

2. 在受益期间摊销长期待摊费用时，按照摊销金额，借记“业务活动成本”“管理费用”等科目，贷记“长期待摊费用”科目。

3. 如果某项长期待摊费用已经不能使民间非营利组织受益，应当将其摊余金额一次性转销。按照剩余待摊销金额，借记“业务活动成本”“管理费用”等科目，贷记“长期待摊费用”科目。

【例 3 - 62】 某民间非营利组织于 2026 年 6 月以经营租赁方式租入行政办公用房，租期为 6 年，因为各种原因，于第三年即 2029 年 6 月对该办公用房进行改建装修，发生改建支出 990 000 元，以银行存款转账支付。假定不考虑其他相关税费，该民间非营利组织账务处理如下：

① 2029 年 6 月发生改建支出。

借：长期待摊费用	990 000	
贷：银行存款		990 000

② 2029 年 7 月及以后月份摊销改建支出时。

该改建支出每月摊销金额为 990 000 ÷ 3 ÷ 12 = 27 500（元）

借：管理费用	27 500	
贷：长期待摊费用		27 500

第四章
负　　债

第一节　负债概述

一、负债的概念和特征

《民间非营利组织会计制度》规定，负债是指过去的交易或者事项形成的现时义务，履行该义务预期会导致含有经济利益或者服务潜力的资源流出民间非营利组织。

根据《民间非营利组织会计制度》对负债的定义，负债应当同时具备以下主要特征。

1. 负债是由过去的交易或事项形成的

负债是由过去的交易或事项的发生而产生的结果，而不能根据谈判中的交易、事项或计划中的经济业务来确认负债。例如，民间非营利组织已经发生的银行借款行为会形成负债；而拟签署但尚未生效的购买合同与项目合作事项等，并不构成目前的负债。

2. 负债是民间非营利组织承担且能够可靠计量的现时义务

负债是民间非营利组织承担的现时义务，即现在已承担相应的强制性义务责任，包括法定义务和推定义务。这项义务，可能是基于法律、合同、类似文件的要求或已公开的承诺等，且该义务的金额能够可靠计量。例如，民间非营利组织因接受了银行贷款，则承担了银行借款这项负债，需要未来清偿。再如，民间非营利组织涉及诉讼案件并且败诉的可能性非常大且需要赔偿时，则也承担了现时义务，以所需支出的最佳估计数予以计量该项负债。计划爱心捐赠等，是一项非强制性的、属于非必须承担的责任，则不能构成民间非营利组织的负债。

3. 负债的清偿预期会导致含有经济利益或者服务潜力的资源流出

清偿负债会导致含有经济利益或者服务潜力的资源流出民间非营利组织，即通常需要在未来某一特定时间用资产或服务来偿付，将导致该民间非营利组织资产的减少。在某些情况下，也可能为了结算现有负债而承诺新的负债（如债务的展期、以应付票据抵付应付账款）等。

二、负债的分类

负债通常按照流动性进行分类。《民间非营利组织会计制度》将民间非营利组织的负债按其流动性分为流动负债、长期负债和受托代理负债等。

流动负债是指将在1年内（含1年）偿还的负债，包括短期借款、应付款项、应付职工薪酬、应交税费、预收账款、预提费用等。

长期负债是指偿还期限在1年以上（不含1年）的负债，包括长期借款、长期应付款、预计负债和其他长期负债。

值得注意的是，2024年底修订的《民间非营利组织会计制度》将预计负债从短期负债归入到长期负债。

此外，民间非营利组织还有一类特殊的负债——受托代理负债。受托代理负债，是指民间非营利组织因从事受托代理业务、接受受托代理资产而产生的负债。受托代理负债应当按照相对应的受托代理资产的金额予以确认和计量。本章主要讲解民间非营利组织的流动负债与长期负债的核算，受托代理负债的确认与计量详见本书第九章第一节。

民间非营利组织的负债的分类及其主要内容如表 4－1 所示。

表 4－1　　负债的分类及其主要内容

负债分类	主要内容
流动负债	短期借款
	应付款项（应付票据、应付账款、其他应付款）
	应付职工薪酬
	应交税费
	预收账款
	预提费用
长期负债	长期借款
	长期应付款
	预计负债
	其他长期负债
受托代理负债	受托代理负债

第二节　短期借款

一、短期借款的概念和特征

《民间非营利组织会计制度》规定，短期借款是指民间非营利组织向银行或其他金融机构等借入的期限在 1 年以下（含 1 年）的各种借款。短期借款具有以下基本特征：

（1）短期借款的债权人包括银行、非银行金融机构等；

（2）借款期限较短，一般为 1 年以下（含 1 年）；

（3）归还短期借款时，不仅要归还借款本金，根据货币时间价值，一般还需支付借款利息。

二、短期借款的会计处理

（一）会计科目的设置

《民间非营利组织会计制度》规定，民间非营利组织为了核算其向银行或其他金融机构借入的期限在1年以下（含1年）的各种借款，应当设置“短期借款”科目。“短期借款”科目应当按照债权人设置明细账，并按照借款种类及期限等进行明细核算。“短期借款”科目的期末贷方余额，反映民间非营利组织尚未偿还的短期借款本金。

（二）主要账务处理

1. 取得短期借款时的账务处理

民间非营利组织借入各种短期借款时，按照实际借得的金额，借记“银行存款”科目，贷记“短期借款”科目。

【例4－1】某民间非营利组织于2026年4月1日向××银行借入100 000元，期限6个月，年利率6%。

2026年4月1日借入款项时，账务处理如下：

借：银行存款　　100 000

　　贷：短期借款——××银行　　100 000

2. 发生短期借款利息时的账务处理

短期借款的利息不通过“短期借款”科目核算。发生短期借款利息时，借记“筹资费用”科目，贷记“预提费用”“银行存款”等科目。如果短期借款的利息是在借款到期时连同本金一并归还，或者利息是按季度或半年度支付的，并且利息金额较大，为了正确计算各期的费用，可以采用预提的办法，按月预提计入费用，借记“筹资费用”科目，贷记“预提费用”科目；如果短期借款的利息是按月支付的，或者虽然利息是在借款到期时连同本金一并归还但是数额不大的，可以不采用预提的方法，在实际支付时按照实际支付的利息，一次性借记“筹资费用”科目，贷记“银行存款”科目。

【例4-2】承【例4-1】该民间非营利组织按照借款约定，每月向银行支付利息。

如果该民间非营利组织按月支付短期借款利息，当月利息 $100\,000 \times 6\% \div 12 = 500$（元），则在借款期限内，各月月末该民间非营利组织的账务处理如下：

借：筹资费用　　500

　　贷：银行存款　　500

【例4-3】承【例4-1】该民间非营利组织按照与银行的借款约定，每季度向银行支付利息。

此种情况下，该民间非营利组织可以根据自身情况确定是否采取按月计提利息的核算方式，但通常一经选定，不得随意变更，以保证会计政策的先后一致性和财务信息可比性。

① 为准确核算每月的费用，该民间非营利组织采取按月计提、按季支付的方式。

4月末预提利息时，预提当月利息 $100\,000 \times 6\% \div 12 = 500$（元）。

借：筹资费用　　500

　　贷：预提费用　　500

5月末，预提当月利息的处理同上。

6月末，支付本季度利息时，账务处理如下：

借：筹资费用　　500

　　预提费用　　1 000

　　贷：银行存款　　1 500

② 如果该民间非营利组织考虑到借款利息数额不大，不采用预提的方法，在实际支付时按照实际支付的利息，一次性借记“筹资费用”科

目，贷记“银行存款”科目。

2026 年 6 月末，支付本季度利息时，账务处理如下：

借：筹资费用　　1 500

　　贷：银行存款　　1 500

3. 偿还短期借款的账务处理

偿还短期借款时，如果按月计提利息，按归还的短期借款本金借记“短期借款”科目，按照已预提的利息借记“预提费用”科目，按照当月发生的利息费用借记“筹资费用”科目，按照偿付的本金和利息贷记“银行存款”科目；如果不采用预提利息的方法核算短期借款利息，按归还的短期借款本金借记“短期借款”科目，按照支付的利息借记“筹资费用”科目，按照偿付的本金和利息贷记“银行存款”科目。

【例 4－4】承【例 4－1】按照与银行的借款约定，每季度向银行支付利息，已向银行支付了第二季度利息，2026 年 9 月 30 日，短期借款到期，该民间非营利组织偿还借款本金 100 000 元，支付第三季度借款利息 1 500 元。

① 采用按月预提利息的方法核算短期借款利息，则 9 月 30 日归还短期借款本金和利息时，账务处理如下：

借：短期借款——××银行　　100 000

　　预提费用　　1 000

　　筹资费用　　500

　　贷：银行存款　　101 500

② 如果该民间非营利组织不预提利息，则 9 月 30 日偿还借款本金 100 000 元和当季短期借款利息 1 500 元（100 000 ×6% ÷12 ×3）时的账务处理如下：

借：短期借款——××银行　　100 000

　　筹资费用　　1 500

　　贷：银行存款　　101 500

第三节　应付票据

一、应付票据的概念和种类

《民间非营利组织会计制度》规定，应付票据是指民间非营利组织购买材料、商品和接受服务供应等而开出、承兑的商业汇票，包括银行承兑汇票和商业承兑汇票。

应付票据按承兑人可以分为银行承兑汇票和商业承兑汇票。两者的区别在于承兑人，银行承兑汇票的承兑人为银行，商业承兑汇票的承兑人为付款人。银行承兑只是为收款人按期收回债权提供了可靠的信用保证，对付款人来说，不会因银行承兑而免除这项负债。因此，即使是由银行承兑的商业汇票，付款人到期付款的现时义务依然存在，应将其作为一项负债。

应付票据按票据是否带息可以分为带息应付票据和不带息应付票据两种。

二、应付票据的会计处理

（一）会计科目的设置

《民间非营利组织会计制度》规定，民间非营利组织为了核算其为购买材料、商品和接受服务供应等而开出、承兑的商业汇票，应当设置“应付票据”科目。民间非营利组织可以按照债权人设置明细账，并按照应付票据种类进行明细核算。民间非营利组织应当设置“应付票据备查簿”，详细登记应付票据的种类、号数、签发日期、到期日、票面金额、票面利率、合同交易号、收款人姓名或单位名称，以及付款日期和金额等。应付票据到期结清时，应当在备查簿内逐笔注销。

"应付票据"科目期末贷方余额，反映民间非营利组织持有的尚未到期的应付票据本息。

（二）主要账务处理

1. 开具应付票据时的账务处理

民间非营利组织因购买材料、商品和接受服务供应等开出、承兑商业汇票时，借记"存货"等科目，按照应付票据金额贷记"应付票据"科目。

【例4－5】2026年4月1日，某民间非营利组织采购一批材料共34 800元，随即开出一张面值34 800元、期限3个月的不带息商业汇票用于支付货款。

根据上述业务，账务处理如下：

借：存货——材料　　34 800

　　贷：应付票据　　34 800

2. 以应付票据抵付应付账款时的账务处理

民间非营利组织以应付票据抵付应付账款时，借记"应付账款"科目，贷记"应付票据"科目。

【例4－6】2026年5月1日，某民间非营利组织开出带息的银行承兑汇票一张，面值10 000元，票面利率4.8%，期限2个月，用来抵付前欠A公司的购货款。

根据上述业务，账务处理如下，

借：应付账款——A公司　　10 000

　　贷：应付票据　　10 000

3. 支付银行承兑汇票的手续费时的账务处理

如果是银行承兑汇票，民间非营利组织在支付银行承兑汇票的手续费时，按照支付的手续费金额，借记"筹资费用"科目，贷记"银行存款"科目。

【例 4－7】 承【例 4－5】该民间非营利组织开出的商业汇票为银行承兑汇票，交纳了承兑手续费 17.40 元。

根据上述业务，账务处理如下：

借：筹资费用　　17.40

　　贷：银行存款　　17.40

4. 带息应付票据的账务处理

应付票据按票据是否带息可以分为带息应付票据和不带息应付票据两种。不带息应付票据，其面值就是票据到期时的应付金额。带息应付票据，应当在期末或到期时计算应付利息，借记"筹资费用"科目，贷记"应付票据"科目。

【例 4－8】 承【例 4－6】该民间非营利组织于 2026 年 5 月末计提票据利息。

根据上述业务，账务处理如下：

应付票据本期利息 = 10 000 × 4.8% ÷ 12 = 40（元）

借：筹资费用　　40

　　贷：应付票据　　40

5. 应付票据到期时的账务处理

应付票据到期，应当按照是否支付票款分别处理。

（1）民间非营利组织能够如期偿付票款。

如果应付票据为不带息应付票据，则在票据到期支付时，按照票据面值，借记"应付票据"科目，贷记"银行存款"科目。如果应付票据为带息应付票据，则在票据到期支付本息时，按照票据账面余额，借记"应付票据"科目，按未记的利息，借记"筹资费用"科目，按照实际支付的金额，贷记"银行存款"科目。

【例 4-9】 承【例 4-5】2026 年 6 月 30 日，汇票到期，该民间非营利组织收到银行支付到期票据的付款通知。

根据上述业务，账务处理如下：

借：应付票据　　　　34 800

　　贷：银行存款　　　　34 800

【例 4-10】 承【例 4-6】和【例 4-8】该民间非营利组织 2026 年 6 月 30 日，支付带息应付票据本息。

由于该民间非营利组织 5 月已计提利息 40 元，因此，账务处理如下：

借：应付票据　　　　10 040

　　筹资费用　　　　40

　　贷：银行存款　　　　10 080

如果该民间非营利组织鉴于带息应付票据的利息金额较小、未按月计提，而是采用到期时计算应付利息，则到期支付本息时的账务处理如下：

借：应付票据　　　　10 000

　　筹资费用　　　　80

　　贷：银行存款　　　　10 080

（2）民间非营利组织到期无力支付票款。

如果应付票据为商业承兑汇票，民间非营利组织应当将到期无力支付的商业承兑汇票从“应付票据”科目转入“应付账款”科目。如果商业承兑汇票为不带息票据，则按照票据面值转入“应付账款”科目；如果为带息票据，则按票据账面余额，借记“应付票据”科目，按未记的利息，借记“筹资费用”科目，按票据账面余额与未记利息之和，贷记“应付账款”科目。

如果应付票据为银行承兑汇票，在民间非营利组织到期无力支付银行承兑汇票的情况下，承兑银行除了凭票向持票人（即收款人）无条件付款外，对民间非营利组织尚未支付的票据金额转作逾期贷款处理并按天计收利息。民间非营利组织在收到银行转来的相关凭证时，应当将“应付票据”转入“短期借款”科目。如果银行承兑汇票为不带息票据，则按照票据面值转入“短期借款”科目。如果为带息票据，则按票据账面余额，借记“应付票据”科目，按未记的利息，借记“筹资费用”科目，票据账面余额与未记利息之和，贷记“短期借款”科目。对“应付票据”转入“短期借款”后计收的利息，按短期借款利息的处理办法进行会计处理。

【例 4－11】 承【例 4－6】和【例 4－8】假设该民间非营利组织在 2026 年 6 月底票据到期时银行存款不足、无力支付到期的银行承兑汇票，此时银行承兑汇票已计提利息 40 元，尚未计提的利息为 40 元。

民间非营利组织在收到银行转来的“××号汇票无款支付转入逾期贷款户”等有关凭证时，相关账务处理如下：

借：应付票据	10 040	
筹资费用	40	
贷：短期借款		10 080

第四节　应付账款

一、应付账款的概念

《民间非营利组织会计制度》规定，应付账款是指民间非营利组织因购买材料、商品和接受服务供应等而应付给供应单位的款项。可见民间非营利组织的应付账款与购买存货、固定资产、文物资源等物资和接受服务供应相关，是由于取得物资或接受服务与支付货款在时间上的不一致而产生的负债。

二、应付账款的会计处理

（一）会计科目的设置

《民间非营利组织会计制度》规定，民间非营利组织应当设置“应付账款”科目，核算其因购买材料、商品和接受服务供应等而应付给供应单位的款项。“应付账款”科目应当按照债权人设置明细账，进行明细核算。“应付账款”科目期末贷方余额，反映民间非营利组织尚未支付的应付账款。

（二）应付账款的确认与计量

1. 应付账款的入账时间

（1）民间非营利组织因购买材料、商品而发生应付账款时，依据具体情况来判断应付账款的入账时间。

在物资和发票账单同时到达的情况下，如果物资验收入库后仍未付款的，按发票账单登记入账。按发票账单登记入账主要是为了确认所购入的物资在质量、数量和品种上都与合同上签订的条件相符，以免因先入账而在验收入库时发现购入物资错、漏、破损等问题再行调账。

在物资和发票账单未同时到达的情况下，如果发票账单已到，物资未到，则按照发票账单登记入账；如果物资已到，发票账单未到也无法确定实际成本的情况下，在月度终了，需要按照所购物资和应付债务估计入账。

（2）民间非营利组织因接受服务供应而发生应付账款时，应当在已接受服务并收到服务供应方开具的发票账单时，确认应付账款和有关成本费用。

2. 应付账款的入账金额

应付账款一般按应付金额入账。

民间非营利组织在购买材料、商品发生应付账款时，按照采购成本（一般包括采购价格、相关税费、运输费、装卸费、保险费以及其他可直接归属于存货采购的费用），借记“存货”科目，贷记“应付账款”科目。

民间非营利组织在外购固定资产或文物资源发生应付账款时，按照实际支付的买价、相关税费以及为使固定资产或文物资源达到预定可使用状态前发生的可直接归属于该固定资产或文物资源的其他支出（如运输费、安装费等），借记“固定资产”或“文物资源”科目，贷记“应付账款”科目。

民间非营利组织在接受服务而发生应付账款时，根据服务供应单位的发票账单，借记“业务活动成本”“存货——生产成本”“管理费用”等科目，贷记“应付账款”科目。

在民间非营利组织发生的应付账款带有现金折扣的情况下，应付账款入账金额为发票上记载的应付金额的总值（即不扣除现金折扣的金额），借记“存货”“管理费用”等科目，贷记“应付账款”科目。

（三）主要账务处理

1. 发生应付账款时的账务处理

民间非营利组织发生应付账款时，按照应付未付金额，借记“存货”“固定资产”“管理费用”等科目，贷记“应付账款”科目。

【例 4－12】 2026 年 6 月 12 日，某民间非营利组织从 B 公司购入商品一批，货款 58 000 元，B 公司代垫运输及装卸费 700 元。B 公司规定的货款现金折扣条件为 2/10，n/30。商品已运达并验收入库，已收到 B 公司开具的发票账单，款项尚未支付。

根据上述业务，账务处理如下：

借：存货——库存商品　　58 700

　　贷：应付账款——B 公司　　58 700

【例 4-13】 2026 年 6 月末，某民间非营利组织将物业管理费 21 000 元计入管理费用，款项尚未支付 C 物业公司。

根据上述业务，账务处理如下：

借：管理费用　　　　21 000

　　贷：应付账款——C 物业公司　　　　21 000

2. 偿付应付账款时的账务处理

民间非营利组织支付应付账款时，借记"应付账款"科目，贷记"银行存款"等科目。

【例 4-14】 承【例 4-12】2026 年 7 月 10 日，该民间非营利组织以银行存款支付 B 公司的货款和代垫的运输装卸费共计 58 700 元。

根据上述业务，账务处理如下：

借：应付账款——B 公司　　　　58 700

　　贷：银行存款　　　　58 700

在应付账款带有现金折扣的情况下，对于民间非营利组织实际取得的现金折扣，应当冲减取得当期的筹资费用，按照已按全额入账的应付账款的账面价值，借记"应付账款"科目，按照实际取得的现金折扣，贷记"筹资费用"科目，按照实际支付的价款，贷记"银行存款"等科目。

【例 4-15】 承【例 4-12】2026 年 6 月 20 日，假定该民间非营利组织以银行存款支付 B 公司的货款和代垫的运输装卸费。由于是 10 天内偿付了货款，取得了现金折扣 1 160 元（58 000 × 2%），实际支付货款 56 840 元（58 000 - 1 160）和代垫的运输及装卸费 700 元。

根据上述业务，账务处理如下：

借：应付账款——B 公司　　　　58 700

　　贷：筹资费用　　　　1 160

　　　　银行存款　　　　57 540

3. 以应付票据抵付应付账款时的账务处理

民间非营利组织以应付票据抵付应付账款时，借记“应付账款”科目，贷记“应付票据”科目。

【例 4－16】 承【例 4－13】该民间非营利组织开出商业承兑汇票抵付应付 C 物业公司的物业管理费。

根据上述业务，账务处理如下：

借：应付账款——C 物业公司　　21 000

　　贷：应付票据　　21 000

4. 确实无法支付或由其他单位承担应付账款的账务处理

民间非营利组织的应付账款一般在较短期限内支付，如果应付账款因债权单位撤销或因其他原因被确定为无法支付或是由其他单位承担，则按照这部分应付款项的账面价值，借记“应付账款”科目，贷记“其他收入”科目。

【例 4－17】 2026 年 12 月 31 日，某民间非营利组织将一笔确实无法支付的应付账款（D 工厂）2 000 元，予以转销。

根据上述业务，账务处理如下：

借：应付账款——D 工厂　　2 000

　　贷：其他收入　　2 000

第五节　预收账款

一、预收账款的概念

《民间非营利组织会计制度》规定，预收账款是指民间非营利组织向服务和商品购买单位预收的各种款项。由于预收账款的期限较短，因此将其列入流动负债项目核算。

二、预收账款的会计处理

（一）会计科目的设置

《民间非营利组织会计制度》规定，为核算向服务和商品购买单位预收的各种款项，民间非营利组织应当设置“预收账款”科目。“预收账款”科目应当按照向其购买服务和商品的单位设置明细账，进行明细核算。“预收账款”科目期末贷方余额，反映民间非营利组织向服务和商品购买单位预收的款项。

（二）主要账务处理

1. 收到预收账款时的账务处理

预收款项应于实际收到时确认为一项流动负债，并按照实际收到的金额计量。民间非营利组织在提供服务或销售商品发生预收账款的情况下，按照实际预收的金额，借记“银行存款”等科目，贷记“预收账款”科目。

【例 4－18】2026 年 5 月 16 日，某民间非营利组织根据双方约定 6 月将向 E 公司销售一批货物，E 公司预先通过银行汇款 30 000 元；该民间非营利组织已收到其开户行送达的银行进账单。假定不考虑税收和其他费用。

根据上述业务，账务处理如下：

借：银行存款　　　　　　　　　　30 000

　　贷：预收账款——E 公司　　　　　　　30 000

2. 预收账款后确认收入时的核算

与预收账款对应的收入实现时，民间非营利组织应当结转向有关单位或个人预收的款项，借记“预收账款”科目，贷记“商品销售收入”或“提供服务收入”等科目，按照补付或退回的款项，借记或贷记“银行存款”等科目。根据收入是否受到限制，在收入科目下设置“非限定性收入”和“限定性收入”明细科目，如果与预收账款对应的收入不受限制，在结转预收账款时，借记“预收账款”科目，贷记“商品销售收入——非限定性收入”或“提供服务收入——非限定性收入”等科目。如果与预收账款对应的收入受到限制，在结转预收账款时，借记“预收账款”科目，贷记“商品销售收入——限定性收入”或“提供服务收入——限定性收入”等科目。

【例 4－19】 承【例 4－18】2026 年 6 月 30 日，该民间非营利组织根据双方约定向 E 公司发送货物一批，价款为 50 000 元，E 公司随即通过银行汇款方式补付货款 20 000 元，该民间非营利组织已收到其开户行送达的银行进账单。假定不考虑税收和其他费用，收入未受到限制。

根据上述业务，账务处理如下：

借：预收账款——E 公司	30 000	
银行存款	20 000	
贷：商品销售收入——非限定性收入		50 000

第六节　应付职工薪酬

一、应付职工薪酬的概念

《民间非营利组织会计制度》规定，应付职工薪酬是指民间非营利组织按照有关规定应付给本组织职工及为职工支付的各种薪酬。民间非营利组织应当按照相关规定，根据考勤记录、工时记录、工资标准、保险缴费标准等，编制“薪酬单”，计算各种职工薪酬，并应当将“职工薪酬单”进行汇总，编制“职工薪酬汇总表”。民间非营利组织根据“职工薪酬单”“职工薪酬汇总表”，登记记录应付薪酬情况。

二、应付职工薪酬的会计处理

（一）会计科目的设置

《民间非营利组织会计制度》规定，为了核算按照有关规定应付给本组织职工及为职工支付的各种薪酬，民间非营利组织应当设置“应付职工薪酬”科目。“应付职工薪酬”科目集中反映民间非营利组织应付员工及为员工支付的薪酬总额，包括职工工资、职工福利费、津贴补贴、奖金、社会保险费和住房公积金等，不论是否在当月支付，都应当通过“应付职工薪酬”科目核算。民间非营利组织应当设置“应付职工薪酬明细账”，按照职工类别分设账页，按照职工薪酬的组成内容分设专栏，根据“职工薪酬单”或“职工薪酬汇总表”进行登记。

“应付职工薪酬”科目期末一般应无余额。如果应付职工薪酬大于实发职工薪酬的，期末贷方余额反映应付未付的职工薪酬。

（二）主要账务处理

1. 应付职工薪酬分配的账务处理

民间非营利组织在对本期应付的职工薪酬进行分配时，应当分别计入有关的成本费用科目，主要包括：

（1）行政管理人员的职工薪酬，借记“管理费用”科目，贷记“应付职工薪酬”科目。

（2）应当记入各项业务活动成本的职工薪酬，借记“业务活动成本”“存货——生产成本”等科目，贷记“应付职工薪酬”科目。

（3）应当由在建工程负担的职工薪酬，借记“在建工程”等科目，贷记“应付职工薪酬”科目。

【例 4 –20】某民间非营利组织 2026 年 2 月末编制职工薪酬费用分配

汇总表，将本月应付职工薪酬总额 460 000 元进行分配。其中，行政管理部门的人员职工薪酬 90 000 元、从事各项业务活动人员职工薪酬 320 000 元，自行建造仓库人员的职工薪酬 50 000 元。

根据上述业务，账务处理如下：

借：管理费用　　90 000

　　业务活动成本　　320 000

　　在建工程　　50 000

　　贷：应付职工薪酬　　460 000

2. 应付职工薪酬支付的账务处理

民间非营利组织支付应付职工薪酬时，按照实际支付金额，借记“应付职工薪酬”科目，贷记“现金”“银行存款”等科目。从应付职工薪酬中扣还的各种款项（如代垫的房租、家属药费、个人所得税等），借记“应付职工薪酬”科目，贷记“其他应收款”“应交税费”等科目。

【例 4－21】2026 年 4 月，某民间非营利组织应付职工薪酬为 120 000 元，均为行政管理人员职工薪酬，民间非营利组织为其员工代扣代缴个人所得税 500 元，民间非营利组织当月负担的员工“五险”（即养老保险、医疗保险、失业保险、工伤保险和生育保险）共计 22 500 元，民间非营利组织当月负担的员工住房公积金为 12 000 元，员工自身负担的“五险”16 500 元和住房公积金 12 000 元，员工负担的部分由民间非营利组织从员工工资中扣除，并代为缴纳。5 月初，民间非营利组织以银行转账方式支付员工薪酬和缴纳“五险一金”及代扣的个人所得税。

① 将 2026 年 4 月的应付职工薪酬进行分配。

借：管理费用　　120 000

　　贷：应付职工薪酬　　120 000

借：应付职工薪酬　　500

　　贷：应交税费——应交个人所得税　　500

② 该民间非营利组织负担的员工“五险”和住房公积金作为民间非营利组织当月的管理费用，员工负担的“五险”和住房公积金从员工薪酬中扣除。

借：管理费用　34 500

　　其他应收款　28 500

　　贷：其他应付款——五险　39 000

　　　　　　　　——住房公积金　24 000

借：应付职工薪酬　28 500

　　贷：其他应收款　28 500

以上两个分录也可合并编制一笔会计分录：

借：管理费用　34 500

　　应付职工薪酬　28 500

　　贷：其他应付款——五险　39 000

　　　　　　　　——住房公积金　24 000

③ 2026 年 5 月，民间非营利组织支付员工薪酬 91 000 元（120 000 - 500 - 16 500 - 12 000）。

借：应付职工薪酬　91 000

　　贷：银行存款　91 000

④ 缴纳代扣的个人所得税。

借：应交税费——应交个人所得税　500

　　贷：银行存款　500

⑤ 缴纳民间非营利组织负担及代扣的“五险”和住房公积金。

借：其他应付款——五险　39 000

　　　　　　——住房公积金　24 000

　　贷：银行存款　63 000

第七节　应交税费

一、应交税费概述

民间非营利组织因其非营利性质，根据国家现行税法的有关规定可以享受一些税收优惠。但民间非营利组织也可能发生应税行为，并需要按照税法及相关法律法规规定缴纳各种税费，因此需要进行应交税费的核算。

《民间非营利组织会计制度》规定，应交税费是指民间非营利组织应交未交的各种税费。如果民间非营利组织按照国家税法的规定需要缴纳各种税费，如增值税、城市维护建设税、教育费附加、企业所得税、房产税、代扣代缴的个人所得税等，则民间非营利组织应当依法纳税，并进行相应的账务处理。对于需要预计税额或者与税务机关定期结算或清算的，不是一次缴纳的、尚未缴纳的部分构成民间非营利组织的一项负债，在"应交税费"科目核算。民间非营利组织应当根据应交税费项目，设置明细科目，进行明细核算。"应交税费"科目的期末贷方余额，反映民间非营利组织尚未缴纳的税费；期末借方余额，反映民间非营利组织多交的税费。

二、增值税

增值税是对在我国境内销售货物或提供加工、修理修配劳务，以及进口货物的单位和个人征收的一种税。如果民间非营利组织按照税法的规定需要缴纳增值税，则应在发生增值税的纳税义务时，依法纳税并进行相应的账务处理。根据现行《增值税暂行条例实施细则》的有关规定，年应税销售额超过小规模纳税人标准的个人、非企业性单位、不经常发生应税行为的企业，按小规模纳税人纳税。因此，民间非营利组织如果发生了增值税纳税义务，通常被认定为小规模纳税人。当被认定为小规模纳税人的民间非营利组织销售增值税应税货物、提供应税劳务或进口应税货物时，应当按照小规模纳税人的核算办法计算应交增值税金额。小规模纳税人的特点有：

第一，小规模纳税人销售应税货物或者提供应税劳务，一般情况下，只能开具普通发票，也可以在电子税务局开具3%或5%的专用发票。

第二，小规模纳税人销售应税货物或者提供应税劳务，实行简易办法计算应纳税额，按照销售额和增值税暂行条例规定的3%（特殊行业是5%）的征收率计算应纳税额，不得抵扣进项税额。应纳税额的计算公式为：应纳税额＝销售额×征收率（说明：2019年起小规模纳税人在增值税方面，可以享受月销售额10万元、季度收入30万元以下免交增值税的优惠政策以及“六税两费”减半征收的政策）。

第三，小规模纳税人销售应税货物或者提供应税劳务，由于只能开具普通发票，取得的销售收入均为含税销售额。为了符合增值税作为价外税的要求，小规模纳税人在计算应纳税额时，必须将含税销售额换算成不含税的销售额。小规模纳税人不含税销售额的换算公式为：

不含税销售额＝含税销售额÷(1＋征收率)

小规模纳税人的特点决定了民间非营利组织应交增值税的核算特点：民间非营利组织购入货物无论是否取得增值税专用发票，其支付的增值税均应计入购入货物的成本；民间非营利组织在销售应税货物或者提供劳务时，应当将含税价款换算成不含税的收入；在会计处理时，民间非营利组织缴纳的增值税通过“应交税费——应交增值税”科目核算。

《民间非营利组织会计制度》规定，民间非营利组织发生了增值税纳税义务时，应当按税法有关规定计算应缴纳的增值税，并通过“应交税费——应交增值税”科目核算。发生增值税纳税义务的，如果属于增值税一般纳税人，还应当在“应交增值税”明细科目下，设置“进项税额”“销项税额”“出口退税”“进项税额转出”“已交税金”等专栏。小规模纳税人只需设置“应交增值税”明细科目，不需要在“应交增值税”明细科目中设置上述专栏。

期末，民间非营利组织“应交税费——应交增值税”科目贷方余额，反映民间非营利组织尚未缴纳的税费；期末借方余额，反映民间非营利组织多交的税费。

【例 4－22】 2026 年 6 月，某民间非营利组织为增值税小规模纳税人，销售一批材料，取得销售收入 72 100 元，购货方已支付货款。

小规模纳税人的增值税征收率为 3%。小规模纳税人不含税销售额＝含税销售额÷(1＋3%)＝72 100÷(1＋3%)＝70 000（元），应交税费为不含税销售额 70 000×3%＝2 100（元）。

则根据上述业务，账务处理如下：

借：银行存款　　72 100

　　贷：商品销售收入——非限定性收入　　70 000

　　　　应交税费——应交增值税　　2 100

【例 4－23】 2026 年 5 月 11 日，某民间非营利组织举办公开义卖活动，当日取得销售收入为 309 000 元，该民间非营利组织可以将义卖收入用于符合其宗旨的各项活动，不受特定的时间或用途上的限制。民间非营利组织的相关商品成本为 180 000 元。假设根据现行税法的规定，该民间非营利组织为小规模纳税人，应缴纳增值税，其适用的增值税率为 3%。5 月，民间非营利组织按照规定缴纳了增值税。

根据上述经济业务，民间非营利组织的会计处理如下：

① 5 月 11 日，民间非营利组织义卖活动取得的含税收入 309 000 元，换算成不含税的收入并登记入账，不含税销售收入＝309 000÷(1＋3%)＝300 000(元)，应交增值税＝300 000×3%＝9 000（元）

借：银行存款　　309 000
　　贷：商品销售收入——非限定性收入　　300 000
　　　　应交税费——应交增值税　　9 000

② 民间非营利组织结转销售成本。

借：业务活动成本　　180 000
　　贷：存货　　180 000

③ 民间非营利组织 5 月缴纳增值税。

借：应交税费——应交增值税　　9 000
　　贷：银行存款　　9 000

三、城市维护建设税

城市维护建设税是对缴纳增值税、消费税的单位和个人就其实际缴纳的税额为计税依据而征收的一种税。如果民间非营利组织按照税法的规定需要缴纳城市维护建设税，则应在发生城市维护建设税的纳税义务时，依法纳税并进行相应的账务处理。在会计核算时，按照税法规定应缴纳的城市维护建设税，借记“税金及附加”等科目，贷记“应交税费——应交城市维护建设税”科目。民间非营利组织实际缴纳城市维护建设税时，借记“应交税费——应交城市维护建设税”科目，贷记“银行存款”等科目。

四、教育费附加

教育费附加是对缴纳增值税、消费税的单位和个人，就其实际缴纳的税额计算依据征收的一种附加费。如果民间非营利组织按照税法的规定需要缴纳教育费附加，则应在发生教育费附加的纳税义务时，依法纳税并进行相应的账务处理。在会计核算时，按照税法规定应缴纳的教育费附加，借记“税金及附加”等科目，贷记“应交税费——应交教育费附加”科目。民间非营利组织实际缴纳教育费附加时，借记“应交税费——应交教育费附加”科目，贷记“银行存款”等科目。

五、房产税、城镇土地使用税、车船税

房产税是以房产为征收对象，依据房产价格或房产租金向房产所有人或经营人征收的一种税。依据房产价格征收的房产税，按照房产原值一次减除 10% 至 30% 后的余额计算缴纳。没有房产原值作为依据的，由房产所在地税务机关参考同类房产核定。房产出租的，以房产租金收入作为房产税的计税依据。房产税税率采用比例税率。按照房产余值计征的，年税率为 1.2%；按房产租金收入计征的，年税率为 12%。

城镇土地使用税是以城镇土地为征税对象，对拥有土地使用权的单位和个人征收的一种税。城镇土地使用税是以纳税人实际占用的土地面积为计税依据，按照规定的税额计算征收。

车船税是对行驶于境内公共道路的车辆和航行于境内河流、湖泊或者领海的船舶依法征收的一种税。车船税由拥有并且使用车船的单位和个人缴纳，按照使用车船的适用税额计算征收（2018 年 8 月 1 日，财政部、税务总局、工业和信息化部、交通运输部下发《关于节能新能源车船享受车船税优惠政策的通知》，要求对符合标准的新能源车船免征车船税，对符合标准的节能汽车减半征收车船税）。

如果民间非营利组织按照税法的规定需要缴纳房产税、城镇土地使用税、车船税，则应在发生房产税、城镇土地使用税、车船税的纳税义务时依法纳税，并进行相应的账务处理。具体来说，按照税法规定的应纳税额，借记“税金及附加”科目，贷记“应交税费——应交房产税（或应交城镇土地使用税、应交车船税）”科目。民间非营利组织实际缴纳税款时，借记“应交税费——应交房产税（或应交城镇土地使用税、应交车船税）”科目，贷记“银行存款”等科目。

【例4-24】假定某民间非营利组织按其拥有的土地使用权、自用房产、运输车辆等计算应交城市维护建设税3 850元、教育费附加1 650元、房产税8 400元、城镇土地使用税9 600元、车船税1 860元。

根据上述业务，业务处理如下：

① 计算应交的城市维护建设税、教育费附加、房产税、城镇土地使用税、车船税。

借：税金及附加　　5 500

　　贷：应交税费——应交城市维护建设税　　3 850

　　　　　　　　——应交教育费附加　　1 650

借：税金及附加　　19 860

　　贷：应交税费——应交房产税　　8 400

　　　　　　　　——应交城镇土地使用税　　9 600

　　　　　　　　——应交车船税　　1 860

② 缴纳城市维护建设税、教育费附加、房产税、城镇土地使用税、车船税。

借：应交税费——应交城市维护建设税　　3 850

　　　　　　——应交教育费附加　　1 650

　　　　　　——应交房产税　　8 400

　　　　　　——应交城镇土地使用税　　9 600

　　　　　　——应交车船税　　1 860

　　贷：银行存款　　25 360

六、印花税

对于不需要预计应交数额的税金，或者是不存在与税务部门发生结算或清算的税金，如印花税，不通过“应交税费”科目进行核算。

印花税是对书立、领受购销合同等凭证行为征收的税款。民间非营利组织发生印花税时，要记入“税金及附加”科目。在购买印花税票时，直接借记“税金及附加”科目，贷记“银行存款”等科目。

七、所得税

民间非营利组织如果按照税法规定需要缴纳所得税，则应在发生纳税义务时，依法纳税并进行相应的账务处理。

民间非营利组织应当按照应缴纳的所得税金额，借记“所得税费用”科目，贷记“应交税费——应交所得税”科目。在实际缴纳所得税时，借记“应交税费——应交所得税”科目，贷记“银行存款”科目。如果民间非营利组织按照税法的规定实行所得税先征后返的，应当在实际收到时冲减收到当期的费用，按照实际收到的金额，借记“银行存款”科目，贷记“所得税费用”科目。

【例 4－25】 2026 年 8 月，某民间非营利组织计算应交的所得税 27 500 元，并预交所得税 30 000 元。

根据上述业务，账务处理如下：

① 计算本月应交的所得税。

借：所得税费用　　27 500

　　贷：应交税费——应交所得税　　27 500

② 缴纳所得税。

借：应交税费——应交所得税　　30 000

　　贷：银行存款　　30 000

根据企业所得税的管理规定，事业单位、社会团体、民办非企业单位均为企业所得税的纳税义务人，如单位取得经营收入，经核算有收益（应纳税所得额），就应按税法规定申报缴纳企业所得税。对于民间非营利组织，需要根据具体情况而定，并不是非营利性机构就不用缴纳所得税，而是需要取得免税资格认定后，部分可以免税。

八、个人所得税

民间非营利组织应当在“应交税费”科目下设“应交个人所得税”明细科目，核算其代扣代缴的个人所得税。民间非营利组织按规定计算应代扣代缴的个人所得税时，借记“应付职工薪酬”（职工及长期聘用人员）、“业务活动成本”（职工及长期聘用人员以外人员劳务报酬）等科目，贷记“应交税费——应交个人所得税”科目。在实际缴纳时，借记“应交税费——应交个人所得税”科目，贷记“银行存款”科目。

【例 4－26】2026 年 9 月，某民间非营利组织缴纳上月代扣的职工个人所得税 3 400 元，本月工资结算结转代扣代缴的职工个人所得税 3 500 元。

根据上述业务，账务处理如下：

① 缴纳上月代扣的职工个人所得税 3 400 元。

借：应交税费——应交个人所得税	3 400	
贷：银行存款		3 400

② 结转本月代扣代缴的职工个人所得税 3 500 元。

借：应付职工薪酬	3 500	
贷：应交税费——应交个人所得税		3 500

第八节　其他应付款

一、其他应付款的概念

《民间非营利组织会计制度》规定，其他应付款是指民间非营利组织应付、暂收其他单位或个人的款项。民间非营利组织除了应付票据、应付账款、应付职工薪酬外，还会发生一些应付、暂收其他单位或个人的款项，如应付经营租入固定资产和包装物的租金等，这些应付、暂收款项也构成了民间非营利组织的一项流动负债，在“其他应付款”科目中核算。

二、其他应付款的会计处理

会计科目的设置

《民间非营利组织会计制度》规定，为了核算其应付、暂收其他单位或个人的款项，民间非营利组织应当设置“其他应付款”科目。“其他应付款”科目应当按照应付和暂收款项的类别以及单位或个人设置明细账，进行明细核算。“其他应付款”科目期末贷方余额，反映尚未支付的其他应付款。

1. 其他应付款发生时的账务处理

民间非营利组织发生其他应付款时，借记“银行存款”“管理费用”等科目，贷记“其他应付款”科目。具体包括：

（1）应付经营租入固定资产租金。

民间非营利组织对于应付未付的经营租入固定资产租金，按照应付的金额，借记“管理费用”“业务活动成本”等科目，贷记“其他应付款”科目。

（2）其他应付、暂收款项。

例如，民间非营利组织在每日终了盘点现金时发现现金溢余，经查明属于应支付给有关人员或单位的部分，应借记“现金”科目，贷记“其他应付款”科目。

【例 4－27】2026 年 4 月 6 日，某民间非营利组织办公室临时从 G 公司租用一台装订设备。按照双方约定，租期 30 天，设备到期后归还，再支付租金 3 000 元。4 月 6 日当天设备运到。

2026 年 4 月 6 日，临时租用设备时，账务处理如下：

借：管理费用　　　　3 000

　　贷：其他应付款——G 公司　　　　3 000

2. 支付其他应付款的账务处理

民间非营利组织在支付其他应付款时，按照实际支付的金额，借记“其他应付款”科目，贷记“银行存款”等科目。

【例 4－28】 承【例 4－27】2026 年 5 月 6 日，该民间非营利组织办公室从 G 公司租用的设备到期，按照约定归还该设备，并支付租金。

5 月 6 日，向 G 公司支付租金 3 000 元，账务处理如下：

借：其他应付款——G 公司　　　　3 000

　　贷：银行存款　　　　3 000

第九节　预提费用

一、预提费用的概念

《民间非营利组织会计制度》规定，预提费用是指民间非营利组织预先提取的已经发生但尚未支付的费用，如预提的租金、保险费、借款利息等。民间非营利组织在日常活动中发生的某些费用未当时支付，但按照权责发生制原则，属于当期的费用应该在发生当期确认，民间非营利组织按期预提计入费用的金额，同时也形成一笔负债。

二、预提费用的会计处理

（一）会计科目的设置

《民间非营利组织会计制度》规定，民间非营利组织为了核算其预先提取的已经发生但尚未支付的费用，应当设置“预提费用”科目。“预提费用”科目应当按照费用种类设置明细账，进行明细核算。

“预提费用”科目期末贷方余额，反映民间非营利组织已预提但尚未实际支付的各项费用。

（二）主要账务处理

1. 预提费用时的账务处理

民间非营利组织按照规定预提计入本期费用时，借记“筹资费用”“管理费用”等科目，贷记“预提费用”科目。

2. 预提费用实际支付时的账务处理

实际支出时，借记“预提费用”科目，贷记“银行存款”等科目。实际发生的支出大于已经预提的数额，应当计入当期费用。

【例 4－29】 2026 年 1 月，某民间非营利组织安装办公用无线 Wi－Fi，每年费用 18 000 元，合同规定年底支付。该民间非营利组织采取预提办法。

根据上述业务，账务处理如下：

① 2026 年 1—11 月每月预提 Wi－Fi 费用 1 500 元。

借：管理费用	1 500	
贷：预提费用		1 500

② 12 月末支付全年费用 18 000 元。

借：预提费用	16 500	
管理费用	1 500	
贷：银行存款		18 000

【例 4－30】 2026 年 4 月 1 日，某民间非营利组织借入短期借款 100 000 元，年利率 6%，借款期限为 6 个月，借款利息按月计提，按季支付。

4 月、5 月、6 月的账务处理如下：

① 4 月 1 日借入短期借款。

借：银行存款	100 000	
贷：短期借款		100 000

②4月30日和5月31日，分别预提利息500元（100 000×6%÷12）。

借：筹资费用　　500

　　贷：预提费用　　500

③6月30日支付利息1 500元，其中，结转预提费用1 000元，当月发生的筹资费用为500元。

借：预提费用　　1 000

　　筹资费用　　500

　　贷：银行存款　　1 500

第十节　长期借款

一、长期借款的概念

《民间非营利组织会计制度》规定，长期借款是指民间非营利组织向银行或其他金融机构等借入的期限在1年以上（不含1年）的各种借款。由于长期借款的期限较长，最少是1年，依据制度要求将其列入长期负债项目进行核算和管理。

二、长期借款的会计处理

（一）会计科目的设置

《民间非营利组织会计制度》规定，为核算向银行或其他金融机构等借入的期限在1年以上（不含1年）的各种借款，民间非营利组织应当设置“长期借款”科目。“长期借款”科目应当按照贷款单位设置明细账，并按贷款种类进行明细核算。

“长期借款”科目期末贷方余额，反映民间非营利组织尚未偿还的长期借款本息。

与短期借款相比，长期借款借款期限较长，对借款利息费用的处理上也不尽相同。“短期借款”科目只核算借款的本金，不包括利息费用，而“长期借款”科目不仅核算借款的本金，还包括利息费用。长期借款的利息费用，在符合资本化条件的情况下，应当按期预提计入所购建固定资产的成本（即在建工程成本），除此之外的则应当直接计入当期筹资费用。

（二）主要账务处理

1. 取得长期借款时的账务处理

当民间非营利组织向银行或其他金融机构借入长期借款时，应当按照实际发生数，借记“银行存款”等科目，贷记“长期借款”科目。

2. 长期借款计息时的账务处理

长期借款的借款费用包括因借款而发生的利息、辅助费用以及因外币借款而发生的汇兑差额等。

长期借款的借款费用应当在发生时计入当期费用。按照发生的借款费用金额，借记“筹资费用”科目，贷记“长期借款”科目。但是，为购建固定资产而发生的专门借款的借款费用在规定的允许资本化的期间内，应当按照专门借款的借款费用的实际发生额予以资本化，计入在建工程成本，即借记“在建工程”科目，贷记“长期借款”科目；在固定资产达到预定可使用状态以后发生的借款费用，应当于发生时计入当期筹资费用，借记“筹资费用”科目，贷记“长期借款”等科目。

《民间非营利组织会计制度》规定，民间非营利组织应当按照规定确定专门借款的借款费用允许资本化的期间及其金额。

长期借款的借款费用开始资本化，必须同时满足以下三个条件：

第一，资产支出已经发生；

第二，借款费用已经发生；

第三，为使固定资产达到预定可使用状态所必要的购建活动已经开始。

所购建的固定资产达到预定可使用状态是指资产已经达到购买方或建造方预定的可使用状态。具体可以从以下几个方面判断：

（1）固定资产的实体建造（包括安装）工作已经全部完成或者实质上已经完成；

（2）所购建的固定资产与设计要求或合同要求相符或基本相符，即使有极个别与设计或合同要求不相符的地方，也不影响其正常使用；

（3）继续发生在所购建固定资产上的支出金额很少或几乎不再发生。

如果固定资产的购建活动发生非正常中断，并且中断时间连续超过3个月，应当暂停借款费用的资本化，将中断期间所发生的借款费用确认为当期筹资费用，直至资产的购建活动重新开始。

3. 偿还长期借款时的账务处理

归还长期借款时，借记“长期借款”科目，贷记“银行存款”科目。

【例4－31】某民间非营利组织于2026年5月1日正式动工修建一栋办公楼，工期预计为2年。该民间非营利组织为建造办公楼于2026年5月1日从建设银行取得专门借款8 000 000元，期限为2年、到期一次还本付息，年利率为6%。2028年2月1日，该民间非营利组织为建造该办公楼又向农业银行专门借入款项1 200 000元，期限为1年、到期一次还本付息，年利率为7%。2028年5月1日，该民间非营利组织向建设银行的贷款到期，该民间非营利组织偿付贷款的本金和利息合计8 960 000元。2028年6月底，办公楼建造完工，并达到预定可使用状态。2029年2月1日，民间非营利组织向农业银行的贷款到期，该民间非营利组织偿付贷款的本金和利息合计1 284 000元。假设该民间非营利组织按月计提利息。

该民间非营利组织长期借款及借款费用的账务处理如下：

①2026年5月1日从建设银行取得专门借款。

借：银行存款　　8 000 000

　　贷：长期借款——建设银行　　8 000 000

② 2026 年 5 月至 2028 年 1 月每月末，民间非营利组织计提利息 40 000 元（8 000 000×6%÷12），计入在建工程。

借：在建工程　　40 000
　　贷：长期借款——建设银行　　40 000

③ 2028 年 2 月 1 日，向农业银行借入长期借款。

借：银行存款　　1 200 000
　　贷：长期借款——农业银行　　1 200 000

④ 2028 年 2 月至 2028 年 4 月，每月月末该民间非营利组织计提利息 47 000 元（8 000 000×6%÷12+1 200 000×7%÷12），计入在建工程。

借：在建工程　　47 000
　　贷：长期借款——建设银行　　40 000
　　　　　　　　——农业银行　　7 000

⑤ 2028 年 5 月 1 日，民间非营利组织向建设银行的贷款到期，偿付贷款本息。

借：长期借款——建设银行　　8 960 000
　　贷：银行存款　　8 960 000

⑥ 2028 年 5 月、6 月，每月月末民间非营利组织计提利息 7 000 元（1 200 000×7%÷12），计入在建工程。

借：在建工程　　7 000
　　贷：长期借款——农业银行　　7 000

⑦ 2028 年 7 月起，由于办公楼已经达到预定可使用状态，民间非营利组织停止借款费用资本化，将每月预提的利息计入筹资费用。

借：筹资费用　　7 000
　　贷：长期借款——农业银行　　7 000

⑧ 2029 年 2 月 1 日，民间非营利组织向农业银行的贷款到期，全额偿付借款本息。

借：长期借款——农业银行　　　　1 284 000

　　贷：银行存款　　　　1 284 000

【例 4－32】 某民间非营利组织为购买经营所需的一台设备，专门于 2026 年 3 月 1 日从 A 商业银行借入资金 300 000 元，期限为 1 年半，年利率为 6%，款项已存入银行，本息于到期日一次支付。2026 年 9 月 21 日，设备安装调试完成后投入使用，2027 年 9 月 1 日，该民间非营利组织的借款到期，如期归还本息 327 000 元。该民间非营利组织账务处理如下：

① 2026 年 3 月 1 日借款。

借：银行存款　　　　300 000

　　贷：长期借款——A 商业银行　　　　300 000

② 2026 年 3—8 月，该民间非营利组织为购建固定资产而发生的专门借款的利息中，每月资本化应计入在建工程（固定资产成本）的利息金额为 300 000 × 6% ÷ 12 = 1 500（元）。

借：在建工程　　　　1 500

　　贷：长期借款——A 商业银行　　　　1 500

③ 2026 年 9 月，该民间非营利组织为购建固定资产而发生的专门借款的利息中，当月资本化应计入在建工程（固定资产成本）的利息金额为 300 000 × 6% ÷ 12 × 20 ÷ 30 = 1 000（元），应计入筹资费用的利息金额为 300 000 × 6% ÷ 12 × 10 ÷ 30 = 500（元）。

借：在建工程　　　　1 000

　　筹资费用　　　　500

　　贷：长期借款——A 商业银行　　　　1 500

④ 2026 年 10 月—2027 年 8 月，每月末计息。

借：筹资费用　　　　1 500

　　贷：长期借款——A 商业银行　　　　1 500

⑤ 2027 年 9 月 1 日还款。

借：长期借款——A 商业银行　　　　327 000

　　贷：银行存款　　　　327 000

第十一节　长期应付款

一、长期应付款的概念

长期应付款主要是指民间非营利组织融资租入固定资产发生的应付租赁款。

二、长期应付款的会计处理

（一）会计科目的设置

《民间非营利组织会计制度》规定，为了核算各项长期应付款项，如融资租入固定资产的租赁费，民间非营利组织应当设置“长期应付款”科目。“长期应付款”科目应当按照长期应付款的种类设置明细账，进行明细核算。

“长期应付款”科目期末贷方余额，反映尚未支付的各种长期应付款。

（二）主要账务处理

1. 发生长期应付款时的账务处理

发生长期应付款项时，借记有关科目，贷记“长期应付款”科目。

融资租入固定资产，应当在租赁开始日，按租赁协议或者合同确定的价款、运输费、途中保险费、安装调试费以及融资租入固定资产达到预定可使用状态前发生的借款费用等，借记“固定资产——融资租入固定资产”科目，按租赁协议或者合同确定的设备价款，贷记“长期应付款”科目，按应支付的其他相关费用，贷记“银行存款”“应付账款”等科目。

2. 支付长期应付款时的账务处理

支付长期应付款项时，借记“长期应付款”科目，贷记“银行存款”科目。

按期支付融资租赁费时，借记“长期应付款”科目，贷记“银行存款”科目。租赁期满，如果合同规定将固定资产所有权转归承租民间非营利组织，应当进行相应处理，将固定资产从“融资租入固定资产”明细科目转入有关明细科目。

【例 4－33】2026 年 1 月，某民间非营利组织以融资租入方式租入设备一台，按租赁协议确定的租赁费为 80 000 元，租赁期 4 年，每年年初支付租赁费 20 000 元，另以银行存款 3 000 元支付运费、安装费。租赁期满后，设备的所有权转归该民间非营利组织。

根据上述业务，账务处理如下：

① 租入设备。

借：在建工程	80 000	
贷：长期应付款		80 000

② 支付运费、安装费。

借：在建工程	3 000	
贷：银行存款		3 000

③ 设备交付使用。

借：固定资产——融资租入固定资产	83 000	
贷：在建工程		83 000

如果融资租入设备运达后只需简单安装即可投入使用，则无须通过“在建工程”，以上三步会计处理也可合并：

借：固定资产——融资租入固定资产　　83 000
　　贷：长期应付款　　80 000
　　　　银行存款　　3 000

④ 每期支付租赁费用。

借：长期应付款　　20 000
　　贷：银行存款　　20 000

⑤ 租赁期满后，设备的所有权转归该民间非营利组织。

借：固定资产——经营用固定资产　　83 000
　　贷：固定资产——融资租入固定资产　　83 000

融资租入固定资产及对应的长期应付款等有关租赁的具体账务处理还可参见第九章第三节。

第十二节　预计负债

一、预计负债的概念

《民间非营利组织会计制度》规定，预计负债是指民间非营利组织对因或有事项所产生的现时义务而确认的负债。或有事项是指因过去的交易或事项形成的一种状况，其结果须由未来不确定事件的发生或不发生加以证实。民间非营利组织比较常见的或有事项主要有未决诉讼、未决仲裁等。

二、预计负债的会计处理

（一）预计负债的确认与计量

1. 预计负债的确认

民间非营利组织在日常活动运营中，可能发生或有事项。如果或有事项的结果很可能导致经济利益流出民间非营利组织，同时满足负债确认条件，则民间非营利组织需要将其确认为负债，包括因对外提供担保、商业承兑票据贴现、未决诉讼等确认的负债，会计实务中作为预计负债核算。民间非营利组织将与或有事项相关的义务确认为负债的条件为：

第一，该义务是民间非营利组织承担的现时义务，而非潜在义务；

第二，该义务的履行很可能导致经济利益流出民间非营利组织，即民间非营利组织履行因或有事项而承担的现时义务导致经济利益流出的可能性超过50%；

第三，义务的金额能够可靠地计量。

2. 预计负债的计量

符合上述确认条件的负债，其金额应当是清偿该负债所需支出的最佳估计数。如果所需支出存在一个金额范围，则最佳估计数应按范围的上、下限金额的平均数确定；如果所需支出不存在一个金额范围，则最佳估计数应按如下方法确定：

第一，或有事项涉及单个项目时，最佳估计数按最可能发生的金额确定；

第二，或有事项涉及多个项目时，最佳估计数按各种可能发生额及其发生概率计算确定。

如果清偿因或有事项而确认的负债所需支出全部或部分预期由第三方或其他方补偿，则补偿金额只能在基本确定收到时，作为资产单独确认，且确认的补偿金额不应超过所确认负债的账面价值，应当分别确认相关资产和预计负债，而不能确认两者抵消后的净额。例如，某民间非营利组织在资产负债表日因或有事项而确认了一笔金额为5万元的负债；同时，该民间非营利组织基本确定可以从第三方获得4万元的赔偿，则该民间非营利组织应当确认一项金额为5万元的预计负债，同时确认一项金额为4万元的资产，而不能只确认一项金额为1万元（5万元－4万元）的预计负债。

（二）会计科目设置

《民间非营利组织会计制度》规定，民间非营利组织为了核算其符合确认条件的或有负债，应当设置“预计负债”科目。“预计负债”科目应当按照预计负债项目设置明细账，进行明细核算。“预计负债”科目的贷方余额，反映民间非营利组织已预计、尚未支付的债务。

（三）主要账务处理

1. 确认预计负债时的账务处理

民间非营利组织确认预计负债时，按照应确认的预计负债金额，借记“管理费用”等科目，贷记“预计负债”科目。

2. 预计负债实际偿付时的账务处理

实际偿付负债时，借记“预计负债”科目，贷记“银行存款”等科目。

3. 转回预计负债时的账务处理

转回预计负债时，借记“预计负债”科目，贷记“管理费用”等科目。

【例 4 – 34】 2026 年 5 月 31 日，某民间非营利组织存在一项未决诉讼。根据类似案例的经验判断，该项诉讼败诉的可能性为 90%。如果败诉，预计须赔偿金额在 90 000 元至 110 000 元，并承担诉讼费用 20 000 元。

预计负债为（90 000 + 110 000）÷ 2 + 20 000 = 120 000（元）

账务处理如下：

借：管理费用　　　　120 000

　　贷：预计负债　　　　120 000

【例 4 – 35】 承【例 4 – 34】2026 年 6 月 26 日，该民间非营利组织败诉，支付赔偿款 100 000 元和诉讼费用 20 000 元。

根据上述业务，账务处理如下：

借：预计负债　　　　120 000

　　贷：银行存款　　　　120 000

【例 4－36】 承【例 4－32】2026 年 6 月，该民间非营利组织胜诉，无须支付赔偿款 100 000 元和诉讼费用 20 000 元。

转回预计负债时的账务处理如下：

借：预计负债　　　　120 000

　　贷：管理费用　　　　120 000

第五章
净 资 产

第一节 净资产概述

一、净资产的概念

《民间非营利组织会计制度》规定，民间非营利组织的净资产是指资产减去负债后的余额。即：净资产 = 资产 - 负债。

民间非营利组织的资产来源于设立时获得的初始活动资金或原始基金，以及社会各界的捐赠、政府补助、会员交纳的会费、销售商品或提供有偿服务的所得等自身业务活动的积累和对外借款等负债。在民间非营利组织的总资产中，扣除债权人有要求权的资产（即负债）之后，剩余的就是该组织的净资产。

引起净资产增减变动主要有两种情况：（1）含有经济利益或服务潜力的资源流入组织，使组织的资产增加，或者负债减少，从而导致净资产增加，通常为民间非营利组织获得了收入而导致净资产增加；（2）含有经济利益或服务潜力的资源流出组织，使得组织的资产减少，或负债增加，从而导致净资产减少，主要为民间非营利组织发生了费用而导致净资产减少。即民间非营利组织的净资产变动主要来自收入减去费用后的余额。因此，净资产是个净概念，其核算不仅和资产、负债的正确核算相关，也和收入与费用的正确核算相关。

二、净资产的分类

《民间非营利组织会计制度》规定，净资产按照其是否受到限制，分为限定性净资产和非限定性净资产。如果资产或者资产所产生的经济利益（如资产的投资收益和利息等）的使用受到资产提供者或者国家有关法律、行政法规所设置的时间限制或（和）用途限制，且其限制比民间非营利组织的宗旨、目的或章程等更为具体，则由此形成的净资产即为限定性净资产；国家有关法律、行政法规对净资产的使用直接设置限制的，该受限制的净资产亦为限定性净资产；除此之外的其他净资产，即为非限定性净资产。

净资产应当按照其是否受到限制，分为限定性净资产和非限定性净资产，这有助于向资产提供者、公众、政府管理部门等会计信息使用者提供更为有用的信息，有利于信息使用者据以判断在民间非营利组织的净资产中有多少属于其使用受到资产提供者、法律等限制的，有多少是民间非营利组织可以自由支配和使用的。

第二节　限定性净资产

一、限定性净资产的概念

《民间非营利组织会计制度》规定，如果资产或者资产所产生的经济利益（如资产的投资收益和利息等）的使用受到资产提供者或者国家有关法律、行政法规等所设置的时间限制或（和）用途限制，则由此形成的净资产即为限定性净资产，国家有关法律、行政法规等对净资产的使用直接设置限制的，该受限制的净资产亦为限定性净资产。

《民间非营利组织会计制度》中所称的限制，是指资产提供者或者国家有关法律、行政法规等所设置的，是比民间非营利组织的宗旨、目的或章程等关于资产使用的要求更具体明确的限制。

《民间非营利组织会计制度》所称的时间限制，是指资产提供者或者国家有关法律、行政法规要求民间非营利组织在收到资产后的特定时期之内或特定日期之后使用该项资产，或者对资产的使用设置了永久限制。

《民间非营利组织会计制度》所称的用途限制，是指资产提供者或者国家有关法律、行政法规等要求民间非营利组织将收到的资产用于某一特定的用途。

民间非营利组织的理事会或类似权力机构对净资产的使用所作的限定性决策、决议或拨款限额等，属于民间非营利组织内部管理上对资产使用所作的限制，不属于本制度所界定的限定性净资产。

对制度中所述的时间限制和用途限制，具体举例说明如下。

1. 资产提供者对资产（或资产所产生的经济利益，下同）的使用设置了时间限制

例如，某单位将其持有的股票捐赠给某民间非营利组织，并规定该民间非营利组织在一年之后才能出售或转让这些股票。该例中，资产提供者即某单位对所捐赠股票的使用设置了时间限制。又如，某地方政府向某民间非营利组织提供了一笔资金补助，并规定该民间非营利组织必须在当年的 8 月前使用完该笔补助。

2. 资产提供者对资产的使用设置了用途限制

例如，某单位将其持有的债券捐赠给某民间非营利组织，并规定该民间非营利组织持有这些债券后获得的债券利息必须用于资助残疾人的就业。又如，某单位向某民间非营利组织捐献了一批药品，并规定这些药品不能用于出售，而只能免费用于山区 6—14 岁贫困儿童的治疗。以上两个事例中，均对其资产或资产所产生经济利益的使用做了用途限制。

3. 资产提供者设置了永久限制的净资产

最常见的永久限制净资产的情况就是留本基金。例如，某人将一笔5 000 000元资金捐献给某民间非营利组织，设立了一个“××奖学基金”，并规定该民间非营利组织必须将这些资金永久性地交存银行，而用其利息来奖励学业优秀的贫困生。该例中，捐赠人实际上对捐赠资金及其利息同时设置了永久性交存银行的时间限制和用其利息来奖励学业优秀的贫困生的用途限制。

4. 国家法律、行政法规对净资产的使用直接设置限制

例如，《民办教育促进法实施条例》规定，非营利性民办学校应当从经审计的年度非限定性净资产增加额中，营利性民办学校应当从经审计的年度净收益中，按不低于年度非限定性净资产增加额或者净收益的10%的比例提取发展基金，用于学校的发展。这种情况下，非营利民办学校按照规定提取的发展基金，因其使用受到了国家法律、行政法规的限制，只能用于专门的用途，应当属于限定性净资产。

二、限定性净资产的界定

《民间非营利组织会计制度》中对限定性净资产下了明确的定义，因此可以根据净资产的概念进行判断。在界定限定性净资产时，主要需要注意以下几点：

制度中所指的限制是民间非营利组织之外的资产提供者或者国家有关法律、行政法规做出的，民间非营利组织为此承担了遵循这些限制的责任。例如，《社会团体登记管理条例》和《民办非企业单位登记暂行条例》都规定，单位接受捐赠、资助，必须根据与捐赠人、资助人约定的期限、方式和合法用途使用。又如《基金会管理条例》规定，基金会应当根据章程规定的宗旨和公益活动的业务范围使用其财产；捐赠协议明确了具体使用方式的捐赠，根据捐赠协议的约定使用。基金会违反捐赠协议使用捐赠财产的，捐赠人有权要求基金会遵守捐赠协议或者向人民法院申请撤销捐赠行为、解除捐赠协议。

民间非营利组织的理事会或类似权力机构对净资产的使用所作的限定性决策、决议或拨款限额等，属于民间非营利组织内部管理对资产使用所作的限制，可以自行决定撤销或变更，不属于《民间非营利组织会计制度》中所界定的限定性净资产。

资产提供者或者国家有关法律、行政法规所设置的限制只有在比民间非营利组织的宗旨、目的或章程等更为具体时，才能成为制度所指的限制。例如，某人将一笔款项捐赠给某民间非营利组织时，仅要求该民间非营利组织将受赠资产用于我国的公益事业，这种宽泛的要求，不能理解为限制。

在实务中，时间限制和用途限制可能同时存在。例如，捐赠人要求受赠单位将款项用于该单位下一年度开展的乡村助医项目。用于“下一年度”是时间限制，用于“乡村助医项目”则是用途限制。

有些情况下，资产提供者并没有明确规定资产使用的时间或用途，但是如果当时的情形足以推定资产提供者对资产的限制，也应当将相应净资产界定为限定性净资产。例如，某民间非营利组织在宾馆、商场、机场、车站等公共场所设立了募捐箱，募捐箱上面标明是为了资助留守儿童，并承诺用于资助××地区留守儿童的学费和生活费，那么捐款人投入募捐箱的款项就应当属于限定性的。但是，如果募捐箱上仅仅标明某民间非营利组织“爱心捐赠”的字样，而没有指明特定用途或时间，那么此类筹集的款项应当是非限定性的。

除了国家有关法律、行政法规对净资产直接设置限制之外，大部分的限定性净资产是由于其相应的资产或者资产所产生经济利益的使用受到限制而形成的，但对资产所设置的限制通常最终影响的是净资产而非特定资产的使用。例如，接受限定性政府补助的民间非营利组织通常并不需要将这笔政府补助单立账户保存起来（除非政府有明确规定），而是会将这笔补助与其他款项放在一起使用，只是单独设置明细科目核算，那么只需确认相应金额的限定性净资产，从而保证在规定时间将相同金额的款项用于规定的用途。个别时候也存在限制会影响特定资产使用的情况。例如，某书法家将自己的一幅字画捐赠给某民间非营利组织，规定只能用作收藏与展览，但不得转赠或销售等。这种例子中的限制就是既影响特定资产，又影响净资产的使用。

三、限定性净资产的来源和变动

从限定性净资产的概念可以看出，限定性净资产的主要来源有两种，一是获得资产提供者提供的资产或其他资产（主要是指资产所产生的经济利益），并且资产提供者或者国家法律、行政法规对资产的使用设置了限制；二是国家法律、行政法规对净资产直接设置了限制。

对于第一种来源而言，民间非营利组织的资产增加了，并将引起限定性净资产的增加，这就意味着单位获得了一项限定性收入。需要说明的是，实务中还存在其他单位或个人豁免民间非营利组织所欠债务（或部分债务）的情况。这种情况相当于这些单位或个人向民间非营利组织提供了相同金额的捐赠或政府补助，在减少负债的同时增加了收入，并将增加净资产。

对于第二种来源而言，以前面介绍的发展基金为例，《民办教育促进法实施条例》规定，非营利性民办学校应当从经审计的年度非限定性净资产增加额中，按不低于 10% 的比例提取发展基金，用于学校的发展。限定性净资产都具有指定的使用时间或用途，因此，不能从限定性净资产中提取发展基金。在会计实务中，应当从当年度非限定性净资产增加额中提取 10% 转入限定性净资产作为发展基金。

此外，资产提供者对以前期间未设置限制的资产增加了时间或用途限制，如果新增限制得到民间非营利组织的承认，或者国家法律、行政法规对资产增加了限制，那么相应的非限定性净资产应当转入限定性净资产，引起限定性净资产的增加。相反，如果资产提供者或者国家法律、行政法规撤销了原先对资产或净资产所设置的限制，或者原先对资产设置的时间限制已经到期，或者对资产规定的用途已经实现，那么相应对限定性净资产的限制已经得到解除，应当将限定性净资产转入非限定性净资产，从而引起限定性净资产的减少。这种情况也属于非限定性净资产与限定性净资产之间的重分类。

民间非营利组织还可能因为调整以前期间的限定性收入项目而涉及限定性净资产的调整。例如，在获得资产提供者提供资产的当期，因为资产无法可靠计量等原因没有确认资产和相应收入，在以后会计期间资产金额能够可靠计量时，就应当确认这项资产，同时确认一项净资产。因会计政策的变更引起对以前期间限定性收入的调整，也会影响限定性净资产的增减。

概括而言，引起限定性净资产变动的情况有以下五种：（1）获得限定性收入，发生限定性费用；（2）限定性净资产的限制已经完全解除，应当对净资产重新分类；（3）对以前期间限定性收入、费用项目的调整；（4）对以前期间未设置限制的资产增加限制；（5）提取风险准备金、专项资金或基金等。

四、限定性净资产的会计处理

《民间非营利组织会计制度》规定，民间非营利组织应当设置“限定性净资产”科目来核算本单位的限定性净资产，并可根据本单位的具体情况和实际需要，在“限定性净资产”科目下设置相应的二级科目等明细科目。

“限定性净资产”科目的期末贷方余额，反映民间非营利组织历年积存的限定性净资产。

值得注意的是，2024 年 12 月新修订的《民间非营利组织会计制度》会计处理的重大变化之一，就是修改了限定性净资产的会计处理方法。为适应实务需要，简化了限定性净资产的重分类要求，将民间非营利组织发生的各项收入和费用区分为限定性和非限定性核算，期末将限定性收入和费用直接结转至限定性净资产，取消了限定性净资产在使用时重分类为非限定性净资产的要求，修订后的会计处理方法更有利于会计人员理解和操作，提高会计核算效率。

（一）期末结转限定性收入、限定性费用

民间非营利组织限定性净资产增加的主要来源之一是获得了限定性收入（主要是限定性捐赠收入和政府补助收入），民间非营利组织限定性净资产减少的主要原因之一是发生了限定性费用。期末，民间非营利组织应当将各收入类科目所属“限定性收入”明细科目的余额转入“限定性净资产”科目，借记“捐赠收入——限定性收入”“政府补助收入——限定性收入”等科目，贷记“限定性净资产”科目。同时，将各费用类科目所属“限定性费用”明细科目的余额转入“限定性净资产”科目，借记“限定性净资产”科目，贷记“业务活动成本——限定性费用”“管理费用——限定性费用”等科目。

【例 5－1】某民间非营利组织 2026 年度结转限定性捐赠收入 4 687 000 元，限定性政府补助收入 500 000 元，限定性业务活动成本 3 984 000 元，限定性管理费用 210 000 元，限定性其他费用 155 100 元。

根据上述情况，年末收入、费用结转，账务处理如下：

借：捐赠收入——限定性收入	4 687 000	
政府补助收入——限定性收入	500 000	
贷：限定性净资产		5 187 000

借：限定性净资产　　　　　　　　　　　　　4 349 100

　　贷：业务活动成本——限定性费用　　　　　　　3 984 000

　　　　管理费用——限定性费用　　　　　　　　　210 000

　　　　其他费用——限定性费用　　　　　　　　　155 100

【例 5 -2】某民间非营利组织 2026 年 7 月 1 日收到捐赠的电脑 10 台，价值 57 000 元。捐赠者对电脑的用途有明确要求，要求其只能专项业务使用，民间非营利组织收到电脑后按照约定使用，预计使用年限为 5 年。

根据上述情况，电脑自 2026 年 7 月用于规定用途，在资产预计 5 年的剩余使用年限内平均按期分摊，则：

每月计提折旧金额：57 000 ÷ 5 ÷ 12 = 950（元）

月末转为限定性净资产的金额为 950 元，账务处理如下：

借：业务活动成本——限定性费用　　　　　　950

　　贷：累计折旧　　　　　　　　　　　　　　　950

月末结转，

借：限定性净资产　　　　　　　　　　　　950

　　贷：业务活动成本——限定性费用　　　　　　950

（二）限定性净资产的重分类

如果限定性净资产的限制已经解除，应当对净资产进行重新分类，将限定性净资产转为非限定性净资产，借记“限定性净资产”科目，贷记“非限定性净资产”科目。

实务中，例如，对于因资产提供者或者国家有关法律、行政法规要求在收到资产后的特定日期之后使用该项资产而形成的限定性净资产，应当在该特定日期全额转为非限定性净资产。再如，对于资产提供者或者国家有关法律、行政法规撤销对限定性净资产所设置限制的，应当在撤销时全额转为非限定性净资产。

【例5－3】某民间非营利组织年初按照捐赠者的意愿，并与其签订了协议，对去年捐赠的要求在今年用于资助留守儿童的一笔限定性捐赠500 000元改为用于无特定时间及用途限制的捐赠。

根据上述业务，该笔捐赠资金此前设置的时间和用途限制均已撤销，限定性净资产的限制已经解除，账务处理如下：

借：限定性净资产　　500 000

　　贷：非限定性净资产　　500 000

（三）调整以前期间收入、费用

如果因调整以前期间收入、费用项目而涉及调整限定性净资产的，应当就调整后“以前年度净资产调整”涉及限定性净资产的科目余额转入本科目，借记或贷记“以前年度净资产调整”科目，贷记或借记“限定性净资产”科目。

【例5－4】2027年某民间非营利组织收到捐赠企业的书面通知，由于政府已经专项拨款，情况发生变化，要将其2026年底捐赠的指定用于×××地区乡村教师培训的捐款300 000元收回；该民间非营利组织表示同意退回该笔捐款。

根据上述情况，账务处理如下：

需要退回上一年度的限定性捐款，调整减少以前年度收入时，账务处理如下：

借：以前年度净资产调整　　300 000

　　贷：其他应付款　　300 000

经上述调整后，应将“以前年度净资产调整”科目的余额转入净资产，账务处理如下：

借：限定性净资产　　300 000

　　贷：以前年度净资产调整　　300 000

【例 5－5】某民间非营利组织 2026 年收到个人捐赠的文物一件，要求该民间非营利组织只能收藏与展览，但不得转赠或销售等。捐赠时未提供该文物有关价值的证明凭据且文物的公允价值无法可靠确定。2027 年，该民间非营利组织能够以合理的计价方式确定该文物的公允价值为 160 000 元。

根据上述情况，2026 年民间非营利组织接受的文物资源捐赠，如果捐赠方没有提供有关凭据，应当按照名义金额入账，账务处理如下：

借：文物资源　　1

　　贷：捐赠收入——限定性收入　　1

2027 年，确定该文物的公允价值时，调整增加以前年度收入，账务处理如下：

借：文物资源　　159 999

　　贷：以前年度净资产调整　　159 999

经上述调整后，期末将“以前年度净资产调整”科目的余额转入净资产，账务处理如下：

借：以前年度净资产调整　　159 999

　　贷：限定性净资产　　159 999

（四）限定性净资产的其他变动

有时，一些资产在取得时，资产提供者或国家法律、行政法规并没有设置时间或用途限制条件，但在后来资产提供者或国家法律、行政法规对该项资产增设了时间或用途限制条件。

2024 年 12 月修订的《民间非营利组织会计制度》规定，资产提供者或者国家有关法律、行政法规对以前期间未设置限制的资产增加限制时，应当将相关非限定性净资产转为限定性净资产，借记“非限定性净资产”科目，贷记“限定性净资产”科目。

【例 5－6】2026 年 12 月，某民间非营利组织获得一笔捐款 1 000 000

元，当时捐赠人没有对捐款的使用提出要求。2027 年 4 月，该捐赠人向民间非营利组织提出，要求将尚未使用的捐款全部用于乡村卫生室建设，经协商，民间非营利组织同意了捐赠人的要求。该民间非营利组织的相关账务处理如下：

① 2026 年 12 月，该民间非营利组织收到捐款。

借：银行存款　　1 000 000

　　贷：捐赠收入——非限定性收入　　1 000 000

② 期末结转。

借：捐赠收入——非限定性收入　　1 000 000

　　贷：非限定性净资产　　1 000 000

③ 2027 年 4 月，增加了对资产的限制。

借：非限定性净资产　　1 000 000

　　贷：限定性净资产　　1 000 000

（五）提取风险准备金、专项资金或基金等

非营利性民办学校按照有关法律法规的规定提取发展基金时，也应当将相应的非限定性净资产转为限定性净资产。

【例 5－7】 假设某非营利性民办学校 2026 年度的非限定性净资产增加额为 4 400 000 元，按照《民办教育促进法实施条例》的要求，应当计提 4 400 000 × 10% ＝440 000 元的发展基金。相关账务处理如下：

借：非限定性净资产　　440 000

　　贷：限定性净资产——发展基金　　440 000

（六）设立时取得注册资金的账务处理

2024 年 12 月修订的《民间非营利组织会计制度》规定，民间非营利组织取得的注册资金，其使用受到时间限制或（和）用途限制的，在取

得时直接计入限定性净资产；其使用没有受到时间限制或（和）用途限制的，在取得时直接计入非限定性净资产。前款规定的注册资金，应当在现金流量表“收到的其他与业务活动有关的现金”项目中填列。

社会团体、基金会、社会服务机构等民间非营利组织用净资产转增注册资金，不引起资产和净资产的变动，无须进行会计处理。

【例5－8】 某民间非营利组织2026年8月设立时取得的注册资金8 000 000元，按照相关法律和出资方要求，其使用受到严格的时间和用途限制。

根据上述情况，账务处理如下：

借：银行存款　　　　　　　　　　　　　8 000 000

　　贷：限定性净资产　　　　　　　　　　　8 000 000

第三节　非限定性净资产

一、非限定性净资产的概念

《民间非营利组织会计制度》规定，民间非营利组织的净资产中除限定性净资产之外的其他净资产，即为非限定性净资产。也就是说，如果净资产的使用不受资产提供者或者国家有关法律、行政法规的限制，那么该净资产即为非限定性净资产。

如果资产提供者对所提供的资产及资产所产生的经济利益的使用没有设置限制，由此形成的净资产就属于非限定性净资产。最常见的就是捐赠人（或政府）对所捐赠资产（或所提供政府补助）的使用既没有设置时间，也没有设置用途。例如，某个人向某民间非营利组织捐款50万元，用于公益活动，但没有规定具体的使用时间和用途。该项捐款形成的净资产就是非限定性净资产。

同时，民间非营利组织从事按照等价交换原则提供服务、销售商品等交换交易时，由于所获得的收入大于交易成本而积累的净资产，除非资产提供者和国家法律、行政法规对这些收入设置了限制，通常也属于非限定性净资产。

二、非限定性净资产的界定

民间非营利组织对非限定性净资产的界定，通常是先界定出限定性净资产，限定性净资产以外的净资产即为非限定性净资产。值得说明的是，所谓非限定性净资产只是没有资产提供者和国家有关法律、行政法规设置的时间限制或用途限制，并不意味着这项净资产的使用没有任何约束。

三、非限定性净资产的来源和变动

民间非营利组织的非限定性净资产主要是指获得资产提供者提供的资产或其他资产（如获赠资产产生的经济利益），并且资产提供者或者国家法律、行政法规对资产的使用没有设置限制；从事交换交易时因收入大于成本而积累的非限定性净资产。

发生非限定性的业务活动成本、管理费用、筹资费用和其他费用时，会减少非限定性净资产。

一方面，限定性净资产的限定条件解除后，要重分类为非限定性净资产，会导致非限定性净资产的增加。另一方面，也可能存在非限定性净资产转为限定性净资产的情况，例如，非营利性民办学校在提取发展基金时，会增加限定性净资产，同时减少非限定性净资产。

民间非营利组织还可能因为调整以前期间的非限定性收入、非限定性费用而涉及非限定性净资产的调整。

归纳起来，引起非限定性净资产变动的情况有以下五种：（1）获得非限定性收入、发生的非限定性业务活动成本和其他当期费用；（2）限定性净资产的限制已经完全解除，将净资产重新分类；（3）对以前期间非限定性收入、费用项目的调整；（4）以前期间未设置限制的资产增加限制；（5）提取风险准备金、专项资金或基金等。

四、非限定性净资产的会计处理

《民间非营利组织会计制度》规定，民间非营利组织应当设置“非限定性净资产”科目来核算本单位的非限定性净资产，并可以根据本单位的具体情况和实际需要，在“非限定性净资产”科目下设置相应的明细科目。“非限定性净资产”科目的期末贷方余额，反映民间非营利组织历年积存的非限定性净资产金额。

（一）期末结转非限定性收入、非限定性费用项目

1. 期末结转非限定性收入

期末，民间非营利组织应当将捐赠收入、会费收入、提供服务收入、政府补助收入、商品销售收入、投资收益和其他收入等各项收入科目中非限定性收入明细科目的期末余额转入非限定性净资产，借记“捐赠收入——非限定性收入”“会费收入——非限定性收入”“提供服务收入——非限定性收入”“政府补助收入——非限定性收入”“商品销售收入——非限定性收入”“投资收益——非限定性收入”“总部拨款收入——非限定性收入”“其他收入——非限定性收入”科目，贷记“非限定性净资产”科目。

【例 5－9】某民间非营利组织 2026 年度结转非限定性捐款收入 3 720 000 元，限定性捐款收入 2 800 000 元，无限定的会费收入 32 000 元，政府补助收入（全部为限定用途）300 000 元，投资收益 128 000 元，其他收入 5 000 元。

根据上述业务，账务处理如下：

借：捐赠收入——非限定性收入　　　　　　　　3 720 000

会费收入——非限定性收入　　32 000
投资收益——非限定性收入　　128 000
其他收入——非限定性收入　　5 000
贷：非限定性净资产　　3 885 000
借：捐赠收入——限定性收入　　2 800 000
政府补助收入——限定性收入　　300 000
贷：限定性净资产　　3 100 000

2. 期末结转非限定性费用

在会计期末，民间非营利组织应当将业务活动成本、管理费用、筹资费用和其他费用等各费用类科目所属“非限定性费用”明细科目的余额转入非限定性净资产，借记“非限定性净资产”科目，贷记“业务活动成本——非限定性费用”“税金及附加——非限定性费用”“管理费用——非限定性费用”“筹资费用——非限定性费用”“资产减值损失——非限定性费用”“所得税费用”“其他费用——非限定性费用”科目。

【例5-10】某民间非营利组织2026年度结转非限定性费用，其中业务活动成本5 480 000元，管理费用350 000元，筹资费用2 100元，其他费用18 000元。

根据上述业务，账务处理如下：

借：非限定性净资产　　5 850 100
贷：业务活动成本——非限定性费用　　5 480 000
管理费用——非限定性费用　　350 000
筹资费用——非限定性费用　　2 100
其他费用——非限定性费用　　18 000

（二）限定性净资产的重分类

《民间非营利组织会计制度》规定，如果限定性净资产的限制已经解除，应当对净资产进行重新分类，将限定性净资产转为非限定性净资产，借记“限定性净资产”科目，贷记“非限定性净资产”科目。

当同时符合下列情况时，可以认为限制已经完全解除：

（1）设置的限制时间已经到期或时间限制已经解除；

（2）设置的用途限制已经解除。

在实务中，如果仅受到时间限制的限定性净资产在限制时间已经到期，以及资产提供者或者国家有关法律、行政法规撤销了所设置的时间、用途限制时，即视同限制已解除。此处需要注意的是，如果限定性净资产受到两项或两项以上的限制，应当在最后一项限制解除时，才能认为该项限定性净资产的限制已经解除。

【例 5 – 11】某民间非营利组织 2026 年 10 月 5 日取得一项捐款 350 000 元，捐赠人限定将该款项用于资助 × 山区援建卫生站。2027 年 11 月，卫生站完工，随后民间非营利组织进行了验收并审核了决算等相关资料，2027 年 11 月 25 日，按照捐赠人意向拨付援建卫生站资金 335 000 元。2027 年 12 月 26 日，经双方协商，捐赠人同意将剩余的款项 15 000 元留归该民间非营利组织自主使用。根据上述业务，相关的账务处理如下：

① 2026 年 10 月 5 日取得捐赠。

借：银行存款　　350 000

　　贷：捐赠收入——限定性收入　　350 000

② 2026 年期末结转。

借：捐赠收入——限定性收入　　350 000

　　贷：限定性净资产　　350 000

③ 2027 年 11 月 25 日，拨付援建卫生站资金。

借：业务活动成本——限定性费用（援建卫生站项目）

　　335 000

　　贷：银行存款　　335 000

④ 2027 年 11 月期末结转。

借：限定性净资产　　335 000

　　贷：业务活动成本——限定性费用（援建卫生站项目）

　　　　335 000

⑤ 2027 年 12 月 26 日，双方商定将剩余的款项 15 000 元留归该民间非营利组织自主使用，不受时间、用途限制。

借：限定性净资产　　15 000

　　贷：非限定性净资产　　15 000

（三）调整以前期间非限定性收入、费用项目

如果因调整以前期间收入、费用项目而涉及调整非限定性净资产的，应当就调整后"以前年度净资产调整"涉及非限定性净资产的科目余额转入本科目，借记或贷记"以前年度净资产调整"科目，贷记或借记"非限定性净资产"科目。

【例 5－12】 某民间非营利组织发现上一年度漏记一项固定资产累计折旧 8 000 元。该民间非营利组织进行追加调整，账务处理如下：

借：以前年度净资产调整　　8 000

　　贷：累计折旧　　8 000

借：非限定性净资产　　8 000

　　贷：以前年度净资产调整　　8 000

（四）对以前期间未设置限制的资产增加限制

有些情况下，资产提供者或者国家法律、行政法规会对以前期间未设置限制的资产增加时间或用途限制，这时，应将非限定性净资产转入限定性净资产，借记"非限定性净资产"科目，贷记"限定性净资产"科目。

【例 5－13】某民间非营利组织 2026 年 3 月收到的一笔汇款 800 000 元，银行的进账单上只注明是 A 公司转来的爱心捐款，将该笔收入作为非限定性捐款入账。2026 年 4 月收到 A 公司发来的捐赠意向书，指定用于社区失独老人的养老项目。经查该笔捐款尚未开支，民间非营利组织也同意了 A 公司的捐赠要求。

根据上述业务，账务处理如下：

① 3 月收到此笔捐款。

借：银行存款	800 000	
贷：捐赠收入——非限定性收入		800 000

② 3 月期末结转。

借：捐赠收入——非限定性收入	800 000	
贷：非限定性净资产		800 000

③ 4 月已转入非限定性净资产的 800 000 元由于增加了用途限制，应转入限定性净资产。

借：非限定性净资产	800 000	
贷：限定性净资产		800 000

（五）提取风险准备金、专项资金或基金等

如果根据国家有关法律、行政法规等提取风险准备金、专项资金或基金等，应当按照实际提取金额，借记“非限定性净资产”科目，贷记“限定性净资产”科目。具体可参见本章第二节限定性净资产的“四、限定性净资产的会计处理”中的第五部分提取提取风险准备金、专项资金或基金等的【例 5－7】的账务处理。

（六）设立时取得注册资金的账务处理

《民间非营利组织会计制度》规定，社会团体、基金会、社会服务机

构等非营利性民间组织设立时取得的注册资金，应当直接计入净资产。注册资金的使用没有受到时间限制和用途限制的，在取得时直接计入非限定性净资产。注册资金，应当在现金流量表“收到的其他与业务活动有关的现金”项目中填列。

【例5－14】某民间非营利组织设立时取得的注册资金1 000 000元，其使用没有时间或用途的限制。根据上述情况，账务处理如下：

借：银行存款　　　　1 000 000

　　贷：非限定性净资产　　　　1 000 000

第四节　净资产之间的重分类

一、限定性净资产进行重分类的主要情况

《民间非营利组织会计制度》规定，净资产应当按照其是否受到限制，分为限定性净资产和非限定性净资产。当净资产的限制发生变化时，需对净资产重分类。当限定性净资产或相关资产的限制得到解除时，应当对净资产进行重新分类，将限定性净资产转为非限定性净资产，从而减少限定性净资产金额，增加非限定性净资产金额。

《民间非营利组织会计制度》第六十九条规定，如果限定性净资产的限制已经完全解除，应当对净资产进行重新分类，将限定性净资产转为非限定性净资产。

当同时符合下列情况时，可以认为限制已经完全解除：

（一）设置的限制时间已经到期或时间限制已经解除；

（二）设置的用途限制已经解除。

《民间非营利组织会计制度》所称的限制，是指资产提供者或者国家有关法律、行政法规等所设置的，比民间非营利组织的宗旨、目的或章程

等关于资产使用的要求更具体明确的限制。

《民间非营利组织会计制度》所称的时间限制，是指资产提供者或者国家有关法律、行政法规要求民间非营利组织在收到资产后的特定时期之内或特定日期之后使用该项资产，或者对资产的使用设置了永久限制。

《民间非营利组织会计制度》所称的用途限制，是指资产提供者或者国家有关法律、行政法规等要求民间非营利组织将收到的资产用于某一特定的用途。

民间非营利组织的理事会或类似权力机构对净资产的使用所作的限定性决策、决议或拨款限额等，属于民间非营利组织内部管理上对资产使用所作的限制，不属于本制度所界定的限定性净资产。

二、限定性净资产重分类举例

（一）所限定净资产的限制时间已经到期或时间限制已经解除

限定性净资产的时间限制，是指资产提供者或者国家有关法律、行政法规要求民间非营利组织在收到资产后的特定时期之内或特定日期之后使用该项资产，或者对资产的使用设置了永久限制。因此，限定性净资产的限制时间有“特定时期之内”“特定日期之后”和“永久限制”三种。

1. 要求在特定时期之内使用的限制

对于因资产提供者或者国家有关法律、行政法规要求民间非营利组织在收到资产后的特定时期之内使用该项资产而形成的限定性净资产。在特定时期后（即限制时间已经到期），其不再受时间限制，按照该限定性净资产的余额转为非限定性净资产。

【例5－15】2026年9月，某民间非营利组织收到一笔1 000 000元的捐款，捐赠人要求该民间非营利组织在当月使用该款项。2026年9月，该民间非营利组织使用了其中的980 000元，用于贫困老人生活救助；剩余的20 000元无特定要求。根据上述业务，相应的账务处理如下：

① 2026年9月收到捐款。

借：银行存款　　1 000 000

　　贷：捐赠收入——限定性收入　　1 000 000

② 2026年9月支付救助款。

借：业务活动成本——限定性费用　　980 000

　　贷：银行存款　　980 000

③ 2026年期末收入、费用结转。

借：捐赠收入——限定性收入　　1 000 000

　　贷：限定性净资产　　1 000 000

借：限定性净资产　　980 000

　　贷：业务活动成本——限定性费用　　980 000

④ 剩余的20 000元，无特定的时间和用途限制要求，重新进行分类。

借：限定性净资产　　20 000

　　贷：非限定性净资产　　20 000

2. 要求在特定日期之后使用的限制

对于因资产提供者或者国家有关法律、行政法规要求民间非营利组织在收到资产后的特定日期之后使用该项资产而形成的限定性净资产，在该特定日期后，其不再受时间限制，转为非限定性净资产。

【例5-16】2026年10月，某民间非营利组织收到一笔1 000 000元的捐款，捐赠人要求该民间非营利组织在2027年1月1日以后即可使用该款项，用于该民间非营利组织章程中规定的公益项目。2027年2月，该民间非营利组织经过内部审批决定，使用了其中的380 000元，用于贫困家庭先天性心脏病患儿的救助；使用了其中的10 000元支付日常管理费用。该民间非营利组织进行相应的账务处理如下：

① 2026 年 10 月收到捐款。

借：银行存款　　1 000 000

　　贷：捐赠收入——限定性收入　　1 000 000

② 2026 年期末结转。

借：捐赠收入——限定性收入　　1 000 000

　　贷：限定性净资产　　1 000 000

③ 2027 年 1 月 1 日，时间限制得到解除。

借：限定性净资产　　1 000 000

　　贷：非限定性净资产　　1 000 000

④ 2027 年 2 月支付救助款和管理费。

借：业务活动成本——非限定性费用　　380 000

　　贷：银行存款　　380 000

借：管理费用——非限定性费用　　10 000

　　贷：银行存款　　10 000

3. 永久限制

具有“永久限制”的限定性净资产，由于资产提供者或国家有关法律、行政法规对它设置的限制是“永久性”的，通常不会因限制时间到期而解除。

值得注意的是，一些具有永久限制的限定性净资产，如留本基金，其“本金”所产生的“资产收益”通常也同时存在时间或用途限制，对两者要分开分析，分别进行账务处理。

【例 5 – 17】某民间非营利组织在 2026 年 12 月 1 日收到一笔 6 000 000 元的捐款，捐赠人要求将这笔款项作为留本基金，基金的本金只能用于投资，并且投资收益必须在 2027 年 12 月 1 日以后使用，用于该民间非营利组织章程中规定的公益项目。2026 年 12 月，民间非营利组织用该笔留本基金投资，取得投资收益 320 000 元。该民间非营利组织进行相应的账务处理如下：

① 2026 年 12 月 1 日收到留本基金。

借：银行存款　　6 000 000

　　贷：捐赠收入——限定性收入　　6 000 000

② 2026 年 12 月取得投资收益。

借：银行存款　　320 000

　　贷：投资收益——限定性收入　　320 000

③ 2026 年 12 月期末将收入结转净资产。

借：捐赠收入——限定性收入　　6 000 000

　　投资收益——限定性收入　　320 000

　　贷：限定性净资产　　6 320 000

④ 2027 年 12 月 1 日，取得的投资收益的时间限制到期且不受用途限制，对限定性净资产进行重分类。

借：限定性净资产　　320 000

　　贷：非限定性净资产　　320 000

4. 时间限制已经解除

资产提供者或者国家有关法律、行政法规撤销了对限定性净资产所设置的时间限制，仅受时间限制的限定性净资产应当在时间限制得到实际撤销时，对净资产进行重新分类，将限定性净资产转为非限定性净资产。

【例 5－18】某民间非营利组织在 2026 年 1 月收到一笔 150 000 元的捐款，捐赠人要求该组织将此款项在 3 个月内，用于无特定指向的公益项目。在 2026 年 3 月考虑公益项目筛选和执行时间等具体情况，捐赠人撤销了捐款 3 个月内使用完毕的要求。该民间非营利组织的账务处理如下：

① 2026 年 1 月收到捐款。

借：银行存款　　150 000

　　贷：捐赠收入——限定性收入　　150 000

② 2026 年 1 月进行期末结转。

借：捐赠收入——限定性收入　　150 000

　　贷：限定性净资产　　150 000

③ 2026 年 3 月，捐款人撤销时间限制。

借：限定性净资产　　150 000

　　贷：非限定性净资产　　150 000

（二）所限定净资产的用途限制解除

限定性净资产的用途限制，是指资产提供者或者国家有关法律、行政法规要求民间非营利组织将收到的资产用于某一特定的用途。

对于资产提供者或者国家有关法律、行政法规撤销对限定性净资产所设置的用途限制，仅受用途限制的限定性净资产应当在用途限制得到实际撤销时，对净资产进行重新分类，将限定性净资产转为非限定性净资产。

【例 5 - 19】 某民间非营利组织 2026 年 1 月收到一笔政府补助收入 360 000 元，要求其用于助残助学项目，2026 年 4 月该笔收入撤销了对其用途的限制。

该民间非营利组织相应的账务处理如下：

① 2026 年 1 月收到政府补助收入。

借：银行存款　　360 000

　　贷：政府补助收入——限定性收入　　360 000

② 2026 年 1 月期末结转。

借：政府补助收入——限定性收入　　360 000

　　贷：限定性净资产　　360 000

③ 2026 年 4 月，该笔收入的用途限制撤销，净资产进行重新分类。

借：限定性净资产　　360 000

　　贷：非限定性净资产　　360 000

应当说明的是，如果相关收入的限制在收入确认的当期就得以解除，则不做净资产的重分类分录，而是在限制解除时，编制相关收入明细科目的重分类分录。例如，限定性政府补助收入的限制在确认收入的当期得以完全解除，应当将其转为非限定性政府补助收入，借记“政府补助收入”科目“限定性收入”明细科目，贷记“政府补助收入”科目“非限定性收入”明细科目。

（三）同受两项或多项限制的限定性净资产

实务中，可能存在限定性净资产同时受到两项或多项限制的情况。在这种情况下，民间非营利组织使用该限定性净资产或相关资产时必须满足所有的时间限制和用途限制，因而只有在限定性净资产的最后一项限制解除时，才能认为其限制已经解除；否则，只要仍存在一项限制，该净资产就仍为限定性净资产。

民间非营利组织在判断这些限制是否已得到解除时，也应当从上面介绍的限制时间是否到期、时间及用途限制是否被撤销等方面来分析。在该限定性净资产的时间限制与用途限制均已解除后，应当对净资产进行重新分类，将限定性净资产转为非限定性净资产。

【例 5－20】2026 年 12 月，某公司将一笔 380 000 元的款项捐赠给某民间非营利组织，要求该民间非营利组织在 2027 年度上半年将这笔款项用于农村扶贫项目，如项目执行完成后，剩余款不超过捐赠资金 20% 的情况下，剩余项目款可留给民间非营利组织支配和使用。假设该民间非营利组织在 2027 年 6 月投入 340 000 元用于农村扶贫项目，项目执行完毕后剩余项目款 40 000 元。

本例中，捐赠人同时设置了“2027 年度上半年使用”的时间限制和“用于农村扶贫项目”的用途限制。只有该民间非营利组织在 2027 年度 1—6 月实际将这笔款项用于农村扶贫项目时，且剩余款不超过 76 000 元

（380 000 元 ×20%）的情况下，限定性净资产的限制才得到解除，那么再按照实际剩余的金额，将限定性净资产转为非限定净资产。

该民间非营利组织的相关账务处理如下：

① 2026 年 12 月收到捐款。

借：银行存款　　380 000
　　贷：捐赠收入——限定性收入　　380 000

② 2026 年 12 月 31 日年末结转。

借：捐赠收入——限定性收入　　380 000
　　贷：限定性净资产　　380 000

③ 2027 年 6 月，将捐款 340 000 元用于指定的农村扶贫项目。

借：业务活动成本——限定性费用（农村扶贫项目）
　　340 000
　　贷：银行存款　　340 000
借：限定性净资产　　340 000
　　贷：业务活动成本——限定性费用（农村扶贫项目）
　　340 000

④ 2027 年 7 月，捐款的剩余款 40 000 元的时间和用途限制均已解除，净资产进行重新分类。

借：限定性净资产　　40 000
　　贷：非限定性净资产　　40 000

当限制条件不止一项时，只有所有的限制条件都解除后，才可以将相应的限定性净资产重分类为非限定性净资产。如果该例中，捐赠人要求在 2027 年 6 月后继续将该笔捐款用于农村扶贫项目或者是捐款人同意该笔捐款在项目执行完成后由该民间非营利组织支配使用但要求在 2027 年将该笔捐款使用完，则其用途或时间限制条件依然存在，限制尚未完全解除，不能将净资产重新分类。

第五节 以前年度净资产调整

一、以前年度净资产调整的概念

以前年度净资产调整是指民间非营利组织本年度发生的对以前年度净资产事项的调整，包括本年度发生的重要前期差错更正等涉及以前年度净资产事项的调整。

二、以前年度净资产调整的会计处理

（一）会计科目的设置

《民间非营利组织会计制度》规定，为核算本年度发生的调整以前年度净资产的事项，包括本年度发生的重要前期差错更正等涉及调整以前年度净资产的事项，民间非营利组织应当设置“以前年度净资产调整”科目。以前年度净资产调整应当设置“非限定性净资产”“限定性净资产”明细科目，分别核算调整非限定性净资产、限定性净资产的金额。期末结转后，“以前年度净资产调整”科目应无余额。

（二）主要账务处理

1. 调整增加以前年度收入或减少以前年度费用时的账务处理

调整增加以前年度收入或减少以前年度费用时，借记有关科目，贷记“以前年度净资产调整”科目。

【例 5－21】2026 年 4 月，某民间非营利组织进行资产盘点时，发现在 2025 年 10 月收到捐赠的一项价值 250 800 元专用设备，尚未入账。捐赠人对设备无特定要求。

2026 年 4 月发现尚未入账的捐赠设备时，需要调整以前年度的捐赠收入，进行账务处理如下：

借：固定资产　　250 800
　　贷：以前年度净资产调整　　250 800

2. 调整增加以前年度费用或减少以前年度收入时的账务处理

调整增加以前年度费用或减少以前年度收入时，借记“以前年度净资产调整”科目，贷记有关科目。

【例 5－22】 承【例 5－21】假设收到时该项设备全新，预计使用年限为 10 年，采用直线法计提折旧，不考虑净残值。

补提 2025 年应计提的 10—12 月共 3 个月的折旧［该固定资产的月折旧额＝250 800÷10÷12＝2 090（元）］，调整增加以前年度费用 6 270 元，进行账务处理：

借：以前年度净资产调整　　6 270
　　贷：累计折旧　　6 270

3. 将“以前年度净资产调整”科目的余额转入净资产

经上述调整后，应将“以前年度净资产调整”科目的余额转入净资产，借记或贷记“非限定性净资产”“限定性净资产”科目，贷记或借记“以前年度净资产调整”科目相关明细科目。

【例 5－23】 承【例 5－21】和【例 5－22】该民间非营利组织对涉及以前年度的收入和费用分别做了账务处理，经过上述调整后，需要将“以前年度净资产调整”科目的余额转入净资产。由于该设备捐赠无特定时间、用途限制，因此应转入非限定性净资产。

该民间非营利组织的账务处理如下：

借：以前年度净资产调整　　250 800
　　贷：非限定性净资产　　250 800
借：非限定性净资产　　6 270
　　贷：以前年度净资产调整　　6 270

结转后，“以前年度净资产调整”科目无余额。

第六章
收　　入

第一节　收入概述

一、收入的概念和特征

《民间非营利组织会计制度》规定，收入是指民间非营利组织开展业务活动取得的、导致本期净资产增加的经济利益或者服务潜力的流入。

民间非营利组织的收入来自收到的捐赠和补助、商品销售所得以及提供服务所得等。对于不同类型的民间非营利组织而言，其主要的收入来源不尽相同。例如，基金会开展业务活动主要依靠其他单位或个人的捐款、捐物等；社会团体的收入主要来源于收取的会费，举办会议、培训的收费，还有因提供咨询、研究等业务服务活动而获得的收入等；社会服务机构的收入主要来源于从事公共服务、公益服务而获得的社会捐赠、政府购买服务和向服务对象收取的一定费用等。

从收入的概念可以看出，收入具有以下两个基本特征：

第一，收入将引起资产增加或者负债减少或者两者兼而有之，并最终导致民间非营利组织经济利益或服务潜力的增加。这里所指的“经济利益”是指现金或者最终能转化为现金的非现金资产；“服务潜力”是指从事宗旨或章程所规定的活动，向会员、委托人、公众或其他受益人提供所需产品或服务的能力。

第二，收入将导致本期净资产的增加。需要说明的是，这里所指的仅是收入本身对净资产的影响，收入扣除相关成本费用后的净额可能会引起净资产的增加，也可能会引起净资产的减少。

收入必须同时满足上述两个特征，否则，不能作为收入核算。

此外，收入只包括民间非营利组织自身的经济利益流入，不包括因从事代理交易而收取的款项、为第三方代收的款项或其他资产等，因为以上事项一方面会增加资产，另一方面增加了相应的负债，因此不会引起净资产的增加，也就不能作为民间非营利组织的收入。

民间非营利组织应当按照收入的概念和特征，对实务中遇到的具体情况进行分析，判断某项所得或资源流入是否属于收入。

二、收入的分类

按照不同的分类标准，收入可以有不同的分类。《民间非营利组织会计制度》规定，民间非营利组织的收入主要有三种分类方式，分别以收入的来源、收入的使用是否存在限制以及收入的性质作为分类标准。

（一）按照收入的来源分类

收入按照来源，分为捐赠收入、会费收入、提供服务收入、商品销售收入、政府补助收入、投资收益、总部拨款收入等主要业务活动收入和其他收入等。民间非营利组织可以区分不同收入类型，按照项目、服务或业务大类进行核算和列报。

1. 捐赠收入

捐赠收入是指民间非营利组织接受其他单位或者个人捐赠所取得的收入。

需要注意的是，2024 年 12 月修订的《民间非营利组织会计制度》对于民间非营利组织接受的服务捐赠做了如下规定：如果捐赠方提供了发票等有关凭据，且凭据上标明的金额能够反映受赠服务的公允价值，民间非营利组织应当按照凭据金额入账，其他情况不予确认。按照应确认的金额，借记“业务活动成本”“管理费用”等科目，贷记“捐赠收入”科目“限定性收入”或“非限定性收入”明细科目。这一点变化是明显区别于之前的“接受的劳务捐赠，不予确认，但应当在会计报表附注中作相关披露”的会计处理的。

2. 会费收入

会费收入是指民间非营利组织根据章程等的规定向会员收取的会费收入。

3. 提供服务收入

提供服务收入是指民间非营利组织根据章程等的规定向其服务对象提供服务取得的收入，包括学费收入、医疗费收入、培训收入、承接政府购买服务收入等。

4. 政府补助收入

政府补助收入是指民间非营利组织接受政府拨款或者政府机构给予的补助而取得的收入。该补助是无偿的，不需要向政府交付商品或服务等对价。

5. 商品销售收入

商品销售收入是指民间非营利组织销售商品等所形成的收入。

6. 投资收益

投资收益是指民间非营利组织因对外投资取得的投资净损益。

7. 总部拨款收入

总部拨款收入是指境外非政府组织代表机构从其总部取得的拨款收入。

民间非营利组织如果有除上述捐赠收入、会费收入、提供服务收入、政府补助收入、商品销售收入、投资收益、总部拨款收入之外的其他主要业务活动收入，也应当单独核算。

8. 其他收入

其他收入是指除上述主要业务活动收入以外的其他收入，如存款利息、固定资产处置净收入、无形资产处置净收入等。

（二）按照收入的性质分类

收入按照其性质，即交易过程是否有对等的实物、劳务或权利交割，分为交换交易收入和非交换交易收入。

1. 交换交易收入

交换交易收入即交换交易所形成的收入。交换交易通常是指按照等价交换原则所从事的交易，即当某一主体取得资产、获得服务或者解除债务时，需要向交易对方支付等值或者大致等值的现金，或者提供等值或者大致等值的货物、服务等的交易。如按照等价交换原则销售商品、提供劳务等均属于交换交易。

2. 非交换交易收入

非交换交易收入即非交换交易所形成的收入。在非交换交易中，某一主体取得资产、获得服务或者解除债务时，不必向交易对方支付等值或者大致等值的现金，或者提供等值或者大致等值的货物、服务等；或者某一主体在对外提供货物、服务等时，没有收到等值或者大致等值的现金、货物等。如捐赠、政府补助等属于非交换交易。

按照《民间非营利组织会计制度》规定，民间非营利组织承接政府购买服务属于交换交易，取得的相关收入应当记入“提供服务收入”科目，不应当记入“政府补助收入”科目。

（三）按照收入的使用是否存在限制分类

收入按照其是否存在限制，分为限定性收入和非限定性收入。

如果资产提供者对资产的使用设置了时间限制或（和）用途限制，

则所确认的相关收入为限定性收入；除此之外的收入，为非限定性收入。

民间非营利组织的会费收入、提供服务收入、商品销售收入、投资收益、总部拨款收入等一般为非限定性收入，除非相关资产提供者对资产的使用设置了限制。民间非营利组织的捐赠收入和政府补助收入，应当视相关资产提供者对资产的使用是否设置了限制，分别记入限定性收入和非限定性收入进行核算。

需要说明的是，对收入的各种分类是相互交叉的。例如，提供服务收入、商品销售收入、投资收益、其他收入通常属于交换交易收入，捐赠收入、政府补助收入、总部拨款收入属于非交换交易收入，会费收入通常属于非交换交易收入。又如，一般情况下，提供服务收入、商品销售收入、投资收益、总部拨款收入、会费收入、其他收入属于非限定性收入，但如果相关资产提供者对资产的使用设置了限制，则相关收入则属于限定性收入；对于捐赠收入和政府补助收入，应当视相关资产提供者对资产的使用是否设置了限制，区分为限定性收入、非限定性收入。概括地说，在多数情况下，各种收入的交叉分类如表 6 -1 所示。

表 6 -1　　收入分类表

按来源分类	按使用是否存在限制分类		按性质分类	
	限定性收入	非限定性收入	交换交易收入	非交换交易收入
捐赠收入	√	√		√
会费收入		√		√
提供服务收入		√	√	
商品销售收入		√	√	
政府补助收入	√	√		√
投资收益		√	√	
总部拨款收入		√		√
其他收入		√	√	

收入的分类与收入的核算密切相关。例如，民间非营利组织应当按照收入的来源分类设置相应的会计科目。又如，交换交易收入与非交换交易

收入的确认条件不同。再如，将收入划分为限定性收入与非限定性收入，这一分类将收入的核算与净资产的核算相对应，形成了相互之间的勾稽关系。期末结转时，限定性收入应当转入限定性净资产，而非限定性收入应当转入非限定性净资产。为此，民间非营利组织应当按照各类收入的概念，结合本单位的具体情况，对收入进行正确的分类。

三、收入确认和计量的基本原则

（一）收入确认的基本原则

民间非营利组织在确认收入时，应当遵循权责发生制原则。所谓权责发生制原则，就是凡属于本期已经实现的收入，不论款项是否收取，均应当作为当期收入；凡不属于本期的收入，即使款项已在本期收取，也不应当作为本期的收入。

（二）收入计量的基本原则

收入的计量即确定收入的确认金额。根据收入的概念，民间非营利组织在业务活动中发生的各项收入，应当按照交易或事项所引起的现金、应收款项或其他资产的增加额，或者负债的减少额进行计量。

需要说明的是，在业务活动表中，收入通常以其总额，即未扣除相关成本费用的金额列报。例如，商品销售收入、提供服务收入等，应当以其收入总额，而非扣除商品销售成本、提供服务成本后的净额列报。但对于固定资产处置、无形资产处置等偶发性、边缘性业务形成的收入，则一般是以扣除相关费用（处置固定资产的成本、支付的处置费用等）后的净额列报。

（三）相关会计科目的设置

民间非营利组织根据收入的来源设置收入的一级科目，具体为“捐赠收入”“会费收入”“提供服务收入”“商品销售收入”“政府补助收入”等；然后按照收入是否存在限制，在一级科目下设置“限定性收入”和“非限定性收入”二级明细科目，进行明细核算。

第二节　非交换交易收入

一、非交换交易收入的概念

《民间非营利组织会计制度》规定，非交换交易是指除交换交易之外的交易。在非交换交易中，某一主体取得资产、获得服务或者解除债务时，不必向交易对方支付等值或者大致等值的现金，或者提供等值或者大致等值的货物、服务等；或者某一主体在对外提供货物、服务等时，没有收到等值或者大致等值的现金、货物等。为了正确地核算非交换交易，民间非营利组织应当将非交换交易与交换交易、受托代理业务区分开来。交换交易是指按照等价交换原则所从事的交易，与非交换交易相对应；而在受托代理业务中，民间非营利组织通常只是从委托方收到受托代理资产，并按照委托人的意愿或有关规定将资产转赠或转交给指定的其他组织或者个人。

值得注意的是，如果某项交易或业务兼具非交换交易、交换交易或受托代理业务的特征，民间非营利组织应当将其划分为若干个组成部分，分别进行会计处理。例如，某捐赠人与某民间非营利组织签订协议，协议规定：该捐赠人将100万元的银行存款捐给该民间非营利组织，其中的60万元由该民间非营利组织转赠给指定的2个受益单位，30万元由该民间非营利组织用于支付公益活动，10万元用于其日常管理费用开支。此案例中，该项交易中的60万元属于受托代理业务，40万元属于非交换交易中的捐赠。

非交换交易收入，是指非交换交易所形成的收入。对于民间非营利组织而言，非交换交易收入是收入的重要组成部分，主要包括捐赠收入和政府补助收入。总部拨款收入和会费收入通常也属于非交换交易收入。

二、非交换交易收入的确认

（一）非交换交易收入的确认条件

《民间非营利组织会计制度》规定，非交换交易收入，应当在同时满足下列条件时予以确认：

第一，与交易相关的含有经济利益或者服务潜力的资源能够流入民间非营利组织并为其所控制，或者相关的债务能够得到解除。

本条件的实质是，要求非交换交易收入必须能够引起民间非营利组织资产的增加或者负债的减少。因此，民间非营利组织在确认一项非交换交易收入时，首先应当判断此项交易是否会导致本单位的资产增加或者负债减少，只有先满足了这一点，才有可能确认一项非交换交易收入。

第二，交易能够引起净资产的增加。

本条件的实质是，要求非交换交易收入不但应当引起资产的增加或者负债的减少，还必须能够同时引起净资产的增加。也就是说，只有在资产增加且净资产增加，或者负债减少且净资产增加这两种情况下，才会引起非交换交易收入的增加。而在资产增加引起负债增加的情况下，如民间非营利组织因接受受托代理资产引起相应受托代理负债的增加；或者在负债减少引起资产减少的情况下，如用银行存款支付应付账款，都不会引起非交换交易收入的增加。

第三，收入的金额能够可靠地计量。

本条件的实质是，收入的确认和计量是紧密联系在一起的。如果收入不能可靠地计量，也就无法以货币金额记入账簿和列入业务活动表内反映。例如，某民间非营利组织接受了他人捐赠的一幅字画，预期能够带来一定的经济利益，但是捐赠人没有提供有关其金额的凭据，也无法获得其公允价值，那么此项收入也不能予以确认。即收入的金额能够可靠地计量是确认收入的基本前提。

民间非营利组织应对各项非交换交易的实质进行具体分析，正确判断交易是否能同时满足上述三项条件。只有在同时满足这些确认条件时，才能确认非交换交易收入。

（二）捐赠和政府补助的分类以及通常情况下的确认条件

一般情况下，对于无条件的捐赠或政府补助，应当在捐赠或政府补助收到时确认收入；对于附条件的捐赠或政府补助，应当在取得捐赠资产或政府补助资产的控制权时确认收入。如果由于捐赠方或法律法规限制等民间非营利组织之外的原因存在需要偿还全部或部分捐赠资产或政府补助资产或者相应金额的现时义务时，应当根据需要偿还的金额，确认一项负债并相应冲减收入；如果由于民间非营利组织自身原因存在需要偿还全部或部分捐赠资产或者相应金额的现时义务时，应当根据需要偿还的金额，确认一项负债并计入当期费用。

对于民间非营利组织接受的服务捐赠，如果捐赠方提供了发票等有关凭据，且凭据上标明的金额能够反映受赠服务的公允价值，民间非营利组织应当按照凭据金额入账，其他情况不予确认。

三、非交换交易收入的计量

根据《民间非营利组织会计制度》中有关非交换交易收入的规定，非交换交易收入的确认与相关资产的确认是联系在一起的。因此，民间非营利组织在业务活动中发生的非交换交易收入，应当按照交易所引起的现金、应收款项或其他资产的增加额进行计量。

《民间非营利组织会计制度》规定，对于民间非营利组织接受捐赠的现金资产，应当按照实际收到的金额入账。对于民间非营利组织接受捐赠收到的股权，应当按照民间非营利组织根据有关规定开具的捐赠票据等凭据金额入账。对于民间非营利组织接受捐赠收到的其他非现金资产，应当按照以下方法确定其入账价值：

（一）如果捐赠方提供了有关凭据（如发票、报关单、有关协议等）的，应当按照凭据上标明的金额作为入账价值。

（二）如果捐赠方没有提供有关凭据，或者凭据上标明的金额与受赠资产公允价值相差较大，受赠资产应当以其公允价值作为入账价值。

（三）对于民间非营利组织接受的固定资产、无形资产捐赠，如果捐赠方没有提供有关凭据，且有确凿的证据表明该资产的公允价值确实无法可靠计量，应当按照名义金额（即人民币 1 元）入账。对于民间非营利组织接受的文物资源捐赠，如果捐赠方没有提供有关凭据，应当按照名义金额入账。

（四）对于民间非营利组织接受的服务捐赠，如果捐赠方提供了发票等有关凭据，且凭据上标明的金额能够反映受赠服务的公允价值，民间非营利组织应当按照凭据金额入账，其他情况不予确认。

（五）民间非营利组织接受非现金资产捐赠时发生的应归属于其自身的相关税费、运输费等，应当计入筹资费用。

这里所称的公允价值是指市场参与者在计量日发生的有序交易中，出售一项资产所能收到或者转移一项负债所需支付的价格。公允价值的确定顺序如下：

第一，如果同类或者类似资产存在活跃市场的，应当按照同类或者类似资产的市场价格确定公允价值。本项所指的市场价格，一般是指取得资产当日捐赠方自产物资的出厂价、捐赠方所销售物资的销售价、政府指导价、知名大型电商平台同类或者类似商品价格等。

第二，如果同类或类似资产不存在活跃市场，或者无法找到同类或者类似资产的，应当采用合理的计价方法确定资产的公允价值。

资产的计量及公允价值的计量参见本书第三章相关内容。

民间非营利组织接受政府补助所获得的资产通常为银行存款，应当按照实际收到的金额入账；如果民间非营利组织接受政府补助所获得的资产为非现金资产，其计量与接受捐赠的非现金资产的计量是一致的。

对于民间非营利组织收取的会费收入，通常亦为现金或银行存款，应当按照实际收到的金额或者应当收取的金额入账。

第三节　捐赠收入

一、捐赠与捐赠收入的概念

（一）捐赠的概念和特征

1. 捐赠的概念

捐赠属于非交换交易的一种，通常是指某个单位或个人（捐赠人）自愿地将现金或其他资产无偿地转让给另一单位或个人（受赠人），或者无偿地清偿或取消该单位或个人（受赠人）的负债。这里的其他资产包括债券、股票、产品、材料、设备、房屋、无形资产和服务等。在实务中，民间非营利组织既可能作为受赠人，接受其他单位或个人的捐赠；也可能作为捐赠人，对其他单位或个人做出捐赠。

2. 捐赠的特征

按照捐赠的概念，捐赠一般具有以下三个基本特征：

第一，捐赠是无偿地转让资产或者取消负债等。捐赠是无偿的，因此，捐赠属于非交换交易。

第二，捐赠是自愿地转让资产或者取消负债等。这里强调的是，捐赠是自愿的，从而将捐赠与其他非交换交易区分开来。在诸如纳税、征收罚款等情况下，由于资产的转让是强制性的，并不是自愿的，因此也就不属于捐赠。

第三，捐赠交易中资产或劳务的转让不属于所有者的投入或向所有者的分配。

对于民间非营利组织而言，由于其资产提供者不享有组织的所有权，也不从组织取得经济回报，因此不会涉及所有者的投入或向所有者的分配。

3. 捐赠的判断

在实际工作中，判断某项交易是否是捐赠时，还需要注意以下几点：

首先，应当将捐赠与受托代理交易等类似交易区别开来。在受托代理交易中，民间非营利组织通常只是从委托方收到受托资产，并按照委托方的意愿或者按照有关规定将资产转赠给指定的其他组织或者个人。对于捐赠人与最终受益人而言，此项交易是捐赠交易；但是，民间非营利组织在受托代理交易中只是起中介作用，对它而言，从捐赠人那里取得资产时，并非获得捐赠，再将资产转赠或转交给受益人时，也并非做出捐赠。

其次，就某项交易而言，可能交易的一部分属于捐赠交易，另一部分属于其他性质的交易。例如，捐赠人将一栋房屋出售给某民间非营利组织，出售价格远低于该房屋的现行市场价格。这项交易一部分属于固定资产销售，一部分属于捐赠。

再次，民间非营利组织应当区分捐赠与捐赠承诺。捐赠承诺是指捐赠现金或其他资产的书面协议或口头约定等。例如，某企业对外宣布，将向某民间非营利组织捐赠 100 万元。又如，某公司与某民间非营利组织达成口头协议，将在未来的 3 年内向该民间非营利组织捐赠共计 500 万元的款项。由于捐赠承诺兑现的可能性无法可靠估计，与交易相关的含有经济利益或服务潜力的资源不一定能够流入民间非营利组织并为其所控制，所以，捐赠承诺不满足非交换交易收入的确认条件。因此，民间非营利组织对于捐赠承诺，不予以确认，但可以在会计报表附注中作相关披露。

最后，政府补助收入与捐赠收入虽然在性质上是一致的，但在实务中，应当将政府补助收入与捐赠收入区分开来，分别核算和反映。

4. 服务捐赠

服务捐赠是捐赠的一种，即捐赠人自愿地向受赠人无偿提供服务，例如，捐赠者或志愿者提供义务服务等。对于有些民间非营利组织，服务捐赠是支持其业务活动的重要组成部分。

近年来，服务捐赠的形式和数量不断增加，有必要确认服务捐赠形成的收入和成本。为此，2024 年 12 月修订的《民间非营利组织会计制度》增加了服务捐赠的会计核算规定，即对于民间非营利组织接受的服务捐赠，如果捐赠方提供了发票等有关凭据，且凭据上标明的金额能够反映受赠服务的公允价值，民间非营利组织应当按照凭据金额入账，其他情况不予确认。这是因为，服务捐赠虽然属于捐赠的范畴，但是，如果服务捐赠所形成收入的金额无法可靠地计量，不满足非交换交易收入的确认条件，也就不应予以确认。

（二）捐赠收入的概念与分类

《民间非营利组织会计制度》规定，捐赠收入是指民间非营利组织接受其他单位或者个人捐赠所取得的收入。民间非营利组织的捐赠收入应当视资产提供者对资产的使用是否设置了限制，区分为限定性收入和非限定性收入进行核算。

二、捐赠收入的会计处理

（一）会计科目的设置

《民间非营利组织会计制度》规定，民间非营利组织为了核算其接受其他单位或者个人捐赠所取得的收入，应当设置“捐赠收入”科目；并且，应当按照捐赠收入是否存在限制，在“捐赠收入”科目下设置“限定性收入”和“非限定性收入”明细科目，分别核算限定性捐赠收入和非限定性捐赠收入。如果民间非营利组织存在多个捐赠项目，还可以结合具体情况，在“限定性收入”和“非限定性收入”明细科目下按照捐赠项目的不同设置相应的三级明细科目，以满足核算的需要。

“捐赠收入”科目的贷方反映当期捐赠收入的实际发生额。在会计期末，应当将“捐赠收入”科目中“限定性收入”明细科目当期贷方发生额转入“限定性净资产”科目，将“捐赠收入”科目中“非限定性收入”明细科目当期贷方发生额转入“非限定性净资产”科目。期末结转后，“捐赠收入”科目应无余额。

（二）主要账务处理

《民间非营利组织会计制度》规定，民间非营利组织接受捐赠，应当在满足规定的收入确认条件时，确认捐赠收入。

1. 接受的捐赠，按照应确认的金额，借记“现金”“银行存款”“短期投资”“存货”“长期股权投资”“长期债权投资”“固定资产”“无形资产”等科目，贷记“捐赠收入”科目“限定性收入”或“非限定性收入”明细科目。

接受的服务捐赠收入，按照应确认的金额，借记“业务活动成本”“管理费用”等科目，贷记“捐赠收入”科目“限定性收入”或“非限定性收入”明细科目。

接受的捐赠，如果由于捐赠方或法律法规限制等民间非营利组织之外的原因存在需要偿还全部或部分捐赠资产或者相应金额的现时义务时，按照需要偿还的金额，借记“捐赠收入”科目，贷记“其他应付款”等科目；如果由于民间非营利组织自身原因存在需要偿还全部或部分捐赠资产或者相应金额的现时义务时，按照需要偿还的金额，借记“管理费用”科目，贷记“其他应付款”等科目。

2. 如果限定性捐赠收入的限制在确认收入的当期得以解除，应当将其转为非限定性捐赠收入，借记“捐赠收入”科目“限定性收入”明细科目，贷记“捐赠收入”科目“非限定性收入”明细科目。

3. 期末，将本科目各明细科目的余额分别转入限定性净资产和非限定性净资产，借记“捐赠收入”科目“限定性收入”明细科目，贷记“限定性净资产”科目，借记“捐赠收入”科目“非限定性收入”明细科目，贷记“非限定性净资产”科目。

（三）主要会计事项举例

【例6－1】2026年4月5日，某民间非营利组织与A公司签订一项捐赠协议，捐赠资金2 000 000元和一台价值90 000元的设备；捐款由该组织自行确定项目开展公益救助，对于捐助的设备A公司有明确的用途限制。随后按照捐赠协议，A公司已办理银行转账，该组织确认4月20日收到此笔捐款2 000 000元；6月6日设备也已运到。根据上述业务，该民间非营利组织的账务处理如下：

① 2026年4月5日，签订捐赠协议，不满足捐赠收入的确认条件，无须编制会计分录。

② 4月20日，收到此笔捐款。

借：银行存款	2 000 000	
贷：捐赠收入——非限定性收入		2 000 000

③ 6月6日，民间非营利组织收到设备。

借：固定资产	90 000	
贷：捐赠收入——限定性收入		90 000

【例6－2】承【例6－1】设备运抵后，当月A公司改变捐赠意向，

与该民间非营利组织签订补充协议，对于捐赠的设备用途限制解除。该民间非营利组织的相应账务处理如下：

借：捐赠收入——限定性收入　　90 000

　　贷：捐赠收入——非限定性收入　　90 000

【例 6-3】 承【例 6-1】和【例 6-2】期末，该民间非营利组织将“捐赠收入”科目“非限定性收入”明细科目的余额 2 090 000 元转入非限定性净资产。

借：捐赠收入——非限定性收入　　2 090 000

　　贷：非限定性净资产　　2 090 000

【例 6-4】 2026 年 9 月 2 日，某民间非营利组织与 B 公司签订了捐赠协议。协议规定，B 公司将向该民间非营利组织捐赠 300 000 元，其中 250 000 元用于资助贫困山区留守儿童教育，50 000 元用于此次捐赠活动的宣传费用，款项将在协议签订后的 10 个工作日内汇至该民间非营利组织银行账户。根据此协议，2026 年 9 月 9 日，该民间非营利组织收到了 B 公司捐款 300 000 元。2026 年 9 月 10 日至 22 日，该民间非营利组织将 250 000 元转赠给 5 家贫困山区的学校，并为此次捐赠活动支付了 21 000 元的宣传、差旅和办公费用。2026 年 9 月 25 日，该民间非营利组织与 B 公司签订了一份补充协议，协议规定此次捐赠活动剩余的 29 000 元由该民间非营利组织自由支配。该民间非营利组织的账务处理如下：

① 2026 年 9 月 2 日，民间非营利组织与 B 公司签订捐赠协议，不满足捐赠收入的确认条件，无须编制会计分录。

② 2026 年 9 月 9 日，按照协议收到捐款，确认捐赠收入。

借：银行存款　　300 000

　　贷：捐赠收入——限定性收入　　300 000

③ 2026 年 9 月 10 日至 22 日，该民间非营利组织将 250 000 元转赠给 5 家贫困山区的学校，为本次捐赠活动支付了 21 000 元的宣传、差旅和办

公费用。按照实际发生的金额，确认业务活动成本。

借：业务活动成本——限定性费用　　250 000

　　贷：银行存款　　250 000

借：业务活动成本——限定性费用　　21 000

　　贷：银行存款　　21 000

④ 2026 年 9 月 25 日，部分限定性捐赠收入 29 000 元的限制在确认收入的当期得以解除，将其转为非限定性捐赠收入。

借：捐赠收入——限定性收入　　29 000

　　贷：捐赠收入——非限定性收入　　29 000

⑤ 假设 2026 年 9 月涉及捐赠款物收入、业务活动的支出只有以上业务，月末结转。

借：捐赠收入——限定性收入　　271 000

　　贷：限定性净资产　　271 000

借：捐赠收入——非限定性收入　　29 000

　　贷：非限定性净资产　　29 000

借：限定性净资产　　271 000

　　贷：业务活动成本——限定性费用　　271 000

【例 6 –5】2026 年 5 月 10 日，某民间非营利组织与 C 企业签订了一份捐赠协议。协议规定，C 企业将向该民间非营利组织转款 1 000 000 元，成立一项公益基金，款项将在协议签订后的 10 个工作日内汇至该民间非营利组织银行账户，基金的利息用于所在城市孤儿的助学项目，未经 C 企业允许不得动用基金本金。2026 年 5 月 16 日，该民间非营利组织收到了 C 企业捐赠的款项 1 000 000 元。假定自 2026 年 5 月 16 日至 2026 年 12 月 31 日该民间非营利组织共收到此项基金的存款利息 21 000 元。该民间非营利组织的账务处理如下：

① 2026 年 5 月 10 日，签订了一份捐赠协议，不满足捐赠收入的确认

条件，无须编制会计分录。

② 2026 年 5 月 16 日，该民间非营利组织收到 C 企业捐赠，按照收到的捐款金额，确认捐赠收入。

借：银行存款　　　　　　　　　　　　　　　1 000 000

　　贷：捐赠收入——限定性收入　　　　　　　　　1 000 000

③ 2026 年 5 月 16 日至 2026 年 12 月 31 日，该民间非营利组织共收到此项基金的存款利息，按照实际收到的利息金额，确认利息收入。

借：银行存款　　　　　　　　　　　　　　　21 000

　　贷：其他收入——限定性收入　　　　　　　　　21 000

【例 6－6】2026 年 3 月 1 日，某民间非营利组织与 D 公司签订了一份捐赠协议。协议规定，D 公司向该民间非营利组织捐赠 150 000 元，用于该民间非营利组织援建农村文化活动室，款项将在协议签订后的 10 日内汇至该民间非营利组织银行账户，该民间非营利组织在收到款项后的 2 个月内需提供等额的配套资金 150 000 元。如果该民间非营利组织未能在 2 个月内足额地提供配套资金，D 公司有权要求该民间非营利组织偿还 150 000 元捐赠款项。根据此协议，2026 年 3 月 11 日，该民间非营利组织收到了 D 公司捐赠的款项 150 000 元。当日，该民间非营利组织认为提供项目配套资金不存在任何问题。假定截至 2026 年 5 月 11 日，该民间非营利组织因单位内部管理不善，未能按照协议规定提供 150 000 元配套资金，D 公司要求其偿还 150 000 元捐赠款项。

根据上述业务，该民间非营利组织的账务处理如下：

① 2026 年 3 月 1 日，该民间非营利组织与 D 公司签订了一份捐赠协议，不编制会计分录。

② 2026 年 3 月 11 日，该民间非营利组织收到了 D 公司捐赠的款项 150 000 元并认为提供项目配套资金不存在任何问题，收到的捐赠满足收入确认条件，应当按照收到的捐款金额入账。

借：银行存款　　　　150 000

　　贷：捐赠收入——限定性收入　　　　150 000

③ 截至 2026 年 5 月 11 日，该民间非营利组织因单位内部管理不善，未能按照协议规定提供配套资金，按照应偿还的金额确认负债和费用。

借：管理费用　　　　150 000

　　贷：其他应付款——D 公司　　　　150 000

【例 6－7】 2026 年 12 月 1 日，某民间非营利组织与 E 公司签订了一份捐赠协议。协议规定，为支持其开展公益事业，E 公司决定向该民间非营利组织捐赠 1 800 000 元，对捐赠的资金无任何用途和时间限制。2026 年 12 月 11 日，民间非营利组织收到捐款 1 800 000 元。该民间非营利组织的账务处理如下：

① 2026 年 12 月 1 日，该民间非营利组织与 E 公司签订一份捐赠协议，不编制会计分录。

② 2026 年 12 月 11 日，该民间非营利组织收到捐款，捐赠者对捐赠的资金无任何用途和时间限制。

借：银行存款　　　　1 800 000

　　贷：捐赠收入——非限定性收入　　　　1 800 000

③ 2026 年 12 月 31 日，该民间非营利组织期末结转，假设当期“捐赠收入——非限定性收入”科目的账面余额为 1 800 000 元。

借：捐赠收入——非限定性收入　　　　1 800 000

　　贷：非限定性净资产　　　　1 800 000

第四节　会费收入

一、会费收入的概念

《民间非营利组织会计制度》规定，会费收入是指民间非营利组织根据章程等的规定向会员收取的会费。一般情况下，民间非营利组织的会费收入为非限定性收入，除非相关资产提供者对资产的使用设置了限制。

在实务中，民间非营利组织的会费收入通常属于非交换交易收入。

二、会费收入的会计处理

（一）会计科目的设置

《民间非营利组织会计制度》规定，为了核算其根据章程等的规定向会员收取的会费收入，民间非营利组织应当设置“会费收入”科目。一般情况下，民间非营利组织的会费收入为非限定性收入，如果存在限定性会费收入，则应当在本科目设置“非限定性收入”“限定性收入”明细科目，进行明细核算。同时，民间非营利组织还应当按照会费种类（如团体会费、个人会费等），在“非限定性收入”或“限定性收入”科目下设置明细科目，进行明细核算。

“会费收入”科目的贷方反映当期会费收入的实际发生额。在会计期末，应当将“会费收入”科目中“非限定性收入”明细科目当期贷方发生额转入“非限定性净资产”科目，将“会费收入”科目中“限定性收入”明细科目当期贷方发生额转入“限定性净资产”科目。期末结转后，“会费收入”科目应无余额。

（二）主要账务处理

《民间非营利组织会计制度》规定，民间非营利组织应当在满足规定的收入确认条件时确认会费收入。

1. 向会员收取会费，在满足收入确认条件时，借记“现金”“银行存款”“应收账款”等科目，贷记“会费收入”科目“非限定性收入”明细科目；如果存在限定性会费收入，应当贷记“会费收入”科目“限定性收入”明细科目。

2. 期末，将“会费收入”科目的余额转入非限定性净资产，借记“会费收入”科目“非限定性收入”明细科目，贷记“非限定性净资产”科目；如果存在限定性会费收入，则将其金额转入限定性净资产，借记“会费收入”科目“限定性收入”科目，贷记“限定性净资产”科目。

（三）主要会计事项举例

【例 6－8】某社会团体按照会员代表大会通过的会费收缴办法的规定，该社会团体的各单位会员应当缴纳年度会费 10 000 元，个人会员应当每年缴纳 100 元会费，每年度会费应当在当年度 1 月 1 日至 12 月 31 日缴纳；连续两年不能按时缴纳会费的会员，自动取消会员资格。该社会团体可以将会费收入用于符合其章程中规定的宗旨所指的各项活动。假设 2026 年 12 月，该社会团体收到单位会费 210 000 元（均以银行转账支付，全部为当年会费），个人会费 8 000 元（均以现金方式缴纳，部分个人会员缴纳了两年的会费，其中缴纳 2026 年会费 5 000 元，2027 年会费 3 000 元）。该民间非营利组织的账务处理如下：

① 2026 年 12 月，收到单位会员会费。

借：银行存款　　210 000

　　贷：会费收入——非限定性收入——团体会费　　210 000

② 收到个人会员会费。

借：现金　　8 000

　　贷：会费收入——非限定性收入——个人会费　　5 000

　　　　预收账款——个人会费　　3 000

③ 期末结转。

借：会费收入——非限定性收入——团体会费　　210 000

　　　　　　　　　　　　　　——个人会费　　5 000

　　贷：非限定性净资产　　215 000

第五节　政府补助收入

一、政府补助收入的概念

《民间非营利组织会计制度》规定，民间非营利组织的政府补助收入是指民间非营利组织因为政府拨款或者政府机构给予的补助而取得的收入。民间非营利组织的政府补助收入应当视相关资产提供者对资产的使用是否设置了限制，分为限定性收入和非限定性收入进行核算。

与捐赠收入一样，政府补助收入是无偿的，不需要向政府支付商品或服务等对价，也属于非交换交易收入。因此，政府补助收入与捐赠收入的会计处理基本上是一致的。

需要说明的是，在实务中，不少政府部门为了支持民间非营利组织的发展，向民间非营利组织提供资金用于某些项目的研究活动，而民间非营利组织需要将研究成果提交给政府部门，或者是政府部门向民间非营利组织定期提供一定的资金，而民间非营利组织则需要向政府部门或公众提供一定的日常服务。这种情况通常被称为“购买服务”。如果政府部门所提供资金与民间非营利组织所提供研究成果或服务等是等值或基本等值的，那么此项交易属于交换交易，该项收入是民间非营利组织承接政府购买服务取得的收入，而不是政府补助。

二、政府补助收入的会计处理

（一）会计科目的设置

《民间非营利组织会计制度》规定，民间非营利组织为了核算其因为政府拨款或者政府机构给予的补助而取得的收入，应当设置“政府补助收入”科目；并且，应当按照政府补助收入是否存在限制，在“政府补助收入”科目下设置“限定性收入”和“非限定性收入”明细科目，分别核算限定性政府补助收入和非限定性政府补助收入。如果民间非营利组织存在多个政府补助项目，还可以结合具体情况，在“限定性收入”和“非限定性收入”明细科目下按照政府补助项目的类别而设置相应的明细科目，以满足核算的需要。

“政府补助收入”科目的贷方反映当期政府补助收入的实际发生额。在会计期末，应当将“政府补助收入”科目中“非限定性收入”明细科目当期贷方发生额转入“非限定性净资产”科目，将“政府补助收入”科目中“限定性收入”明细科目当期贷方发生额转入“限定性净资产”科目。期末结转后该科目应无余额。

（二）主要账务处理

《民间非营利组织会计制度》规定，民间非营利组织应当在满足规定的收入确认条件时确认政府补助收入。

1. 接受的政府补助，按照应确认的金额，借记“现金”“银行存款”等科目，贷记“政府补助收入”科目“限定性收入”或“非限定性收入”明细科目。

对于接受的附条件政府补助，如果因民间非营利组织自身原因存在需要偿还全部或部分政府补助资产或者相应金额的现时义务时（比如因民非组织自身原因无法满足政府补助所附条件而必须退还部分政府补助时），按照需要偿还的金额，借记“管理费用”科目，贷记“其他应付款”等科目。

2. 如果限定性政府补助收入的限制在确认收入的当期得以完全解除，应当将其转为非限定性政府补助收入，借记“政府补助收入”科目“限定性收入”明细科目，贷记“政府补助收入”科目“非限定性收入”明细科目。

3. 期末，将“政府补助收入”科目各明细科目的余额分别转入限定性净资产和非限定性净资产，借记“政府补助收入”科目“限定性收入”

明细科目，贷记“限定性净资产”科目；借记“政府补助收入”科目“非限定性收入”明细科目，贷记“非限定性净资产”科目。

（三）主要会计事项举例

【例 6－9】2026 年 2 月 1 日，某市政府部门支付给某民间非营利组织 500 000 元，并转入该民间非营利组织的银行账户，作为其开展环保项目研究的补助经费，研究成果归该民间非营利组织所有。

2026 年 2 月 1 日，收到政府补助的账务处理如下：

借：银行存款　　500 000
　贷：政府补助收入——限定性收入　　500 000

【例 6－10】某民间非营利组织期末“政府补助收入”科目的账面余额为 700 000 元，其中“限定性收入”明细科目的账面余额为 300 000 元，“非限定性收入”明细科目的账面余额为 400 000 元。

期末，将“政府补助收入”科目各明细科目的余额分别转入限定性净资产和非限定性净资产，账务处理如下：

借：政府补助收入——限定性收入　　300 000
　贷：限定性净资产　　300 000
借：政府补助收入——非限定性收入　　400 000
　贷：非限定性净资产　　400 000

第六节　提供服务收入

一、提供服务收入的概念和确认

（一）提供服务收入的概念

《民间非营利组织会计制度》规定，提供服务收入是指民间非营利组织根据章程等的规定向其服务对象提供服务取得的收入，包括学费收入、医疗费收入、培训收入、承接政府购买服务收入等，又称提供劳务收入。

提供服务收入通常属于交换交易收入。

（二）提供服务收入的确认

对于因交换交易所形成的提供服务收入，应当按以下规定予以确认：

1. 在同一会计年度内开始并完成的劳务，应当在完成劳务时确认收入。

这种情况下，提供服务收入的确认较为简单。尤其是对于一次性提供的会议、培训等服务，通常在协议中已经规定了提供服务的具体时间。

2. 如果劳务的开始和完成分属不同的会计年度，可以按完工进度或完成的工作量确认收入。

由于这种情况下提供服务收入的确认较为复杂，相关服务交易还应当同时满足以下两项条件，才能确认收入：

第一，劳务收入和成本能够可靠地计量。

劳务收入和成本能够可靠计量，是确认提供服务收入的前提。劳务收入通常已经在劳务合同或协议中有明确约定。劳务成本则是指完成合同的所有耗费。

第二，与交易相关的经济利益很可能流入民间非营利组织。

在提供劳务的交易中，与交易相关的经济利益主要为劳务合同中规定的交易价款。如果相关价款预计不能收回，即使劳务收入和成本的金额能够可靠计量，也不能确认提供服务收入。

如果以上这些确认条件不能同时满足，例如，无法可靠估计劳务成本、无法可靠确定完工进度、经济利益预计只能部分收回等，这时，应当将已经发生的劳务成本全部结转为当期费用，同时按照劳务成本中能够得到补偿的金额确认提供服务收入。

二、提供服务收入的计量

提供服务收入应当按照民间非营利组织与接受服务方签订的合同或协议的金额确定。与销售商品交易一样，现金折扣应当在实际发生时确认为当期筹资费用。

在同一会计年度内开始并完成的劳务，应当在完成劳务时，按照合同或协议规定的总金额确认和计量收入。

如果劳务的开始和完成分属不同的会计年度，可以按完工进度或完成的工作量确认和计量收入。计算公式如下：

本年应确认的收入 = 劳务总收入 × 本年末止劳务的完成程度 − 以前年度已确认的收入

本年应确认的费用 = 劳务总成本 × 本年末止劳务的完成程度 − 以前年度已确认的费用

第一，公式中的劳务总收入，即合同总收入，一般根据双方签订的合同或协议注明的交易总金额确定。随着劳务的不断提供，可能会根据实际情况增加或减少交易总金额，民间非营利组织应及时调整合同总收入。

第二，公式中的劳务总成本是指至资产负债表日止已经发生的成本和完成劳务将要发生的成本。民间非营利组织应建立完善的内部成本核算制度和有效的内部财务预算及报告制度，准确提供每期发生的成本，并对完成剩余劳务将要发生的成本做出科学、可靠的估计。

第三，公式中的劳务的完成程度，即完工进度或完成的工作量，可以采用以下方法确定：

（1）已完成工作的测量。是指对已经完成的工作或工程进行专业测量，并按一定方法计算劳务的完成程度。

（2）已经提供的劳务占应提供劳务总量的比例。这种方法主要以劳务量为标准确定劳务的完成程度。

(3) 已经发生的成本占估计总成本的比例。

三、提供服务收入的会计处理

(一) 会计科目的设置

《民间非营利组织会计制度》规定，为了核算其根据章程等的规定向其服务对象提供服务取得的收入，民间非营利组织应当设置“提供服务收入”科目。一般情况下，提供服务收入为非限定性收入，除非相关资产提供者对资产的使用设置了限制。为此，民间非营利组织应当视具体情况在“提供服务收入”科目下设置“限定性收入”和“非限定性收入”明细科目分别核算。同时，民间非营利组织还应当按照提供服务的种类在“限定性收入”和“非限定性收入”明细科目下设置明细科目，进行明细核算。

“提供服务收入”科目的贷方反映当期提供服务收入的实际发生额。在会计期末，应当将“提供服务收入”科目余额转入净资产。即将“提供服务收入”科目中“非限定性收入”明细科目当期贷方发生额转入“非限定性净资产”科目；如果存在限定性提供服务收入，则应当将“提供服务收入”科目中“限定性收入”明细科目当期贷方发生额转入“限定性净资产”科目。期末结转后，“提供服务收入”科目应无余额。

(二) 主要账务处理

《民间非营利组织会计制度》规定，民间非营利组织应当在满足规定的收入确认条件时确认提供服务收入。

1. 提供服务取得收入时，按照实际收到或应当收取的价款，借记“现金”“银行存款”“应收账款”等科目，按照应当确认的提供服务收入金额，贷记“提供服务收入”科目，按照预收的价款，贷记“预收账款”科目。在以后期间确认提供服务收入时，借记“预收账款”科目，贷记

“提供服务收入”科目“非限定性收入”明细科目，如果存在限定性提供服务收入，应当贷记“提供服务收入”科目“限定性收入”明细科目。

需要说明的是，民间非营利组织承接政府购买服务属于交换交易，取得的相关收入应当记入“提供服务收入”等收入类科目，不应当记入“政府补助收入”科目。

2. 在会计期末，将“提供服务收入”科目的余额转入非限定性净资产，借记“提供服务收入”科目“非限定性收入”明细科目，贷记“非限定性净资产”科目。如果存在限定性提供服务收入，则将其金额转入限定性净资产，借记“提供服务收入”科目“限定性收入”明细科目，贷记“限定性净资产”科目。

（三）主要会计事项举例

【例 6－11】2026 年 6 月，某民间非营利组织承接市政府购买服务，对 200 名消防员进行安全救助轮流培训，预计培训班每期 4 天、举办 3 期，培训结束后政府当月以银行转账方式，支付培训费用 120 000 元。该民间非营利组织的账务处理如下：

借：银行存款　　　　120 000

　　贷：提供劳务收入——非限定性收入　　　　120 000

【例 6－12】某民间非营利组织接受交通运输公司委托，2026 年 6—7 月对其企业职工 150 人分批进行应急救护培训。2026 年 5 月 25 日，参加培训的人员交来的现金 50 000 元，5 月 26 日将收到的全部培训费 50 000 元存入银行。该民间非营利组织 2026 年 6 月培训了 90 人，7 月培训了 60 人。根据上述业务，该民间非营利组织的账务处理如下：

① 2026 年 5 月 25 日，参训人员用现金交来培训费。

借：现金　　　　50 000

　　贷：预收账款　　　　50 000

② 2026 年 5 月 26 日将收到的现金存入银行。

借：银行存款　　　　　　　　　　　　　　　　　50 000

　　贷：现金　　　　　　　　　　　　　　　　　　50 000

③ 培训 2026 年 6 月开始，7 月底结束。根据培训工作完成情况，6 月完成总培训任务的 3/5，那么确定 6 月提供劳务收入 = 50 000 × 3/5 = 30 000（元）。

借：预收账款　　　　　　　　　　　　　　　　　30 000

　　贷：提供服务收入——非限定性收入　　　　　　　30 000

确定 7 月提供劳务收入 = 50 000 × 2/5 = 20 000（元）

借：预收账款　　　　　　　　　　　　　　　　　20 000

　　贷：提供服务收入——非限定性收入　　　　　　　20 000

【例 6－13】 2026 年 11 月 2 日，某民间非营利组织发出举办养老护理培训班的通知，将于 2026 年 12 月 18 日至 19 日举办养老护理培训班，培训费用为每人 450 元（含书款 50 元，该书成本 40 元），报名和款项缴纳截止时间为 2026 年 11 月 30 日。2026 年 11 月 30 日，共有 180 人报名并现场用现金缴纳了培训费。2026 年 12 月 18 日至 19 日如期举办了养老护理培训班，报名的 180 人均参加了培训。

根据上述业务，该民间非营利组织的账务处理如下：

① 2019 年 11 月 30 日，收到报名参训人员用现金交纳的培训费（含书款）。

借：现金　　　　　　　　　　　　　　　　　　　72 000

　　贷：预收账款　　　　　　　　　　　　　　　　72 000

借：现金　　　　　　　　　　　　　　　　　　　9 000

　　贷：商品销售收入——非限定性收入　　　　　　　9 000

借：业务活动成本——非限定性费用（商品销售成本）　7 200

　　贷：存货——培训用书　　　　　　　　　　　　　7 200

② 2026 年 12 月 19 日，培训完成确认收入。

借：预收账款　　72 000

　　贷：提供服务收入——非限定性收入　　72 000

第七节　商品销售收入

一、商品销售收入的概念和确认

（一）商品销售收入的概念

《民间非营利组织会计制度》规定，商品销售收入是指民间非营利组织销售商品等所形成的收入。例如，出售报刊、图书等出版物，出售外购或自制的药品等，都属于商品销售的范畴。

销售商品收入通常为交换交易收入。

（二）商品销售收入的确认

对于因交换交易所形成的商品销售收入，应当在下列条件同时满足时予以确认：

第一，已将商品所有权上的主要风险和报酬转移给购货方；

第二，既没有保留通常与所有权相联系的继续管理权，也没有对已售出的商品实施控制；

第三，与交易相关的经济利益能够流入民间非营利组织；

第四，相关的收入和成本能够可靠地计量。

民间非营利组织在确认收入时，应当根据上述确认条件，具体分析销售交易的实质。例如，民间非营利组织在确认商品销售收入时，不能仅以商品是否已经发出为依据，还要判断商品所有权上的主要风险和报酬是否转移给了购买方；不能只是关注是否已取得收取价款的权利，还要分析判断商品的价款能否收回，相关的经济利益能否流入本组织。只有同时满足上述四项条件，才能确认收入，否则即使已经发出商品，或即使已经收到价款，也不能确认收入。具体说明如下：

第一，已将商品所有权上的主要风险和报酬转移给购货方。

商品所有权上的风险和报酬转移给了购货方，是指风险和报酬均转移给了购货方。当一项商品发生的任何损失均不需要销货方承担，带来的经济利益也不归销货方，则意味着该商品所有权上的风险和报酬已从该销货方移出。

判断一项商品所有权上的主要风险和报酬是否已转移给买方需要关注交易的实质而不是形式。通常，所有权凭证的转移或实物的交付是需要考虑的重要因素。

（1）商品所有权凭证的转移或实物交付后，商品所有权上的主要风险和报酬也随之转移，如大多数零售交易。

（2）商品所有权凭证的转移或实物交付后，商品所有权上的主要风险和报酬并未随之转移。实务中，可能有以下情况：

① 销售的商品在质量、品种、规格等方面不符合合同规定的要求，又未根据正常的保证条款予以弥补，因而仍负有责任。

② 销售商品的收入是否能够取得，取决于代售方或寄销方是否已将商品销售出去。

代销或寄销的特点是受托方只是一个代理商，委托方将商品发出后，所有权并未转移给受托方，从而所有权上的风险和报酬仍在委托方。只有当受托方将商品售出后，商品所有权上的风险和报酬才从委托方转移出去。因此，在代销或寄销情况下，委托方应在受托方售出商品，并取得受托方提供的代销清单时确认收入。

③ 尚未完成售出商品的安装或检验工作，且此项安装或检验任务是销售合同的重要组成部分。

④ 销售合同中规定了由于特定原因买方有权退货的条款，而又不能确定退货的可能性。

简言之，商品所有权上的主要风险和报酬必须转移给购货方才有可能确认收入。需要注意的是，如果民间非营利组织只保留所有权上的次要风险，且符合销售商品收入确认的其他三项条件，则相应的收入应予确认。

第二，既没有保留通常与所有权相联系的继续管理权，也没有对已售出的商品实施控制。

如果商品售出后，民间非营利组织仍保留有与该商品的所有权相联系的继续管理权或仍对售出的商品可以实施控制，则说明此项销售商品交易没有完成，销售不能成立，不能确认收入。

第三，与交易相关的经济利益很可能流入民间非营利组织。

与商品销售相关的经济利益主要表现为销售商品的价款。销售商品的价款能否有把握收回是收入确认的一个重要条件，民间非营利组织在销售商品时如估计价款收回的可能性不大，则不应当确认收入，即使收入确认的其他条件均已满足。民间非营利组织销售商品的价款能否收回，主要根据以前和买方交往的直接经验，或从其他方面取得的信息，或政府的有关政策等进行判断。条件中所指“很可能”，是指价款收回的可能性大于不能收回的可能性，即认为价款能够收回。

在实务中，民间非营利组织售出的商品符合合同或协议规定的要求，并已将发票账单交付买方，买方也承诺付款，即通常表明销售商品的价款能够收回。如果民间非营利组织做出价款不能收回的判断，应提供可靠的证据。

第四，相关的收入和成本能够可靠地计量。

收入能否可靠地计量，是确认收入的基本前提。民间非营利组织在销售商品时，售价通常已经确定。根据收入和费用配比原则，与同一项销售有关的收入和成本应在同一会计期间予以确认。因此，成本不能可靠计量，相关的收入也不能确认。

二、商品销售收入的计量

销售商品收入应当按照民间非营利组织与购货方签订的合同或协议金额或双方接受的金额确定。没有合同或协议的，应当按照购销双方都同意或都能接受的价格确定。

同时，销售商品时经常会遇到现金折扣、销售折让和销售退回等问题。《民间非营利组织会计制度》规定，对于现金折扣，应当采用全额法处理，即在确定销售商品收入金额时，不考虑各种预计可能发生的现金折扣；相关的现金折扣应当在实际发生时，直接计入发生当期筹资费用。对于销售折让，应当在实际发生时直接从发生当期实现的商品销售收入中抵减。对于销售退回，应当分情况处理：对于未确认收入的已发出商品的退回，不需要调整销售收入和销售成本；对于已确认收入的销售商品退回，一般情况下直接冲减退回当期的商品销售收入、商品销售成本等，但属于资产负债表日后事项的销售退回，应当调整报告期间会计报表的相关项目。资产负债表日后事项的会计处理参见第九章第五节。

1. 现金折扣

现金折扣是指民间非营利组织为了尽快回笼资金而发生的理财费用。现金折扣通常发生在以赊销方式销售商品及提供劳务的交易中。售货方为了鼓励客户提前偿付货款，通常与债务人达成协议，债务人在不同的期限内付款可享受不同比例的折扣。现金折扣一般用符号“折扣/付款期限”表示。例如，符号“2/10”表示买方如果在10天内付款可按售价享受2%的折扣；符号“1/20”表示在20天内付款可按售价享受1%的折扣；符号“n/30”表示在30天内付款，则没有折扣。

民间非营利组织在商品交易中还会发生另一种折扣，即商业折扣，商业折扣是指单位为促进销售而在商品标价上给予的扣除。例如，售货方为鼓励买主购买更多的商品而规定购买10件以上者给予10%的折扣，或买主每买10件送1件；再如，为尽快出售一些残次、陈旧、冷背的商品而进行降价销售，降低的价格也属于商业折扣。

现金折扣与商业折扣相比，主要有两点区别：第一，目的不同。现金折扣是为鼓励客户提前付款而给予的债务扣除；商业折扣是为促进销售而给予的价格扣除。第二，发生折扣的时间不同。现金折扣在商品销售后发生，售货方在确认销售收入时不能确定相关的现金折扣，销售后现金折扣是否发生应视买方的付款情况而定；而商业折扣在销售时即已发生，在销售实现时，只要按扣除商业折扣后的净额确认销售收入即可，不需要另作账务处理。

2. 销售折让

销售折让是指在商品销售时直接给予购买方的折让。民间非营利组织将商品销售给买方后，如买方发现商品在质量、规格等方面不符合要求，可能要求卖方在价格上给予一定的减让。广义上的销售折让可能发生在单位确认收入之前，也可能发生在单位确认收入之后。发生在收入确认之前的销售折让，其处理相当于商业折扣。这里所指的销售折让是指收入确认之后发生的折让。

3. 销售退回

销售退回是指民间非营利组织售出的商品，由于质量、品种不符合要求等原因而发生的退货。

三、商品销售收入的会计处理

（一）会计科目的设置

《民间非营利组织会计制度》规定，为核算其销售商品（如出版物、药品）等所形成的收入，民间非营利组织应当设置“商品销售收入”科目。一般情况下，商品销售收入为非限定性收入，除非相关资产提供者对资产的使用设置了限制。为此，民间非营利组织应当视具体情况在“商品销售收入”科目下设置“限定性收入”和“非限定性收入”明细科目分别核算。同时，民间非营利组织还应当按照商品的种类在“限定性收入”和“非限定性收入”明细科目下设置三级明细科目，进行明细核算。

“商品销售收入”科目的贷方反映当期商品销售收入的实际发生额。在会计期末，应当将“商品销售收入”科目余额转入净资产。即将“商品销售收入”科目中“非限定性收入”明细科目当期贷方发生额转入“非限定性净资产”科目；如果存在限定性商品销售收入，则应当将“商品销售收入”科目中“限定性收入”明细科目当期贷方发生额转入“限定性净资产”科目。期末结转后该科目应无余额。

（二）主要账务处理

《民间非营利组织会计制度》规定，民间非营利组织应当在满足规定的收入确认条件时确认商品销售收入。

1. 销售商品取得收入时，按照实际收到或应当收取的价款，借记“现金”“银行存款”“应收票据”“应收账款”等科目，按照应当确认的商品销售收入金额，贷记“商品销售收入”科目“非限定性收入”明细科目（如果存在限定性商品销售收入，应当贷记“商品销售收入”科目“限定性收入”明细科目），按照预收的价款，贷记“预收账款”科目。在以后期间确认商品销售收入时，借记“预收账款”科目，贷记“商品销售收入”科目“非限定性收入”明细科目，如果存在限定性商品销售收入，应当贷记“商品销售收入”科目“限定性收入”明细科目。

2. 销售退回应当按不同情况分别处理

（1）未确认收入的已发出商品的退回，不需要调整商品销售收入、商品销售成本，不需要进行会计处理。

（2）已确认收入的销售商品退回，一般情况下直接冲减退回当月的商品销售收入、商品销售成本。按照应当冲减的商品销售收入，借记“商品销售收入”或其相关明细科目，按照已收或应收的金额，贷记“银行存款”“应收账款”“应收票据”等科目，按照退回商品的成本，借记“存货”科目，贷记“业务活动成本”科目。

如果该项销售发生现金折扣，应当在退回当月一并处理，将原确认的现金折扣用红字冲销。

（3）报告期间资产负债表日至财务会计报告批准报出日之间发生的报告期间或以前期间的销售退回，应当作为资产负债表日后事项的调整事项处理，调整报告期间会计报表的相关项目：按照应冲减的商品销售收入，借记“非限定性净资产”科目（如果所调整收入属于限定性收入，应当借记“限定性净资产”科目），按照已收或应收的金额，贷记“银行存款”“应收账款”“应收票据”等科目；按照退回商品的成本，借记“存货”科目，贷记“非限定性净资产”科目（如果所调整费用属于限定性费用，应当贷记“限定性净资产”科目）。

如果该项销售已发生现金折扣，应当一并处理，按照原确认的现金折扣金额，借记“银行存款”等科目，贷记“非限定性净资产”或“限定性净资产”科目。

3. 现金折扣在实际发生时直接计入当期筹资费用。按照实际收到的金额，借记“银行存款”等科目，按照应给予的现金折扣，借记“筹资费用”科目，按照应收的账款，贷记“应收账款”“应收票据”等科目。

购买方实际获得的现金折扣，冲减取得当期的筹资费用：按照应付的账款，借记“应付账款”“应付票据”等科目，按照实际获得的现金折扣，贷记“筹资费用”科目，按照实际支付的价款，贷记“银行存款”等科目。

4. 销售折让应当在实际发生时直接从当期实现的销售收入中抵减。

5. 期末，将“商品销售收入”科目的余额转入非限定性净资产，借记“商品销售收入”科目，贷记“非限定性净资产”科目。如果存在限定性商品销售收入，则将其金额转入限定性净资产，借记“商品销售收入”科目“限定性收入”明细科目，贷记“限定性净资产”科目。

（三）主要会计事项举例

除非特别指明，下面案例中的各项商品销售收入均为非限定性收入。

【例 6 – 14】 2026 年 12 月 19 日，某民间非营利组织向 F 公司销售库存商品 100 件，售价为 32 000 元，款项尚未收到。销售的该批商品成本为 26 000 元。

根据上述业务，民间非营利组织账务处理如下：

借：应收账款——F 公司　　32 000

　　贷：商品销售收入——非限定性收入　　32 000

借：业务活动成本——非限定性费用（商品销售成本）

　　26 000

　　贷：存货——库存商品　　26 000

12 月 31 日，收入、费用结转：

借：商品销售收入——非限定性收入　　32 000

　　贷：非限定性净资产　　32 000

借：非限定性净资产　　26 000

　　贷：业务活动成本——非限定性费用（商品销售成本）

　　26 000

【例 6 – 15】 承【例 6 – 14】假如购买方收到商品后发现其中 10 件有破损，要求退货。该民间非营利组织同意了其要求，并于 2026 年 12 月 21 日办理退货手续。

根据上述业务，12 月 21 日办理退货后，直接冲减 12 月 19 日的商品销售收入及成本，账务处理如下：

借：商品销售收入——非限定性收入　　3 200
　　贷：应收账款——F 公司　　3 200
借：存货——库存商品　　2 600
　　贷：业务活动成本——非限定性费用（商品销售成本）
　　　　2 600

【例 6－16】 承【例 6－14】如果该民间非营利组织为尽快回笼资金在合同中规定了现金折扣条件为 2/10、1/20、N/30。如果购买方 2026 年 12 月 28 日付款。根据上述业务，相关账务处理如下：

① 购买方可以享受 2% 的现金折扣，即 32 000 × 2% ＝640（元）。

借：银行存款　　31 360
　　筹资费用　　640
　　贷：应收账款——F 公司　　32 000

② 如果购货商于 2027 年 1 月 7 日（20 日内）付款，购买方可以享受 1% 的现金折扣，即 32 000 × 1% ＝320（元）。

借：银行存款　　31 680
　　筹资费用　　320
　　贷：应收账款——F 公司　　32 000

③ 如果购货商于 2027 年 1 月 16 日（20 日后）付款。

借：银行存款　　32 000
　　贷：应收账款——F 公司　　32 000

【例 6－17】 承【例 6－14】2026 年 12 月 19 日当日，购买方在购买商品时考虑到此商品更新快、易损耗，要求给予部分折让。该民间非营利组织同意购买方要求，经双方协商折让为 3%。

根据上述业务，销售折让为 32 000 × 3% ＝960（元），账务处理如下：

借：应收账款——F 公司　　31 040
　　贷：商品销售收入——非限定性收入　　31 040

借：业务活动成本——非限定性费用（商品销售成本）

26 000

贷：存货——库存商品 26 000

【例6-18】某民间非营利组织在2026年11月1日销售一批商品，价款共计50 000元，商品成本为44 000元，买方G企业已于当日将款项转入该民间非营利组织的银行账户。2026年11月11日，该民间非营利组织将商品交付给了G企业。2026年11月15日，G企业发现商品质量欠佳，要求在价格上给予3%的折让，该民间非营利组织同意给予折让并于当日将款项转入G企业的银行账户，假定暂不考虑其他因素和税费问题。

①2026年11月1日，该民间非营利组织虽然收到了款项，但由于尚未将商品交付给G企业，商品所有权的主要风险和报酬尚未转移给G企业，因此，不能确认销售收入和有关销售成本。

借：银行存款 50 000

贷：预收账款——G企业 50 000

②2026年11月11日，将商品交付给G企业，若不考虑其他因素，这时即能认定满足商品销售收入确认的四项条件，按照实际已收取的款项，确认销售收入，同时结转商品成本。

借：预收账款——G企业 50 000

贷：商品销售收入——非限定性收入 50 000

借：业务活动成本——非限定性费用（商品销售成本）

44 000

贷：存货——××商品 44 000

③2026年11月15日，实际发生销售折让1 500元（50 000×3%）时，按照实际发生的金额冲减发生当期的销售收入。

借：商品销售收入——非限定性收入 1 500

贷：银行存款 1 500

【例 6－19】某民间非营利组织 2026 年 12 月 3 日销售 1 000 件商品，单价为 100 元，单位成本为 80 元，民间非营利组织已于当日将商品交付给购买方 H 公司，款项尚未收到。该民间非营利组织为了及早收回货款，在合同中规定现金折扣的条件为 2/10，1/20，n/30。2026 年 12 月 20 日，因商品质量原因 H 公司退回 50 件商品，并通过银行转账于当日支付了 950 件商品的货款。2027 年 1 月 6 日，因商品质量原因 H 公司再次退回了 10 件商品，该民间非营利组织同意退回相应款项，但尚未支付。假设不考虑其他因素及税费。该民间非营利组织的财务会计报告批准报出日为每年 3 月 31 日。

根据上述业务，该民间非营利组织的账务处理如下：

① 2026 年 12 月 3 日销售 1 000 件商品，按照不考虑现金折扣的金额，确认销售收入并结转商品成本。

借：应收账款——H 公司　　100 000

　　贷：商品销售收入——非限定性收入　　100 000

借：业务活动成本——非限定性费用（商品销售成本）

　　80 000

　　贷：存货——××商品　　80 000

② 2026 年 12 月 20 日，因商品质量原因 H 公司退回 50 件商品，该民间非营利组织按照实际发生的销售退回，冲减退回当月的销售收入和销售。

借：商品销售收入——非限定性收入　　5 000

　　贷：应收账款——H 公司　　5 000

借：存货——××商品　　4 000

　　贷：业务活动成本——非限定性费用（商品销售成本）

　　4 000

③ 2026 年 12 月 20 日，当日收到了 950 件商品的货款，H 公司享受 1%（950 元）现金折扣，按照 H 公司实际支付价款 94 050 元计入银行存款。

借：银行存款　　94 050

　　筹资费用　　950

　　贷：应收账款——H 公司　　95 000

④ 12 月 31 日，结转商品销售收入和业务活动成本。

借：商品销售收入——非限定性收入　　95 000

　　贷：非限定性净资产　　95 000

借：非限定性净资产　　76 000

　　贷：业务活动成本——非限定性费用（商品销售成本）

　　76 000

⑤ 资产负债表日至财务会计报告批准报出日之间发生的销售退回，应当作为资产负债表日后事项的调整事项处理，因此，2027 年 1 月 6 日因商品质量原因 H 公司再次退回了 10 件商品。

借：非限定性净资产　　1 000

　　贷：应付账款——H 公司　　1 000

冲减退回商品已发生的现金折扣：

借：应付账款——H 公司　　10

　　贷：非限定性净资产　　10

转回退回商品成本：

借：存货——× × 商品　　800

　　贷：非限定性净资产　　800

四、特殊情况下的商品销售收入

(一) 代销

代销通常有两种方式：视同买断方式的代销和收取手续费方式的代销。由于民间非营利组织在代销交易中既可能作为委托代销方，也可能作为受托代销方；同时，两种代销方式的会计处理各有特点，民间非营利组织在对代销交易进行核算时应当区别对待。

1. 视同买断方式

视同买断方式，是指由委托方和受托方签订协议，委托方按协议价收取所代销的货款，实际售价可由受托方自定，实际售价与协议价之间的差额归受托方所有的销售方式。这种销售本质上仍是代销，委托方将商品交付给受托方时，商品所有权上的风险和报酬并未转移给受托方，因此，委托方在交付商品时不确认收入，受托方也不作购进商品处理。受托方将商品销售后，应按实际售价确认销售收入，并向委托方开具代销清单。委托方收到代销清单时，再确认销售收入。

作为委托方的民间非营利组织，为了核算委托代销交易，应当在"存货"科目下设置"委托代销商品"明细科目。发出委托代销商品时，借记"存货"科目"委托代销商品"明细科目，贷记"存货"科目"××商品"明细科目。收到受托方的代销清单时，根据代销清单上注明的已销商品货款的实现情况，按应收的款项，借记"应收账款""应收票据"等科目，按实现的商品销售收入，贷记"商品销售收入"科目；同时，结转售出商品的成本，借记"业务活动成本"科目"非限定性费用（商品销售成本）"明细科目，贷记"存货"科目"委托代销商品"明细科目。

作为受托方的民间非营利组织，为了核算受托代销交易，应当在"存货"科目下设置"受托代销商品"明细科目，在"应付账款"科目下设置"受托代销商品款"明细科目。受托代销商品售收入的会计处理，与民间非营利组织一般情况下商品销售收入的会计处理相同。

【例 6－20】 2026 年 7 月 1 日，甲民间非营利组织采用视同买断方式委托乙民间非营利组织销售一批商品，双方协商后确定价格为 38 000 元，商品的成本为 33 000 元。7 月 31 日，乙民间非营利组织以 45 000 万元的价款将全部商品售出，商品已交付给买方，款项尚未收到；当日，甲民间非营利组织收到乙民间非营利组织开来的代销清单，但乙民间非营利组织尚未支付甲民间非营利组织款项。假设不考虑其他因素及税费。

（1）甲民间非营利组织的账务处理如下：

① 2026 年 7 月 1 日，将商品交付给乙民间非营利组织。

借：存货——委托代销商品　　33 000

　　贷：存货——××商品　　33 000

② 2026 年 7 月 31 日，收到乙民间非营利组织开来的代销清单，通常即能认定同时符合销售收入确认的四项条件。

借：应收账款——乙民间非营利组织　　38 000

　　贷：商品销售收入——非限定性收入　　38 000

借：业务活动成本——非限定性费用（商品销售成本）　　33 000

　　贷：存货——委托代销商品　　33 000

（2）乙民间非营利组织的账务处理如下：

① 2026 年 7 月 1 日，收到甲民间非营利组织交付的商品。

借：存货——受托代销商品　　38 000

　　贷：应付账款——受托代销商品款　　38 000

② 2026 年 7 月 31 日，售出受托代销商品，通常即能认定符合销售收入确认的四项条件，按照应收取的价款确认销售收入，同时结转销售成本。

借：应收账款——××单位或个人　　45 000

　　贷：商品销售收入——非限定性收入　　45 000

借：业务活动成本——非限定性费用（商品销售成本）　　38 000

　　贷：存货——受托代销商品　　38 000

2. 收取手续费方式

收取手续费方式，是指受托方根据所代销的商品数量向委托方收取手续费的销售方式。对受托方来说，收取的手续费实际上是一种劳务收入。这种代销方式与视同买断方式相比，主要特点是：受托方通常应按照委托方规定的价格销售。在收取手续费代销方式下，委托方应在受托方已将商品售出，并向委托方开具代销清单时确认收入；受托方在商品销售后，按应收取的手续费确认收入。

作为委托方的民间非营利组织，发出委托代销商品时，借记“存货”科目“委托代销商品”明细科目，贷记“存货”科目“××商品”明细科目。委托方在收到受托方的代销清单时，根据代销清单上注明的已销商品货款的实际情况，按应收的款项，借记“应收账款”“应收票据”等科目，按实现的商品销售收入，贷记“商品销售收入”科目；结转售出商品的成本时，借记“业务活动成本”科目“非限定性费用（商品销售成本）”明细科目，贷记“存货——委托代销商品”科目；同时，按应支付的委托代销手续费，借记“业务活动成本”科目“非限定性费用（业务活动费）”明细科目，贷记“应收账款”等科目。

作为受托方的民间非营利组织，在销售实现时，按收到的价款，借记“银行存款”等科目，按应付委托方的代销款项，贷记“应付账款”科目；按应收取的手续费，借记“银行存款”等科目，贷记“提供服务收入”科目。

【例 6－21】 2026 年 3 月 1 日，丙民间非营利组织采用收取手续费方式委托丁民间非营利组织销售一批商品，协议价为 100 000 元，商品成本 75 000 元，丙民间非营利组织按售价的 10% 支付丁民间非营利组织代销手续费，并于当日将商品交付给丁民间非营利组织。2026 年 3 月 30 日，丁民间非营利组织以协议价 100 000 元的价款将全部商品售出，商品已交付给买方，买方已于当日将款项转入丁民间非营利组织的银行账户，丙民间非营利组织收到丁民间非营利组织开来的代销清单。2026 年 4 月 11 日，丙民间非营利组织收到丁民间非营利组织转来的银行存款 90 000 元，双方之间的款项结清。假设不考虑其他因素及税费。

（1）丙民间非营利组织的账务处理如下：

① 2026 年 3 月 1 日，将商品交付给丁民间非营利组织。

借：存货——委托代销商品　　75 000

　　贷：存货——××商品　　75 000

② 2026 年 3 月 30 日，收到丁民间非营利组织开来的代销清单，假定不考虑其他因素，通常即能认定符合销售收入确认的四项条件。

借：应收账款——丁民间非营利组织　　100 000

　　贷：商品销售收入——非限定性收入　　100 000

借：业务活动成本——非限定性费用（商品销售成本）

　　75 000

　　贷：存货——委托代销商品　　75 000

③ 确认应支付给丁民间非营利组织的代销手续费。

借：业务活动成本——非限定性费用（业务活动费）10 000

　　贷：应收账款——丁民间非营利组织　　10 000

④ 2026 年 4 月 11 日，丙民间非营利组织收到丁民间非营利组织转来的银行存款 90 000 元，双方之间的款项结清。

借：银行存款　　90 000

　　贷：应收账款——丁民间非营利组织　　90 000

（2）丁民间非营利组织的账务处理如下：

① 2026 年 3 月 1 日，收到丙民间非营利组织交付的商品。

借：存货——受托代销商品　　100 000

　　贷：应付账款——丙民间非营利组织　　100 000

② 2026 年 3 月 30 日，售出受托代销商品，收到买方的货款。

借：银行存款　　100 000

　　贷：存货——受托代销商品　　100 000

假定不考虑其他因素，通常即能认定同时符合销售收入确认的四项条件，按照协议规定的比例，确认应收取的代销手续费。

借：应付账款——丙民间非营利组织　　10 000

　　贷：提供服务收入——非限定性收入　　10 000

③ 2026 年 4 月 11 日，丁民间非营利组织向丙民间非营利组织银行转款 90 000 元，双方之间的款项结清。

借：应付账款——丙民间非营利组织　　90 000

　　贷：银行存款　　90 000

（二）分期收款销售

分期收款销售是指商品已经交付，但货款分期收回的一种销售方式。分期收款销售的特点是销售商品的价值较大；收款期较长，有的是几年，有的长达几十年；收取货款的风险较大。因此，在分期收款销售方式下，民间非营利组织通常应按照合同约定的收款日期分期确认销售收入。

为了核算分期收款销售交易中已经发出但尚未结转的商品成本，民间非营利组织应当在"存货"科目下设置"分期收款发出商品"明细科目。在发出商品时，按商品的实际成本，借记"存货"科目"分期收款发出商品"明细科目，贷记"存货"科目"××商品"明细科目。在每期销售实现（包括第一次收取货款）时，按本期应收的货款金额，借记"应收账款""银行存款"等科目，按当期实现的销售收入，贷记"商品销售收入"科目。同时，按商品全部销售成本与全部销售收入的比率计算出本期应结转的销售成本，借记"业务活动成本"科目"非限定性费用（商品销售成本）"明细科目，贷记"存货——分期收款发出商品"科目。

（三）不符合收入确认条件的发出商品

除了委托代销商品和分期收款销售商品，还存在民间非营利组织在商品销售交易中已发出商品，但由于不能同时符合销售收入确认的四项条件，因而不能确认销售收入的情况。在这些情况下，为了核算不符合收入确认条件的发出商品成本，民间非营利组织应当在“存货”科目下设置“发出商品”明细科目。此类销售交易的其他会计处理与一般商品销售收入相同。

【例 6 – 22】 2026 年 8 月 1 日，某民间非营利组织对外销售 100 件商品，协议价款为每件 150 元，商品成本为每件 120 元，已于当日将商品交付给买方，买方未支付货款。假定该民间非营利组织在销售当日已知买方存在资金周转困难，可能无法支付部分货款，但为了减少商品库存，仍将商品销售给了买方。2026 年 8 月 20 日，买方因质量原因退回 10 件商品，同时以银行转账的方式支付了 90 件商品的价款。假设不考虑其他因素及税费。

该民间非营利组织的账务处理如下：

① 2026 年 8 月 1 日，对外销售商品，由于买方资金周转困难，可能无法支付部分货款，因此不符合销售收入的确认条件，不能确认销售收入。

借：存货——发出商品　　12 000

　　贷：存货——× ×商品　　12 000

② 2026 年 8 月 20 日，未确认销售收入的商品发生销售退回。

借：存货——× ×商品　　1 200

　　贷：存货——发出商品　　1 200

③ 收到买方支付的款项，若不考虑其他因素，通常即能认定符合销售收入确认条件。

借：银行存款　　13 500

　　贷：商品销售收入——非限定性收入　　13 500

借：业务活动成本——非限定性费用（商品销售成本）

　　10 800

　　贷：存货——发出商品　　10 800

第八节　投资收益

一、投资收益的概念

《民间非营利组织会计制度》规定，投资收益是指民间非营利组织因对外投资取得的投资净损益。民间非营利组织的投资收益通常是交换交易收入。

二、投资收益的会计处理

（一）会计科目的设置

《民间非营利组织会计制度》规定，为了核算其对外投资取得的投资净损益，民间非营利组织应当设置“投资收益”科目。一般情况下，投资收益属于非限定性收入，除非相关资产提供者对资产的使用设置了限制。为此，民间非营利组织可视具体情况在“投资收益”科目下设置“限定性收入”和“非限定性收入”明细科目分别核算。如果民间非营利组织投资大且种类较多，还可以按照投资收益的种类，在“限定性收入”和“非限定性收入”明细科目下设置明细科目，进行明细核算。

“投资收益”科目的贷方反映当期投资净损益的实际发生额。在会计期末，应当将“投资收益”科目的余额转入净资产。即将“投资收益”科目中“非限定性收入”明细科目当期贷方发生额转入“非限定性净资产”科目；如果存在限定性投资收益，则应当将该科目中“限定性收入”明细科目当期贷方发生额转入“限定性净资产”科目。期末结转后，“投资收益”科目应无余额。

（二）主要账务处理

1. 短期投资收益

出售短期投资或到期收回债券本息，按照实际收到的金额，借记“银行存款”科目，按照已计提的减值准备，借记“短期投资跌价准备”科目，按照所出售或收回短期投资的账面余额，贷记“短期投资”科目，按照未领取的现金股利或利息，贷记“其他应收款”科目，按照其差额，借记或贷记“投资收益”科目。

2. 长期股权投资收益

（1）被投资单位宣告发放现金股利或利润时，按照宣告发放的现金股利或利润中属于民间非营利组织应享有的部分，确认当期投资收益，借记“其他应收款”科目，贷记“投资收益”科目。

（2）处置长期股权投资时，按照实际取得的价款，借记“银行存款”等科目，按照已计提的减值准备，借记“长期投资减值准备——长期股权投资减值准备”科目，按照所处置长期股权投资的账面余额，贷记“长期股权投资”科目，按照未领取的现金股利，贷记“其他应收款”科目，按照其差额，借记或贷记“投资收益”科目。

3. 长期债权投资收益

（1）长期债权投资持有期间，应当按照票面价值与票面利率按期计算确认利息收入，如为到期一次还本付息的债券投资，借记“长期债权投资——债券投资（应收利息）”科目，贷记“投资收益”科目；如为分期付息、到期还本的债权投资，借记“其他应收款”科目，贷记“投资收益”科目。

长期债券投资的初始投资成本与债券面值之间的差额，应当在债券存续期间，按照直线法于确认相关债券利息收入时摊销，如初始投资成本高于债券面值，按照应当分摊的金额，借记“投资收益”科目，贷记“长期债权投资”科目，如初始投资成本低于债券面值，按照应当分摊的金额，借记“长期债权投资”科目，贷记“投资收益”科目。

（2）处置长期债权投资时，按照实际取得的价款，借记“银行存款”等科目，按照已计提的减值准备，借记“长期投资减值准备——长期债权投资减值准备”明细科目，按照所处置长期债权投资的账面余额，贷记“长期债权投资”科目，按照未领取的债券利息，贷记“其他应收款”科目或“长期债权投资——债券投资（应收利息）”科目，按照其差额，借记或贷记“投资收益”科目。

4. 其他长期投资

（1）其他长期投资在持有期间取得的现金收益，确认当期投资收益，借记“其他应收款”科目，贷记“投资收益”科目。

（2）处置其他长期投资时，按照实际取得的价款，借记“银行存款”等科目，按照已计提的减值准备，借记“长期投资减值准备——其他长期投资减值准备”科目，按照所处置其他长期投资的账面余额，贷记“其他长期投资”科目，按照未领取的收益，贷记“其他应收款”科目，按照其差额，借记或贷记“投资收益”科目。

5. 期末账务处理

在会计期末，将“投资收益”科目的余额转入非限定性净资产，借记“投资收益——非限定性收入”科目，贷记“非限定性净资产”科目。如果存在限定性投资收益，则将其金额转入限定性净资产，借记“投资收益——限定性收入”科目，贷记“限定性净资产”科目。

（三）主要会计事项举例

除非特别指明，下面案例中的各项投资收益均为非限定性收入。

【例 6－23】 某民间非营利组织 2026 年 7 月 2 日将 5 月购入的短期债券出售，收到价款 72 500 元，其账面余额为 73 000 元，已计提短期投资跌价准备 2 000 元。

短期投资账面价值＝短期投资账面余额－短期投资跌价准备＝73 000－2 000＝71 000（元）

投资收益＝出售短期投资取得价款－短期投资账面价值＝72 500－71 000＝1 500（元）

根据上述业务，该民间非营利组织的账务处理如下：

借：银行存款　　72 500

　　短期投资跌价准备　　2 000

　　贷：短期投资——债券投资　　73 000

　　　　投资收益　　1 500

【例 6－24】 某民间非营利组织 2026 年 11 月将 8 月购入的不准备长期持有的股票 5 000 股出售，出售前的账面余额为 65 500 元，已计提短期投资跌价准备 5 000 元，未领取的现金股利 600 元，取得价款 59 000 元。

短期投资账面价值＝短期投资账面余额－短期投资跌价准备＝65 500－5 000＝60 500（元）

投资收益＝出售短期投资取得价款－短期投资账面价值－未领取的现金股利＝59 000－60 500－600＝－2 100（元）

根据上述业务，该民间非营利组织的账务处理如下：

借：银行存款　　59 000

　　投资收益　　2 100

　　短期投资跌价准备　　5 000

　　贷：短期投资——股票投资　　65 500

　　　　其他应收款　　600

【例 6－25】 某民间非营利组织 2026 年年初以 603 000 元的价格购买

了 L 公司发行的股票 30 000 股准备长期持有，从而拥有 L 公司 1% 的股份。当年 L 公司净利 6 000 000 元，年末 L 公司宣告发放现金股利，该民间非营利组织应分得现金股利 60 000 元。

根据上述业务，该民间非营利组织的账务处理如下：

借：其他应收款　　　　60 000

　　贷：投资收益　　　　60 000

【例 6-26】某民间非营利组织 2026 年年初以 1 410 000 元购买 M 公司发行的股票 400 000 股，准备长期持有，从而拥有 M 公司 50% 的股票。M 公司本年末实现净利润 260 000 元。

M 公司年末实现净利润 260 000 元，该民间非营利组织尽管拥有 M 公司 50% 的股票，按照 2024 年 12 月修订的《民间非营利组织会计制度》采用成本法核算，不进行账务处理，应依据有关披露要求，单独反映被投资单位当年实现的净利润或发生的净亏损情况，充分满足信息使用者的需求。

【例 6-27】2026 年 8 月，某民间非营利组织将其持有的 N 公司股票 30 000 股以 611 000 元的价格转让，该笔长期股权投资的账面余额为 603 000 元，已计提减值准备 15 000 元。

根据上述业务，该民间非营利组织的账务处理如下：

借：银行存款　　　　611 000

　　长期投资减值准备　　　　15 000

　　贷：长期股权投资——N 公司　　　　603 000

　　　　投资收益　　　　23 000

【例 6-28】某民间非营利组织 2027 年 1 月 1 日购入 P 公司在 2026 年 1 月 1 日发行的三年期债券，票面利率为 9%，债券面值 300 000 元，民间非营利组织以 327 000 元购入，该债券到期一次还本付息。

根据上述业务，该民间非营利组织的账务处理如下：

①2027年1月1日购入。

借：长期债权投资——债券投资（面值）　　300 000

　　　　　　　——债券投资（应计利息）　　27 000

　贷：银行存款　　327 000

②2027年12月31日计息。

借：长期债权投资——债券投资（应计利息）　　27 000

　贷：投资收益　　27 000

【例6－29】某民间非营利组织2026年1月17日将持有账面余额为700 000元，已提减值12 000元的债券转让，取得转让收入701 000元。

根据上述业务，该民间非营利组织的账务处理如下：

借：银行存款　　701 000

　　长期投资减值准备　　12 000

　贷：长期债权投资——债券投资　　700 000

　　　投资收益　　13 000

【例6－30】某民间非营利组织期末"投资收益"余额为25 500元。

期末结转的账务处理如下：

借：投资收益　　25 500

　贷：非限定性净资产　　25 500

第九节　总部拨款收入

一、总部拨款收入的概念

《民间非营利组织会计制度》规定，总部拨款收入是指境外非政府组织代表机构从其总部取得的拨款收入。

二、总部拨款收入的会计处理

（一）会计科目的设置

执行《民间非营利组织会计制度》的境外非政府组织代表机构应当设置“总部拨款收入”科目，核算从其总部取得的拨款收入。民间非营利组织应当在满足规定的收入确认条件时确认总部拨款收入。一般情况下，总部拨款收入为非限定性收入，如果存在限定性总部拨款收入，则应当在本科目设置“非限定性收入”“限定性收入”明细科目，进行明细核算。

“总部拨款收入”科目的贷方反映当期总部拨款的实际发生额。在会计期末，应当将“总部拨款收入”科目当期贷方发生额转入“非限定性净资产”科目；如果存在限定性总部拨款收入，则应当将“总部拨款收入”科目中“限定性收入”明细科目当期贷方发生额转入“限定性净资产”科目。期末结转后，“总部拨款收入”科目应无余额。

（二）主要账务处理

境外非政府组织代表机构取得总部拨款收入时，按照取得的金额，借记“现金”“银行存款”等科目，贷记“总部拨款收入”科目。

期末，因总部拨款收入一般为非限定性收入，将“总部拨款收入”科目本期发生额转入非限定性净资产，借记“总部拨款收入”科目，贷记“非限定性净资产”科目。

如果存在限定性总部拨款收入，则应当在“总部拨款收入”科目设置“限定性收入”“非限定收入”明细科目。在取得限定性总部拨款收入时，应当按照取得的金额，借记“现金”“银行存款”等科目，贷记“总部拨款收入”科目“限定性收入”明细科目。在期末将“总部拨款收入”

科目“限定性收入”明细科目本期发生额转入限定性净资产。

境外非政府组织代表机构应当根据“总部拨款收入”科目的本期发生额填列在业务活动表收入部分的“总部拨款收入”项目中。

（三）主要会计事项举例

【例6－31】2026年12月15日，某境外非政府组织代表机构收到其总部汇款600 000元人民币，全部为非限定性收入。

收到拨款时账务处理如下：

借：银行存款　　600 000

　　贷：总部拨款收入——非限定性收入　　600 000

假设该境外非政府组织代表机构的本期总部拨款收入发生额为600 000元人民币，全部为非限定性收入，期末结转时账务处理如下：

借：总部拨款收入——非限定性收入　　600 000

　　贷：非限定性净资产　　600 000

第十节　其他收入

一、其他收入的概念

《民间非营利组织会计制度》规定，其他收入是指民间非营利组织除捐赠收入、会费收入、提供服务收入、商品销售收入、政府补助收入、投资收益、总部拨款收入等主要业务活动收入以外的其他收入，如存款利息、确实无法支付的应付款项、存货盘盈、固定资产盘盈、固定资产处置净收入、无形资产处置净收入等。

民间非营利组织的其他收入通常属于交换交易收入。

二、其他收入的确认和计量

民间非营利组织对于其他收入的确认和计量，应当遵循收入确认和计量的基本原则。通常当收入的金额能够可靠地计量时，民间非营利组织对其进行确认。由于诸如存货盘盈、固定资产盘盈、固定资产处置、无形资产处置等事项的确认和计量是存货、固定资产、无形资产等相关资产和应付账款等相关负债会计处理的组成部分，因此，也可参见本书第三章和第四章中关于上述事项所形成其他收入核算的讲解。

需要说明的是，利息收入根据合同或协议规定的相关利率确定；无形资产转让使用费收入按民间非营利组织与其资产使用者签订的合同或协议确定。在实务中，如果协议规定使用费一次性支付，且不提供后期服务，应按照协议金额一次性确认为收入；如果协议规定分期支付使用费，应按合同规定的收款时间和金额或合同规定的收费方法计算的金额分期确认收入。

三、其他收入的会计处理

（一）会计科目的设置

《民间非营利组织会计制度》规定，民间非营利组织为了核算除捐赠收入、会费收入、提供服务收入、商品销售收入、政府补助收入、投资收益等主要业务活动收入以外的其他收入，应当设置“其他收入”科目。一般情况下，民间非营利组织的其他收入为非限定性收入，除非相关资产提供者对资产的使用设置了限制。为此，民间非营利组织应当视具体情况在“其他收入”科目下设置“限定性收入”与“非限定性收入”明细科目。同时，如果民间非营利组织的其他收入金额大且来源不同，还可根据其他收入的具体种类，在“非限定性收入”和“限定性收入”明细科目下设置明细科目，进行明细核算。

（二）主要账务处理

1. 现金、存货、固定资产、文物资源等盘盈的，根据管理权限报经批准后，借记“现金”“存货”“固定资产”“文物资源”等科目，贷记“其他收入”科目“非限定性收入”明细科目。如果存在限定性其他收入，应当贷记“其他收入”科目“限定性收入”明细科目。具体账务处理可参见本书第三章相关内容。

2. 对于固定资产处置净收入，借记“固定资产清理”科目，贷记“其他收入”科目。具体账务处理可参见本书第三章相关内容。

3. 对于无形资产处置净收入，按照实际取得的价款，借记“银行存款”等科目，按照该项无形资产的账面余额，贷记“无形资产”科目，按照其差额，贷记“其他收入”科目。具体账务处理可参见本书第三章相关内容。

4. 确认无法支付的应付款项，借记“应付账款”等科目，贷记“其他收入”科目。具体账务处理可参见本书第四章相关内容。

5. 在非货币性交易中收到补价情况下应确认的损益，借记有关科目，贷记“其他收入”科目。具体账务处理可参见本书第九章第二节。

6. 取得的银行存款利息收入，借记“银行存款”科目，贷记“其他收入”科目。

需要说明的是，民间非营利组织取得的存款利息，属于“为购建固定资产而发生的专门借款”产生且在“允许资本化的期间内”的，应当冲减在建工程成本；除此以外的存款利息应当计入其他收入。

7. 在会计期末，将“其他收入”科目的余额转入非限定性净资产，借记“其他收入”科目，贷记“非限定性净资产”科目。如果存在限定性的其他收入，则将其金额转入限定性净资产，借记“其他收入”科目“限定性收入”明细科目，贷记“限定性净资产”科目。

（三）主要会计事项举例

除非特别指明，下面案例中的各项其他收入均为非限定性收入。

【例 6－32】某民间非营利组织 2026 年 7 月 1 日对其库存的全部商品进行了一次全面的清查盘点，当期盘盈存货 770 元。

盘盈存货的账务处理如下：

借：存货——××商品　　770

　　贷：其他收入——非限定性收入　　770

【例 6－33】2026 年 8 月 15 日，某民间非营利组织资产清查时，盘盈一项固定资产，其公允价值为 6 000 元；同时发现一项长期闲置不用的固定资产，其账面余额为 8 000 元，已计提累计折旧 4 500 元。2026 年 8 月 22 日，报经理事会批准后，该民间非营利组织将上述久置不用的固定资产出售给其他单位，获得价款 5 500 元，对方当日已经将款项转给该民间非营利组织的银行账户。假设不考虑其他因素和税费。该民间非营利组织的账务处理如下：

① 2026 年 8 月 15 日，无须编制会计分录。

② 2026 年 8 月 22 日，理事会批准，对上述固定资产盘盈和出售进行了账务处理，其中对于固定资产盘盈，按盘盈固定资产的公允价值确认其他收入。

借：固定资产　　6 000

　　贷：其他收入——非限定性收入　　6 000

对于处置（出售）闲置的固定资产，按固定资产处置净收益确认其他收入。

借：固定资产清理　　3 500

　　累计折旧　　4 500

　　贷：固定资产　　8 000

借：银行存款　　5 500

　　贷：固定资产清理　　5 500

借：固定资产清理　　2 000

　　贷：其他收入——非限定性收入　　2 000

【例 6－34】2026 年 9 月 26 日，某民间非营利组织获知某债权人（Q 企业）已在一年前注销登记，原法人代表不知去向，据此确认欠该债权人的 30 000 元应付账款无法支付。假设不考虑其他因素和税费。

2026 年 9 月 26 日，该民间非营利组织的账务处理如下：

借：应付账款——Q 企业　　30 000

　　贷：其他收入——非限定性收入　　30 000

【例 6－35】2026 年 12 月 21 日，某民间非营利组织收到其开户银行的利息结算单，其自有资金银行存款的当期利息为 12 000 元。

2026 年 12 月 21 日该民间非营利组织按照实际取得的银行存款利息，确认收入，账务处理如下：

借：银行存款　　12 000

　　贷：其他收入——非限定性收入　　12 000

【例 6－36】2026 年 1 月 1 日，某民间非营利组织对外租出培训教室 2 间，租期从 2026 年 1 月 1 日起至 6 月 30 日 6 个月，协议规定 1 月 1 日、4 月 1 日分别支付租金 120 000 元。该民间非营利组织按期收到了使用方以银行转账方式支付的租金。假设不考虑其他因素和税费。该民间非营利组织的账务处理如下：

① 2026 年 1 月 1 日、4 月 1 日，收到租金。

借：银行存款　　120 000

　　贷：预收账款　　120 000

② 2026 年 1 月至 6 月，每月确认租金收入。

借：预收账款　　40 000

贷：其他收入——非限定性收入　　40 000

【例 6－37】 2026 年 12 月 31 日，某民间非营利组织“其他收入”科目的账面余额为 69 700 元，其中属于非限定性收入 49 700 元，限定性收入 20 000 元。

2026 年 12 月 31 日，该民间非营利组织将“其他收入”科目各明细科目的余额分别转入限定性净资产和非限定性净资产，财务处理如下：

借：其他收入——非限定性收入　　49 700

贷：非限定性净资产　　49 700

借：其他收入——限定性收入　　20 000

贷：限定性净资产　　20 000

第七章
费　　用

第一节　费用概述

一、费用的概念和特征

《民间非营利组织会计制度》规定，费用是指民间非营利组织为开展业务活动所发生的、导致本期净资产减少的经济利益或者服务潜力的流出。

从费用的概念可以看出，费用具有以下两个基本特征：

第一，费用会引起资产减少或者负债增加（或者两者兼而有之），并最终导致民间非营利组织资源的减少，包括经济利益或服务潜力的流出，具体表现为民间非营利组织的现金或非现金资产的流出、耗费或者毁损等。例如，民间非营利组织将其存货捐赠给其他单位或个人，导致存货（即资产）的减少，这时存货转出的成本构成费用；又如，固定资产随着时间推移而发生了损耗，并计提了折旧，折旧也属于费用。

第二，费用将导致本期净资产的减少。这里所指的“本期”是指费用发生的当期，只有导致某会计期间引起净资产减少的经济利益或者服务潜力流出才是费用。例如，民间非营利组织以银行存款偿还一项应付账款，这种情况下，资产和负债减少了相同的金额，并没有影响净资产，因此，此项资产流出不构成费用。

2024 年 12 月修订的《民间非营利组织会计制度》规定，民间非营利组织当期发生的费用应当作为净资产的减项，从而费用的增加会导致民间非营利组织净资产的减少。具体来说，民间非营利组织对于各项费用应当按是否存在限定，区分为非限定性费用和限定性费用，期末，民间非营利组织应当将本期限定性费用结转至净资产项下的限定性净资产，非限定性费用结转至净资产项下的非限定性净资产，作为净资产的减项。

二、费用与成本

在我国，费用与成本是两个经常使用的概念，两者之间既有联系也有区别。

费用是指民间非营利组织为开展业务活动所发生的、导致本期净资产减少的经济利益或者服务潜力的流出。

成本的概念在不同情况下的解释各异。通常认为，广义的成本是指为取得资产或劳务所发生的支出。例如，固定资产的成本是指取得该项固定资产的买价、包装费、运输费、缴纳的有关税金，以及固定资产达到预定可使用状态之前的借款费用等。又如，存货的成本是指取得存货的采购成本、加工成本和其他成本等。狭义的成本则是指商品的生产成本，即为生产商品而发生的并按一定对象所归集的各种耗费。有关存货成本的核算具体参见第三章第五节。

三、费用的分类

由于民间非营利组织应当以权责发生制作为其会计核算的基础，而且业务活动表的主要功能是用以反映民间非营利组织开展业务活动的实际情况，《民间非营利组织会计制度》规定，民间非营利组织在对费用的会计核算中，应当按照费用功能的不同，将费用分为业务活动成本、税金及附加、管理费用、筹资费用、资产减值损失、所得税费用和其他费用等。

业务活动成本，是指民间非营利组织为了实现其业务活动目标、开展其项目活动或者提供服务所发生的费用。如果民间非营利组织从事的项目、提供的服务或者开展的业务比较单一，可以将相关费用全部归集在“业务活动成本”项目下进行核算和列报；如果所从事的项目、业务或者服务种类比较多，民间非营利组织应当在“业务活动成本”项下分别项目、服务或者业务大类进行核算和列报。以反映更加充分的成本信息，也有利于将成本信息与相关收入信息相比较，更好地考察民间非营利组织的绩效。

税金及附加，是指民间非营利组织业务活动发生的消费税、城市维护建设税、教育费附加、房产税、城镇土地使用税、车船税、印花税等相关税费。

管理费用，是指民间非营利组织为组织和管理其业务活动所发生的各项费用，包括民间非营利组织理事会或者类似权力机构经费和行政管理人员的工资、奖金、福利费、住房公积金、住房补贴、社会保障费、残保金、离退休人员工资与补助，以及办公费、水电费、邮电费、物业管理费、差旅费、折旧费、修理费、租赁费、无形资产摊销费、资产盘亏损失、因预计负债所产生的损失、聘请中介机构费和因民间非营利组织自身原因应偿还的受赠资产或政府补助资产等。其中，福利费应当依法根据民间非营利组织的管理权限，按照理事会或类似权力机构等的规定据实列支。

筹资费用，是指民间非营利组织为筹集业务活动所需资金而发生的费用，包括民间非营利组织为了获得捐赠资产而发生的费用以及应当计入当期费用的借款费用、汇兑损失（减汇兑收益）等。民间非营利组织为了获得捐赠资产而发生的费用包括举办募款活动费、准备、印刷和发放募款宣传资料费以及其他与募款或者争取捐赠资产有关的费用。

资产减值损失，是指民间非营利组织计提各项资产减值准备所形成的损失。

所得税费用，是指有企业所得税缴纳义务的民间非营利组织按规定缴纳企业所得税所形成的费用。

其他费用，是指民间非营利组织发生的、无法归属到上述费用中的费用，包括固定资产处置净损失、无形资产处置净损失等。

需要注意的是，民间非营利组织的某些费用如果属于多项业务活动或者属于业务活动、管理活动和筹资活动等共同发生的，而且不能直接归属于某一类活动，应当将这些费用按照合理的方法在各项活动中进行分配。

此外，民间非营利组织为了加强其内部管理，还可以同时按照费用的性质进行分类。例如：（1）人员工资及福利费；（2）折旧和摊销费；（3）租金；（4）水电费；（5）邮电通信费；（6）利息费用等。民间非营利组织可以将费用的功能分类与性质分类结合起来，编制内部使用的矩阵式费用明细表，参考格式如表 7－1 所示。

表 7－1　　　　费用明细表

	业务活动成本	税金及附加	管理费用	筹资费用	资产减值损失	所得税费用	其他费用
一、人员费用							
其中：在职人员工资							
奖金							
福利费							
住房公积金							
住房补贴							
社会保障费							
残保金							
离退休人员工资及补助							
其他人员费用							
人员费用小计							

续表

	业务活动成本	税金及附加	管理费用	筹资费用	资产减值损失	所得税费用	其他费用
二、物料费用							
其中：销售存货成本							
自用存货成本							
存货盘亏损失							
捐赠资产成本							
固定资产折旧							
固定资产处置净损失							
无形资产摊销							
无形资产处置净损失							
其他物料耗费							
物料费用小计							
三、资产减值损失							
其中：应收款项坏账损失							
存货跌价损失							
短期投资跌价损失							
长期投资减值损失							
固定资产减值损失							
无形资产减值损失							
资产减值损失小计							
四、日常费用							
其中：办公费							
印刷费							
服务费							
水电费							
邮寄费							
电话通讯费							
取暖费							
物业管理费							
交通费							

续表

	业务活动成本	税金及附加	管理费用	筹资费用	资产减值损失	所得税费用	其他费用
差旅费							
修理费							
聘请中介费							
租赁费							
会议费							
业务招待费							
其他日常费用							
日常费用小计							
五、税费							
其中：所得税							
消费税							
城市维护建设税							
教育费附加							
房产税							
城镇土地使用税							
车船税							
其他税费							
税费小计							
六、其他							
其中：预计负债形成的损失							
退还受赠资产							
其他费用小计							
合计							

需要强调的是，《民间非营利组织会计制度》规定，民间非营利组织在编制业务活动表时，必须按照费用功能，即发生的业务活动成本、税金及附加、管理费用、筹资费用、资产减值损失、所得税费用和其他费用等列示。

四、费用的确认和计量原则

（一）与费用确认和计量有关的会计核算基础与原则

民间非营利组织在确认费用时，应当遵循《民间非营利组织会计制度》中规定的会计核算基础与基本原则，其中尤其应当注意以下三个原则：

1. 权责发生制原则

民间非营利组织的会计核算应当以权责发生制为基础，即凡是当期已经发生或应当由当期负担的费用，不论款项是否收付，都应当作为当期的费用；凡是不属于当期的费用，即使款项已在当期支付，也不应当作为当期的费用。

2. 划分应计入当期费用的支出和应予以资本化的支出原则

民间非营利组织在进行会计核算时，应当合理划分应当计入当期费用的支出和应当予以资本化的支出。如果某项支出的效益及于几个会计期间，该项支出应予以资本化，不能作为当期的费用；如果某项支出的效益仅及于一个会计期间，则应当确认为当期费用。

3. 配比原则

民间非营利组织在会计核算中，所发生的费用应当与其相关的收入相配比。根据配比原则，为获得当期收入所发生的费用，应当确认为当期费用。

（二）费用的确认和计量原则

1. 费用的确认原则

民间非营利组织应当在单位的含有经济利益或服务潜力的资源已经流出本单位，资产将带来的未来经济利益或服务潜力预期将减少或者资产预期不能再带来未来经济利益或服务潜力时，确认相应的费用。

具体地说，费用应当在同时满足以下条件时予以确认：

（1）含有经济利益或者服务潜力的资源流出民间非营利组织，或者承担了相关的负债；

（2）能够引起当期净资产的减少；

（3）费用的金额能够可靠地计量。

2. 费用的计量原则

费用的计量，即确定费用确认时的金额。《民间非营利组织会计制度》规定，民间非营利组织在业务活动中发生的各项费用，包括业务活动成本、税金及附加、管理费用、筹资费用、资产减值损失、所得税费用和其他费用等，应当在实际发生时按照其实际发生额计入当期费用。

如果民间非营利组织的某些费用是属于多项业务活动或者属于业务活动、管理活动和筹资活动等共同发生的，而且不能直接归属于某一类活动，则应当将这些费用按照合理的方法在各项活动中进行分配。

3. 费用确认和计量的情况举例

民间非营利组织在费用确认和计量中，通常会有以下四种具体情况。

（1）费用的确认与收入的确认有着直接联系或因果关系。

与本期收入有直接因果关系的费用，即为取得本期收入而发生的直接费用，应当在确认相关收入时确认为当期费用。需要说明的是，这里所谓的因果关系主要表现在以下两个方面：一是经济性质上的因果性，即应予确认的费用与相关收入项目具有必然的因果关系，也就是有所得必有所费；二是时间上的一致性，即应予确认的费用与相关收入项目应当同时或结合起来加以确认，即所谓的收入与费用的配比。例如，销售商品取得商品销售收入，与其直接相联系的销售商品成本就应当在确认当期商品销售收入的同时被确认为当期业务活动成本（商品销售成本）。

费用的计量通常是根据收入的确认金额或为取得收入已支付和需支付的资产金额及偿付债务总额来确定的。

（2）按照系统、合理的分摊方式确认。

如果一项支出的发生预期在若干个会计期间带来经济利益或服务潜力，那么该项支出就应当按照合理的分摊方法，分期确认为费用。例如，固定资产的折旧和无形资产的摊销都属于这一情况。这种情况下，费用的计量通常是根据所确认的折旧和摊销金额来确定的。当然，并不是所有的折旧和摊销都应当确认为费用，例如生产商品所用设备的折旧，就应当计入存货（商品成本），作为资产予以确认。

（3）直接作为当期费用确认。

在民间非营利组织的业务活动中，有些支出不能提供明确的未来经济利益或服务潜力，并且对这些支出不能合理地进行分摊，或者分摊不符合成本效益原则等，这时，这些费用就应当直接作为当期费用予以确认。例如，广告费、固定资产日常修理费等。这些费用虽然与跨期收入或提高以后期间的服务潜力有联系，但由于不确定性因素，往往很难预计其带来利益及所涉及的期间，因而列作当期的费用。对于直接确认为当期费用的费用，其计量通常是根据所支付的或者应当支付的现金、银行存款或其他货币资金的金额，或者因此而承担负债（如应付账款、其他应付款等）的金额来确定。

（4）资产的价值减少或消失，或者发生、增加了负债。

在上述情况之外，如果资产预期能带来的经济利益或服务潜力较之原先有所减少，或者预期不能再带来经济利益或服务潜力，或者承担了新的负债，或原先承担的负债有所增加，并且没有产生新的经济利益，这时也应当确认费用。例如，资产发生减值、盘亏、毁损，发生了预计负债等。这种情况下，因资产减少或负债增加而确认的费用，费用的计量通常是根据所确认的资产减少金额或者负债增加金额来确定的。

五、费用的核算和结转

《民间非营利组织会计制度》规定，民间非营利组织当期发生的费用应当作为净资产的减项，从而费用的增加会导致民间非营利组织净资产的减少。具体来说，民间非营利组织对于各项费用应当按是否存在限定区分为非限定性费用和限定性费用，期末，民间非营利组织应当将本期限定性费用结转至净资产项下的限定性净资产，非限定性费用结转至净资产项下的非限定性净资产，作为净资产的减项。需要引起注意的是，民间非营利组织在 2025 年 12 月 31 日以前费用是不区分是否受限定的，在期末将本期发生的各项费用全部结转至净资产项下的非限定性净资产，作为非限定性净资产的减项，这也是2024 年12 月修订并于2026 年1 月1 日起施行的《民间非营利组织会计制度》有关规定的一大变化。

第二节　业务活动成本

一、业务活动成本的概念

《民间非营利组织会计制度》规定，业务活动成本是指民间非营利组织为了实现其业务活动目标、开展其项目活动或者提供服务所发生的费用，包括设立与实现本组织业务活动目标相关的民间非营利组织的出资。

民间非营利组织的业务活动成本应当按照是否存在限定区分为非限定性费用和限定性费用，设置“非限定性费用”、“限定性费用”明细科目，进行明细核算。民间非营利组织作为委托人设立慈善信托的，应当在本科目下设置“设立慈善信托支出”明细科目，进行明细核算。

如果民间非营利组织从事的项目、提供的服务或者开展的业务比较单一，可以将相关费用全部归集在“业务活动成本”项目下进行核算和列报；如果民间非营利组织从事的项目、提供的服务或者开展的业务种类较多，民间非营利组织应当在“业务活动成本”项目下分别项目、服务或者业务大类进行核算和列示。

各民间非营利组织应当根据本单位业务活动开展的实际情况，在“业务活动成本”项目下设置明细项目。例如，社会团体可以设置“提供服务成本”“商品销售成本”“研究项目成本”等明细项目；基金会可以设置“捐赠项目成本”“商品销售成本”“提供服务成本”等明细项目；民办非营利性学校可以设置“学生教育成本”“科研项目成本”“后勤服务成本”；民办非营利性医院可以设置“医疗服务成本”“医药销售成本”等。

二、业务活动成本的内容

业务活动成本是按照项目、服务或业务种类等进行归集的费用。如果民间非营利组织的某些费用是因业务活动、管理活动和筹资活动等共同发生的，而且不能直接归属于某一类活动，则应当将这些费用按照合理的方法在各项活动中进行分配。

在多种功能分类之间分配费用时，既要合理，也要考虑重要性原则和成本效益原则。费用进行分配的基础可以是财务数据，也可以是非财务数据。例如，既参加业务活动，又参加管理活动的人员工资，可以按照该职工分别为两项活动工作的时间量进行分配。在实务中，业务活动成本的构成有以下两类。

第一类为直接费用。这里的直接费用是指直接为某项或某类业务活动发生的、应计入当期费用的费用。例如，在商品销售中，所售商品的成本应当在确认当期商品销售收入的同时记入当期业务活动成本（商品销售成本）。在对外捐赠中，捐出的存货成本应当在交付存货的同时，记入当期业务活动成本（捐赠项目成本）。在会员服务中，免费提供给会员的杂志成本应当在提供杂志的同时记入当期业务活动成本（会员服务成本）。又如，在对外捐赠中，直接从事对外捐赠业务的员工工资及福利费等、发生的相关运输费等费用应当记入当期业务活动成本（捐赠项目成本）。在会员服务中，直接从事会员服务的员工工资及福利费等应当记入当期业务活动成本（会员服务成本）。在商品销售中，直接从事销售商品的员工工资和福利费等，以及发生的邮寄费、运输费、包装费、保险费、广告费等费用应当记入当期业务活动成本（商品销售成本）。

第二类是间接费用。这里的间接费用是指同时为若干项（类）业务活动发生的、应计入当期费用的费用，如间接折旧费用、间接维修费用、间接人工费用等。间接费用应当按照系统、合理的方法进行分摊后，记入相关业务活动成本。例如，同时从事多项业务活动的人员，其工资及福利费等应当合理分摊记入相关业务活动成本。对于为业务活动发生的、无法合理分摊至各项或各类活动的间接费用，应当计入业务活动成本（业务活动费）。

三、业务活动成本的会计处理

（一）会计科目的设置

《民间非营利组织会计制度》规定，为了核算实现业务活动目标、开展项目活动或者提供服务所发生的费用，包括设立与实现本组织业务活动目标相关的民间非营利组织的出资，民间非营利组织应当设置“业务活动成本”科目。民间非营利组织应当按照是否存在限定区分为非限定性费用和限定性费用，设置“非限定性费用”“限定性费用”明细科目，进行明细核算。同时，为满足自身管理和外部信息需要，结合具体情况，在“业务活动成本”科目下设置相应的明细科目，进行明细核算。

在实务中，民间非营利组织通常在“业务活动成本”科目下设置的明细科目主要如下。

（1）捐赠项目成本，核算对外捐赠款项、捐出商品的实际成本等，以及其他与捐赠项目有关的直接和间接费用；

（2）会员服务成本，核算当期免费提供给会员的杂志等商品的实际成本以及免费向会员提供的培训、咨询等服务或活动的实际成本等，以及其他与会员服务有关的直接和间接费用；

（3）提供服务成本，核算当期所提供服务的实际成本，以及其他与提供服务有关的直接和间接费用；

（4）专项补助成本，核算民间非营利组织接受政府提供的专项资金补助项目发生的所有费用；

（5）销售商品成本，核算当期所出售商品的实际成本，以及其他与销售商品有关的直接和间接费用；

（6）业务活动费，核算为业务活动发生的、无法合理分摊至某项或某类业务活动的间接费用。

“业务活动成本”科目的借方反映当期业务活动成本的实际发生额。在会计期末，应当将该科目各明细科目的余额按照是否限定，将当期借方发生额分别转入“非限定性净资产”“限定性净资产”科目，期末结转后“业务活动成本”科目应无余额。

（二）主要账务处理

《民间非营利组织会计制度》规定，民间非营利组织发生的业务活动成本，应当按照其发生额计入当期费用。业务活动成本的主要账务处理如下。

1. 发生的业务活动成本，应当借记“业务活动成本”科目，贷记“现金”“银行存款”“存货”“应付账款”等科目。

2. 民间非营利组织收到退回的捐赠资产，按照退回的金额，借记“现金”“银行存款”“存货”等科目，贷记“业务活动成本”科目。

3. 民间非营利组织出资设立与实现本组织业务活动目标相关的民间非营利组织的，相关出资金额借记“业务活动成本”科目，贷记“银行存款”等科目。

4. 会计期末，将“业务活动成本”科目各明细科目的余额分别转入限定性净资产和非限定性净资产，借记“限定性净资产”科目，贷记“业务活动成本”科目“限定性费用”明细科目，借记“非限定性净资产”科目，贷记“业务活动成本”科目“非限定性费用”明细科目。

（三）主要会计事项举例

【例 7 – 1】 2026 年 9 月 10 日，某民间非营利组织开展捐赠助学项目，银行转账至某学校发放助学金 20 000 元，捐出库存的图书 1 000 册价值 38 000 元，发生运费 200 元，运费当日用现金支付。假定捐出的资金和图书均不受时间或用途上的限制。

2026 年 9 月 10 日，该民间非营利组织开展捐赠助学项目，账务处理如下：

借：业务活动成本——非限定性费用（捐赠项目成本）
20 000
　　贷：银行存款　20 000

借：业务活动成本——非限定性费用（捐赠项目成本）
38 000
　　贷：存货——图书　38 000

借：业务活动成本——非限定性费用（捐赠项目成本）　200
　　贷：现金　200

【例 7 – 2】 某民间非营利组织 2026 年 7 月开展对外服务领用库存材料 82 600 元，经计算需支付提供对外服务人员的薪酬 145 000 元。假定以上支出不受时间或用途上的限制。

根据上述业务，该民间非营利组织2026年7月的账务处理如下：

借：业务活动成本——非限定性费用（提供服务成本）　82 600

　　贷：存货——材料　82 600

借：业务活动成本——非限定性费用（提供服务成本）　145 000

　　贷：应付职工薪酬　145 000

【例7-3】2026年8月9日，某民间非营利组织对外售出图书2 000本，每本售价40元，当日买方已将款项汇至民间非营利组织的银行账户中，每本图书的成本为35元。假定以上收入和支出均为限定性，且不考虑相关税费和其他因素。

2026年8月9日，该民间非营利组织按照配比原则，在确认销售收入时，应当结转相应的成本，账务处理如下：

借：银行存款　80 000

　　贷：商品销售收入——限定性收入　80 000

借：业务活动成本——限定性费用（商品销售成本）　70 000

　　贷：存货——图书　70 000

【例7-4】2026年12月31日，某民间非营利组织"业务活动成本"科目下"非限定性费用"明细科目的借方余额为530 000元，"限定性费用"明细科目的借方余额为90 000元。

该民间非营利组织期末结转业务活动成本时，账务处理如下：

借：非限定性净资产　530 000

　　贷：业务活动成本——非限定性费用　530 000

借：限定性净资产　90 000

　　贷：业务活动成本——限定性费用　90 000

第三节　税金及附加

一、税金及附加的概念及其内容

《民间非营利组织会计制度》规定，税金及附加是指民间非营利组织业务活动发生的消费税、城市维护建设税、教育费附加、房产税、城镇土地使用税、车船税、印花税等相关税费。

二、税费及附加的会计处理

（一）会计科目的设置

《民间非营利组织会计制度》规定，为了核算其业务活动发生的消费税、城市维护建设税、教育费附加、房产税、城镇土地使用税、车船税、印花税等相关税费，民间非营利组织应当设置“税金及附加”科目。一般情况下，民间非营利组织的税金及附加为非限定性费用，如果存在限定性税金及附加，则应当在本科目设置“非限定性费用”“限定性费用”明细科目，进行明细核算。

通常“税金及附加”科目的借方反映当期税费的实际发生额。在会计期末，将“税金及附加”科目各明细科目的余额分别转入限定性净资产和非限定性净资产。期末结转后，“税金及附加”科目应无余额。

（二）主要账务处理

《民间非营利组织会计制度》规定，民间非营利组织发生税金及附加的主要账务处理如下：

1. 发生相关纳税义务时，按照支付的金额，借记“税金及附加”科目，贷记“应交税费”等科目。

2. 会计期末，将“税金及附加”科目的余额转入非限定性净资产，借记“非限定性净资产”，贷记“税金及附加”科目。如果存在限定性税金及附加，则将其金额转入限定性净资产，借记“限定性净资产”科目，贷记“税金及附加”科目“限定性费用”明细科目。

（三）主要会计事项举例

【例7－5】2026年12月，某民间非营利组织计算应交城市维护建设税1 050元、教育费附加 1 100元、房产税 1 200元、城镇土地使用税3 060元、车船税570元。12月20日，用银行存款转账的方式缴纳了相关的税费。假定该民间非营利组织缴纳的税费全部为非限定性费用。

根据上述业务，相关账务处理如下：

① 计算应交的城市维护建设税、教育费附加、房产税、城镇土地使用税、车船税、印花税时。

借：税金及附加	6 980	
贷：应交税费——应交城市维护建设税		1 050
——应交教育费附加		1 100
——应交房产税		1 200
——应交城镇土地使用税		3 060
——应交车船税		570

② 12月20日，缴纳城市维护建设税、教育费附加、房产税、城镇土地使用税、车船税时。

借：应交税费——应交城市维护建设税	1 050
——应交教育费附加	1 100
——应交房产税	1 200
——应交城镇土地使用税	3 060
——应交车船税	570

贷：银行存款　　6 980

③ 12 月 31 日，期末结转。

借：非限定性净资产　　6 980

贷：税金及附加　　6 980

此部分的核算也可参见第四章第七节“应交税费”部分的核算内容。

第四节　管理费用

一、管理费用的概念及其内容

《民间非营利组织会计制度》规定，管理费用是指民间非营利组织为组织和管理其业务活动所发生的各项费用，包括民间非营利组织理事会或者类似权力机构经费和行政管理人员的工资、奖金、福利费、住房公积金、住房补贴、社会保障费、残保金、离退休人员工资与补助，以及办公费、水电费、邮电费、物业管理费、差旅费、折旧费、修理费、租赁费、无形资产摊销费、资产盘亏损失、因预计负债所产生的损失、聘请中介机构费和因民间非营利组织自身原因应偿还的受赠资产或政府补助资产等。其中，福利费应当依法根据民间非营利组织的管理权限，按照理事会或类似权力机构等的规定据实列支，具体说明如下。

1. 管理部门人员费用

（1）人员薪金，是指在职人员工资、奖金、福利费以及其他工资性质的支出等。

（2）工会经费，是指按职工工资总额（扣除按规定标准发放的住房补贴，下同）的 2% 计提并拨给工会使用的经费。

（3）福利费，是指在职职工的医药费、生活困难补助、集体福利补贴等，应当依法根据民间非营利组织的管理权限，按照理事会或类似权力机构等的规定据实列支。

（4）住房公积金、住房补贴。

（5）社会保障费，是指按规定缴纳的医疗保险、失业保险、养老保险、工伤保险和生育保险。

（6）残保金，是残疾人就业保障金的简称，是指安排残疾人达不到有关规定比例的用人单位，按照年度差额人数和上年度本地区职工年平均工资计算交纳用于残疾人就业的专项资金。

（7）离退休人员工资与补助，是指支付给离退休职工的退休金、医药费、生活补助、福利费等。

2. 管理部门日常经费

（1）部门经费，是指行政管理部门直接发生的办公费、物料消耗费、水电费、邮寄费、通信费、物业管理费、差旅费、修理费、租赁费等。

（2）理事会费，是指单位理事会或类似权力机构及其成员为执行职权而发生的各项费用，包括差旅费、会议费等。

（3）咨询费，是指向有关咨询机构进行专业咨询所支付的费用或支付单位经济顾问、法律顾问、技术顾问的费用。

（4）聘请中介机构费，是指聘请会计师事务所等第三方机构进行审计、验资、资产评估等发生的费用。

（5）诉讼费，是指向法院起诉或应诉而支付的费用。

（6）业务招待费，是指为业务活动的合理需要而支付的费用，应据实列入管理费用。

3. 资产耗费或损失

（1）固定资产折旧，是指当期对行政管理所用固定资产计提的折旧。

（2）无形资产摊销，是指当期计提的无形资产摊销。

（3）资产盘亏，是指资产的盈亏净额。

4. 其他

其他是指不包括在以上各项、又应列入管理费用的费用，例如，因确认预计负债而确认的费用、因自身管理不善造成的捐赠退回或政府补助资产等。

二、管理费用的会计处理

（一）会计科目的设置

《民间非营利组织会计制度》规定，为了核算其组织和管理业务活动所发生的各项费用，民间非营利组织应当设置“管理费用”科目。

一般情况下，民间非营利组织的管理费用为非限定性费用，如果存在限定性管理费用，则应当在本科目设置“非限定性费用”“限定性费用”明细科目，进行明细核算。此外，民间非营利组织应当按照管理费用的种类在“管理费用”科目下设置明细科目，进行明细核算，也可以根据具体情况编制管理费用明细表，以满足内部管理等有关方面的信息需要。

“管理费用”科目的借方反映当期管理费用的实际发生额。在会计期末，将“管理费用”科目的余额转入非限定性净资产。如果存在限定性管理费用，则将“管理费用”科目各明细科目的余额分别转入限定性净资产和非限定性净资产。期末结转后，“管理费用”科目应无余额。

（二）主要账务处理

《民间非营利组织会计制度》规定，民间非营利组织发生的管理费用，应当在发生时按其发生额计入当期费用。管理费用的主要账务处理如下。

1. 现金、存货、固定资产等盘亏，根据管理权限报经批准后，按照相关资产账面价值扣除可以收回的保险赔偿和过失人的赔偿等后的金额，借记“管理费用”科目，按照可以收回的保险赔偿和过失人赔偿等，借记“现金”“银行存款”“其他应收款”等科目，按照已提取的累计折旧，借记“累计折旧”科目，按照相关资产的账面余额，贷记相关资产科目。

2. 提取行政管理用固定资产折旧，借记“管理费用”科目，贷记

“累计折旧”科目。

3. 无形资产摊销，借记“管理费用”科目，贷记“累计摊销”科目。

4. 发生的应归属于管理费用的应付职工薪酬、应交税费等，借记“管理费用”科目，贷记“应付职工薪酬”“应交税费”等科目。

5. 对于因确认预计负债而确认的损失，借记“管理费用”科目，贷记“预计负债”科目。

6. 对于因自身原因应偿还的受赠资产或政府补助资产，按照需要偿还或退回的金额，借记“管理费用”科目，贷记“其他应付款”等科目。

7. 发生的其他管理费用，借记“管理费用”科目，贷记“现金”“银行存款”等科目。

8. 会计期末，将“管理费用”科目的余额转入非限定性净资产，借记“非限定性净资产”科目，贷记“管理费用”科目。如果存在限定性管理费用，则将其金额转入限定性净资产，借记“限定性净资产”科目，贷记“管理费用”科目“限定性费用”明细科目。期末结转后，“管理费用”科目无余额。

（三）主要会计事项举例

【例 7－6】2026 年 12 月 31 日，某民间非营利组织在盘点固定资产时，发现一项固定资产盘亏，该固定资产账面原价为 10 000 元，已提取折旧 6 500 元。根据管理权限报经批准后，将向相关过失人李某收取赔偿金额 2 500 元。

2026 年 12 月 31 日，该民间非营利组织将该固定资产账面价值扣除可向过失人收回赔偿后的金额，计入当期管理费用。账务处理如下：

借：累计折旧	6 500
其他应收款——李某	2 500
管理费用	1 000

贷：固定资产　　　　10 000

【例 7－7】 2026 年 12 月 31 日，某民间非营利组织对某项行政管理用固定资产计提了折旧 4 700 元。

2026 年 12 月 31 日，该民间非营利组织对行政管理用固定资产计提的折旧应计入当期管理费用，账务处理如下：

借：管理费用　　　　4 700

贷：累计折旧　　　　4 700

【例 7－8】 2026 年 12 月 31 日，某民间非营利组织对某项无形资产计提摊销 3 600 元。

2026 年 12 月 31 日，该民间非营利组织将无形资产摊销计入当期管理费用，账务处理如下：

借：管理费用　　　　3 600

贷：累计摊销　　　　3 600

【例 7－9】 2026 年 4 月 1 日，某民间非营利组织应付给员工的当月工资总额为 260 000 元，其中行政管理人员工资为 60 000 元，业务人员工资为 200 000 元。2026 年 4 月 3 日，该民间非营利组织办理银行转账将工资转入各位员工的工资账户。该民间非营利组织的账务处理如下：

① 2026 年 4 月 1 日：

借：管理费用　　　　60 000

业务活动成本　　　　200 000

贷：应付职工薪酬　　　　260 000

② 2026 年 4 月 3 日：

借：应付职工薪酬　　　　260 000

贷：银行存款　　　　260 000

【例 7－10】 2026 年 9 月 17 日，某民间非营利组织由于自身管理不善，退回年初接受的政府补助 160 000 元。

借：管理费用　　160 000

　贷：银行存款　　160 000

【例 7－11】 2026 年 12 月 31 日，根据法律顾问的意见，某民间非营利组织确定很可能因某未决诉讼预计需要支付 150 000 元。

2026 年 12 月 31 日，该民间非营利组织因未决诉讼确认 150 000 元的预计负债，对于因确认预计负债而确认的损失，应当计入当期管理费用，会计处理如下：

借：管理费用　　150 000

　贷：预计负债　　150 000

【例 7－12】 某民间非营利组织 2026 年 1 月发生下列经济业务：

① 当月水电费 2 200 元，以银行存款支付；

② 购买办公用品 780 元，以银行存款支付；

③ 办公设备修理，以现金支付修理费 350 元；

④ 后勤部门王某出差前预借差旅费 5 000 元，款项打入王某工资卡中，现王某出差回来报销差旅费 5 260 元，差额部分现金支付；

⑤ 以银行存款支付 PH 会计师事务所专项审计费 9 000 元；

⑥ 通过银行转账向保险公司预付行政部门 2026 年保险费 9 600 元。

该民间非营利组织的管理费用全部为非限定性费用，按照管理费用种类在"管理费用"科目下设置明细科目，进行明细核算。根据上述业务，账务处理如下：

借：管理费用——水电费　　2 200

　贷：银行存款　　2 200

借：管理费用——办公费　　780

　贷：银行存款　　780

借：管理费用——修理费　　350

　贷：现金　　350

预借差旅费时，

借：其他应收款——王某　　5 000

　　贷：银行存款　　5 000

报销时，

借：管理费用——差旅费　　5 260

　　贷：其他应收款——王某　　5 000

　　　　现金　　260

借：管理费用——中介机构服务费　　9 000

　　贷：银行存款　　9 000

支付全年保险费时，

借：待摊费用——保险费　　9 600

　　贷：银行存款　　9 600

1 月摊销保险费时，

借：管理费用——保险费　　800

　　贷：待摊费用——保险费　　800

【例 7 - 13】 2026 年 12 月 31 日，某民间非营利组织本期管理费用余额为 193 100 元。假定以上管理费用全部为非限定性费用。

2026 年 12 月 31 日，该民间非营利组织期末结转，账务处理如下：

借：非限定性净资产　　193 100

　　贷：管理费用　　193 100

第五节　筹资费用

一、筹资费用的概念及其内容

《民间非营利组织会计制度》规定，筹资费用是指民间非营利组织为筹集业务活动所需资金而发生的费用，包括民间非营利组织为了获得捐赠资产而发生的费用以及应当计入当期费用的借款费用、汇兑损失（减汇兑收益）等，具体如下。

1. 民间非营利组织为了获得捐赠资产而发生的费用包括举办募款活动费，准备、印刷和发放募款宣传资料费以及其他与募款或者争取捐赠有关的费用。

2. 借款费用，指应当计入当期费用的借款费用，主要是指利息支出，即短期借款利息、长期借款利息、应付票据利息和票据贴现利息等，以及向银行、金融机构支付的相关手续费等。需要注意的是，在固定资产达到预定可使用状态前发生的、为购建固定资产而发生的专门借款的借款费用，应当予以资本化，计入有关固定资产的购建成本，不包括在筹资费用的核算范围内。

3. 汇兑损失，指因向银行结售或购入外汇而产生的银行买入、卖出价与记账所采用的汇率之间的差额，以及月度（季度、年度）终了，各种外币账户的外币期末余额，按照期末规定汇率折合的记账人民币金额与原账面人民币金额之间的差额等。

4. 民间非营利组织接受非现金资产捐赠时发生的应归属于其自身的相关税费、运输费等，应当计入筹资费用。

5. 其他筹资费用。

二、筹资费用的会计处理

（一）会计科目的设置

《民间非营利组织会计制度》规定，为了核算其为筹集业务活动所需资金而发生的费用，民间非营利组织应当设置“筹资费用”科目。一般情况下，民间非营利组织的筹资费用为非限定性费用，如果存在限定性筹资费用，则应当在本科目设置“非限定性费用”“限定性费用”明细科目，进行明细核算。此外，民间非营利组织根据需要可以按照筹资费用种类在“筹资费用”科目下设置明细科目，进行明细核算。民间非营利组织按照国务院有关部门的有关规定核算募捐成本的，应当在本科目设置“募捐成本”明细科目，进行明细核算。

“筹资费用”科目的借方反映当期筹资费用的实际发生额。在会计期末，应当将“筹资费用”科目当期借方发生额转入非限定性净资产。如果存在限定性筹资费用，则将其金额转入限定性净资产。期末结转后，“筹资费用”科目应无余额。

（二）主要账务处理

《民间非营利组织会计制度》规定，民间非营利组织发生的筹资费用，应当在发生时按其发生额计入当期费用。筹资费用的主要账务处理如下。

1. 发生的筹资费用，借记“筹资费用”科目，贷记“预提费用”“银行存款”“长期借款”等科目。发生的应冲减筹资费用的汇兑收益等，借记“银行存款”“长期借款”等科目，贷记“筹资费用”科目。

2. 会计期末，将“筹资费用”科目的余额转入非限定性净资产，借记“非限定性净资产”科目，贷记“筹资费用”科目。如果存在限定性筹资费用，则将其金额转入限定性净资产，借记“限定性净资产”科目，贷记“筹资费用”科目“限定性费用”明细科目。

（三）主要会计事项举例

【例 7－14】2026 年 1 月 7 日，某民间非营利组织为了筹集捐赠款，与广播电视台签订了一份协议，约定 1 月 10 日至 20 日在电视节目上播出一则广告，21 日以银行转账方式支付广告费 100 000 元。

1 月 7 日，该民间非营利组织签订协议时，无须编制分录。

1 月 21 日，广告已播出并支付费用，为募款而发生的广告费应计入当期筹资费用，账务处理如下：

借：筹资费用——募捐成本　　100 000

　　贷：银行存款　　100 000

【例 7－15】某民间非营利组织 2026 年 3 月发生下列经济业务：

① 预提本月负担的借款利息 4 750 元，其中短期借款利息 1 350 元，长期借款利息 3 400 元。

② 银行存款支付金融机构手续费 120 元。

③ 将持有的一张票面额 20 000 元、期限 60 天的无息商业汇票，提前 40 天（贴现天数）向银行贴现，贴现率为 9%。

④ 为募款活动，发生编辑、印刷宣传资料费 25 900 元，以银行存款支付。

根据上述业务，账务处理如下：

① 预提本月负担的借款利息。

借：筹资费用——利息　　4 750

　　贷：预提费用　　1 350

　　　　长期借款　　3 400

② 支付手续费。

借：筹资费用——手续费　　120

　　贷：银行存款　　120

③ 不带息票据贴现。

贴现息 = 20 000 × 9%/360 × 40 = 200（元）

贴现所得 = 20 000 － 200 = 19 800（元）

借：银行存款　　19 800

　　筹资费用　　200

贷：应收票据　　20 000

④ 为募款活动而发生编辑、印刷宣传资料费。

借：筹资费用——募捐成本　　25 900

贷：银行存款　　25 900

【例 7－16】某民间非营利组织 2026 年 8 月 13 日，接受一台设备的捐赠，捐赠方提供的发票证明，该设备价款 15 600 元，用银行存款支付了发生的相关税费和运费 800 元。

根据上述业务，账务处理如下：

借：固定资产　　15 600

贷：捐赠收入　　15 600

借：筹资费用　　800

贷：银行存款　　800

【例 7－17】某民间非营利组织本期筹资费用余额为 39 900 元，期末结转。假定本期筹资费用全部为非限定性费用。

该民间非营利组织期末结转，将"筹资费用"科目的余额转入非限定性净资产，账务处理如下：

借：非限定性净资产　　39 900

贷：筹资费用　　39 900

第六节　资产减值损失

一、资产减值损失的概念及其内容

《民间非营利组织会计制度》规定，资产减值损失是指民间非营利组织计提各项资产减值准备所形成的损失。

二、资产减值损失的会计处理

（一）会计科目的设置

《民间非营利组织会计制度》规定，为了核算计提各项资产减值准备所形成的损失，民间非营利组织应当设置“资产减值损失”科目。民间非营利组织的资产减值损失应当按照计提减值准备的资产是否存在限定区分为非限定性费用和限定性费用设置“非限定性费用”“限定性费用”明细科目，进行明细核算。

通常“资产减值损失”科目的借方反映当期资产减值的实际发生额。在会计期末，将“资产减值损失”科目各明细科目的余额分别转入限定性净资产和非限定性净资产科目。期末结转后，“资产减值损失”科目应无余额。

（二）主要账务处理

《民间非营利组织会计制度》规定，民间非营利组织发生资产减值损失的主要账务处理如下。

1. 因提取短期投资、应收款项、存货、长期投资、固定资产、无形资产等资产减值准备而确认的资产减值损失，借记“资产减值损失”科目，贷记“相关资产减值准备”科目。

2. 冲减或转回资产减值准备时，按照转回的金额，借记“相关资产减值准备”科目，贷记“资产减值损失”科目。

3. 会计期末，将“资产减值损失”科目各明细科目的余额分别转入限定性净资产和非限定性净资产，借记“限定性净资产”科目，贷记“资产减值损失”科目“限定性费用”明细科目，借记“非限定性净资产”，贷记“资产减值损失”科目“非限定性费用”明细科目。期末结转后，“资产减值损失”科目应无余额。

（三）主要会计事项举例

【例 7 – 18】 某民间非营利组织持有 S 公司的一项长期债券投资。2026 年 6 月，该项投资期末的账面余额为 160 000 元，已计提减值准备 5 000 元，其可收回金额为 148 000 元。

期末补提长期投资减值准备 = 160 000 – 5 000 – 148 000 = 7 000 元。

账务处理如下：

借：资产减值损失　　　　　　　　　　　　　7 000

　　贷：长期投资减值准备——S 公司　　　　　　　7 000

此部分的核算也可参见第三章“资产”部分的相关核算内容。

第七节　所得税费用

一、所得税费用的概念及其内容

《民间非营利组织会计制度》规定，所得税费用是指有企业所得税缴纳义务的民间非营利组织按规定缴纳企业所得税所形成的费用。一般情况下，民间非营利组织的所得税为非限定性费用。

二、所得税费用的会计处理

（一）会计科目的设置

《民间非营利组织会计制度》规定，为了核算按规定缴纳企业所得税所形成的费用，有企业所得税缴纳义务的民间非营利组织应当设置“所得税费用”科目。

通常"所得税费用"科目的借方反映当期所得税的实际发生额。在会计期末，将"所得税费用"科目本期发生额转入非限定性净资产。期末结转后，"所得税费用"科目应无余额。

（二）主要账务处理

《民间非营利组织会计制度》规定，民间非营利组织发生所得税费用的主要账务处理如下。

1. 发生所得税缴纳义务时，按照支付的金额，借记"所得税费用"科目，贷记"应交税费"等科目。

2. 会计期末，将"所得税费用"科目本期发生额转入非限定性净资产，借记"非限定性净资产"科目，贷记"所得税费用"科目。期末结转后，"所得税费用"科目应无余额。

（三）主要会计事项举例

【例 7－19】 2026 年 8 月，某民间非营利组织计算应交的所得税 12 000 元，并缴纳所得税 12 000 元。

根据上述业务，账务处理如下：

（1）计算本月应交的所得税时：

借：所得税费用　　12 000

　　贷：应交税费——应交所得税　　12 000

（2）缴纳所得税时：

借：应交税费——应交所得税　　12 000

　　贷：银行存款　　12 000

根据企业所得税的管理规定，企业、有生产经营所得和其他所得的事业单位、社会团体等组织均为企业所得税的纳税义务人，如单位取得经营收入，经核算有收益（应纳税所得额），就应按税法规定申报缴纳企业所得税。对于民间非营利组织，需要根据具体情况而定，并不是非营利性机构就不用缴纳所得税，而是需要取得免税资格认定后，部分可以免税。

此部分的核算也可参见第四章第七节中“所得税”部分的相关核算内容。

第八节　其他费用

一、其他费用的概念及其内容

《民间非营利组织会计制度》规定，其他费用是指民间非营利组织发生的、无法归属到上述业务活动成本、税金及附加、管理费用、筹资费用、资产减值损失、所得税费用中的费用，包括固定资产处置净损失、无形资产处置净损失、从事受托代理业务时发生的应归属于其自身的费用、设立与实现本组织业务活动目标不相关的民间非营利组织的相关支出等。

二、其他费用的会计处理

（一）会计科目的设置

《民间非营利组织会计制度》规定，民间非营利组织为了核算其发生的、无法归属到业务活动成本、税金及附加、管理费用、筹资费用、资产减值损失、所得税费用中的费用，如固定资产处置净损失、无形资产处置净损失、从事受托代理业务时发生的应归属于其自身的费用、设立与实现本组织业务活动目标不相关的民间非营利组织的相关支出等，应当设置“其他费用”科目。一般情况下，民间非营利组织的其他费用为非限定性费用，如果存在限定性其他费用，则应当在“其他费用”科目设置“非限定性费用”“限定性费用”明细科目，进行明细核算。此外，民间非营利组织还应当按照其他费用种类在“其他费用”科目下设置明细账，进行明细核算。

“其他费用”科目的借方反映当期其他费用的实际发生额。在会计期末，应当将“其他费用”科目的余额转入“非限定性净资产”科目。如果存在限定性其他费用，则将其金额转入限定性净资产。期末结转后，“其他费用”科目应无余额。

（二）主要账务处理

《民间非营利组织会计制度》规定，民间非营利组织发生的其他费用，应当在发生时按其发生额计入当期费用。其他费用的主要账务处理如下。

1. 发生的固定资产处置净损失，借记“其他费用”科目，贷记“固定资产清理”科目。

2. 发生的无形资产处置净损失，按照实际取得的价款，借记“银行存款”等科目，按照该项无形资产的账面余额，贷记“无形资产”科目，按照已计提的摊销金额，借记“累计摊销“科目，按照其差额，借记“其他费用”科目。

3. 从事受托代理业务时发生的应归属于其自身的费用，借记“其他费用”科目，贷记“银行存款”等科目。

4. 设立与实现本组织业务活动目标不相关的民间非营利组织的相关支出，借记“其他费用”科目，贷记“银行存款”等科目。

5. 会计期末，将“其他费用”科目的余额转入非限定性净资产，借记“非限定性净资产”科目，贷记“其他费用”科目。如果存在限定性其他费用，则将其金额转入限定性净资产，借记“限定性净资产”科目，贷记“其他费用”科目“限定性费用”明细科目。

（三）主要会计事项举例

【**例 7－20**】某民间非营利组织 2026 年 11 月 20 日，报废一台设备，该设备原值 52 000 元，已提固定资产折旧 48 000 元，残值收入 2 700 元、已存入银行，另用银行存款支付发生的清理费用 200 元。

2026 年 11 月 20 日，该民间非营利组织报废设备的清理损失为 52 000－48 000－2 700＋200＝1 500（元），账务处理如下：

借：固定资产清理　　4 000
　　累计折旧　　48 000
　　贷：固定资产　　52 000
借：银行存款　　2 700
　　贷：固定资产清理　　2 700
借：固定资产清理　　200
　　贷：银行存款　　200
借：其他费用　　1 500
　　贷：固定资产清理　　1 500

【**例 7－21**】2026 年 12 月 12 日，某民间非营利组织以 20 000 元的价格转让一项无形资产，该无形资产的账面余额 22 900 元，收到的转让款已存入银行。

2026 年 12 月 12 日，该民间非营利组织账务处理如下：

借：银行存款　　20 000
　　其他费用　　2 900
　　贷：无形资产　　22 900

【**例 7－22**】2026 年 12 月 18 日，某民间非营利组织以银行存款支付罚款 1 200 元。

2026 年 12 月 18 日，某民间非营利组织账务处理如下：

借：其他费用　　1 200

　　贷：银行存款　　1 200

【例 7－23】 2026 年 9 月，某民间非营利组织以银行存款 700 000 元，出资设立了与实现该组织的业务活动目标不相关的另外一家民间非营利组织。

根据上述业务，账务处理如下：

借：其他费用　　700 000

　　贷：银行存款　　700 000

【例 7－24】 2026 年 12 月 31 日，某民间非营利组织“其他费用”科目账面余额为 29 000 元。假定以上其他费用全部为非限定性费用。

2026 年 12 月 31 日，该民间非营利组织将“其他费用”科目的余额转入非限定性净资产，会计处理如下：

借：非限定性净资产　　29 000

　　贷：其他费用　　29 000

第八章
财务会计报告

第一节　财务会计报告概述

一、财务会计报告的定义和分类

财务会计报告是反映民间非营利组织某一特定日期的财务状况和某一会计期间的业务活动情况和现金流量等会计信息的书面文件。

财务会计报告按照编制期分为年度财务会计报告和中期财务会计报告。以短于一个完整的会计年度的期间（如半年度、季度和月度）编制的财务会计报告称为中期财务会计报告。年度财务会计报告则是以整个会计年度为基础编制的财务会计报告。

二、编制财务会计报告的法定要求

《中华人民共和国会计法》规定，各单位必须编制财务会计报告，财务会计报告应当根据经过审核的会计账簿记录和有关资料编制，并符合会计法和国家统一的会计制度关于财务会计报告的编制要求、提供对象和提供期限的规定，并要求财务会计报告真实、完整。《中华人民共和国会计法》还规定，单位负责人对财务会计报告的真实性、完整性负责。依法定期编制财务会计报告，成为每个单位包括民间非营利组织的法定职责，否则将承担相应的法律责任。

民间非营利组织对外提供的财务会计报告应当真实完整，不得违反规定，不得随意改变财务会计报告的编制基础、编制依据、编制原则和方法，不得随意改变《民间非营利组织会计制度》规定的财务会计报告有关数据的口径。

《民间非营利组织会计制度》规定，民间非营利组织对外提供的财务会计报告应当依次编定页数，加具封面，装订成册，加盖公章。封面上应当注明：组织名称、组织登记证号、组织形式、地址、报表所属年度或者中期、报出日期，并由单位负责人和主管会计工作的负责人、会计机构负责人（会计主管人员）签名并盖章；设置总会计师的单位，还应当由总会计师签名并盖章。民间非营利组织的年度财务会计报告至少应当于年度终了后 4 个月内对外提供。如果民间非营利组织被要求对外提供中期财务会计报告的，应当在规定的时间内对外提供。

2004 年出台的《民间非营利组织会计制度》规定，民间非营利组织对外投资，而且占对被投资单位资本总额 50% 以上（不含 50%），或者虽然占该单位资本总额不足 50% 但具有实质上的控制权的，或者对被投资单位具有控制权的，应当编制合并会计报表。2024 年 12 月修订的《民间非营利组织会计制度》，修改了长期股权投资的会计处理方法。将长期股权投资的权益法和成本法核算修改为统一用成本法核算，并增加相关披露要求。主要考虑是民间非营利组织更加关注可用于各类项目支出的货币资金，成本法加计提减值准备的会计处理方法更加符合民间非营利组织的业务特点和管理要求。民间非营利组织的资产提供者向民间非营利组织投入资源不取得经济回报，没有所有者权益的概念，成本法更符合民间非营利组织的特征。同时，增加相关披露要求，单独反映被投资单位当年实现的净利润或发生的净亏损，充分满足信息使用者的需求。

三、编制财务会计报告的重要意义

民间非营利组织的资产主要来自捐赠人的捐赠、会员缴纳的会费、向服务对象收取的服务费等，对象较广，涉及公众较多；而且这些资产提供者在提供资产以后不再享有资产处置权、受益权、分配权等所有权。因此，民间非营利组织的捐赠人、会员、管理部门以及社会公众等都迫切需要了解民间非营利组织控制的资源状况、负债水平、资产的使用情况及其效果、现金流量等信息，而这些要求通过编制能够反映这些信息的财务会计报告。财务会计报告的编制和披露成为沟通民间非营利组织与资产提供者和社会公众的桥梁，也有助于民间非营利组织加强内部管理和健康规范发展。具体来讲，民间非营利组织编制财务会计报告具有以下重要意义。

（一）如实反映单位的经济资源、债务情况、收入、成本费用和现金流量情况

会计具有反映和监督两个职能，其中反映职能是会计最本质的职能。民间非营利组织通过编制财务会计报告，可以真实、完整地反映其所控制的经济资源、所承担的债务状况、所取得的收入、成本费用情况以及现金流量情况等，从而可以反映出民间非营利组织的经济实力、偿债能力、运营绩效和现金周转情况等信息。

（二）解脱单位管理层的受托责任

民间非营利组织的资产主要来自捐赠人、会员、提供服务对象等，这些外部资产提供者与民间非营利组织管理层之间形成了委托与受托的关系，即民间非营利组织管理层主要是受托从事日常业务活动，民间非营利组织管理层为了解脱其受托责任，必须向委托人披露相关的财务和绩效信息，而定期编制并对外提供财务会计报告，向委托方报告其受托资源管理

的情况，可以有效解脱民间非营利组织管理层的受托责任。

（三）提供会计信息使用者决策有用的信息

民间非营利组织定期编制财务会计报告不仅可以满足捐赠人、会员等的信息需要，还可以满足债权人、政府监管部门甚至单位加强自身管理的信息需要，为这些会计信息使用者提供对其决策有用的信息。

（四）提高民间非营利组织的透明度，增强其社会公信力

民间非营利组织的资产提供者不享有组织的所有权，也不能取得经济回报，其业务活动的宗旨和目的是非营利事业，因此，民间非营利组织的建立和发展实际上是建立在信任或者诚信基础上，其财务、业务活动信息的透明对于民间非营利组织的持续健康发展至关重要。为此，民间非营利组织通过编制、披露财务会计报告，可以有效提高其透明度，增强其社会公信力，从而有利于民间非营利组织在社会公众中树立良好、可信的形象，促进其长远发展。

四、财务会计报告的构成和内容

《中华人民共和国会计法》规定，财务会计报告由会计报表、会计报表附注和财务情况说明书构成。其中，会计报表是财务会计报告的主体和核心，反映单位基本的财务状况、运营绩效和现金流量；会计报表附注是指为便于会计报表使用者理解会计报表的内容，而对会计报表的编制基础、编制依据、编制原则和方法及主要项目等所作的解释；财务情况说明书是对一定会计期间业务活动以及财务、收入、成本费用情况进行分析说明的书面文字报告。

为了向民间非营利组织财务会计报告使用者提供对其决策有用的信息，真实、完整地反映民间非营利组织的财务状况、营运成果和现金流

量，《民间非营利组织会计制度》规定了民间非营利组织对外提供的财务会计报告的内容、会计报表的种类和格式、会计报表附注应予披露的主要内容等；民间非营利组织内部管理需要的会计报表由单位自行规定。

年度终了，民间非营利组织应对外提供年度财务会计报告，通常包括资产负债表、业务活动表和现金流量表三张制度规定的基本会计报表和会计报表附注。在会计报表附注中侧重披露编制会计报表所采用的会计政策、已经在会计报表中得到反映的重要项目的具体说明和未在会计报表中得到反映的重要信息的说明等内容。

月度、季度或半年终了，民间非营利组织编制中期财务会计报告时，应当采用与年度会计报表相一致的确认与计量原则。中期财务会计报告的内容相对于年度财务会计报告而言可以适当简化，但应包括中期期末财务状况和中期业务活动情况及其现金流量相关的重要财务信息。一般来说，中期财务会计报告主要是编制资产负债表和业务活动表，如表 8 - 1 所示。

表 8 - 1　　民间非营利组织会计报表总汇

编号	会计报表名称	编制期
会民非 01 表	资产负债表	中期报告、年度报告
会民非 02 表	业务活动表	中期报告、年度报告
会民非 03 表	现金流量表	年度报告

第二节　资产负债表

一、资产负债表的定义、内容和格式

《民间非营利组织会计制度》规定，资产负债表反映民间非营利组织某一会计期末全部资产、负债和净资产的情况。具体来说，它反映民间非营利组织在某一特定日期所拥有或控制的经济资源、所承担的现时义务和

净资产的构成情况。简言之，资产负债表反映的是民间非营利组织在某特定日期的财务状况。因此，它也被称为财务状况表。

民间非营利组织的资产负债表采用账户式结构，报表分为左右两方。左方列示资产各项目，反映全部资产的分布及存在形态；右方列示负债和净资产各项目，反映全部负债和净资产的内容及构成情况。资产各项目按其流动性由强到弱顺序排列，具体包括流动资产、长期投资、固定资产、文物资源、无形资产、长期待摊费用和受托代理资产；负债各项目按其到期日的远近或者偿付的紧迫程度顺序排列，具体包括流动负债、长期负债和受托代理负债；净资产按照相关资产是否受到限制分为非限定性净资产和限定性净资产。资产负债表左右双方平衡，即资产合计等于负债和净资产合计。

资产负债表的基本格式如表 8－2 所示。

表 8－2 **资产负债表** 会民非 01 表

编制单位： 年 月 日 单位：元

资产	年初余额	期末余额	负债和净资产	年初余额	期末余额
流动资产：			流动负债：		
货币资金			短期借款		
短期投资			应付款项		
应收款项			应付职工薪酬		
预付账款			应交税费		
存　货			预收账款		
待摊费用			预提费用		
一年内到期的长期投资			一年内到期的长期负债		
其他流动资产			其他流动负债		
流动资产合计			流动负债合计		
非流动资产：			长期负债：		
长期投资：			长期借款		
长期股权投资			长期应付款		

续表

资产	年初余额	期末余额	负债和净资产	年初余额	期末余额
长期债权投资			预计负债		
其他长期投资			其他长期负债		
长期投资合计			长期负债合计		
固定资产：					
固定资产原价			受托代理负债：		
减：累计折旧			受托代理负债		
固定资产净值					
在建工程			**负债合计**		
固定资产清理					
固定资产合计					
文物资源					
无形资产：					
无形资产原价			净资产：		
减：累计摊销			非限定性净资产		
无形资产净值			限定性净资产		
长期待摊费用			**净资产合计**		
非流动资产合计					
受托代理资产：					
受托代理资产					
资产总计			**负债和净资产总计**		

二、资产负债表的编制方法

资产负债表的编制是以日常会计核算记录的数据为基础，进行归类、整理和汇总，加工成报表项目的过程。我国民间非营利组织资产负债表主体部分的各项目都列有“年初余额”和“期末余额”两个栏目，是一种比较资产负债表。以下分别说明各栏目的填列方法。

（一）资产负债表的“年初余额”的填列

资产负债表“年初余额”栏内各项数字，应当根据上年年末资产负债表“期末余额”栏内数字填列。如果本年度资产负债表规定的各个项目的名称和内容同上年度不一致，应对上年年末资产负债表各项目的名称和数字按照本年度的规定进行调整，填入本表“年初余额”栏内。

（二）资产负债表的“期末余额”的填列

“期末余额”是指某一会计期末的余额，即中期期末或者年末的余额。资产负债表各项目“期末余额”的数据来源，一般可以通过以下五种方式取得。

一是直接根据总账科目的余额填列。例如，资产负债表中的固定资产原价、累计折旧、固定资产清理、短期借款、应付职工薪酬、应交税费、非限定性净资产和限定性净资产等项目。

二是根据几个总账科目的余额计算填列。例如，资产负债表中的“货币资金”项目，应当根据“现金”“银行存款”“其他货币资金”科目的期末余额合计扣除受托代理形成的货币资金部分后分析填列。又如，“应收款项”项目应当根据“应收账款”“应收票据”“其他应收款”等科目的余额计算填列；再如，“应付款项”项目应当根据“应付账款”“应付票据”“其他应付款”等科目的余额计算填列等。

三是根据有关明细科目的余额计算填列。

四是根据总账科目和明细科目的余额分析计算填列。如“长期借款”项目，应根据“长期借款”总账科目余额扣除“长期借款”科目所属的明细科目中反映的将于一年内到期的长期借款部分分析计算填列。这些项目有：长期债权投资、其他长期投资、长期借款、长期应付款等。

五是根据有关资产科目与其备抵科目抵销后的净额填列。如“短期投资”项目，应根据“短期投资”科目的期末余额减去“短期投资跌价准备”科目的期末余额后的金额填列。这些项目有：应收款项、短期投资、存货、长期股权投资、长期债权投资、其他长期投资等。

根据上述原则，资产负债表“期末余额”各项目所应反映的内容及其填列方法，具体如下。

1. “货币资金”项目，反映民间非营利组织期末库存现金、存放银行的各类款项以及其他货币资金的合计数。本项目应当根据“现金”“银行存款”“其他货币资金”科目的期末余额合计填列。如果民间非营利组织的受托代理资产为现金、银行存款或其他货币资金且通过“现金”“银行存款”“其他货币资金”科目核算，还应当扣减“现金”“银行存款”“其他货币资金”科目中“受托代理资产”明细科目的期末余额。

2. “短期投资”项目，反映民间非营利组织持有的各种能够随时变现并且持有时间不准备超过 1 年（含 1 年）的投资。本项目应当根据“短期投资”科目的期末余额，减去“短期投资跌价准备”科目的期末余额后的金额填列。

3. “应收款项”项目，反映民间非营利组织期末应收票据、应收账款和其他应收款等应收未收款项。本项目应当根据“应收票据”“应收账款”“其他应收款”科目的期末余额合计，减去“坏账准备”科目的期末余额后的金额填列。

4. “预付账款”项目，反映民间非营利组织预付给商品或者服务供应单位等的款项。本项目应当根据“预付账款”科目的期末余额填列。

5. “存货”项目，反映民间非营利组织在日常业务活动中持有以备出售或捐赠的，或者为了出售或捐赠仍处在生产过程中的，或者将在生产、提供服务或日常管理过程中耗用的材料、物资、商品等。本项目应当根据“存货”科目的期末余额，减去“存货跌价准备”科目的期末余额后的金额填列。

6. “待摊费用”项目，反映民间非营利组织已经支出，但应当由本期和以后各期分别负担的、分摊期在1年以内（含1年）的各项费用，如预付保险费、预付租金等。本项目应当根据“待摊费用”科目的期末余额填列。

7. “一年内到期的长期投资”项目，反映民间非营利组织将在1年以内（含1年）到期的长期债权投资或其他长期投资。本项目应当根据“长期债权投资”和“其他长期投资”科目的期末余额中将在1年以内（含1年）到期的长期债权投资余额和其他长期投资余额，减去“长期投资减值准备”科目的期末余额中1年以内（含1年）到期的长期债权投资减值准备余额和其他长期投资减值准备余额后的金额填列。

8. “其他流动资产”项目，反映民间非营利组织除以上流动资产项目外的其他流动资产。本项目应当根据有关科目的期末余额分析填列。如果其他流动资产价值较大的，应当在会计报表附注中单独披露其内容和金额。

9. “流动资产合计”项目，反映民间非营利组织期末流动资产的合计数。本项目应当按照本表中“货币资金”“短期投资”“应收款项”“预付账款”“存货”“待摊费用”“一年内到期的长期投资”“其他流动资产”项目金额的合计数填列。

10. “长期股权投资”项目，反映民间非营利组织不准备在1年以内（含1年）变现的各种股权性质的投资的可收回金额。本项目应当根据“长期股权投资”科目的期末余额，减去“长期投资减值准备”科目的期末余额中长期股权投资减值准备余额后的金额填列。

11. “长期债权投资”项目，反映民间非营利组织不准备在1年以内（含1年）变现的各种债权性质的投资的可收回金额。本项目应当根据“长期债权投资”科目的期末余额，减去“长期投资减值准备”科目的期末余额中长期债权投资减值准备余额，再减去将在1年以内（含1年）到期的长期债权投资余额的金额填列。

12. “其他长期投资”项目，反映民间非营利组织不准备在1年以内（含1年）变现的，除股权和债权以外的其他各类投资的可收回金额。本项目应当根据“其他长期投资”科目的期末余额，减去“长期投资减值准备”科目的期末余额中其他长期投资减值准备余额，再减去将在1年以内（含1年）到期的其他长期投资余额的金额填列。

13. “长期投资合计”项目，反映民间非营利组织期末长期投资的合计数。本项目应当按照本表中“长期股权投资”“长期债权投资”“其他长期投资”项目金额的合计数填列。

14. “固定资产原价”项目，反映民间非营利组织固定资产的原价。本项目应当根据“固定资产”科目的期末余额填列。

“累计折旧”项目，反映民间非营利组织期末固定资产已计提的累计折旧金额。本项目应当根据“累计折旧”科目的期末余额填列。

“固定资产净值”项目，反映民间非营利组织固定资产的账面价值。本项目应当根据“固定资产”科目的期末余额，减去“累计折旧”科目和“固定资产减值准备”科目（如有）的期末余额后的金额填列。

15. “在建工程”项目，反映民间非营利组织期末各项未完工程的实际支出。本项目应当根据“在建工程”科目的期末余额填列。

16. “固定资产清理”项目，反映民间非营利组织因出售、毁损、报废等原因转入清理但尚未清理完毕的固定资产的账面价值，以及固定资产清理过程中发生的清理费用和变价收入等各项金额的差额。本项目应当根据“固定资产清理”科目的期末借方余额填列；如果“固定资产清理”科目期末为贷方余额，则以“-”号填列。

17. “固定资产合计”项目，反映民间非营利组织期末固定资产的合计数。本项目应当按照本表中“固定资产净值”“在建工程”“固定资产清理”项目金额的合计数填列。

18.“文物资源”项目，反映民间非营利组织按照《中华人民共和国文物保护法》等有关法律、行政法规规定被认定为文物的有形资产和尚未被认定为文物的古籍等藏品。本项目应当根据“文物资源”科目的期末余额填列。

19.“无形资产原价”项目，反映民间非营利组织无形资产的原价。本项目应当根据“无形资产”科目的期末余额填列。

“累计摊销”项目，反映民间非营利组织期末无形资产已计提的累计摊销金额。本项目应当根据“累计摊销”科目的期末余额填列。

“无形资产净值”项目，反映民间非营利组织的无形资产的账面价值。本项目应当根据“无形资产”科目的期末余额，减去“累计摊销”科目和“无形资产减值准备”科目（如有）的期末余额后的金额填列。

20.“长期待摊费用”项目，反映民间非营利组织已经发生但应由本期和以后各期负担的分摊期限在1年以上（不含1年）的各项费用，如以经营租赁方式租入的固定资产发生的改良支出等。本项目应当根据“长期待摊费用”科目的期末余额填列。

21.“非流动资产合计”项目，反映民间非营利组织期末非流动资产的合计数。本项目应当按照本表中“长期投资合计”“固定产合计”“文物资源”“无形资产净值”“长期待摊费用”项目金额的合计数填列。

22.“受托代理资产”项目，反映民间非营利组织接受委托方委托从事受托代理业务而收到的资产。本项目应当根据“受托代理资产”科目的期末余额填列。如果民间非营利组织的受托代理资产为现金、银行存款或其他货币资金且通过“现金”“银行存款”“其他货币资金”科目核算，还应当加上“现金”“银行存款”“其他货币资金”科目中“受托代理资产”明细科目的期末余额。

23.“资产总计”项目，反映民间非营利组织期末资产的总计数。本项目应当按照本表中“流动资产合计”“非流动资产合计”“受托代理资产”项目金额的总计数填列。

24. “短期借款”项目，反映民间非营利组织向银行或其他金融机构等借入的、尚未偿还的期限在1年以内（含1年）的各种借款。本项目应当根据“短期借款”科目的期末余额填列。

25. “应付款项”项目，反映民间非营利组织期末应付票据、应付账款和其他应付款等应付未付款项。本项目应当根据“应付票据”“应付账款”“其他应付款”科目的期末余额合计填列。

26. “应付职工薪酬”项目，反映民间非营利组织应付未付的职工薪酬。本项目应当根据“应付职工薪酬”科目的期末贷方余额填列；如果“应付职工薪酬”科目期末为借方余额，以“-”号填列。

27. “应交税费”项目，反映民间非营利组织应交未交的各种税费。本项目应当根据“应交税费”科目的期末贷方余额填列；如果“应交税费”科目期末为借方余额，则以“-”号填列。

28. “预收账款”项目，反映民间非营利组织向服务和商品购买单位等预收的各种款项。本项目应当根据“预收账款”科目的期末余额填列。

29. “预提费用”项目，反映民间非营利组织预先提取的已经发生但尚未实际支付的各项费用。本项目应当根据“预提费用”科目的期末余额填列。

30. “一年内到期的长期负债”项目，反映民间非营利组织承担的将于1年以内（含1年）偿还的长期负债。本项目应当根据有关长期负债科目的期末余额中将在1年以内（含1年）到期的金额分析填列。

31. “其他流动负债”项目，反映民间非营利组织除以上流动负债之外的其他流动负债。本项目应当根据有关科目的期末余额填列。如果其他流动负债金额较大的，应当在会计报表附注中单独披露其内容和金额。

32. “流动负债合计”项目，反映民间非营利组织期末流动负债的合计数。本项目应当按照本表中“短期借款”“应付款项”“应付职工薪酬”

“应交税费”“预收账款”“预提费用”“一年内到期的长期负债”“其他流动负债”项目金额的合计数填列。

33. “长期借款”项目，反映民间非营利组织向银行或其他金融机构等借入的期限在1年以上（不含1年）的各种借款本息。本项目应当根据“长期借款”科目的期末余额减去其中将于1年以内（含1年）到期的长期借款余额后的金额填列。

34. “长期应付款”项目，反映民间非营利组织承担的各种长期应付款，如融资租入固定资产发生的应付租赁款。本项目应当根据“长期应付款”科目的期末余额减去其中将于1年以内（含1年）到期的长期应付款余额后的金额填列。

35. “预计负债”项目，反映民间非营利组织对因或有事项所产生的现时义务而确认的负债。本项目应当根据“预计负债”科目的期末余额填列。

36. “其他长期负债”项目，反映民间非营利组织除以上长期负债项目之外的其他长期负债。本项目应当根据有关科目的期末余额减去其中将于1年以内（含1年）到期的其他长期负债余额后的金额分析填列。如果其他长期负债金额较大的，应当在会计报表附注中单独披露其内容和金额。

37. “长期负债合计”项目，反映民间非营利组织期末长期负债的合计数。本项目应当按照本表中“长期借款”“长期应付款”“预计负债”“其他长期负债”项目金额的合计数填列。

38. “受托代理负债”项目，反映民间非营利组织因从事受托代理业务、接受受托代理资产而产生的负债。本项目应当根据“受托代理负债”科目的期末余额填列。

39. “负债合计”项目，反映民间非营利组织期末负债的合计数。本项目应当按照本表中“流动负债合计”“长期负债合计”“受托代理负债”项目金额的合计数填列。

40. “非限定性净资产”项目，反映民间非营利组织拥有的非限定性净资产期末余额。本项目应当根据“非限定性净资产”科目的期末余额填列。

41. “限定性净资产”项目，反映民间非营利组织拥有的限定性净资产期末余额。本项目应当根据“限定性净资产”科目的期末余额填列。

42. “净资产合计”项目，反映民间非营利组织期末净资产的合计数。本项目应当按照本表中“非限定性净资产”“限定性净资产”项目金额的合计数填列。

43. “负债和净资产总计”项目，反映民间非营利组织期末负债和净资产的总计数。本项目应当按照本表中“负债合计”“净资产合计”项目金额的合计数填列。

三、资产负债表的编制举例

【例 8-1】某民间非营利组织 2026 年 1 月 1 日的资产负债表如表 8-3 所示。

表 8-3　　资产负债表

编制单位：某民间非营利组织　　2026 年 1 月 1 日

资产	金额	负债和净资产	金额
流动资产：		流动负债：	
货币资金	23 781 650	短期借款	300 000
短期投资		应付款项	
应收款项	45 350	应付职工薪酬	
预付账款		应交税费	
存货	60 000	预收账款	
待摊费用		预提费用	
一年内到期的长期债权投资		一年内到期的长期负债	
其他流动资产		其他流动负债	
流动资产合计	23 887 000	流动负债合计	300 000

续表

资产	金额	负债和净资产	金额
非流动资产：		长期负债：	
长期投资：		长期借款	
长期股权投资		长期应付款	
长期债权投资		预计负债	
其他长期投资		其他长期负债	
长期投资合计		长期负债合计	
固定资产：			
固定资产原价	720 000	受托代理负债：	
减：累计折旧	240 000	受托代理负债	
固定资产净值	480 000		
在建工程		**负债合计**	300 000
固定资产清理			
固定资产合计	480 000		
文物资源			
无形资产：			
无形资产原价		净资产：	
减：累计摊销		非限定性净资产	23 887 000
无形资产净值		限定性净资产	180 000
长期待摊费用		净资产合计	24 067 000
非流动资产合计	480 000		
受托代理资产：			
受托代理资产			
资产总计	24 367 000	**负债和净资产总计**	24 367 000

该民间非营利组织2026年发生如下经济业务：

① 该民间非营利组织的章程规定，个人会员应当在每年年初交纳100元会费、团体会员单位缴纳2 000元会费，该民间非营利组织可以将会费

收入用于符合章程规定的各项用途。2026 年 1 月 15 日，假定该民间非营利组织收到个人会员会费 40 000 元均为现金，当日将收到的现金会费存入银行。2026 年 1 月 22 日，该民间非营利组织收到团体会员单位银行转账会费 200 000 元。

② 2026 年 2 月 3 日，该民间非营利组织收到政府转入其银行账户资金 2 000 000 元，这 2 000 000 元是政府补助，其中 500 000 元指定用于失独老人健康项目，另 1 500 000 元无特定要求。

③ 2026 年 3 月 16 日，该民间非营利组织与某集团签订了捐赠协议，该集团于 3 月 20 日将捐款 8 600 000 元转账至该民间非营利组织的银行账户中。该笔捐款无用途上和时间上的限制。

④ 2026 年 3 月 30 日，该民间非营利组织以银行存款归还短期借款本金 300 000 元，同时以银行存款支付利息费用 9 000 元，均为非限定性费用。

⑤ 2026 年 5 月 26 日，该民间非营利组织使用非限定性捐款拨付资金 7 900 000 元，用于助学项目发放贫困生补助。

⑥ 2026 年 8 月 19 日，该民间非营利组织将政府拨付资金 500 000 元，分两笔以银行存款支付指定的失独老人健康项目费用，其中 8 月 19 日，支付资助款 400 000 元；8 月 20 日支付为失独老人采购文体活动物品款 100 000 元并将文体活动物品办理入库，后于 29 日全部出库发放完成。

⑦ 2026 年 10 月，该民间非营利组织按照政府要求完成了对专业人员共 4 期的培训；作为政府购买服务，10 月 25 日收到政府转入其银行账户资金 1 000 000 元，此收入无特别限定要求。

⑧ 2026 年 12 月 11 日，该民间非营利组织购入 6 个月期的债券作为短期投资，以银行存款支付 200 000 元。

⑨ 2026 年 12 月 15 日，该民间非营利组织购入 2 台笔记本电脑，每台价格 6 500 元，用银行存款已支付。

⑩ 2026 年 12 月 31 日，该民间非营利组织计提了折旧费用 60 000 元，

均为行政管理用固定资产折旧费用，为非限定性费用。

⑪ 该民间非营利组织分配行政管理人员工资 320 000 元，假设该民间非营利组织当年用银行存款支付了行政管理人员工资，年末应付工资的余额为零。本年发生水电、差旅、办公费等其他管理费用 94 000 元，均已用银行存款支付，以上费用均为非限定性费用。

⑫ 2026 年 12 月 31 日，该民间非营利组织组织盘点固定资产，发现一台设备盘亏，该设备账面原价为 16 000 元，已提取折旧 6 000 元，以上费用为非限定性费用。根据管理权限报经批准后，将向相关过失人孙某收取赔偿金额 5 000 元。

⑬ 该民间非营利组织组织采用日清月结，每月将当期各项收入和成本费用结转至净资产项目。

该民间非营利组织 2026 年的账务处理如下：

① 2026 年 1 月 15 日按照实际收到的会费金额确认会费收入。

借：现金　　40 000

　　贷：会费收入——非限定性收入　　40 000

将会费收入送存银行时。

借：银行存款　　40 000

　　贷：现金　　40 000

2026 年 1 月 22 日，收到团体会员单位银行转账会费时，确认会费收入。

借：银行存款　　200 000

　　贷：会费收入——非限定性收入　　200 000

月末结转，

借：会费收入——非限定性收入　　240 000

　　贷：非限定性净资产　　240 000

② 2026 年 2 月 3 日，该民间非营利组织收到的 2 000 000 元是政府补

助，500 000 元指定用于失独老人健康项目，因此属于限定性收入；另 1 500 000 元并未受到用途上和时间上的限制，因此属于非限定性收入。

借：银行存款　　2 000 000

　　贷：政府补助收入——非限定性收入　　1 500 000

　　　　　　　　　——限定性收入　　500 000

月末结转，

借：政府补助收入——非限定性收入　　1 500 000

　　贷：非限定性净资产　　1 500 000

借：政府补助收入——限定性收入　　500 000

　　贷：限定性净资产　　500 000

③ 2026 年 3 月 20 日，该民间非营利组织收到捐款 8 600 000 元。

借：银行存款　　8 600 000

　　贷：捐赠收入——非限定性收入　　8 600 000

月末结转，

借：捐赠收入——非限定性收入　　8 600 000

　　贷：非限定性净资产　　8 600 000

④ 2026 年 3 月 30 日，归还短期借款本金 300 000 元，同时以银行存款支付利息费用 9 000 元。

借：短期借款　　300 000

　　筹资费用　　9 000

　　贷：银行存款　　309 000

月末结转，

借：非限定性净资产　　9 000

　　贷：筹资费用　　9 000

⑤ 2026 年 5 月 26 日，该民间非营利组织用于助学项目发放贫困生补助支出 7 900 000 元。

借：业务活动成本——非限定性费用（助学项目）

7 900 000

贷：银行存款 7 900 000

月末结转，

借：非限定性净资产 7 900 000

贷：业务活动成本——非限定性费用（助学项目）

7 900 000

⑥ 2026 年 8 月将政府拨付资金 500 000 元，全部用于指定的失独老人健康项目，其中 8 月 19 日，支付资助款 400 000 元；8 月 20 日采购文体活动物品 100 000 元并办理入库，后于 29 日全部出库发放完成。

借：业务活动成本——限定性费用（失独老人健康项目）

400 000

贷：银行存款 400 000

借：存货——文体活动用品 100 000

贷：银行存款 100 000

借：业务活动成本——限定性费用（失独老人健康项目）

100 000

贷：存货——文体活动用品 100 000

月末结转，

借：限定性净资产 500 000

贷：业务活动成本——限定性费用（失独老人健康项目）

500 000

⑦ 2026 年 10 月，该民间非营利组织按照政府要求完成了对专业人员培训；同时收到政府转来的政府购买服务资金 1 000 000 元。

借：银行存款 1 000 000

贷：提供服务收入——非限定性收入 1 000 000

月末结转，

借：提供服务收入——非限定性收入　　1 000 000

　　贷：非限定性净资产　　1 000 000

⑧ 2026 年 12 月 11 日，购入六个月期的债券。

借：短期投资　　200 000

　　贷：银行存款　　200 000

⑨ 2026 年 12 月 15 日，购入 2 台笔记本电脑，每台价格 6 500 元，款项已支付。

借：固定资产　　13 000

　　贷：银行存款　　13 000

⑩ 2026 年 12 月 31 日，对行政管理用固定资产计提的折旧 60 000 元，应计入当期管理费用。

借：管理费用　　60 000

　　贷：累计折旧　　60 000

月末结转，

借：非限定性净资产　　60 000

　　贷：管理费用　　60 000

⑪ 发生的行政管理人员的职工薪酬 320 000 元和水电、差旅、办公费等日常费用 94 000 元。

借：管理费用　　320 000

　　贷：应付职工薪酬　　320 000

借：应付职工薪酬　　320 000

　　贷：银行存款　　320 000

借：管理费用　　94 000

　　贷：银行存款　　94 000

月末结转，

借：非限定性净资产　　414 000

　　贷：管理费用　　414 000

⑫ 2026 年 12 月 31 日，盘点固定资产，对盘亏一台设备进行账务处理。

借：其他应收款——孙某　　5 000

　　累计折旧　　6 000

　　管理费用　　5 000

　　贷：固定资产　　16 000

月末结转，

借：非限定性净资产　　5 000

　　贷：管理费用　　5 000

本例中，为了读者清晰，月末结转编制的是收入、费用逐笔结转的分录，实务中每月月底结转，根据各收入、支出科目余额进行结转即可。

根据上述业务，编制 2026 年 12 月 31 日资产负债表，如表 8 –4 所示。

表 8 –4　　资产负债表

编制单位：某民间非营利组织　　2×20 年 12 月 31 日　　单位：元

资产	年初数	期末数	负债和净资产	年初数	期末数
流动资产：			流动负债：		
货币资金	23 781 650	26 285 650	短期借款	300 000	
短期投资		200 000	应付款项		
应收款项	45 350	50 350	应付职工薪酬		
预付账款			应交税费		
存　货	60 000	60 000	预收账款		
待摊费用			预提费用		
一年内到期的长期债权投资			一年内到期的长期负债		
其他流动资产			其他流动负债		
流动资产合计	23 887 000	26 596 000	流动负债合计	300 000	

续表

资产	年初数	期末数	负债和净资产	年初数	期末数
非流动资产：			长期负债：		
长期投资：			长期借款		
长期股权投资			长期应付款		
长期债权投资			预计负债		
其他长期投资			其他长期负债		
长期投资合计			长期负债合计		
固定资产：					
固定资产原价	720 000	717 000	受托代理负债：		
减：累计折旧	240 000	294 000	受托代理负债		
固定资产净值	480 000	423 000			
在建工程			**负债合计**	300 000	
固定资产清理					
固定资产合计	480 000	423 000			
文物资源					
无形资产：					
无形资产原价			净资产：		
减：累计摊销			非限定性净资产	23 887 000	26 839 000
无形资产净值			限定性净资产	180 000	180 000
长期待摊费用			净资产合计	24 067 000	27 019 000
非流动资产合计	480 000	423 000			
受托代理资产：					
受托代理资产					
资产总计	24 367 000	27 019 000	**负债和净资产总计**	24 367 000	27 019 000

第三节　业务活动表

一、业务活动表的定义、内容和格式

业务活动表是反映民间非营利组织在某一会计期间内开展业务活动的

实际情况的报表。由于它是反映一定会计期间运营绩效的，又被称为绩效报表。

业务活动表的核心是核算民间非营利组织收入费用情况、净资产的变动额及其具体构成。业务活动表主要包括以下六个部分：

一是民间非营利组织在一定会计期间所获得的收入情况，包括各收入来源及其构成、各项收入使用的限定情况等。为了反映以上情况，《民间非营利组织会计制度》将业务活动表设计成矩阵式，分别列示各项收入来源，包括捐赠收入、会费收入、提供服务收入、政府补助收入、商品销售收入、总部拨款收入、投资收益和其他收入；同时又列示各项收入受到限制的情况，包括非限定性收入和限定性收入等。

二是民间非营利组织在一定会计期间所发生的费用情况，包括业务活动成本、税金及附加、管理费用、筹资费用、资产减值损失、所得税费用、其他费用等。所有费用按性质分为非限定性费用和限定性费用，上述费用的发生意味着非限定性、限定性净资产的减少。

三是民间非营利组织在一定会计期间内由限定性净资产转为非限定性净资产的金额，从而反映民间非营利组织净资产中“限定性”解除等情况。

四是民间非营利组织在一定会计期间内由非限定性净资产转为限定性净资产的金额，从而反映民间非营利组织净资产中非限定性净资产受限后转为限定性净资产的情况。

五是民间非营利组织在一定会计期间所发生的以前年度净资产调整的金额，反映民间非营利组织当期调整以前年度净资产的情况。

六是民间非营利组织在一定会计期间净资产的变动额，包括非限定性净资产的变动额和限定性净资产的变动额情况。业务活动表的基本格式如表 8 – 5 所示。

表 8-5 **业务活动表** 会民非 02 表

编制单位： 年 月 单位：元

项目	本月数			本年累计数		
	非限定性	限定性	合计	非限定性	限定性	合计
一、收入						
其中：捐款收入						
会费收入						
提供服务收入						
政府补助收入						
商品销售收入						
总部拨款收入						
投资收益						
其他收入						
收入合计						
二、费用						
业务活动成本						
其中：						
税金及附加						
管理费用						
筹资费用						
资产减值损失						
所得税费用						
其他费用						
费用合计						
三、限定性净资产转为非限定性净资产						
四、非限定性净资产转为限定性净资产						
五、以前年度净资产调整						
六、净资产变动额（若为净资产减少额，以“－”号填列）						

二、业务活动表的编制

按照我国民间非营利组织业务活动表的格式要求，业务活动表采用矩阵式，反映各项收入、费用、净资产变动和限定情况。

（一）业务活动表本期数的填列

业务活动表本期数根据实际情况可为本月数、本季度数、本半年度数等。业务活动表“本月数”栏反映各项目的本月实际发生数；在编制季度、半年度等中期财务会计报告时，应当将该栏改为“本季度数”“本半年度数”等本中期数栏，反映各项目本中期的实际发生数。在提供上年度比较报表时，应当增设可比期间栏目，反映可比期间各项目的实际发生数。如果本年度业务活动表规定的各个项目的名称和内容同上年度不一致，应对上年度业务活动表各项目的名称和数字按照本年度的规定进行调整，填入本表上年度可比期间栏目内。

（二）业务活动表“本年累计数”的填列

业务活动表“本年累计数”栏反映各项目自年初起至报告期末止的累计实际发生数。

（三）业务活动表“非限定性”和“限定性”栏目的填列

业务活动表“非限定性”栏反映本期非限定性收入、非限定性费用的实际发生数和本期由限定性净资产转为非限定性净资产的金额等；本表“限定性”栏反映本期限定性收入、限定性费用的实际发生数和本期由限定性净资产转为非限定性净资产的金额（以“－”号填列）等。在提供上年度比较报表项目金额时，限定性和非限定性栏目的金额可以合并填列。

（四）业务活动表各项目的内容和填列

业务活动表各项目，应当按照有关科目的发生额分析填列，具体如下。

1. “捐赠收入”项目，反映民间非营利组织接受其他单位或者个人捐赠所取得的收入总额。本项目应当根据“捐赠收入”科目的发生额填列。

2. “会费收入”项目，反映民间非营利组织根据章程等的规定向会员收取的会费总额。本项目应当根据“会费收入”科目的发生额填列。

3. “提供服务收入”项目，反映民间非营利组织根据章程等的规定向其服务对象提供服务取得的收入总额，包括承接政府购买服务取得的收入。本项目应当根据“提供服务收入”科目的发生额填列。

4. “政府补助收入”项目，反映民间非营利组织接受政府拨款或者政府机构给予的补助而取得的收入总额。本项目应当根据“政府补助收入”科目的发生额填列。

5. “商品销售收入”项目，反映民间非营利组织销售商品等所形成的收入总额。本项目应当根据“商品销售收入”科目的发生额填列。

6. “总部拨款收入”项目，反映境外非政府组织代表机构从其总部取得的拨款收入。本项目应当根据“总部拨款收入”科目的发生额填列。

7. “投资收益”项目，反映民间非营利组织以各种方式对外投资所取得的投资净损益。本项目应当根据“投资收益”科目的贷方发生额填列；如果为借方发生额，则以“－”号填列。

8. “其他收入”项目，反映民间非营利组织除上述收入项目之外所取得的其他收入总额。本项目应当根据“其他收入”科目的发生额填列。

上述各项收入项目应当区分“限定性”和“非限定性”分别填列。

9. “业务活动成本”项目，反映民间非营利组织为了实现其业务活动目标、开展其项目活动或者提供服务所发生的费用，包括民间非营利组织设立与实现本组织的业务活动目标相关的其他民间非营利组织的相关出资。本项目应当根据“业务活动成本”科目的发生额填列。

民间非营利组织应当根据其所从事的项目、提供的服务或者开展的业务等具体情况，按照“业务活动成本”科目中各明细科目的发生额填列业务活动成本的各组成部分。民间非营利组织作为委托人设立慈善信托的，应当在“业务活动成本”项目下，列报“设立慈善信托支出”项目，按照“业务活动成本”科目中“设立慈善信托支出”明细科目的发生额填列。

10. “税金及附加”项目，反映民间非营利组织业务活动发生的消费税、城市维护建设税、教育费附加、房产税、城镇土地使用税、车船税、印花税等相关税费。本项目应当根据“税金及附加”的发生额填列。

11. “管理费用”项目，反映民间非营利组织为组织和管理其业务活动所发生的各项费用总额。本项目应当根据“管理费用”科目的发生额填列。

12. “筹资费用”项目，反映民间非营利组织为筹集业务活动所需资金而发生的各项费用总额，包括民间非营利组织获得捐赠资产而发生的费用以及应当计入当期费用的借款费用、汇兑损失（减汇兑收益）等。本项目应当根据“筹资费用”科目的发生额填列。民间非营利组织按照国务院有关部门的有关规定核算募捐成本的，应当在“筹资费用”项目下列报“募捐成本”项目，按照“筹资费用”科目中“募捐成本”明细科目的发生额填列。

13. “资产减值损失”项目，反映民间非营利组织各项资产减值准备所形成的损失。本项目应当根据“资产减值损失”科目的发生额填列。

14. “所得税费用”项目，反映有企业所得税缴纳义务的民间非营利组织按规定缴纳企业所得税所形成的费用。本项目应当根据“所得税费用”科目的发生额填列。

15. “其他费用”项目，反映民间非营利组织除以上费用项目之外发生的其他费用总额。本项目应当根据有关科目的发生额填列。

需要说明的是，上述各项费用项目应当区分“限定性”和“非限定性”分别填列。

16. “限定性净资产转为非限定性净资产”项目，反映民间非营利组织当期从限定性净资产转入非限定性净资产的金额。本项目应当根据“限定性净资产”“非限定性净资产”科目的发生额分析填列。

17. “非限定性净资产转为限定性净资产”项目，反映民间非营利组织当期从非限定性净资产转入限定性净资产的金额。本项目应当根据“非限定性净资产”“限定性净资产”科目的发生额分析填列。

18. “以前年度净资产调整”项目，反映民间非营利组织当期调整以前年度净资产的金额。本项目应当根据“以前年度净资产调整”科目的发生额分析填列。

19. “净资产变动额”项目，反映民间非营利组织当期净资产变动的金额。本项目应当根据本表“收入合计”项目的金额，减去“费用合计”项目的金额，再加上“限定性净资产转为非限定性净资产”“非限定性净资产转为限定性净资产”“以前年度净资产调整”项目的金额后填列。

三、业务活动表编制举例

【例8－2】 承【例8－1】2026年度，该民间非营利组织涉及收入、费用的业务活动情况如下：

（1）收到捐款（非限定性收入）8 600 000元，会费收入（非限定性收入）240 000元，提供服务收入（非限定性收入）1 000 000元，政府补助收入2 000 000元（非限定性收入1 500 000元，限定性收入500 000元）。

（2）业务活动成本8 400 000元（非限定性费用7 900 000元，限定性费用500 000元）。

（3）管理费用479 000元（全部为非限定性费用）。

（4）筹资费用9 000元（全部为非限定性费用）。

该民间非营利组织编制的2026年度业务活动表如表8－6所示。

表8－6　　业务活动表　　会民非02表

编制单位：某民间非营利组织　　2026年　　单位：元

项目	本年累计数		
	非限定性	限定性	合计
一、收入			
其中：捐款收入	8 600 000		8 600 000
会费收入	240 000		240 000
提供服务收入	1 000 000		1 000 000
政府补助收入	1 500 000	500 000	2 000 000
商品销售收入			
总部拨款收入			
投资收益			
其他收入			
收入合计	11 340 000	500 000	11 840 000
二、费用			
业务活动成本	7 900 000	500 000	8 400 000
其中：助学项目	7 900 000		7 900 000
失独老人健康项目		500 000	500 000
税金及附加			
管理费用	479 000		479 000
筹资费用	9 000		9 000
资产减值损失			
所得税费用			
其他费用			
费用合计	8 388 000	500 000	8 888 000
三、限定性净资产转为非限定性净资产			
四、非限定性净资产转为限定性净资产			
五、以前年度净资产调整			
六、净资产变动额（若为净资产减少额，以“－”号填列）	2 952 000	0	2 952 000

第四节　现金流量表

一、现金流量表的定义

现金流量表是反映民间非营利组织在某一会计期间内现金和现金等价物流入和流出信息的报表。

现金流量表所指的现金，是指民间非营利组织的库存现金以及可以随时用于支付的存款，包括现金、可以随时用于支付的银行存款和其他货币资金；现金等价物，是指民间非营利组织持有的期限短、流动性强、易于转换为已知金额现金、价值变动风险很小的投资（除特别指明外，以下所指的现金均包含现金等价物）。通常所说的“期限短”，一般是指从购买日起、3 个月内到期的投资，例如民间非营利组织购买的、从购买日起 3 个月或更短时间内即可到期或即可转换为现金的短期债券投资就是现金等价物。

民间非营利组织应当根据实际情况确定现金等价物的范围，并且一贯性地保持其划分标准，如果改变划分标准，应当视为会计政策变更。民间非营利组织确定现金等价物的原则及其变更，应当在会计报表附注中披露。

二、现金流量表的内容和格式

《民间非营利组织会计制度》规定，我国民间非营利组织现金流量表在格式的设计上主要依照现金流量的性质，依次分类反映业务活动产生的现金流量、投资活动产生的现金流量和筹资活动产生的现金流量，最后汇总反映民间非营利组织现金及现金等价物净增加额。现金流量，是指现金的流入和流出。

（一）业务活动产生的现金流量

业务活动是指民间非营利组织投资活动和筹资活动以外的所有交易和事项，包括接受捐赠、收取会费、提供服务、销售商品、获得政府补助、捐赠支出、支付职工薪酬、支付购货款以及支付接受服务款项等。通过业务活动产生的现金流量，可以说明民间非营利组织的业务活动对现金流入和流出的影响程度，判断民间非营利组织在不动用对外筹得资金的情况下，是否足以维持日常业务周转、偿还债务等。

（二）投资活动产生的现金流量

投资活动是指民间非营利组织长期资产的购建和不包括在现金等价物范围内的投资及其处置活动。现金流量表中的“投资”既包括对外投资，又包括长期资产的购建与处置。投资活动包括取得和收回投资、购建和处置固定资产、购买和处置无形资产等。通过投资活动产生的现金流量，可以判断投资活动对民间非营利组织现金流量净额的影响程度。

（三）筹资活动产生的现金流量

筹资活动是指导致民间非营利组织债务规模和构成发生变化的活动，筹资活动包括取得和偿还借款、偿付利息等。通过筹资活动产生的现金流量，可以分析民间非营利组织通过筹资活动获取现金的能力，判断筹资活动对民间非营利组织现金流量净额的影响程度。

民间非营利组织在进行现金流量分类时，对于现金流量表中未特别指明的现金流量，应按照现金流量表的分类方法和重要性原则，判断某项交易或事项所产生的现金流量应当归属的类别或项目，对于重要的现金流入或流出项目应当单独反映。

在有外币现金流量及境外所属分支机构的现金流量折算为人民币的民

间非营利组织，正表中还应单设“汇率变动对现金的影响额”项目，以反映民间非营利组织外币现金流量及境外所属分支机构的现金流量折算为人民币时，所采用的现金流量发生日的即期汇率折算的人民币金额与“现金及现金等价物增加额”的差额。

民间非营利组织现金流量表的基本格式如表 8－7 所示。

表 8－7 **现金流量表** 会民非 03 表

编制单位： 年度 单位：元

项目	本年金额	上年金额
一、业务活动产生的现金流量：		
接受捐赠收到的现金		
收取会费收到的现金		
提供服务收到的现金		
销售商品收到的现金		
政府补助收到的现金		
收到的其他与业务活动有关的现金		
现金流入小计		
提供捐赠或者资助支付的现金		
支付给员工以及为员工支付的现金		
购买商品、接受服务支付的现金		
各项税费支付的现金		
支付的其他与业务活动有关的现金		
现金流出小计		
业务活动产生的现金流量净额		
二、投资活动产生的现金流量：		
收回投资所收到的现金		
取得投资收益所收到的现金		
处置固定资产、无形资产和其他非流动资产所收回的现金		
收到的其他与投资活动有关的现金		
现金流入小计		

续表

项目	本年金额	上年金额
购建固定资产、无形资产和其他非流动资产所支付的现金		
对外投资所支付的现金		
支付的其他与投资活动有关的现金		
现金流出小计		
投资活动产生的现金流量净额		
三、筹资活动产生的现金流量：		
借款所收到的现金		
收到的其他与筹资活动有关的现金		
现金流入小计		
偿还借款所支付的现金		
偿付利息所支付的现金		
支付的其他与筹资活动有关的现金		
现金流出小计		
筹资活动产生的现金流量净额		
四、汇率变动对现金的影响额		
五、现金及现金等价物净增加额		

三、现金流量表的编制

（一）“业务活动产生的现金流量”各项目的内容和填列

从国际上来看，业务活动产生的现金流量的填列方法主要有两种：一是直接法；二是间接法。

直接法是指通过现金收入和现金支出的主要类别直接反映来自民间非营利组织经营活动的现金流量的一种列报方法。现金流量通常应按现金流入和流出总额反映，采用这种方法列报经营活动的现金流量时，一般以业务活动表中的本期各项收入为起点，调整与业务活动有关项目的增减变动，然后计算出业务活动产生的现金流量。

间接法是指以本期净资产变动额为起点，通过调整不涉及现金的收入、费用等项目的增减变动，调整不属于业务活动的现金收支项目，据此计算并列示业务活动的现金流量的一种方法。

《民间非营利组织会计制度》规定，我国民间非营利组织应当采用直接法编制业务活动产生的现金流量。采用直接法编制业务活动现金流量时，有关现金流量的信息可以从会计记录中直接获得，也可以在业务活动表收入和费用数据基础上，通过调整存货和与业务活动有关的应收应付款项的变动、投资以及固定资产折旧、无形资产摊销等项目后获得。

以下按照直线法的要求分别说明现金流量表中“业务活动产生的现金流量”各项目的具体内容和填列：

1. “接受捐赠收到的现金”项目，反映民间非营利组织接受其他单位或者个人捐赠取得的现金。本项目可以根据“现金”“银行存款”“捐赠收入”等科目的记录分析填列。

2. “收取会费收到的现金”项目，反映民间非营利组织根据章程等的规定向会员收取会费取得的现金。本项目可以根据“现金”“银行存款”“应收账款”“会费收入”等科目的记录分析填列。

3. “提供服务收到的现金”项目，反映民间非营利组织根据章程等的规定向其服务对象提供服务取得的现金。本项目可以根据“现金”“银行存款”“应收账款”“应收票据”“预收账款”“提供服务收入”等科目的记录分析填列。需要注意的是，承接政府购买服务取得的现金，也在此项目中填报。

4. “销售商品收到的现金”项目，反映民间非营利组织销售商品取得的现金。本项目可以根据“现金”“银行存款”“应收账款”“应收票据”“预收账款”“商品销售收入”等科目的记录分析填列。

5.“政府补助收到的现金”项目，反映民间非营利组织接受政府拨款或者政府机构给予的补助而取得的现金。本项目可以根据“现金”“银行存款”“政府补助收入”等科目的记录分析填列。需要说明的是，承接政府购买服务属于交换交易，其收入计入“提供服务收入”科目，因此承接政府购买服务收到的现金不在此项目中填报。

6.“收到的其他与业务活动有关的现金”项目，反映民间非营利组织收到的除以上业务之外的现金，包括直接计入净资产的注册资金。本项目可以根据“现金”“银行存款”“其他应收款”“其他收入”等科目的记录分析填列。

7.“提供捐赠或者资助支付的现金”项目，反映民间非营利组织向其他单位和个人提供捐赠或者资助支出的现金。本项目可以根据“现金”“银行存款”“业务活动成本”等科目的记录分析填列。

8.“支付给员工以及为员工支付的现金”项目，反映民间非营利组织开展业务活动支付给员工以及为员工支付的现金。本项目可以根据“现金”“银行存款”“应付职工薪酬”等科目的记录分析填列。

9. 民间非营利组织支付的在建工程人员的职工薪酬等，在本表“购建固定资产、无形资产和其他非流动资产所支付的现金”项目中反映。

10.“购买商品、接受服务支付的现金”项目，反映民间非营利组织购买商品、接受服务而支付的现金。本项目可以根据“现金”“银行存款”“应付账款”“应付票据”“预付账款”“业务活动成本”等科目的记录分析填列。

11.“各项税费支付的现金”项目，反映民间非营利组织按规定支付的各种税费，包括本期发生并支付的税费，以及本期支付以前各期发生的税费和预交的税金。本项目可以根据“税金及附加”“现金”“银行存款”“应交税费”等科目的记录分析填列。

12. “支付的其他与业务活动有关的现金”项目，反映民间非营利组织除上述项目之外支付的其他与业务活动有关的现金。本项目可以根据“现金”“银行存款”“其他应付款”“管理费用”“其他费用”等科目的记录分析填列。

（二）“投资活动产生的现金流量”各项目的内容和填列

现金流量表中的投资活动包括短期投资、长期投资的取得与处置、固定资产的购建与处置、无形资产的购置与转让等。单独反映投资活动产生的现金流量，能了解民间非营利组织为获得未来收益和现金流量而导致对外投资或内部长期资产投资的程度，以及以前对外投资所带来的现金流入的信息。投资活动现金流量各项目的内容和填列方法如下。

1. “收回投资所收到的现金”项目，反映民间非营利组织出售、转让或者到期收回除现金等价物之外的短期投资、长期投资而收到的现金。不包括长期投资收回的股利、利息，以及收回的非现金资产。本项目可以根据“现金”“银行存款”“短期投资”“长期股权投资”“长期债权投资”“其他长期投资”等科目的记录分析填列。

2. “取得投资收益所收到的现金”项目，反映民间非营利组织因对外投资而取得的现金股利、利息，以及从被投资单位分回利润收到的现金；不包括股票股利。本项目可以根据“现金”“银行存款”“投资收益”等科目的记录分析填列。

3. “处置固定资产、无形资产和其他非流动资产所收回的现金”项目，反映民间非营利组织处置固定资产、无形资产和其他非流动资产所取得的现金，减去为处置这些资产而支付的有关费用之后的净额。由于自然灾害所造成的固定资产等长期资产损失而收到的保险赔款收入，也在本项目反映，本项目可以根据“现金”“银行存款”“固定资产清理”等科目的记录分析填列。

4. “收到的其他与投资活动有关的现金”项目，反映民间非营利组织除上述各项之外收到的其他与投资活动有关的现金。其他现金流入如果金额较大的，应当单列项目反映。本项目可以根据“现金”“银行存款”等有关科目的记录分析填列。

5. “购建固定资产、无形资产和其他非流动资产所支付的现金”项目，反映民间非营利组织购买和建造固定资产，取得无形资产和其他非流动资产所支付的现金。不包括为购建固定资产而发生的借款利息资本化的部分，以及融资租入固定资产支付的租赁费。借款利息和融资租入固定资产支付的租赁费，在筹资活动产生的现金流量中反映。本项目可以根据“现金”“银行存款”“固定资产”“无形资产”“在建工程”等科目的记录分析填列。

6. “对外投资所支付的现金”项目，反映民间非营利组织进行对外投资所支付的现金，包括取得除现金等价物之外的短期投资、长期投资所支付的现金，以及支付的佣金、手续费等附加费用。本项目可以根据“现金”“银行存款”“短期投资”“长期股权投资”“长期债权投资”“其他长期投资”等科目的记录分析填列。

7. “支付的其他与投资活动有关的现金”项目，反映民间非营利组织除上述各项之外，支付的其他与投资活动有关的现金。如果其他现金流出金额较大的，应当单列项目反映。本项目可以根据“现金”“银行存款”等有关科目的记录分析填列。

（三）“筹资活动产生的现金流量”各项目的内容和填列

现金流量表中的筹资活动包括借款的借入与偿还、利息的支付等。单独反映筹资活动产生的现金流量，能了解民间非营利组织筹资活动产生现金流量的规模与能力，以及民间非营利组织为获得现金流入而付出的代价。筹资活动现金流量各项目的内容和填列方法如下。

1. “借款所收到的现金”项目，反映民间非营利组织举借各种短期、长期借款所收到的现金。本项目可以根据“现金”“银行存款”“短期借款”“长期借款”等科目的记录分析填列。

2. “收到的其他与筹资活动有关的现金”项目，反映民间非营利组织除上述项目之外，收到的其他与筹资活动有关的现金。如果其他现金流入金额较大的，应当单列项目反映。本项目可以根据“现金”“银行存款”等有关科目的记录分析填列。

3. “偿还借款所支付的现金”项目，反映民间非营利组织以现金偿还债务本金所支付的现金。本项目可以根据“现金”“银行存款”“短期借款”“长期借款”等科目的记录分析填列。

4. “偿付利息所支付的现金”项目，反映民间非营利组织实际支付的借款利息、债券利息等。本项目可以根据“现金”“银行存款”“短期借款”“长期借款”“筹资费用”等科目的记录分析填列。

5. “支付的其他与筹资活动有关的现金”项目，反映民间非营利组织除上述项目之外，支付的其他与筹资活动有关的现金，如融资租入固定资产所支付的租赁费。本项目可以根据“现金”“银行存款”“长期应付款”等有关科目的记录分析填列。

（四）“汇率变动对现金的影响额”项目的内容和填列

现金流量表中的“汇率变动对现金的影响额”项目，反映民间非营利组织外币现金流量及境外所属分支机构的现金流量折算为人民币时，所采用的现金流量发生当日的即期汇率折算的人民币金额与本表“现金及现金等价物净增加额”之间的差额。

（五）“现金及现金等价物净增加额”项目的内容和填列

“现金及现金等价物净增加额”项目，反映民间非营利组织本年度现金及现金等价物变动的金额。本项目应当根据本表“业务活动产生的现金流量净额”“投资活动产生的现金流量净额”“筹资活动产生的现金流量净额”和“汇率变动对现金的影响额”项目的金额合计填列。

五、现金流量表的具体编制说明和举例

在具体编制现金流量表时，民间非营利组织可根据业务量的大小及复杂程度，采用工作底稿法、T 形账户法，或直接根据有关科目的记录分析填列。

（一）工作底稿法

工作底稿法是以工作底稿为手段，以业务活动表和资产负债表数据为基础，结合有关科目的记录，对现金流量表的每一项目进行分析并编制调整分录，从而编制出现金流量表的一种方法。采用工作底稿法编制现金流量表的具体步骤如下所示。

1. 将资产负债表的期初余额和期末余额过入工作底稿的期初余额栏和期末余额栏。

2. 对当期业务进行分析并编制调整分录。调整分录大体有这样几类：第一类，涉及业务活动表中的收入和费用项目以及资产负债表中的资产、负债及净资产项目，通过调整，将权责发生制下的收入、费用转换为现金基础；第二类是涉及资产负债表和现金流量表中的投资、筹资项目，反映投资和筹资活动的现金流量；第三类是涉及业务活动表和现金流量表中的投资和筹资项目，目的是将业务活动表中有关投资和筹资方面的收入和费用列入现金流量表投资、筹资现金流量中去。此外，还有一些调整分录并不涉及现金收支，只是为了核对资产负债表项目的期末余额变动。

在调整分录中，有关现金和现金等价物的事项，并不直接借记或贷记

现金，而是分别记入“业务活动产生的现金流量”“投资活动产生的现金流量”“筹资活动产生的现金流量”有关项目，借记表明现金流入，贷记表明现金流出。

3. 将调整分录过入工作底稿中的相应部分。

4. 核对调整分录，借贷合计应当相等，资产负债表项目期初余额加减调整分录中的借贷金额以后，应当等于期末余额。

5. 根据工作底稿中的现金流量表项目部分编制正式的现金流量表。

（二）T 形账户法

T 形账户法是以业务活动表和资产负债表为基础，结合有关科目的记录，对现金流量表的每一项目进行分析并编制调整分录，通过“T 形账户”编制出现金流量表的一种方法。采用 T 形账户法编制现金流量表的具体步骤如下所示。

1. 为所有的非现金项目（包括资产负债表项目和业务活动表项目）分别开设 T 形账户、并将各自的期末期初变动数过入各该账户。

2. 开设一个大的“现金及现金等价物”T 形账户，每边分为业务活动、投资活动和筹资活动三个部分，左边记现金流入右边记现金流出。与其他账户一样，过入期末期初变动数。

3. 以业务活动表项目为基础，结合资产负债表分析每个非现金项目的增减变动，并据此编制调整分录。

4. 将调整分录过入各 T 形账户，并进行核对，该账户借贷相抵后的余额与原先过入的期末期初变动数应当一致。

5. 根据大的“现金及现金等价物”T 形账户编制正式的现金流量表。

（三）分析填列法

分析填列法是直接根据资产负债表、业务活动表和有关会计科目明细账的记录，分析计算出现金流量表各项目的金额，并据以编制现金流量表的一种方法。

六、现金流量表编制举例

【例8－3】 承【例8－1】2026年度，该民间非营利组织现金流量情况如下：

1. 收到会费收入增加当期业务活动产生的现金流入240 000元。

2. 收到政府补助增加当期业务活动产生的现金流入2 000 000元。

3. 收到捐款增加当期业务活动产生的现金流入8 600 000元。

4. 以银行存款归还短期借款本金和支付利息费用，增加当期筹资活动现金流出309 000元（分别计入偿还借款所支付的现金300 000元和偿付利息所支付的现金9 000元）。

5. 支付助学项目发放贫困生补助，增加当期业务活动产生的现金流出7 900 000元。

6. 以银行存款支付捐助失独老人健康项目（拨付资助款和采购发放文体活动物品），增加当期业务活动产生的现金流出500 000元，计入提供捐赠或资助支付的现金500 000元。

7. 收到政府转来的政府购买服务资金增加当期业务活动产生的现金流入1 000 000元。

8. 购入六个月期的债券增加投资活动产生的现金流出200 000元。

9. 购入笔记本电脑增加投资活动产生的现金流出13 000元。

10. 支付行政管理人员的工资320 000元增加当期业务活动产生的现金流出320 000元。支付发生的水电、差旅、办公费等日常费用，增加其他与业务活动相关的现金流出94 000元。

某民间非营利组织编制的2026年度现金流量表如表8－8所示。

表 8－8 **现金流量表** 会民非 03 表

编制单位：某民间非营利组织 2026 年度 单位：元

项目	金额
一、业务活动产生的现金流量：	
接受捐赠收到的现金	8 600 000
收取会费收到的现金	240 000
提供服务收到的现金	1 000 000
销售商品收到的现金	
政府补助收到的现金	2 000 000
收到的其他与业务活动有关的现金	
现金流入小计	11 840 000
提供捐赠或者资助支付的现金	8 400 000
支付给员工以及为员工支付的现金	320 000
购买商品、接受服务支付的现金	
各项税费支付的现金	
支付的其他与业务活动有关的现金	94 000
现金流出小计	8 814 000
业务活动产生的现金流量净额	3 026 000
二、投资活动产生的现金流量：	
收回投资所收到的现金	
取得投资收益所收到的现金	
处置固定资产、无形资产和其他非流动资产所收回的现金	
收到的其他与投资活动有关的现金	
现金流入小计	
购建固定资产、无形资产和其他非流动资产所支付的现金	13 000
对外投资所支付的现金	200 000
支付的其他与投资活动有关的现金	
现金流出小计	213 000
投资活动产生的现金流量净额	－213 000
三、筹资活动产生的现金流量：	
借款所收到的现金	
收到的其他与筹资活动有关的现金	
现金流入小计	

续表

项目	金额
偿还借款所支付的现金	300 000
偿付利息所支付的现金	9 000
支付的其他与筹资活动有关的现金	
现金流出小计	309 000
筹资活动产生的现金流量净额	-309 000
四、汇率变动对现金的影响额	
五、现金及现金等价物净增加额	2 504 000

第五节　会计报表附注

会计报表附注是为了方便会计报表使用者理解会计报表的内容，而对会计报表的编制基础、编制依据、编制原则和方法及主要项目等所做的解释。

《民间非营利组织会计制度》对于会计报表附注的内容做了规定。

一、《民间非营利组织会计制度》的相关规定

《民间非营利组织会计制度》规定，会计报表附注至少应当包括下列内容：

（一）会计报表编制基础及遵循民间非营利组织会计制度的声明。

（二）理事会或者类似权力机构成员和员工的数量、变动情况以及获得的薪金等报酬情况的说明。

（三）重要会计政策和会计估计及其变更情况的说明。

（四）分支机构、代表机构设立情况的说明，包括分支机构、代表机构名称、设立时间、负责人情况等。

（五）会计报表重要项目及其增减变动情况的说明。

（六）资产提供者设置了时间限制或（和）用途限制的相关资产情况的说明。

（七）受托代理业务情况的说明，包括受托代理资产的构成、计价基础和依据、用途等。

（八）重大资产减值情况的说明。

（九）公允价值无法可靠取得的受赠资产和其他资产的名称、数量、来源和用途等情况的说明。

（十）文物资源（包括按照名义金额计量的文物资源）类型、数量、来源等情况的说明。

（十一）对外承诺和或有事项情况的说明。

（十二）接受服务捐赠情况的说明。

（十三）长期股权投资中，对被投资单位持有股份情况的说明，包括名称、股份取得方式、认缴金额及出资时间、实缴金额及出资时间、持股比例情况等。

（十四）对被投资单位具有控制、共同控制或重大影响的长期股权投资情况的说明，包括对被投资单位的影响程度及变动情况、被投资单位当年实现的净利润或发生的净亏损（财务会计报告报出日前未获得被投资单位经审计的净利润或净亏损金额的，可按估计值披露，同时注明为估计值，并在下一年度财务会计报告披露当年实际值）等。

（十五）担任慈善信托的委托人和受托人的情况，包括参与的所有慈善信托的设立、变更、终止、信托事务处理情况和财产状况等。

（十六）出资设立其他民间非营利组织情况的说明。

（十七）资产负债表日后非调整事项的说明。

（十八）发生关联方交易的说明，包括关联方关系的性质、交易类型及交易要素等。交易要素至少包括交易的金额，未结算项目的金额、条款和条件，未结算应收项目的坏账准备金额，定价政策等。

（十九）发生的重大差错更正的说明。

（二十）有助于理解和分析会计报表需要说明的其他事项。

二、《民间非营利组织会计制度》对于关联方和关联方交易的界定

（一）关联方

《民间非营利组织会计制度》所称的关联方，是指一方控制、共同控制另一方或对另一方施加重大影响，以及两方或两方以上同受一方控制、共同控制或重大影响的相关各方。以下各方构成民间非营利组织的关联方：

（1）该民间非营利组织的设立人及其所属企业集团的其他成员单位。

（2）该民间非营利组织控制、共同控制或施加重大影响的企业。

（3）该民间非营利组织设立的其他民间非营利组织。

（4）由该民间非营利组织的出资人或设立人及其所属企业集团的其他成员单位共同控制或施加重大影响的企业。

（5）由该民间非营利组织的设立人及其所属企业集团的其他成员单位设立的其他民间非营利组织。

（6）该民间非营利组织的关键管理人员及与其关系密切的家庭成员。关键管理人员，是指有权力并负责计划、指挥和控制民间非营利组织活动的人员。与关键管理人员关系密切的家庭成员，是指在处理与该组织的交易时可能影响该个人或受该个人影响的家庭成员。关键管理人员一般包括：民间非营利组织负责人、理事、监事、分支（代表）机构负责人等。

（7）该民间非营利组织的关键管理人员或与其关系密切的家庭成员控制、共同控制或施加重大影响的企业。

（8）该民间非营利组织的关键管理人员或与其关系密切的家庭成员

设立的其他民间非营利组织。

此外，以面向社会开展慈善活动为宗旨的民间非营利组织，与《中华人民共和国慈善法》所规定的主要捐赠人也构成关联方。

（二）关联方交易

《民间非营利组织会计制度》所称的关联方交易，是指关联方之间转移资源、服务或义务的行为，而不论是否收取价款。关联方交易的类型通常包括以下情况：

（1）购买或销售商品及其他资产；

（2）提供或接受服务；

（3）提供或接受捐赠；

（4）作为委托人设立慈善信托；

（5）作为受托人受托管理慈善信托；

（6）提供资金；

（7）租赁；

（8）代理；

（9）许可协议；

（10）代表民间非营利组织或由民间非营利组织代表另一方进行债务结算；

（11）关键管理人员薪酬等。

第六节　其他披露的相关信息和资料

《民间非营利组织会计制度》规定，民间非营利组织在会计报表附注中披露编制基础、会计政策和重要项目等，还应该在财务会计报告中披露其他一些相关信息和资料，以助于财务会计报告使用者了解和考核民间非营利组织的有关情况。

（一）民间非营利组织的登记情况、宗旨、组织结构以及人员配备等情况；

（二）民间非营利组织业务活动基本情况，年度计划和预算完成情况，产生差异的原因分析，下一会计期间业务活动计划和预算等；

（三）对民间非营利组织业务活动有重大影响的其他事项。

第九章
特殊交易或者事项

第一节　受托代理业务

一、受托代理业务的界定

《民间非营利组织会计制度》规定，在受托代理交易过程中，民间非营利组织通常只是从委托方收到受托资产，并按照委托人的意愿将资产转赠给指定的其他组织或者个人，或者按照有关规定将资产转交给指定的其他组织或者个人，民间非营利组织本身只是在交易过程中起中介作用，无权改变受托代理资产的用途或者变更受益人。这种民间非营利组织作为中间人的业务活动，就是《民间非营利组织会计制度》中所界定的受托代理业务。

《民间非营利组织会计制度》所称的“受托代理业务”是指有明确的转赠或者转交协议，或者虽然无协议但同时满足以下条件的业务：

（1）民间非营利组织在取得资产的同时即产生了向具体受益人转赠或转交资产的现时义务，不会导致自身净资产的增加。

（2）民间非营利组织仅起到中介而非主导发起作用，帮助委托人将资产转赠或转交给指定的受益人，并且没有权利改变受益人，也没有权利改变资产的用途。

(3) 委托人已明确指出了具体受益人个人的姓名或受益单位的名称，包括从民间非营利组织提供的名单中指定一个或若干个受益人。

民间非营利组织接受委托方委托从事受托代理业务而收到的资产即为受托代理资产。民间非营利组织因从事受托代理业务、接受受托代理资产而产生的负债即为受托代理负债。

二、受托代理业务的特征和判断

民间非营利组织的受托代理业务与通常从事的捐赠活动存在着差异，因此，需要注意将两者区分开来，按照规定要求进行会计处理。受托代理业务有别于捐赠活动，主要有以下特征：

第一，在受托代理业务中，民间非营利组织不能支配或控制受托代理资产，只是代委托人和受益人暂时保管这些资产；而对于接受捐赠的资产，民间非营利组织对于资产以及资产带来的收益具有控制权。

第二，在受托代理业务中，民间非营利组织只是中介人，没有变更的权利。民间非营利组织在受托代理业务中，帮助委托人将资产转赠或转交给指定的受益人，并没有权利改变受益人，也没有权利改变受托代理资产的用途。受托代理业务不同于限定性捐赠。在限定性捐赠中，资产提供者对其捐赠设置了用途限制，例如，资产提供者要求民间非营利组织将受赠资产用于某个或某些地区、用于某类单位或人群或者用于某一特定目的，民间非营利组织可以在资产提供者的限定范围内选择具体的受益人，即在按照资产提供者要求的前提下，具有一定的自主权支配使用这些受赠资产。而在受托代理业务中，受托代理资产的受益人是由委托人具体指定的，民间非营利组织没有变更的权利。

第三，在受托代理业务中，受益人是由委托人“指定的”。即在受托代理业务中，委托人通常指定受益人，明确指出了具体受益单位的名称或受益个人的姓名。

在实务中，对于某项业务活动是否属于受托代理业务，可以根据受托代理业务的以上特征来具体判断。

【例9－1】某企业捐赠给某民间非营利组织一笔款项，要求用于奖励该组织举办完成的“身残志坚”评比大赛的获奖人。如果该组织对大赛已有明确规则，大赛结果经公证鉴定也已经确定，捐赠人对此结果表示认可，且明确规定了每位获奖者所得的奖金金额。

【分析】上述情况，这家企业对受益人和受益的金额要求已经非常明确，那么对于该社会团体而言，这种情况就属于受托代理业务。

【例9－2】某企业捐赠给某民间非营利组织一笔款项，要求用于该组织即将举办的“身残志坚”评比大赛的获奖人。该组织对大赛已有明确规则，但大赛结果尚未确定。在协议中，捐赠人只是规定设置一等奖、二等奖和三等奖的名额和可获得的金额。

【分析】上述情况，这家企业未指定受益人的姓名，具体比赛结果由该组织按照既定规则确定，那么，对于该组织而言，这种情况就属于限定性捐赠。

【例9－3】某公司捐给某民间非营利组织500 000元，要求用于资助某希望中学100名家庭贫困的学生完成学业，每名学生受益金额为5 000元。协议规定，该公司将款项先支付给该民间非营利组织，由该公司选择和确定接受捐款的100名学生，将名单送交该民间非营利组织，该民间非营利组织按照名单支付捐款。

【分析】上述情况，这家公司指定了100名受益人的姓名，该民间非营利组织无权选择或变更受益人，只是起到“中介人”作用，对于该民间非营利组织而言，这种情况属于受托代理业务。

【例9－4】某公司捐给某民间非营利组织500 000元，要求用于资助某希望中学100名家庭贫困的学生完成学业，每名学生受益金额为5 000

元。协议规定，该公司将款项先支付给该民间非营利组织，由该民间非营利组织负责选择和推荐接受捐款的100名学生，该公司对推荐名单进行审核，经其确认后由该民间非营利组织支付捐款。

【分析】上述情况，这家公司指定了某希望中学家庭贫困的学生为受益人，但并未指定具体的学生姓名，由于该民间非营利组织对受益人有一定的选择权，对于该民间非营利组织而言，这种情况属于限定性捐款。

假设该民间非营利组织提供了一份200名学生的推荐名单，由该公司从中选择并最终确定了其中的100名学生作为受益人接受捐款，依据《民间非营利组织会计制度》中关于受托代理业务规定，判断其为受托代理业务。

第四，受托代理业务通常应当签订明确的书面协议。由于受托代理业务中，民间非营利组织要从委托方收到受托资产，并按照委托人的意愿将资产转赠给指定的其他组织或者个人，为了明确相关各方的权利义务，需要通过书面协议进行约定，而且通常由委托方、受托方和受益人三方共同签订。但是，在有些情况下也可能没有书面协议。这时，民间非营利组织应当结合具体情况根据受托代理业务的特征进行判断。例如，民间非营利组织可能为某个具体单位或个人举办一场慈善活动，声明在此次活动中收到的款项将由该组织转交给该单位或个人，那么这些款项就应当被确认为该组织的受托代理资产，并同时确认相应的受托代理负债。再如，民间非营利组织可能为某次地震中需救助人群举办一场慈善活动，声明在此次活动中收到的款项全部用于此次灾害救灾救助，那么收到的款项就应当被确认为该组织的限定性捐赠收入。

三、受托代理业务的会计处理

（一）会计科目的设置

《民间非营利组织会计制度》规定，对于受托代理业务，民间非营利组织应当比照接受捐赠资产的原则确认和计量受托代理资产，同时应当按照其金额确认相应的受托代理负债。为此民间非营利组织需要设置两个会计科目，即“受托代理资产”科目和“受托代理负债”科目，分别核算民间非营利组织接受委托方委托从事受托代理业务而收到的资产与民间非营利组织因从事受托代理业务、接受受托代理资产而产生的负债。

民间非营利组织应当设置受托代理资产登记簿，加强对受托代理资产的管理。同时，应当在“受托代理资产”科目和“受托代理负债”科目下，按照指定的受赠组织或个人设置明细账，进行明细核算。

“受托代理资产”科目的期末借方余额，反映民间非营利组织期末尚未转出的受托代理资产价值；“受托代理负债”科目的期末贷方余额，反映民间非营利组织尚未清偿的受托代理负债。

（二）主要账务处理

1. 民间非营利组织在收到受托代理资产时，应当按照应确认的受托代理资产的入账金额，借记“受托代理资产”科目，贷记“受托代理负债”科目。

受托代理资产的入账价值，应当按照以下方法确定：

（1）如果受托代理资产为现金、银行存款或其他货币资金，应当按照实际收到的金额作为受托代理资产的入账价值；

（2）如果受托代理资产为短期投资、存货、长期投资、固定资产和无形资产等非现金资产，应当视不同情况确定其入账价值：① 如果委托方提供了有关凭据（如发票、报关单、有关协议等），则应当按照凭据上标明的金额作为入账价值。如果凭据上标明的金额与受托代理资产的公允价值相差较大，受托代理资产应当以其公允价值作为入账价值。② 如果捐赠方没有提供有关凭据的，受托代理资产应当按照其公允价值作为入账价值。

2. 民间非营利组织在转赠或者转出受托代理资产时，应当按照转出受托代理资产的账面余额，借记“受托代理负债”科目，贷记“受托代理资产”科目。

3. 民间非营利组织收到的受托代理资产如果为现金、银行存款或其他货币资金，可以不通过“受托代理资产”科目核算，而在“现金”“银行存款”“其他货币资金”科目下设置“受托代理资产”明细科目进行核算。即在取得这些受托代理资产时，借记“现金——受托代理资产”“银行存款——受托代理资产”“其他货币资金——受托代理资产”科目，贷记“受托代理负债”科目；在转赠或者转出受托代理资产时，借记“受托代理负债”科目，贷记“现金——受托代理资产”“银行存款——受托代理资产”“其他货币资金——受托代理资产”科目。

4. 民间非营利组织从事受托代理业务时发生的应归属于其自身的费用（如相关税费、运输费等），应当计入当期费用，借记“其他费用”科目，贷记“银行存款”等科目。

四、受托代理业务举例

【例 9－5】2026 年 6 月 11 日，甲基金会与 A 公司签订了一份捐款协议，协议规定：A 公司将通过甲基金会向某学校捐款 250 000 元，A 公司应当在协议签订后的 10 个工作日内将款项汇至甲基金会的银行账户，甲基金会应当在收到款项后的 10 个工作日内将款项汇至指定学校的银行账户。6 月 18 日，A 公司按照协议规定将款项汇至甲基金会账户。6 月 25 日，甲基金会按照协议规定将款项汇至指定学校的账户。假设不考虑其他因素和税费。

根据协议约定判断，此项交易对甲基金会属于受托代理交易。

① 通过“受托代理资产”科目核算，账务处理如下：

2026 年 6 月 18 日，收到银行存款时，

借：受托代理资产——银行存款（A 公司）　　250 000

　　贷：受托代理负债　　250 000

6 月 25 日，转出银行存款时，

借：受托代理负债　　250 000

　　贷：受托代理资产——银行存款（A 公司）　　250 000

② 上述业务也可以不通过“受托代理资产”科目核算，而在“银行存款”科目下设置“受托代理资产”明细科目进行核算。账务处理如下：

2026 年 6 月 18 日，收到银行存款时，

借：银行存款——受托代理资产　　250 000

　　贷：受托代理负债　　250 000

6 月 25 日，转出银行存款时，

借：受托代理负债　　250 000

　　贷：银行存款——受托代理资产　　250 000

【例 9－6】 2026 年 12 月 19 日，乙民间非营利组织、B 企业与某福利养老院共同签订了一份捐赠协议，协议约定：B 企业将通过乙民间非营利组织向某福利养老院捐赠全新的 20 把电动按摩椅和 10 张棋牌桌。每把电动按摩椅的价值为 10 000 元，每张棋牌桌的价值为 1 000 元。B 企业应当在协议签订后的 5 个工作日内将电动按摩椅和棋牌桌运至乙民间非营利组织。乙民间非营利组织应当在电动按摩椅和棋牌桌运抵后的 10 个工作日内送至指定的福利养老院。12 月 24 日，B 企业按照协议规定将电动按摩椅和棋牌桌运至乙民间非营利组织。截至 12 月 31 日，乙民间非营利组织尚未将电动按摩椅和棋牌桌送至指定的福利养老院。假定 12 月 26 日，乙民间非营利组织从事该项受托代理业务时，用银行存款支付了由其自身承担的相关税费、运输费 2 000 元。

（1）乙民间非营利组织的账务处理如下：

首先根据协议约定判断，此项交易对乙民间非营利组织来说属于受托

代理业务。

2026 年 12 月 24 日，收到电动按摩椅和棋牌桌时，

借：受托代理资产——电动按摩椅　　200 000

　　　　　　　　——棋牌桌　　10 000

　　贷：受托代理负债　　210 000

12 月 26 日，乙民间非营利组织用银行存款支付相关税费、运输费 2 000 元。

借：其他费用　　2 000

　　贷：银行存款　　2 000

（2）相关披露。

乙民间非营利组织应当在 2026 年 12 月 31 日资产负债表中的“受托代理资产”和“受托代理负债”项目列报 210 000 元。同时，应当在会计报表附注中，披露该受托代理业务的情况。

《民间非营利组织会计制度》规定，在会计报表附注中应对受托代理业务情况进行说明，包括受托代理资产的构成、计价基础和依据、用途等。

第二节　非货币性交易

一、货币性资产与非货币性资产的概念

货币性资产，是指持有的现金和收取固定或可确定金额的货币资金的权利，包括现金、应收款项和应收票据以及准备持有至到期的债券投资等。这里所称的现金包括库存现金、银行存款和其他货币资金。

非货币性资产，是指货币性资产以外的资产，包括存货、固定资产、无形资产、股权投资以及不准备持有至到期的债券投资等。

区分货币性资产与非货币性资产的主要依据是资产在将来为民间非营

利组织带来的经济利益（即货币金额）是否是固定的或可确定的。

如果资产在将来为民间非营利组织带来的经济利益是固定的或者是可确定的，则该资产是货币性资产。现金是民间非营利组织所持有的货币，其金额是固定的、符合货币性资产的定义，属于货币性资产。应收账款作为民间非营利组织的债权，虽然在收款过程中有可能发生坏账损失，但发生坏账的可能性以及坏账金额是能够估计的，也就是说，应收账款在将来为民间非营利组织带来的经济利益至少是可确定的，因此，应收账款也属于货币性资产。

如果资产在将来为民间非营利组织带来的经济利益是不固定的或者不可确定的，则该资产是非货币性资产。例如，民间非营利组织所持有的股权投资在将来为组织带来的经济利益通常是不固定的，而且是不可确定的，不符合货币性资产的定义，因此，股权投资属于非货币性资产。

一般来说，货币性资产主要有货币资金（现金、银行存款、其他货币资金）、应收票据、应收账款、其他应收款、准备持有至到期的债券投资等；非货币性资产主要有存货、股权投资、不准备持有至到期的债券投资、固定资产、文物资源、在建工程、无形资产等。

二、非货币性交易概述

《民间非营利组织会计制度》规定，非货币性交易是指交易双方以非货币性资产进行的交换，这种交换不涉及或只涉及少量的货币性资产（即补价）。非货币性交易主要有以下特征：

第一，非货币性交易的交易对象主要是非货币性资产。民间非营利组织在通常的交易活动中，一般是货币性资产（如现金、银行存款）和非货币性资产（如存货、固定资产、无形资产等）之间的交换。但是，在非货币性交易中，却不涉及货币性资产或只涉及少量的货币性资产。

【例 9－7】某民间非营利组织以自用的一辆小轿车换取了其他单位的一辆面包车，交换过程中没有另行收到或支付款项。

【答案】 此项交易为非货币性交易。

第二，非货币性交易有时也可能涉及少量的货币性资产。

非货币性交易的交易对象主要是非货币性资产，但也可能涉及少量的货币性资产。在实务中，有可能在换出非货币性资产的同时，支付一定金额的货币性资产；或者在换入非货币性资产的同时，收到一定金额的货币性资产，此时所收到或支付的货币性资产称为补价。在判断涉及补价的交易是属于货币性交易还是非货币性交易时，通常取决于补价占整个交易金额的比例。如果只涉及少量的补价，则属于非货币性交易。为便于判断，民间非营利组织通常可以25%作为参考比例。如果支付的货币性资产（补价）占换入资产公允价值的比例或者占换出资产公允价值与所支付货币性资产之和的比例不高于25%，则视为非货币性交易，应当按照《民间非营利组织会计制度》中有关非货币性交易的规定进行会计处理；如果这一比例高于25%，则应当视为货币性交易。

【例9－8】 某民间非营利组织以自用的一辆小轿车换取了另一单位的一辆面包车。假定在交换日小轿车的公允价值为152 000元，面包车的公允价值为160 000元，因此民间非营利组织另支付了8 000元银行存款的补价。在这项交易中，补价8 000元占换入面包车公允价值160 000元的比例为5%（8 000÷160 000），由于所支付补价占换入资产公允价值的比例为5%，低于25%，所以，可以判定这项交易为非货币性交易。

民间非营利组织在判断某项交易是否属于非货币性交易时，应当根据非货币性交易的概念和特征，对交易的实质进行分析，而不能仅看交易的形式。

三、非货币性交易的账务处理

（一）非货币性交易的账务处理原则

《民间非营利组织会计制度》规定，民间非营利组织如发生非货币性交易时，应区分是否涉及补价进行账务处理。

1. 如果非货币性交易没有涉及补价，则以换出资产的公允价值，加上应支付的相关税费，作为换入资产的入账价值。换出资产的公允价值与其账面价值的差额计入当期损益。这里所指的账面价值是指某会计科目的账面余额扣除相关备抵项目后的净值。

2. 如果非货币性交易涉及补价，则要进一步区分是支付补价还是收到补价，并分别进行账务处理。

（1）支付补价的，以换出资产的公允价值加上补价和应支付的相关税费，作为换入资产的入账价值。换出资产的公允价值与其账面价值之间的差额计入当期损益。

有确凿证据表明换入资产的公允价值更加可靠的，以换入资产的公允价值和应支付的相关税费作为换入资产的初始计量金额，换入资产的公允价值减去支付补价的公允价值，与换出资产账面价值之间的差额计入当期损益。

（2）收到补价的，以换出资产的公允价值减去收到的补价再加上应支付的相关税费，作为换入资产的入账价值。换出资产的公允价值与其账面价值之间的差额计入当期损益。

有确凿证据表明换入资产的公允价值更加可靠的，以换入资产的公允价值和应支付的相关税费作为换入资产的初始计量金额，换入资产的公允价值加上收到补价的公允价值，与换出资产账面价值之间的差额计入当期损益。

3. 在非货币性交易中，如果同时换入多项资产，应按换入各项资产的公允价值占换入资产公允价值总额的比例，对换出资产的公允价值总额和应支付的相关税费进行分配，以确定各项换入资产的入账价值。

【变化】2024 年 12 月修订的《民间非营利组织会计制度》在计量换入资产的入账价值时，以换出资产的公允价值为基准。而 2004

年印发的《民间非营利组织会计制度》，换入资产的入账价值则是以换出资产的账面价值为基准的。这是制度修订的一处变化。

（二）不涉及补价情况下非货币性交易的账务处理

民间非营利组织在不涉及补价情况下发生非货币性交易时，应当以换出资产的公允价值，加上应支付的相关税费，作为换入资产的入账价值。用公式表示为：换入资产入账价值 = 换出资产公允价值 + 应支付的相关税费。如果换出资产的公允价值与其账面价值之间存在差额，计入当期损益。

【例 9－9】丙民间非营利组织以其自用的一辆小轿车交换丁民间非营利组织自用的一辆面包车，小轿车和面包车均在各自的组织被作为固定资产进行核算和管理。在交换日，小轿车原账面余额为 260 000 元，已计提累计折旧 130 000 元，公允价值为 120 000 元；面包车原账面余额为 230 000 元，已计提累计折旧 120 000 元，公允价值为 120 000 元。假设不考虑相关税费。

① 在交换日，丙民间非营利组织的账务处理如下：

借：固定资产清理	130 000	
累计折旧	130 000	
贷：固定资产——小轿车		260 000
借：固定资产——面包车	120 000	
贷：固定资产清理		120 000

换出资产（小轿车）的公允价值低于其账面价值之间的差额，计入当期费用。

借：其他费用	10 000	
贷：固定资产清理		10 000

② 在交换日，丁民间非营利组织的账务处理如下：

借：固定资产清理	110 000	
累计折旧	120 000	
贷：固定资产——面包车		230 000
借：固定资产——小轿车	120 000	
贷：固定资产清理		120 000

换出资产（面包车）的公允价值高于其账面价值之间的差额，计入当期收入。

借：固定资产清理	10 000	
贷：其他收入		10 000

（三）涉及补价情况下非货币性交易的账务处理

民间非营利组织在涉及补价情况下发生非货币性交易时，应当区别支付补价还是收到补价，分别进行账务处理。

1. 支付补价的情况

民间非营利组织发生非货币性交易时，支付补价的，应当以换出资产的公允价值，加上补价和应支付的相关税费，作为换入资产的入账价值。用公式表示为：

换入资产入账价值＝换出资产公允价值＋补价＋应支付的相关税费

应确认的收入或费用＝换出资产公允价值－换出资产账面价值

2. 收到补价的情况

民间非营利组织发生非货币性交易时，收到补价的，应当按以下公式计算确定换入资产的入账价值和应确认的收入或费用：

换入资产入账价值＝换出资产公允价值－补价＋应支付的相关税费

应确认的收入或费用＝换出资产公允价值－换出资产账面价值

【例9－10】丙民间非营利组织以其自用的一辆小轿车交换丁民间非营利组织自用的一辆面包车，小轿车和面包车均被作为固定资产进行核算和管理。在交换日，小轿车原账面余额为 260 000 元，已计提累计折旧 140 000 元，公允价值为 130 000 元；面包车原账面余额为 280 000 元，已计提累计折旧 120 000 元，公允价值为 140 000 元。为此丙民间非营利组织以银行存款支付给丁民间非营利组织补价 10 000 元。假设不考虑相关税费。

① 在交换日，丙民间非营利组织的账务处理如下：

第一步，计算支付的补价占换出资产公允价值和支付补价之和（或换入资产公允价值）的比例，以此判断此项交易是否为非货币性交易。

10 000 ÷ (130 000 + 10 000) = 7.14%

由于支付的补价占换入资产公允价值的比例为 7.14%，小于 25%，因此，此项交易属于非货币性交易。

第二步，计算换入资产的入账价值。

换入资产（面包车）的入账价值 = 换出资产（小轿车）公允价值 + 补价 + 应交税费 = 130 000 + 10 000 + 0 = 140 000（元）

应确认的收入或费用 = 换出资产（小轿车）公允价值 − 换出资产（小轿车）账面价值 = 130 000 − (260 000 − 140 000) = 10 000（元）

第三步，进行账务处理。

借：固定资产清理	120 000	
累计折旧	140 000	
贷：固定资产——小轿车		260 000
借：固定资产清理	10 000	
贷：银行存款		10 000
借：固定资产——面包车	140 000	
贷：固定资产清理		140 000
借：固定资产清理	10 000	
贷：其他收入		10 000

② 在交换日，丁民间非营利组织的账务处理如下：

第一步，计算补价占换出资产公允价值比例，以此判断此项交易是否为非货币性交易。

10 000 ÷ 140 000 = 7.14%

由于补价占换出资产公允价值的比例为 7.14%，小于 25%，因此，此项交易属于非货币性交易。

第二步，计算换入资产的入账价值和应确认的收入或费用。

换入资产（小轿车）入账价值 = 换出资产（面包车）公允价值 − 补价 + 应交税费 = 140 000 − 10 000 + 0 = 130 000（元）

应确认的收入或费用 = 换出资产（面包车）公允价值 − 换出资产（面包车）账面价值 = 140 000 − (280 000 − 120 000) = −20 000（元）

第三步，进行账务处理。

借：固定资产清理	160 000	
累计折旧	120 000	
贷：固定资产——面包车		280 000
借：银行存款	10 000	
贷：固定资产清理		10 000
借：固定资产——小轿车	130 000	
贷：固定资产清理		130 000
借：其他费用	20 000	
贷：固定资产清理		20 000

（四）在非货币性交易中同时换入多项资产的账务处理

民间非营利组织在发生非货币性交易时，可能会同时换入多项资产。在这种情况下，也应当先区分是否涉及补价，再区分支付补价与收到补价，分别进行账务处理。

1. 不涉及补价情况下的账务处理

在不涉及补价的情况下，应当按换入各项资产的公允价值与换入资产公允价值总额的比例，对换出资产的公允价值总额与应支付的相关税费之和进行分配，以确定各项换入资产的入账价值，用公式表示如下：

换入资产入账价值总额 = 换出资产公允价值总额 + 应支付的相关税费

换入各项资产入账价值 = 换入资产入账价值总额 × 换入各项资产公允价值 ÷ 换入资产公允价值总额

如果换出资产的公允价值与其账面价值之间存在差额，计入当期损益。

2. 涉及补价情况下的账务处理

（1）支付补价的情况。

支付补价的情况下，应当按换入各项资产的公允价值占换入资产公允价值总额的比例，对换出资产公允价值总额与补价和应支付的相关税费之和进行分配，以确定各项换入资产的入账价值。用公式表示为：

换入资产入账价值总额 = 换出资产公允价值总额 + 补价 + 应支付的相关税费

换入各项资产入账价值 = 换入资产入账价值总额 × 换入各项资产公允价值 ÷ 换入资产公允价值总额

如果换出资产的公允价值与其账面价值之间存在差额，计入当期损益。

（2）收到补价的情况。

收到补价的情况下，首先应当按照以下公式计算确定换入资产的入账价值总额和应确认的收入或费用：

换入资产入账价值总额 = 换出资产公允值总额 − 补价 + 应支付的相关税费

然后按换入各项资产的公允价值与换入资产公允价值总额的比例，对换入资产入账价值总额进行分配，以确定各项换入资产的入账价值。用公式表示为：

换入各项资产入账价值 = 换入资产入账价值总额 × 换入各项资产公允价值 ÷ 换入资产公允价值总额

如果换出资产的公允价值与其账面价值之间存在差额，计入当期损益。

【例 9 – 11】 丙民间非营利组织以其自用的一辆桑塔纳小轿车和一辆奥迪小轿车交换丁民间非营利组织自用的一辆依维柯汽车，小轿车和依维柯汽车均被作为固定资产进行核算和管理。在交换日，桑塔纳小轿车原账面余额为 260 000 元，已计提累计折旧 140 000 元，公允价值为 130 000 元；奥迪小轿车原账面价值为 280 000 元，已计提累计折旧 120 000 元，公允价值为 160 000 元；依维柯汽车原账面余额为 400 000 元，已计提累计折旧 110 000 元。假设不涉及补价，不考虑相关税费。

丙民间非营利组织的账务处理如下：

① 换出资产转入固定资产清理。

借：固定资产清理　　120 000
　　累计折旧——桑塔纳小轿车　　140 000
　　贷：固定资产——桑塔纳小轿车　　260 000

借：固定资产清理　　160 000
　　累计折旧——奥迪小轿车　　120 000
　　贷：固定资产——奥迪小轿车　　280 000

② 记录换入资产。

借：固定资产——依维柯汽车　　290 000
　　贷：固定资产清理　　290 000

③ 换出资产公允价值与账面价值差额，计入当期损益。

借：固定资产清理　　10 000
　　贷：其他收入　　10 000

丁民间非营利组织的账务处理如下：

① 换出资产转入固定资产清理。

借：固定资产清理　　　　　　　　　　　　　　290 000
　　累计折旧——依维柯汽车　　　　　　　　　110 000
　　贷：固定资产——依维柯汽车　　　　　　　　　　400 000

② 记录换入资产。

换入桑塔纳小轿车的入账价值 = 290 000 × 130 000 ÷ (130 000 + 160 000) = 130 000 (元)

换入奥迪小轿车的入账价值 = 290 000 × 160 000 ÷ (130 000 + 160 000) = 160 000 (元)

借：固定资产——桑塔纳小轿车　　　　　　　　130 000
　　固定资产——奥迪小轿车　　　　　　　　　160 000
　　贷：固定资产清理　　　　　　　　　　　　　　290 000

第三节　租　　赁

一、租赁的概念

租赁是指在约定的期间内，出租人将资产使用权让与承租人以获取租金的行为。租赁的主要特征是在租赁期内转移资产的使用权，而不是转移资产的所有权，并且这种转移是有偿的，取得使用权以支付租金为代价。租赁有别于资产购置、不转移资产使用权的服务合同（如咨询服务合同、运输合同）以及无偿提供使用权的借用合同等。在租赁交易中，民间非营利组织可能是承租人也可能是出租人。

二、租赁的分类

（一）租赁分类的原则

根据租赁的性质和目的，租赁分为经营租赁和融资租赁。作为承租人或出租人的民间非营利组织应当在租赁开始日判定其签订的租赁合同属于融资租赁还是经营租赁，并分别进行不同的账务处理。

融资租赁是指实质上转移了与租赁资产所有权有关的全部风险和报酬的租赁。所有权最终可能转移，也可能不转移。除融资租赁以外的其他租赁即为经营租赁。也就是说，区分融资租赁与经营租赁的依据是，与租赁资产所有权相关的风险和报酬归属于出租人或承租人的程度。

与资产所有权有关的风险，是指由于业务活动情况变化造成相关收益的变动，以及由于资产闲置、技术陈旧等造成的损失等；与资产所有权有关的报酬，是指在资产可使用年限内直接使用资产而获得的经济利益、资产增值，以及处置资产所实现的收益等。对特定租赁项目而言，只有在实质上转移了与资产所有权有关的全部风险和报酬，才能认定为融资租赁。

需要注意的是：第一，在融资租赁业务中，风险和报酬的转移与所有权的转移并不一定是同时发生的。换言之，不能以租赁资产所有权是否转移给承租人作为判断融资租赁或经营租赁的标准。租赁期届满后，如果承租人购买了租赁资产则租赁资产所有权转移给承租人；否则，租赁资产所有权一般不会转移给承租人。通常情况下，在经营租赁中，租赁资产的所有权不转移。

第二，一项租赁是否是融资租赁，不能仅看租赁合同的形式，而应当视出租人是否将资产所有权有关的风险和报酬转移给了承租人。

第三，原则上说，承租人和出租人对同一项租赁所认定的类型应当一致。即，如果承租人将其认定为融资租赁，出租人一般也应将其认定为融资租赁；反之如果承租人将其认定为经营租赁，出租人一般也应将其认定为经营租赁。

（二）租赁分类的具体标准

民间非营利组织在对租赁进行分类时，应当全面考虑租赁期届满时租赁资产所有权是否转移给承租人、承租人是否有购买租赁资产的选择权、租赁期占租赁资产尚可使用年限的比例等各种因素。满足以下一项或数项标准的租赁，即应当认定为融资租赁：

第一，在租赁期届满时，租赁资产的所有权转移给承租人。即，如果在租赁合同中已经约定，或者根据其他条件在租赁开始日就可以合理地判断，租赁期届满时出租人会将租赁资产的所有权转移给承租人，那么该项租赁应当认定为融资租赁。

第二，承租人有购买租赁资产的选择权，所订立的购价预计将远低于行使选择权时租赁资产的公允价值，因而在租赁开始日就可以合理地确定承租人将会行使这种选择权。

第三，租赁期占租赁资产尚可使用年限的大部分。这里“大部分”通常是指租赁期占租赁开始日租赁资产尚可使用年限的75%以上（含75%）。需要注意的是，这条标准强调的是租赁期占租赁资产尚可使用年限的比例，而非租赁期占该项资产全新时可使用年限的比例。但是，如果租赁资产是旧资产，在租赁前已使用年限超过资产全新时可使用年限的75%（含75%）时，则这条判断标准不适用，不能使用这条标准确定租赁的分类。

第四，租金总额几乎相当于租赁开始日租赁资产原账面价值。这里“几乎相当于”是指90%（含90%）以上。同样需要注意的是，如果租赁资产在租赁前已使用年限超过该资产全新时可使用年限的大部分（75%及以上）时，则这条判断标准不适用。

第五，租赁资产性质特殊，如果不作重新改制，只有承租人才能使用。这条标准是指租赁资产是出租人根据承租人对资产型号、规格等方面的特殊要求专门购买或建造的，具有专购、专用性质。这些租赁资产如果不作较大的重新改制，其他单位通常难以使用。这种情况下，该项租赁也应当认定为融资租赁。

三、承租人的账务处理

（一）承租人对融资租赁的账务处理

1. 融资租入资产的确认和计量

在租赁开始日，作为承租人的民间非营利组织应当按照租赁合同或者协议确定的价款、运输费、途中保险费、安装调试费以及融资租入固定资产达到预定可使用状态前发生的借款费用等，作为融资租入固定资产的入账价值。借记“固定资产——融资租入固定资产”科目，贷记“长期应付款”科目。

【例 9-12】 2026 年 12 月 1 日，某民间非营利组织作为承租人，签订了一份租赁合同。合同主要条款如下：

（1）租赁标的为一台专用设备（原账面价值为 1 000 000 元）；

（2）租赁期 2027 年 1 月 1 日—2034 年 12 月 31 日；

（3）租金为融资租赁开始后每年 7 月 1 日支付租金 120 000 元；

（4）该设备的预计使用年限为 10 年，已使用 1 年，不考虑残值，采用年限平均法计提折旧；

（5）租赁期届满时，该民间非营利组织享有优先购买该专用设备的选择权，且购买价为 10 000 元，估计该日专用设备的公允价值为 100 000 元。

假设不考虑其他因素和相关税费。

该民间非营利组织（承租人）的账务处理如下：

第一步，判断租赁类型。

本例中，在租赁开始日，该专用设备的预计使用年限为 10 年，已使用 1 年，尚可使用 9 年，租赁期为 8 年，占尚可使用年限的 89%，另外从租金总额和优先购买权等方面进行判断，都可以确定此项租赁为融资租赁。

第二步，计算并确定租赁资产入账价值。

专用设备的入账价值为租赁合同所确定的租金，即 120 000 × 8 = 960 000（元）

第三步，进行账务处理。

2027 年 1 月 1 日

借：固定资产——融资租入固定资产　　　　960 000

　　贷：长期应付款　　　　　　　　　　　　960 000

2. 租金的账务处理

作为承租人的民间非营利组织对于融资租赁中应支付的租金应当按照租赁协议规定的金额和支付时间，进行确认和计量。

【例 9 – 13】 承【例 9 – 12】2027 年 7 月 1 日，该民间非营利组织以银行存款支付租金 120 000 元。

该民间非营利组织的账务处理如下：

借：长期应付款　　　　120 000

　　贷：银行存款　　　　　　120 000

3. 初始直接费用的账务处理

初始直接费用是指在租赁谈判和签订租赁合同的过程中发生的，可直接归属于租赁项目的费用。承租人发生的初始直接费用通常有印花税、佣金、律师费、差旅费、谈判费等。初始直接费用应当在发生时确认为当期费用，借记“管理费用”等科目，贷记“银行存款”等科目。

4. 融资租入固定资产折旧的计提

作为承租人的民间非营利组织，应当对融资租入固定资产计提折旧。对融资租入的固定资产计提折旧，主要涉及折旧政策和折旧期间。

（1）折旧政策。

对融资租入固定资产计提折旧，作为承租人的民间非营利组织应当采用与自有应折旧固定资产相一致的折旧政策。可供选择的折旧方法有年限平均法、工作量法、年数总和法和双倍余额递减法。

（2）折旧期间。

如果能够合理确定租赁期届满时承租人将会取得租入固定资产所有权，即可认为承租人拥有该项固定资产的全部尚可使用年限，因此，应当以租赁开始日租入资产的尚可使用年限作为折旧期间。如果无法合理确定租赁期届满时承租人能够取得租入固定资产所有权，则应当以租赁期与租入固定资产尚可使用年限两者中较短的期间作为折旧期间。

固定资产折旧的账务处理参见第三章固定资产部分的有关内容。

5. 租赁期届满时的账务处理

租赁期届满时，承租人通常对租赁资产的处理有三种情况：返还、优惠续租和留购，应当分别进行账务处理。

（1）返还租赁资产。

租赁期届满，承租人向出租人返还租赁资产时，通常借记“长期应付款”“累计折旧”科目，贷记“固定资产——融资租入固定资产”科目。

（2）优惠续租租赁资产。

如果承租人行使优惠续租选择权，则应当视同该项租赁一直存在而做出相应的账务处理。

（3）留购租赁资产。

在承租人享有优惠购买选择权的情况下，支付购买价款时，借记“固定资产”科目，贷记“银行存款”等科目；同时，借记“固定资产”科目，贷记“固定资产——融资租入固定资产”科目。

（二）承租人对经营租赁的账务处理

由于对经营租入资产并不享有所有权和控制权，作为承租人的民间非营利组织不应当将经营租入资产纳入相关资产账户和会计报表内反映。

1. 租金的会计处理

经营租赁的租金应当在租赁期内的各个期间按直线法确认为费用；如

果其他方法更合理，也可以采用其他方法。通常情况下，采用直线法将承租人支付的经营租赁租金确认为费用较为合理，但在某些特殊情况下，可能采用其他方法（如工作量法）比采用直线法更为合情合理。

承租人确认的租金费用，借记“业务活动成本”“管理费用”“待摊费用”等科目，贷记“银行存款”等科目。

【例 9－14】 2026 年 12 月 1 日，丙民间非营利组织（承租人）与丁民间非营利组织（出租人）签订了一份租赁合同。合同主要条款如下：

（1）租赁标的为一台办公室用的设备（原账面价值为 100 000 元）；

（2）租赁期 2027 年 1 月 1 日—2028 年 12 月 31 日；

（3）租金为分别在 2027 年 1 月 1 日、2028 年 1 月 1 日支付租金 12 000 元；

（4）该设备的预计使用年限为 10 年，已使用 1 年，不考虑残值，采用年限平均法计提折旧；

（5）租赁期届满时，丁民间非营利组织收回该设备。

假设不考虑其他因素和相关税费。

丙民间非营利组织（承租人）的账务处理如下：

首先判断租赁类型。此项租赁从租金总额、租赁期等各项判断均不满足融资租赁的标准，应作为经营租赁处理。

（1）租金总额为 24 000 元、租期 2 年，每年年初支付当年租金 12 000 元，应采用直线法摊销，每月租金费用为 1 000 元。

① 按期交纳租金。

借：待摊费用　　12 000

　　贷：银行存款　　12 000

② 每月分摊租金费用。

借：管理费用　　1 000

　　贷：待摊费用　　1 000

（2）假设租赁协议中租金支付改为分别在 2027 年 12 月 31 日、2028 年 12 月 31 日支付租金 12 000 元。

① 每月预提租金费用。

借：管理费用　　1 000
　　贷：预提费用　　1 000

② 年底按期缴纳租金。

借：预提费用　　12 000
　　贷：银行存款　　12 000

2. 初始直接费用的账务处理

对于承租人在经营租赁中发生的初始直接费用，应当在实际发生时确认为当期费用，借记“管理费用”等科目，贷记“银行存款”等科目。

承租人以经营租赁方式租入的固定资产发生的、应由本期和以后各期负担的分摊期限在 1 年以上（不含 1 年）的改良支出，记入“长期待摊费用”科目。

（1）发生改良支出时，按照支出金额，借记“长期待摊费用”科目，贷记“银行存款”等科目。

（2）在受益期间摊销改良支出时，按照摊销金额，借记“业务活动成本”“管理费用”等科目，贷记“长期待摊费用”科目。

（3）如果某项改良支出已经不能使民间非营利组织受益，应当将其摊余金额一次性转销。按照剩余待摊销金额，借记“业务活动成本”“管理费用”等科目，贷记“长期待摊费用”科目。

四、出租人对经营租赁的账务处理

根据国家有关法律法规的规定，民间非营利组织目前尚不能从事融资租出交易。因此，下面只讲解经营租出交易的账务处理。由于在经营租赁下，与经营租出资产所有权有关的主要风险和报酬仍然在出租方，作为出租人的民间非营利组织应当将经营租出资产仍作为自身拥有的资产，因此，应当按照经营租出资产的性质，将其纳入相关资产账户和资产负债表上的相关项目反映。如果出租资产属于固定资产，则列在资产负债表固定资产项下；如果出租资产属于流动资产，则列在资产负债表有关流动资产项下。

（一）租金的账务处理

出租人在经营租赁中对租金的账务处理为：经营租赁的租金应当在租赁期内的各个期间按直线法确认为收入；如果其他方法更合理，也可以采用其他方法。

通常情况下，出租人应采用直线法将租金在租赁期内确认为收入，但在某些特殊情况下，也可采用比直线法更系统合理的方法，如根据租赁资产的使用量来确认租金收入的方法。例如，出租一辆汽车，根据汽车的行驶千米数来确认当期租赁收入就比按直线法确认更为合理。

作为出租人的民间非营利组织在确认经营租金收入时，应当借记“银行存款”“其他应收款——应收经营租赁款”等科目，贷记“其他收入——租金收入”科目。

【例9－15】承【例9－14】假设租赁业务不是丁民间非营利组织的主要业务活动。丁民间非营利组织的账务处理如下：

① 对于丁民间非营利组织（出租人）而言，此项租赁不满足融资租赁的标准，因此确定为经营租赁。对租金收入按直线法分配，每月确认1 000 元。

2027 年 1 月 1 日、2028 年 1 月 1 日收到租金时，

借：银行存款　　　　12 000

　　贷：预收账款　　　　12 000

每月确认租金收入时，

借：预收账款　　　　　　　　　　　　　　　　　　1 000

　　贷：其他收入——租金收入　　　　　　　　　　　　　1 000

② 假设租赁协议中租金支付改为分别在 2027 年 12 月 31 日、2028 年 12 月 31 日支付租金 12 000 元，那么每月确认租金收入时，

借：其他应收款——应收经营租赁款　　　　　　　　1 000

　　贷：其他收入——租金收入　　　　　　　　　　　　　1 000

年底收到租金时，

借：银行存款　　　　　　　　　　　　　　　　　12 000

　　贷：其他应收款——应收经营租赁款　　　　　　　　12 000

（二）初始直接费用的账务处理

作为出租人的民间非营利组织对于初始直接费用，应当在费用发生时，按照实际发生的金额确认为当期费用，借记“管理费用”“待摊费用”等科目，贷记“银行存款”等科目。

（三）租赁资产折旧的计提

由于经营租出资产仍应当作为出租人自身拥有的资产进行核算，因此，对于经营租出资产折旧的计提，应当采用出租人对类似应折旧资产所采用的折旧政策。

第四节　会计政策变更

一、会计政策概述

（一）会计政策的定义

会计政策是指民间非营利组织在会计确认、计量和报告中所采用的原

则、基础和会计处理方法。其中，在会计核算中所遵循的原则是指民间非营利组织按照国家统一的会计制度规定的原则所制定的、适合于本单位的会计制度中所采用的会计原则；会计处理方法，是指民间非营利组织在会计核算中对于诸多可选择的会计处理方法中所选择的、适合于本单位的会计处理方法。

《中华人民共和国会计法》规定，我国实行统一的会计制度。各单位应当按照国家统一的会计制度进行会计核算。对于民间非营利组织而言，应当严格执行《民间非营利组织会计制度》。《民间非营利组织会计制度》规定了民间非营利组织在会计核算中应当采用以及允许选择采用的会计政策。

（二）会计政策的界定

在界定会计政策时，应当注意其定义中的会计原则和会计处理方法是指特定的会计原则和会计处理方法。

1. 会计政策中所指的会计原则是指某一类会计业务所应遵循的特定原则，而不是泛指所有的会计原则。一般会计核算原则不属于会计政策，它是所有单位都必须遵循的，以满足会计信息质量的要求。例如，客观性原则、重要性原则、实质重于形式原则等属于会计核算的一般原则，不属于特定会计原则。在满足一定条件时，借款费用应当资本化；除非制度有特别规定，资产计价一般采用历史成本等，则属于定义中所述的会计原则。

2. 会计处理方法是对国家统一的会计制度所允许选择的某一类会计业务的具体处理方法中所作出的具体选择。例如，对于发出存货的计价，《民间非营利组织会计制度》允许选择采用个别计价法、先进先出法和加权平均法三种方法，民间非营利组织按照制度规定从中选择了一种适用于本单位的计价方法，如先进先出法，那么这种方法就是对发出存货计价的会计处理方法。

3. 值得说明的是，在界定会计政策时，要将它与会计估计区分开来。会计估计是指民间非营利组织对其结果不确定的交易或事项以最近可利用的信息为基础所作的判断。由于民间非营利组织业务活动中内在不确定因素的影响，某些会计报表项目不能精确地计量而需要加以估计。例如，估计固定资产的预计使用年限和净残值、无形资产的受益期、计提的资产减值准备以及收入确认中的估计等等。

（三）会计政策举例

根据《民间非营利组织会计制度》规定，民间非营利组织在会计核算中应当采用或者允许选择采用的会计政策，举例如下：

1. 资产的计价，是指资产的计量原则，包括初始计量和后续计量。例如，固定资产在取得时，应当按取得时的实际成本入账。又如，对发出存货允许选择采用个别计价法、先进先出法或加权平均法。再如，应当定期或者至少于每年年末，对应收款项、存货、短期投资、长期投资等资产是否发生了减值进行检查，如果这些资产发生了减值，应当计提减值准备，确认减值损失。

2. 长期投资的核算，是指长期投资的具体会计处理方法。例如，依据2024年12月修订的《民间非营利组织会计制度》，长期股权投资不再区分不同情况，均采用成本法核算。

3. 外币折算，是指外币折算所采用的方法以及汇兑损益的处理。例如，各种外币账户的外币余额，期末时应当按照期末即期汇率折合为记账本位币。

4. 收入的确认，是指收入确认的原则，包括交换交易收入的确认原则和非交换交易收入的确认原则。例如，对于非交换交易收入，应当在同时满足三项确认条件时才能予以确认。

5. 借款费用的处理，是指借款费用的处理方法。例如，满足一定条件的专门借款利息应当予以资本化，计入在建工程成本。

6. 所得税的核算，是指所得税的会计处理方法。例如，民间非营利组织所得税的会计处理应当采用应付税款法。

二、会计政策变更概述

（一）会计政策变更的定义

会计政策变更，是指民间非营利组织对相同的交易或事项由原来采用的会计政策改用另一会计政策的行为。为保证会计信息的可比性，使财务报告使用者在比较单位一个以上期间的会计报表时，能够正确判断其财务状况、业务活动情况和现金流量的趋势，一般情况下，民间非营利组织应在每期采用相同的会计政策，不应也不能随意变更会计政策，否则将削弱会计信息的可比性。

（二）会计政策变更的条件

《民间非营利组织会计制度》规定，民间非营利组织采用的会计政策前后各期应当保持一致，不得随意变更，除非符合下列条件之一：

1. 法律或国家统一的会计制度等行政法规、规章的要求。这种情况是指如果按照相关法律、国家统一的会计制度等行政法规、规章的规定，要求民间非营利组织采用新的会计政策，则应当按照相关规定改变原会计政策，执行新的会计政策。例如，2004 年印发的《民间非营利组织会计制度》要求对固定资产计提折旧等，对于原来因执行《事业单位会计制度》而不计提固定资产折旧的民间非营利组织而言，这就属于因国家统一的会计制度变化而变更会计政策的情形。又如，2020 年 6 月发布的《〈民间非营利组织会计制度〉若干问题的解释》规定，民间非营利组织取得的存款利息，属于《民间非营利组织会计制度》第三十五条规定的“为购建固定资产而发生的专门借款”产生且在“允许资本化的期间内”的，应当冲减在建工程成本；除此以外的存款利息应当计入其他收入。再如，《〈民间非营利组织会计制度〉若干问题的解释》规定，民间非营利组织按规定出资设立其他民间非营利组织，不属于《民间非营利组织会计制度》规定的长期股权投资，应当计入当期费用。设立与实现本组织业务活动目标相关的民间非营利组织的，相关出资金额记入“业务活动成本”科目；设立与实现本组织业务活动目标不相关的民间非营利组织的，相关出资金额记入“其他费用”科目。2024 年 12 月新修订的《民间非营利组织会计制度》修改了长期股权投资的会计处理方法，将长期股权投资的权益法和成本法核算修改为统一用成本法核算，并增加相关披露要求。

2. 会计政策变更提供的会计信息能够更可靠、更相关地反映民间非营利组织的财务状况、业务活动和现金流量等。这一情况是指，由于经济环境、客观情况的改变，民间非营利组织若采用原会计政策提供会计信息，已不能恰当地反映其财务状况、业务活动和现金流量等情况。在这种情况下，可以改变原会计政策，按照更适用的会计政策进行核算，以对外提供更可靠、更相关的会计信息。例如，在价格比较稳定的情况下，对存货的计价一直采用先进先出法，近期由于价格的持续上涨，如果仍采用先进先出法核算，不符合谨慎性原则，则可以将存货的计价方法由先进先出法改为加权平均法或其他更适用的方法。

（三）会计政策变更的特点

民间非营利组织在制定或变更会计政策时，需要注意以下几点：

1.《中华人民共和国会计法》规定，国家实行统一的会计制度，国家统一的会计制度由国务院财政部门制定。因此，民间非营利组织可以采用的会计政策通常由国家统一的会计制度规定。

2. 如果国家统一的会计制度对某类交易或事项规定了多种会计政策，允许单位从中选择适用的会计政策，那么民间非营利组织应当结合本单位的具体情况，在国家统一的会计制度所允许选用的会计政策范围内选择本单位适用的会计政策，而不得超出国家统一的会计制度所允许选用的会计政策范围。例如，《民间非营利组织会计制度》规定，对于发出存货，可以采用个别计价法、先进先出法或加权平均法计价。民间非营利组织可以在制度允许选用的三种方法中选择其适用的方法进行会计核算。

3. 如果国家统一的会计制度对某类交易或事项只规定了会计原则，而没有规定具体会计处理方法，那么民间非营利组织应当结合本单位的具体情况，按照国家统一的会计制度规定的基本原则，制定适用于本单位的具体会计处理。例如，《民间非营利组织会计制度》规定，固定资产是指同时具有以下特征的有形资产：为行政管理、提供服务、生产商品或者出租目的而持有的；预计使用年限超过 1 年；单位价值较高。民间非营利组织可以根据这一原则，结合实际情况，确定本单位的固定资产价值起点。

4. 根据会计的重要性原则，对不重要的交易或事项改变原会计政策，可以不作为会计政策变更处理，前提是不影响会计信息的真实、可靠，不会误导会计信息使用者。

三、会计政策变更的会计处理

《民间非营利组织会计制度》规定，民间非营利组织应当采用追溯调整法核算会计政策的变更，如果追溯调整法不可行，应当采用未来适用法核算；如果相关法律或会计制度等另有规定，则应当按照相关规定进行核算。

《民间非营利组织会计制度》中所称追溯调整法，是指对某项交易或者事项变更会计政策时，如同该交易或者事项初次发生时就开始采用新的会计政策，并以此对相关项目进行调整的方法。《民间非营利组织会计制度》所称未来适用法，是指将变更后的会计政策和会计估计应用于变更日及以后发生的交易或者事项，或者在会计差错发生或发现的当期更正差错的方法。

由于民间非营利组织只有在两种情况下可以变更其会计政策，因此，应当根据会计政策变更时的具体情况进行会计处理：

（一）根据法律或国家统一的会计制度等行政法规、规章的要求变更会计政策，分别以下情况处理：

1. 如果国家对此发布了相关的会计处理办法，则按照国家发布的相关会计处理规定进行处理。例如，在2004年《民间非营利组织会计制度》印发后，考虑到与民间非营利组织原来执行的《事业单位会计制度》差异较大，财政部为此发布了《民间非营利组织新旧会计制度有关衔接问题的处理规定》，其中要求补提固定资产折旧、无形资产摊销并对相关资产减值准备以及部分资产、负债项目账面价值等进行追溯调整。又如，2020年6月出台的《〈民间非营利组织会计制度〉若干问题的解释》规定，本解释施行前民间非营利组织出资设立其他民间非营利组织并将出资金额计入长期股权投资的，应当自本解释施行之日，将原“长期股权投资”科目余额中对其他民间非营利组织的出资金额转入“非限定性净资产”科目（2020年度以前出资）或“业务活动成本”“其他费用”科目（2020年度出资）。2024年12月修订《民间非营利组织会计制度》后，财政部也发布了《民间非营利组织新旧会计制度有关衔接问题的处理规定》，要求民间非营利组织应当按照新制度有关规定，对原制度的长期股权投资、长期债权投资进行分析判断，属于其他长期投资的，重新分类将其账面价值转入新账的“其他长期投资”科目。

2. 如果国家没有发布相关的会计处理办法，则应当采用追溯调整法进行会计处理，如同该交易或事项初次发生时就开始采用新的会计政策并以此对相关项目进行调整。

在追溯调整法下，应计算会计政策变更的累积影响数，并调整期初净资产，会计报表其他相关项目也相应进行调整。追溯调整法的运用通常有以下步骤：

第一步，计算会计政策变更的累积影响数。

会计政策变更的累积影响数，是指按变更后的会计政策对以前各期追溯计算的变更年度期初净资产应有金额与现有金额之间的差额。即假设与会计政策变更相关的交易或事项在初次发生时就采用新的会计政策而得出的变更年度期初净资产应有金额与现有金额之间的差额。会计政策的累积影响数通常可以通过如下计算过程获得：

（1）根据新的会计政策重新计算受影响的前期交易或事项；

（2）计算两种会计政策下的差异；

（3）计算会计政策变更的累积影响数。

第二步，进行相关的账务处理。

第三步，调整会计报表相关项目。

第四步，在会计附注中予以披露。

（二）由于经济环境、客观情况的改变而变更会计政策，以便提供有关财务状况、业务活动情况和现金流量等更真实、更可靠的会计信息。在这种情况下，应当采用追溯调整法进行会计处理。

在上述两种情况下，如果会计政策变更的累积影响数不能合理确定，均应当采用未来适用法进行会计处理。未来适用法是指将变更后的会计政策和会计估计应用于变更日及以后发生的交易或者事项，或者在会计差错发生或发现的当期更正差错的方法。例如，存货的计价方法由先进先出法改为加权平均法时，如果变更当期的年初存货价值很难再按加权平均法进行调整，在这种情况下，变更当期的原存货余额一般只能是变更前按先进先出法计算出来的结果，无法计算会计政策变更后的累积影响数。

如果不易区别会计政策变更和会计估计变更，均视为会计估计变更，采用未来适用法核算。

四、会计政策变更举例

【例9－16】某民间非营利组织在2027年1月1日之前对存货进行整体减值测试和计提跌价准备。2027年1月1日，根据管理需要，开始对存货按单项进行减值测试，计提减值准备。假设2027年1月1日，该民间非营利组织存货的整体和各项存货原账面余额及可变现净值如表9－1所示。

表9－1　各项存货的账面余额及可变现净值　单位：元

项目	2027年1月1日	
	账面余额	可变现净值
存货X	180 000	388 000
存货Y	220 000	
合计	400 000	388 000

该民间非营利组织的账务处理如下：

1. 对存货各项计提减值准备后的累积影响数，如表9－2所示。

表9－2　对存货各项计提减值准备后的累积影响数　单位：元

项目	账面余额	可变现净值	差额	减值额
存货X	180 000	165 000	15 000	15 000
存货Y	220 000	223 000	－3 000	0
合计	400 000	388 000	12 000	15 000

按照整体存货可变现净值，计提的存货跌价准备为12 000元；如果对各项存货进行减值测试、计提减值准备，则应计提的存货跌价准备为15 000元，需要补提3 000元。

借：非限定性净资产　3 000

　　贷：存货跌价准备　3 000

3. 报表调整

该民间非营利组织在编制2027年的年初资产负债表时，应调整原2026年度资产负债表的年末数。调整项目如下：调减“存货”项目3 000元；调减“非限定性净资产”项目3 000元。

4. 附注说明

该民间非营利组织原来期末对存货整体价值进行测试，计提减值准备，自2027年1月1日起于每年年度终了对存货进行单项减值测试，计提减值准备。对于此项会计政策变更，已补提了存货跌价准备3 000元，据此调减了2026年度资产负债表中非限定性净资产项目期末数3 000元以及存货项目期末数3 000元。

【例9-17】 某民间非营利组织在2027年以前对应收账款和其他应收款采用应收账款余额百分比法计提坏账准备。2027年该民间非营利组织根据其实际情况和经验，决定变更坏账准备的计提方法，将应收账款余额百分比法变更为账龄分析法。假设能够采用账龄分析法对2027年期初的坏账准备进行合理的调整，则该民间非营利组织对上述会计政策变更采用追溯调整法。

根据上述资料，该民间非营利组织对应收账款计提坏账准备的会计政策变更，采用追溯调整法进行处理。在2026年末，应收款项余额是370 000元，按照5‰的比例计提坏账准备，则2026年末坏账准备的期末贷方余额为1 850元。该民间非营利组织决定2027年将应收账款余额百分比法变更为账龄分析法，那么对2026年末其应收账款和其他应收款进行账龄分析，并确定2026年末坏账准备贷方余额应为2 500元，则2026年的坏账准备为此需增加650元（2 500－1 850），因计提坏账准备而增加的资产减值损失也相应增加650元，因资产减值损失已经结转至2026年期末非限定性净资产，则2026年期末非限定性净资产应减少650元。

因此，2027年1月1日会计政策变更时，需要调增2027年期初坏账准备 650 元，同时调减 2027 年期初非限定性净资产 650 元。

该民间非营利组织的账务处理如下：

借：非限定性净资产　　650

　　贷：坏账准备　　650

【例 9-18】 某民间非营利组织在 2027 年之前对存货的计价方法采用先进先出法。2026 年下半年开始，该民间非营利组织发现存货的价格波动很大，因此，从 2027 年 1 月 1 日开始，该民间非营利组织变更了存货计价方法，开始采用个别计价法。假设采用个别计价法对 2027 年的期初存货能够合理进行调整，则该民间非营利组织对上述会计政策变更采用追溯调整法。

2026 年该民间非营利组织期初存货价值为 68 000 元，2026 年购入存货价值为 250 000 元，按照先进先出法计量的期末存货为 39 000 元，存货用于该民间非营利组织的业务活动，因此 2026 年使用存货的业务活动成本为 279 000 元（68 000 + 250 000 - 39 000）。当存货的计价方法由先进先出法变更为个别计价法后，2026 年期末存货价值应当调整为 27 000 元，2026 年的业务活动成本为此增加 12 000 元（39 000 - 27 000），业务活动成本已经结转至 2026 年期末非限定性净资产，2026 年期末非限定性净资产应减少 12 000 元。

因此，2027 年 1 月 1 日会计政策变更时，需要调减 2027 年期初存货 12 000 元，同时调减 2027 年期初非限定性净资产 12 000 元。

该民间非营利组织的账务处理如下：

借：非限定性净资产　　12 000

　　贷：存货　　12 000

假定本例中该民间非营利组织从 2027 年 1 月 1 日开始，变更了存货计价方法，开始采用加权平均法。假设对 2027 年的期初存货价值很难按加权平均法进行调整，在这种情况下，变更当期即 2027 年的期初存货余额只能是用变更前按先进先出法计算出来的结果39 000元，则该民间非营利组织对上述会计政策变更采用未来适用法。

第五节　资产负债表日后事项

一、资产负债表日后事项概述

（一）资产负债表日后事项的定义

《民间非营利组织会计制度》规定，资产负债表日后事项是指资产负债表日至财务会计报告批准报出日之间发生的需要调整或说明的有利或不利事项。在上面的定义中，需要明确以下几点。

1. 资产负债表日包括年度资产负债表日（即年度末）和中期资产负债表日（即中期期末）。根据《中华人民共和国会计法》的规定，"会计年度自公历1月1日起至12月31日止"。因此，"年度资产负债表日"是指每年的12月31日。"中期资产负债表日"是指年度中间各期期末。例如，提供第一季度财务会计报告时，该中期资产负债表日是指该年度的3月31日；提供半年财务报告时，该中期资产负债表日是指该年度的6月30日。

2. 财务会计报告是指民间非营利组织按照《民间非营利组织会计制度》编制并对外提供的财务会计报告，仅指通用财务会计报告，不包括民间非营利组织内部管理使用的内部会计报表等。

3. 财务会计报告批准报出日是指理事会或类似权力机构批准财务会计报告报出的日期。通常是指对财务会计报告的内容负有法律责任的单位或个人批准财务会计报告向单位外部公布的日期。"对财务会计报告的内容负有法律责任的单位或个人"，一般是指单位负责人、理事会或类似权力机构。

同时，在具体理解、判断资产负债表日后事项时，还应当注意以下问题：

第一，资产负债表日后事项涵盖的期间是资产负债表日至财务会计报告批准报出日，但是不包括资产负债表日发生的事项。因此，实际涵盖的期间是从资产负债表日的次日起，截至财务会计报告批准报出当日。

第二，资产负债表日后事项包括资产负债表日至财务会计报告批准报出日之间发生的需要调整或说明的有利事项和不利事项。对于有利和不利事项，应当按照同一原则处理。具体而言，如果属于调整事项，对有利和不利的调整事项都应当在进行相关的账务处理后，调整年度或中期会计报表；如果属于非调整事项，对有利和不利的非调整事项都应当在年度或中期会计报表附注中披露。

第三，资产负债表日后事项并不包括其涵盖期间内发生的全部事项，而是与资产负债表日存在状况有关的事项，或者虽然与资产负债表日存在状况无关，但对民间非营利组织财务状况具有重大影响的事项。

（二）资产负债表日后事项的分类

资产负债表日后事项包括两类：一类是对资产负债表日存在状况提供新的或进一步证据的事项，称为调整事项；一类是资产负债表日后才发生的事项，称为非调整事项。

1. 调整事项

《民间非营利组织会计制度》规定，所谓调整事项，是指资产负债表日后至财务会计报告批准报告日之间发生的、为资产负债表日已经存在的情况提供了新的或进一步证据，有助于对资产负债表日存在情况有关的金额做出重新估计的事项。之所以称为调整事项，是因为资产负债表日后获得了新的或进一步的证据，影响了会计报表编制过程中的估计，从而影响了依据资产负债表日存在状况编制的财务会计报告的信息相关性和有用性，应当依据新发生的情况对资产负债表日所确认的收入、费用、资产、负债以及净资产进行调整。

调整事项的主要特点有：

（1）相关情况在资产负债表日或之前已经存在，资产负债表日后得到新的或进一步证据；

（2）对依据资产负债表日存在状况编制的财务会计报告产生重大影响。

在实务中，调整事项主要有：

（1）已证实某项资产在资产负债表日已减值，或者为该项资产已确认的减值损失需要调整。这一事项是指在资产负债表日以前或资产负债表日，根据当时的资料信息判断某项资产可能发生了损失或减值，但没有最后确定是否会发生，因而按照当时最佳的估计金额反映在会计报表中；但在资产负债表日至财务会计报告批准报出日之间，所取得的新的或进一步的证据能证明该事实成立，即某项资产已经发生了损失或减值，则应对资产负债表日所作的估计予以修正。

（2）表明应将资产负债表日存在的某项现时义务予以确认，或已对某项义务确认的负债需要调整。这一事项是指在资产负债表日以前或资产负债表日已经存在的某项现时义务尚未确认，资产负债表日后至财务会计报告批准报出日之间获得了新的或进一步的证据，表明符合负债的确认条件，应在财务报告中予以确认，从而需要对会计报表相关项目进行调整；或者资产负债表日已确认的某项负债，资产负债表日后至财务报告批准报出日之间获得新的或进一步的证据，表明需要对已确认的金额进行调整。

（3）发生资产负债表所属期间或以前期间所售商品的退回。这一事项是指在资产负债表日以前或资产负债表日，根据合同规定所销售的商品已经发出，当时认为与该项商品所有权相关的风险和报酬已经转移，货款能够收回，根据收入确认原则确认了收入并结转了相关成本。即在资产负债表日民间非营利组织确认为已经销售，并在会计报表上进行反映，但在资产负债表日后至财务会计报告批准报出日之间所取得的证据表明，该批已确认为销售的商品确实已经退回，应作为调整事项进行相关的账务处理，并调整资产负债表日编制的会计报表有关收入、费用、资产、负债、净资产等项目的数字。值得说明的是，资产负债表日后至财务报告批准报出日之间发生的销售退回，既包括报告年度或报告中期销售的商品在报告年度或报告中期的资产负债表日后至财务报告批准报出日之间的销售退回，也包括报告年度或报告中期前销售的商品在报告年度或报告中期的资产负债表日后至财务报告批准报出日之间的销售退回。销售退回的会计处理，参见第六章第七节。

（4）表明资产负债表所属期间或以前期间存在重大会计差错。这一事项是指在资产负债表日后至财务会计报告批准报出日之间发现的属于资产负债表所属期间或以前期间存在的重大会计差错，该重大会计差错应当作为资产负债表日后调整事项，调整报告年度或报告中期财务报告相关项目的数字。

2. 非调整事项

《民间非营利组织会计制度》规定，所谓非调整事项，是指资产负债表日后至财务会计报告批准报出日之间发生的，不影响资产负债表日的存在情况，但不加以说明将会影响财务会计报告使用者做出正确估计和决策的事项。对于非调整事项，在资产负债表日该状况并不存在，但是在资产负债表日后发生的情况对单位的财务状况、业务活动情况等产生了重要影响。因此，非调整事项不涉及资产负债表日存在状况，但为了对外提供更有用的会计信息必须以适当的方式披露这类事项，故被称为非调整事项。

非调整事项的主要特点如下：

（1）相关情况在资产负债表日或之前并未发生或存在，完全是在资产负债表日后发生的；

（2）对理解和分析财务会计报告有着重大影响。

在实务中，非调整事项主要有：

（1）资产负债表日后出现的情况引起的资产损失或减值。例如，资产负债表日后发生的短期投资市价下跌。由于市场价格的波动等是资产负债表日后才发生的事项，因此，应当作为非调整事项在会计报表附注中进行披露。

（2）自然灾害导致资产发生重大损失。这一事项是指资产负债表日后至财务会计报告批准报出日之间发生的自然灾害导致的资产损失。自然灾害导致的资产损失不是民间非营利组织主观上能够决定的，是不可抗力所造成的。但这一事项对民间非营利组织财务状况所产生的影响如果不加以披露，有可能使财务会计报告使用者产生误解，导致其做出错误的决策，因此自然灾害导致的资产重大损失应作为一个非调整事项在会计报表附注中进行披露。

（3）对外大额投资。这一事项是指民间非营利组织在资产负债表日后至财务会计报告批准报出日之间决定对其他单位的大额投资。这一事项虽然与民间非营利组织资产负债表日存在状况无关，但应对这一事项进行披露，以便财务会计报告使用者了解民间非营利组织对外大额投资可能带来的影响。

（4）对外大额举债。这一事项是指民间非营利组织在资产负债表日后至财务会计报告批准报出日之间决定向银行或非银行金融机构举借大额债务。民间非营利组织对外大额举债属于民间非营利组织的重大事项，虽与民间非营利组织资产负债表日的存在状况无关，但应当对这一事项进行披露，以便财务会计报告使用者了解民间非营利组织对外大额举债可能带来的影响。

（5）重大的净资产重分类。这一事项是指民间非营利组织在资产负债表日后至财务会计报告批准报出日之间发生的金额重大的限定性净资产与非限定性净资产之间的重分类。民间非营利组织净资产的重分类将会直接影响净资产的结构组成，这个信息对财务会计报告使用者而言非常重要，因此，这个事项虽然与资产负债表日的存在状况无关，但如果金额重大，则需要在会计报表附注中披露。

（6）关联方及其交易。这一事项是指民间非营利组织在资产负债表日后至财务会计报告批准报出日之间发生的关联方变化及其交易。由于关联方及其交易信息对财务会计报告使用者而言很重要，应当披露关联方关系的性质、交易类型及交易要素等相关信息，无论交易中是否收取价款。交易要素至少包括交易的金额，未结算项目的金额、条款和条件，未结算应收项目的坏账准备金额，定价政策等。

（7）对外提供重大担保。这一事项是指在资产负债表日后至财务会计报告批准报出日之间发生的民间非营利组织对外单位提供重大的担保。民间非营利组织对外提供重大担保属于或有事项，民间非营利组织作为提供担保的一方，在被担保方无法履行合同的情况下，可能会承担连带责任。为使财务会计报告使用者及时了解该情况，应当在会计报表附注中披露相关信息。

（8）对外签订重大抵押合同。这一事项是指在资产负债表日后至财务会计报告批准报出日之间发生的民间非营利组织对外签订重大抵押合同。这一事项虽与民间非营利组织资产负债表日存在状况无关，但为使财务会计报告使用者及时了解该情况，应当在会计报表附注中披露相关信息。

（9）发生重大诉讼、仲裁或承诺事项。这类事项是指资产负债表日后至财务会计报告批准报出日之间发生的重大诉讼、仲裁或承诺事项。为防止误导财务会计报告使用者，应当在会计报表附注中披露此类重大事项相关信息。

（10）税收事项发生重大变化。这一事项是指在资产负债表日后至财务会计报告批准报出日之间发生的税收事项的重大改变。税收事项发生重大改变，将会对民间非营利组织未来的财务状况等产生影响，也应当在会计报表附注中及时披露该事项信息。

3. 调整事项与非调整事项的区分

正确判断资产负债表日后发生的某一事项是调整事项还是非调整事项，是对资产负债表日后事项进行会计处理的关键。

调整事项和非调整事项的共同点在于：调整事项和非调整事项都是在资产负债表日后至财务会计报告批准报出日之间存在或发生的，对民间非营利组织的财务状况、业务活动情况都将产生重大影响。

这两类事项的区别在于：调整事项是相关情况存在于资产负债表日或之前，资产负债表日后提供了证据对以前已存在的情况做出进一步说明；而非调整事项是相关情况在资产负债表日尚未存在，在财务会计报告批准报出日之前才发生。因此判断两类事项，关键看相关情况在资产负债表日或之前是否已经存在。

例如，因债务人破产致使应收账款无法全部收回而发生损失。如果民间非营利组织在 12 月 31 日或之前根据所掌握的资料判断债务人有破产清算的可能，或债务人正处于破产清算的过程中，在资产负债表日民间非营利组织已经按该项应收账款的 10% 计提了坏账准备。如果在资产负债表日后至财务会计报告批准报出日之间，接到债务人的通知表明其已宣告破产清算，民间非营利组织无法收回全部应收账款，由于应收账款可能受到损失的状况在资产负债表日已经存在，只是在资产负债表日后提供了受损的进一步证据，表明原估计的坏账准备不足，应重新调整。因此，这一事项应当作为调整事项处理。如果在 12 月 31 日债务人财务状况良好，没有任何财务状况恶化的信息，民间非营利组织按照当时所掌握的资料按应收账款的 5‰计提了坏账准备，但在民间非营利组织财务会计报告批准报出前，有资料证明债务人发生突发事件造成重大损失，民间非营利组织的应收账款有可能收不回来，由于这一情况在资产负债表日并不存在，是资产负债表日后才发生的事项。因此，应作为非调整事项，在会计报表附注中进行披露。

需要说明的是，对于资产负债表日后事项中已经作为调整事项调整会计报表有关项目数字的，除另有规定外，一般不需要在会计报表附注中再进行披露。

二、调整事项的处理要求及举例

（一）调整事项的处理要求

资产负债表日后发生的调整事项，应当如同资产负债表所属期间发生的事项一样，做出相关账务处理，并对资产负债表日已编制的会计报表作相应的调整。由于资产负债表日后事项发生在次年或下一个会计中期，上年度或上一个会计中期的有关账目已经结转，特别是收入、费用类科目在结账后已无余额。因此，资产负债表日后发生的调整事项，应当就以下情况分别进行账务处理。

1. 涉及收入、费用的事项，通过调整相关净资产科目核算调整

增加以前年度（或中期）收入或调整减少以前年度（或中期）费用的事项，计入“非限定性净资产”或“限定性净资产”科目的贷方；调整减少以前年度（或中期）收入或调整增加以前年度（或中期）费用的事项，计入“非限定性净资产”或“限定性净资产”科目的借方。

2. 不涉及收入、费用的事项，调整相关资产、负债和净资产科目

3. 通过上述账务处理后，还应当同时调整会计报表相关项目的数字

（1）资产负债表日编制的会计报表相关项目的数字；

（2）当期编制的会计报表相关项目的年初数；

（3）提供比较会计报表时，还应调整相关会计报表的上年数（或上期数）；

（4）经过上述调整后，如果涉及会计报表附注内容的，还应当调整会计报表附注相关项目的数字。

（二）调整事项的具体举例

假定财务会计报告批准报出日均为次年4月30日，不考虑所得税及其他税费。

1. 已证实资产发生的减值或损失

【例9－19】某民间非营利组织2026年9月11日销售给某企业一批商品，价款为160 000元。企业当月确认已收到商品并验收入库。按合同规定，该企业应于收到商品后一个月内向民间非营利组织支付货款，但由于该企业财务状况不佳，到2026年12月31日仍未付款。该民间非营利组织于2026年12月31日编制2026年度会计报表时，已按照10%的比例为该项应收账款提取了坏账准备16 000元。2027年3月8日，该民间非营利组织收到这家企业已进行破产清算的通知，无力偿还所欠部分货款，民间非营利组织预计可收回50%的应收账款。

该民间非营利组织接到企业通知时，按照规定判断该事项属于资产负债表日后事项中的调整事项，因此，账务处理如下：

（1）补提坏账准备。

应补提的坏账准备＝应提取的坏账准备－已提取的坏账准备＝160 000×50%－16 000＝64 000（元）

借：非限定性净资产　　64 000

　　贷：坏账准备　　64 000

（2）调整2026年度会计报表相关项目的数字。

① 资产负债表项目的调整：调增坏账准备64 000元；调减非限定性净资产64 000元。

② 业务活动表项目的调整：调增管理费用64 000元；调减净资产变

动额 64 000 元。

（3）调整 2027 年 3 月资产负债表相关项目的年初数。

在编制 2027 年 1 月、2 月的会计报表时，按照调整前的数字作为资产负债表的年初数，由于发生了资产负债表日后调整事项，除了调整 2026 年度会计报表相关项目的数字外，还应当调整 2027 年 3 月资产负债表相关项目的年初数，按照调整后的数字填列。

2. 资产负债表日后事项的销售退回

【例 9－20】 某民间非营利组织 2026 年 11 月 16 日销售给某企业一批商品，销售价格 160 000 元，销售成本 128 000 元。2026 年 12 月 4 日接到该企业通知，在验收商品时，发现该批商品存在严重的质量问题需要退货。该民间非营利组织希望通过协商解决问题，并与此企业协商。至 2026 年 12 月 31 日，尚未收到货款。该民间非营利组织在 2026 年 12 月 31 日编制资产负债表时，将该笔应收账款 160 000 元列示于资产负债表的“应收账款”项目中，并按应收账款年末余额的 5% 计提了坏账准备。2027 年 1 月 18 日双方协商未果，该民间非营利组织收到企业退回的该批商品。

民间非营利组织根据规定，判断该事项属于资产负债表日后事项的调整事项，因此相应的账务处理如下：

（1）调整销售收入。

借：非限定性净资产　　　　160 000

　　贷：应收账款　　　　　　　160 000

（2）调整销售成本。

借：存货　　　　　　　　　128 000

　　贷：非限定性净资产　　　　128 000

（3）调整坏账准备。

160 000 × 5% ＝ 8 000（元）

借：坏账准备　　　　　　　　　　　　　　　　8 000

　　贷：非限定性净资产　　　　　　　　　　　　8 000

（4）调整2026年度会计报表相关项目的数字。

① 资产负债表项目的调整。

调减应收账款160 000元；调减坏账准备8 000元；调增存货128 000元；调减非限定性净资产24 000元（160 000 − 128 000 − 8 000）。

② 业务活动表项目的调整。

调减销售商品收入160 000元；调减业务活动成本128 000元；调减管理费用8 000元；调减净资产变动额24 000元。

（5）调整2027年1月资产负债表相关项目的年初数。

该民间非营利组织2027年1月资产负债表的年初数应按上述调整后的数字填列。

3. 已确定获得或支付的赔偿

已确定获得或支付的赔偿是指在资产负债表日以前，或资产负债表日已经存在的赔偿事项，资产负债表日至财务会计报告批准报出日之间提供了新的证据，表明民间非营利组织能够收到赔偿款或需要支付赔偿款。这一新的证据如果需要调整资产负债表日所作的估计，应对会计报表进行调整。

【例9－21】丙民间非营利组织与丁民间非营利组织就某项无形资产的权属发生了纠纷。为此，丁民间非营利组织通过法律程序，控告丙民间非营利组织非法使用其无形资产，要求丙民间非营利组织赔偿其经济损失280 000元。该诉讼案件在2026年12月31日尚未判决。对此，丙民间非营利组织预计赔偿款150 000元，并反映在2026年12月31日的会计报表上。丁民间非营利组织未确认应收赔偿款。2027年2月19日，经法院一审判决，丙民间非营利组织需要偿付丁民间非营利组织经济损失280 000元，丙民间非营利组织表示不再上诉，并于2027年3月4日支付了赔偿款。

根据资产负债表日后事项的判断标准，判断该事项属于调整事项，并分别进行处理如下：

丙民间非营利组织：

（1）确认支付的赔偿款。

借：非限定性净资产　　130 000

　　贷：预计负债　　130 000

借：预计负债　　280 000

　　贷：银行存款　　280 000

【注意】资产负债表日后发生的调整事项如涉及现金收支项目的，均不调整报告年度资产负债表的货币资金项目和现金流量表各项目数字。本例中，虽然已支付了赔偿款，但由于付款发生在 2027 年，在调整会计报表相关项目数字时，只需要调整上述第一笔分录，不需要调整上述第二笔分录，上述第二笔分录作为 2027 年的会计事项处理。

（2）调整报告年度会计报表相关项目的数字。

① 资产负债表项目的调整。

调增预计负债 130 000 元；调减非限定性净资产 130 000 元。

② 业务活动表项目的调整。

调增管理费用 130 000 元；调减非限定性净资产 130 000 元。

（3）调整 2027 年 2 月资产负债表相关项目的年初数。

丙民间非营利组织在编制 2027 年 1 月的会计报表时，按照调整前的数字作为资产负债表的年初数。2 月，由于发生了资产负债表日后调整事项，丙民间非营利组织除了调整 2026 年度会计报表相关项目的数字外，还应当调整 2027 年 2 月资产负债表相关项目的年初数，其年初数按照调整后的数字填列。

丁民间非营利组织：

（1）确认收到的赔偿款。

借：其他应收款 280 000

　　贷：非限定性净资产 280 000

借：银行存款 280 000

　　贷：其他应收款 280 000

【注意】资产负债表日后发生的调整事项如涉及现金收支项目的，均不调整报告年度资产负债表的货币资金项目和现金流量表各项目数字。上例中，虽然收到了赔偿款并存入银行，但在调整会计报表相关项目数字时，只需要调整上述第一笔分录，不需要调整上述第二笔分录，上述第二笔分录作为2027年的会计事项处理。

（2）调整2026年度会计报表相关项目的数字。

① 资产负债表项目的调整。

调增其他应收款280 000元；调增非限定性净资产280 000元。

② 业务活动表项目的调整。

调增非限定性其他收入280 000元；调增非限定性净资产280 000元。

（3）调整2027年2月资产负债表相关项目的年初数。

丁民间非营利组织在编制2027年1月的会计报表时，按照调整前的数字作为资产负债表的年初数。2月，由于发生了资产负债表日后调整事项，丁民间非营利组织除了调整2026年度会计报表相关项目的数字外，还应当调整2027年2月资产负债表相关项目的年初数，其年初数按照调整后的数字填列。

4. 在资产负债表日或资产负债表日以前提起的诉讼，以不同于资产负债表中确认的金额而结案

【例9－22】2026年10月10日，某民间非营利组织由于为其他单位提供担保而承担了连带赔偿责任，被银行提起诉讼。2026年12月18日，法院一审判决，该民间非营利组织须赔付银行440 000元。该民间非营利组织随即提起上诉。在编制 2026 年 12 月 31 日的资产负债表时，该民间非营利组织与其法律顾问协商后得出结论认为，很可能需要赔付 440 000 元，上诉获胜的可能性不大。因此，该民间非营利组织在 2026 年 12 月 31 日的资产负债表上确认了 440 000 元的预计负债。2027 年 1 月 17 日，法院二审判决，将民间非营利组织的赔付额降低为 400 000 元，对此判决，双方均表示同意。

该民间非营利组织根据规定，判断此事项属于资产负债表日后事项的调整事项，应对 2026 年 12 月 31 日所作估计进行调整，调整会计报表相关项目的数字。因此相应的账务处理如下：

（1）调整减少预计负债。

借：预计负债　　　　　　　　　　　　　　40 000

　　贷：非限定性净资产　　　　　　　　　　　　40 000

（2）调整 2026 年度会计报表相关项目的数字。

① 资产负债表项目的调整。

调减预计负债 40 000 元；调增非限定性净资产 40 000 元。

② 业务活动表项目的调整。

调减管理费用 40 000 元；调增非限定性净资产 40 000 元。

（3）调整 2027 年 1 月资产负债表相关项目的年初数。

该民间非营利组织 2027 年 1 月资产负债表的年初数应按上述调整后的数字填列。

三、非调整事项的处理要求及举例

（一）非调整事项的处理要求

资产负债表日后发生的非调整事项是资产负债表日以后才发生或存在的事项，不影响资产负债表日存在状况，不需要对资产负债表日编制的会计报表进行调整；但由于事项重大，如不加以说明将会影响财务报告使用者做出正确的估计和决策，因此应当在会计报表附注中加以披露，即在会计报表附注中说明事项的性质、内容，以及对财务状况和业务活动情况的影响，以补充资产负债表日编制的财务会计报告的信息；如无法估计其影响，则应当说明无法估计的理由。

（二）非调整事项举例

假定财务会计报告批准报出日均为次年的 4 月 30 日。较为常见的非调整事项主要有以下几种情形。

【例 9 – 23】某民间非营利组织 2026 年 10 月 16 日销售给某公司一批商品，货款为 120 000 元，该公司收到产品验收入库后开出 6 个月承兑的商业汇票。该民间非营利组织于 2026 年 12 月 31 日编制 2026 年度会计报表时，将这张商业汇票列入资产负债表“应收票据”项目内。2027 年 2 月 20 日，该民间非营利组织收到公司由于发生意外而无力偿付所欠货款的通知。

民间非营利组织对于这一事项，首先判断为非调整事项，应在 2026 年度会计报表附注中进行披露。

【例 9 – 24】2027 年 1 月 8 日，某民间非营利组织经董事会批准决定投资 5 200 000 元，购买债券，相关的债券购买手续于 2027 年 3 月 5 日办理完成。

该民间非营利组织首先判断为资产负债表日后的非调整事项，应当在 2026 年度会计报表附注中对这一重大投资进行披露。

【例 9 – 25】2027 年 3 月 3 日，某民间非营利组织因业务需要经董事会批准决定向银行借款 3 000 000 元，借款协议于 2027 年 3 月 13 日签订，借款期间为 2027 年 3 月 19 日—2028 年 3 月 18 日，随后民间非营利组织收到所借款项。

该民间非营利组织首先判断此事项为资产负债表日后的非调整事项，应当在 2026 年度会计报表附注中对这一大额借款进行披露。

【例 9－26】 某民间非营利组织 2026 年 11 月 20 日收到一笔大额捐款，金额为 8 000 000 元。捐赠人当时要求该民间非营利组织必须将这笔款项用于某地区贫困老人的救助。该民间非营利组织在当日确认了该项限定性捐赠收入，并在 2026 年 12 月 31 日将尚未使用的款项 6 400 000 元转入限定性净资产。2027 年 2 月 27 日，该捐赠人撤销了对该笔捐款的限制，允许该民间非营利组织自主使用剩余的款项，用于公益项目即可。

对于此项净资产的重分类，该民间非营利组织首先判断其为非调整事项，应在 2026 年度会计报表附注中进行披露。

【例 9－27】 某民间非营利组织于 2027 年 3 月 6 日为某单位向商业银行申请的一笔贷款提供担保，贷款金额为 6 000 000 元，期限为 1 年。

对于这一事项，民间非营利组织首先判断其为非调整事项，应在 2026 年度会计报表附注中进行披露。

第十章
外币业务

第一节　外币业务概述

一、外币和外币业务

民间非营利组织日常业务中有时会取得境外捐款和捐赠物资，从境外购入设备、物资，在境外设立分支机构，向境外销售商品、提供服务等，从而涉及与外币有关的业务，存在外币业务的会计处理。

《民间非营利组织会计制度》规定，会计核算应当以人民币作为记账本位币。业务收支以人民币以外的货币为主的民间非营利组织，可以选定其中一种货币作为记账本位币，但是编制的财务会计报告应当折算为人民币。制度中所称外币业务，是指以记账本位币以外的货币进行的款项收付、往来结算等业务。

可见，民间非营利组织会计核算上的外币与一般意义上的外币，在其概念上有所不同。民间非营利组织会计核算上的外币是相对于该组织选定的记账本位币而言的，即选定的记账本位币以外的货币在会计核算上均被视为外币；以选定的记账本位币以外的货币计价结算的经济业务，则均属于外币业务。

二、外币业务的主要内容和特征

民间非营利组织的外币业务是指该组织以记账本位币以外的其他货币进行计价、款项收付和往来结算等的经济业务。主要包括民间非营利组织借入或借出外币资金，外币兑换，承担或清偿以外币计价的债务，接受或捐出以外币资金或者以外币计价的物资捐赠，收到外币会费，购买或销售以外币计价的材料、商品、物资、服务等。

外币业务的特征就是以外币计价的经济业务，即记账本位币以外的其他货币计价的经济业务。因此，外币业务并不等于与外国单位、组织或者外国人进行的交易，也不能将在境内进行的经济业务完全排除在外币业务之外。换言之，外币业务是相对于某一特定民间非营利组织而言的，判断对于某一民间非营利组织是否为外币业务的关键看是否以选定的记账本位币以外的货币计价结算。

无论其捐赠行为发生于境内还是境外，如一笔以美元作为计价和结算货币单位的捐赠行为，对于以人民币作为记账本位币的民间非营利组织来讲，就属于外币业务；而对于以美元作为记账本位币的民间非营利组织，不属于外币业务。如果一笔捐赠是以人民币作为计价和结算货币单位，对于以人民币作为记账本位币的民间非营利组织来讲，就不属于外币业务；而对于以美元作为记账本位币的民间非营利组织，属于外币业务。

本章除特殊标明情况外，均以人民币作为记账本位币。

三、会计报表的外币折算

根据《民间非营利组织会计制度》规定，业务收支以人民币以外的货币为主的民间非营利组织，可以选定其中一种货币作为记账本位币，但是编制的财务会计报告应当折算为人民币。此外，存在外币业务的民间非营利组织编制会计报表的过程中，也会涉及外币折算。会计报表的外币折算主要涉及两大问题：一是采用何种汇率对外币会计报表中的项目数据进行折算；二是由于会计报表各项目所使用的折算汇率不同所产生的外币会计报表折算差额处理。

鉴于民间非营利组织的会计信息使用者目前没有对合并报表会计信息使用需求、主要关注个别报表会计信息的实践，2024 年 12 月修订的《民间非营利组织会计制度》，删除了要求民间非营利组织编制合并报表的规定，但与之相关的信息需在会计报表附注中加强披露。因此，我国民间非营利组织即便存在有境外分支机构受其控制而且报表是以外币表示的，或者其控制的境内分支机构采用的是民间非营利组织母体的记账本位币以外的货币作为记账本位币并以此编报报表的，也不需要为编制合并报表而将这些被控制实体的外币会计报表折算为控制实体民间非营利组织记账本位币表示的报表。

第二节　外币业务的会计处理

一、外币账户设置及核算内容

《民间非营利组织会计制度》规定，民间非营利组织在核算外币业务时，应当设置相应的外币账户。外币账户包括外币现金、外币银行存款、以外币结算的债权和债务账户等，这些账户应当与非外币的各相同账户分别设置，并分别核算。

民间非营利组织外币账户具体为外币现金、外币银行存款、外币其他货币资金以及外币结算的债权和债务账户等。外币结算的债权账户包括应收账款、应收票据和预付账款等。外币结算的债务账户包括短期借款、应付账款、应付票据、应付职工薪酬、预收账款、长期借款等。

民间非营利组织发生外币业务时，其核算内容如下：

1. 根据规定的折算汇率，即除另有规定外，所有与外币业务有关的账户，应当采用业务发生当日的即期汇率，将外币业务的外币金额折算为记账本位币的金额，按照折算后的记账本位币的金额登记有关账户；同时，按照外币业务的外币金额登记相应的外币账户，并登记汇率。

《民间非营利组织会计制度》规定，将外币业务的外币金额折算为记账本位币金额时，应当采用业务发生时的即期汇率。即 2024 年 12 月修订的《民间非营利组织会计制度》要求民间非营利组织应当按照业务发生时的即期汇率进行折算，即使汇率波动较小的情形下，民间非营利组织也不得按照业务发生当期期初的汇率进行折算，必须采用业务发生时的即期汇率进行折算。

2. 期末（指月末、季末或年末，下同）各种外币账户（包括外币现金、银行存款、外币其他货币资金以及以外币结算的债权和债务，下同）的期末外币余额，按照期末即期汇率折合为记账本位币金额。按照期末即期汇率折合的记账本位币金额与账面记账本位币金额之间的差额作为汇兑损益计入当期费用，进行账务处理。

《民间非营利组织会计制度》规定，属于在借款费用应予资本化的期间内发生的与购建固定资产、无形资产等非流动资产有关的外币专门借款本金及其利息所产生的汇兑差额，应当予以资本化，计入固定资产、无形资产等非流动资产成本，通常计入“在建工程”科目；借款费用应予资本化的期间依照制度的第三十八条规定加以确定，可参见第三章第六节相关内容。除此以外的汇兑损益作为当期费用，计入“筹资费用”科目。

二、日常外币业务的账务处理及具体举例

（一）外币购入商品、设备、服务等

《民间非营利组织会计制度》规定，以外币购入商品、设备、服务

等，按照购入当日的即期汇率将支付的外币或应支付的外币折算为人民币金额，作为购入存货或者固定资产等的入账价值和发生债务的入账价值，借记“固定资产”“存货”等科目，贷记“现金”“银行存款”“应付账款”等科目的外币账户；同时，还应按照外币的金额登记有关外币账户，如外币银行存款账户和外币应付账款账户等。

【例 10－1】某民间非营利组织外币业务采用业务发生时的即期汇率折算。2026 年 7 月 16 日，从境外购入一批救灾物资，价款为 85 000 美元，货款尚未支付，购入该物资时即期汇率为 1 美元＝7. 3804 元人民币。发生相关税费 11 000 元人民币，已用银行存款支付。

根据上述资料，该民间非营利组织购入救灾物资的实际成本为 638 334 元人民币（85 000×7. 3804＋11 000）。其账务处理如下：

借：存货——救灾物资　　638 334

　　贷：应付账款——美元户（85 000 美元）　　627 334

　　　　银行存款　　11 000

【例 10－2】某民间非营利组织外币业务采用业务发生时的即期汇率折算。2026 年 9 月 23 日，从境外购入一台不需要安装的设备，设备价款为 120 000 美元，即期汇率为 1 美元＝7. 3833 元人民币，按照合同约定设备款需在 2 个月内支付。

该民间非营利组织购入该台设备的入账价值为 120 000×7. 3833＝885 996 元人民币，其账务处理如下：

借：固定资产　　885 996

　　贷：应付账款——美元户（120 000 美元）　　885 996

（二）以外币销售商品或提供服务、获得外币捐赠或会费等

《民间非营利组织会计制度》规定，以外币销售商品、提供服务或者获得外币捐赠等，按照收入确认当日的即期汇率将收取的外币或应收取的

外币折算为人民币金额，作为出口商品、提供服务、接受捐赠或者会费取得的款项或发生的应收债权的入账价值，借记“银行存款”“应收账款”等科目的外币账户，贷记“捐赠收入”“会费收入”“提供服务收入”“商品销售收入”等科目；同时还应按照外币的金额登记有关外币账户，如外币银行存款账户等。

【例 10－3】某民间非营利组织外币业务采用业务发生时的即期汇率折算。2026 年 3 月 6 日，该民间非营利组织收到无特殊要求的公益捐款 100 000 美元，即期汇率为 1 美元 = 7.3902 元人民币。

根据上述资料，该民间非营利组织捐赠收入为 739 020 元人民币（100 000 × 7.3902），其账务处理如下：

借：银行存款——美元户（100 000 美元）　　739 020

　　贷：捐赠收入——非限定性收入　　739 020

需要说明的是，如果该民间非营利组织收到了一笔境外的直接汇入其人民币账户的无特殊要求的公益捐款 100 000 美元，则银行按照当日汇率直接结汇后以 739 000 元计入该民间非营利组织的人民币账户。此时，该民间非营利组织的账务处理如下：

借：银行存款——人民币户　　739 000

　　贷：捐赠收入——非限定性收入　　739 000

此种情况，虽然捐赠人汇款美元，但因该民间非营利组织收到的捐款是人民币，可以视同人民币业务，只需在备注栏注明 100 000 美元，不涉及外币账户，不产生汇兑损益。

【例 10－4】某民间非营利组织外币业务采用业务发生时的即期汇率折算。2026 年 6 月 28 日，该组织收到境外会员缴纳的会费 1 000 美元，收到会费的即期汇率为 1 美元 = 7.3910 元人民币。

根据上述资料，该民间非营利组织应当确认的会费收入为 7 391 元人民币（1 000 × 7.3910），其账务处理如下：

借：银行存款——美元户（1 000 美元）　　　　7 391

　　贷：会费收入——非限定性收入　　　　　　7 391

【例 10－5】某民间非营利组织外币业务采用业务发生时的即期汇率折算。2026 年 8 月 7 日，该民间非营利组织出口销售一批商品，销售价款为 76 000 美元，在销售收入的使用上不存在任何限制，货款尚未收到。假定不考虑相关税费。业务发生时的即期汇率为 1 美元 = 7.3885 元人民币。

根据上述资料，该民间非营利组织出口商品的销售收入为 561 526 元人民币（76 000 × 7.3885），其账务处理如下：

借：应收账款——美元户（76 000 美元）　　　　561 526

　　贷：商品销售收入——非限定性收入　　　　　561 526

还有一种情况，就是民间非营利组织收到以外币计价的物资捐赠。民间非营利组织接受捐赠资产的有关凭据或公允价值以外币计量的，应当按照取得资产当日的即期汇率将外币金额折算为人民币金额记账。按照取得捐赠资产当日的即期汇率将收取的以外币计价物资折算为人民币金额，作为捐赠物资的入账价值，借记“存货”“固定资产”等科目，贷记“捐赠收入”科目。由于不属于外币货币性资产或负债、不涉及外币账户，也不会产生汇兑损益。

【例 10－6】某民间非营利组织外币业务采用业务发生时的即期汇率折算。2026 年 5 月 15 日，该组织接受一批境外物资捐赠，要求用于边远地区中小学文体活动项目，对方提供的相关凭据证明该笔捐赠物资的价值为 440 000 美元，即期汇率为 1 美元 = 7.3900 元人民币。假定不考虑相关税费。

根据上述资料，该民间非营利组织应当分别确认的存货和捐赠收入为 3 251 600 元人民币（440 000 × 7.3900），其账务处理如下：

借：存货　　　　　　　　　　　　　　　　　3 251 600

　　贷：捐赠收入——限定性收入　　　　　　　3 251 600

（三）外币借款业务的账务处理

《民间非营利组织会计制度》规定，借入外币借款时，按照借入当日的即期汇率将借入款项折算为人民币金额，借记“银行存款”科目的外币账户，贷记“短期借款”“长期借款”等科目的外币账户；偿还外币借款时，按照偿还当日的即期汇率将偿还款项折算为人民币金额，借记“短期借款”“长期借款”等科目的外币账户，贷记“银行存款”科目的外币账户；同时按照借入或偿还外币的金额登记相关的外币账户。

【例 10－7】某民间非营利组织外币业务采用业务发生时即期汇率折算。2026 年 3 月 20 日，该民间非营利组织从中国银行借入 30 000 英镑用于购买专用设备，期限为 3 个月，借入的英镑暂存中国银行。借入当日的即期汇率为 1 英镑＝9. 1584 元人民币。

根据上述资料，该民间非营利组织借入英镑折算为人民币的金额为 274 752 元（30 000×9. 1584），据此登记记账本位币金额，还应按照借入的英镑金额登记有关外币（英镑）账户，其账务处理如下：

借：银行存款——英镑户（30 000 英镑）　　　　274 752

　　贷：短期借款——英镑户（30 000 英镑）　　　　274 752

【例 10－8】承【例 10－7】该民间非营利组织在 3 个月后，2026 年 6 月 20 日，按期向中国银行归还借入的 30 000 英镑。归还借款时的即期汇率为 1 英镑＝9. 1582 元人民币。

根据上述资料，该民间非营利组织归还中国银行 30 000 英镑，折算为人民币 274 746 元（30 000×9. 1582），据此登记记账本位币金额，还应按照归还的英镑金额登记有关外币（英镑）账户，其账务处理如下：

借：短期借款——英镑户（30 000 英镑）　　　　274 746

　　贷：银行存款——英镑户（30 000 英镑）　　　　274 746

（四）外币兑换业务的账务处理

外币兑换业务是指民间非营利组织从银行等金融机构购入外币或向银行等金融机构卖出外币的经济业务。《民间非营利组织会计制度》规定，发生外币兑换业务时，如为购入外币，按照购入当日的即期汇率将购入的外币折算为人民币金额，借记“银行存款”科目的外币账户，按照实际支付的人民币金额，贷记“银行存款”科目的人民币账户，两者之间的差额，借记或贷记“筹资费用”等科目；如为卖出外币，按照实际收到的人民币金额，借记“银行存款”科目的人民币账户，按照卖出当日的即期汇率将卖出的外币折算为人民币金额，贷记“银行存款”科目的外币账户，两者之间的差额，借记或贷记“筹资费用”等科目。同时按照购入或卖出外币的金额登记相关的外币账户。

民间非营利组织购入外币，对于银行等金融机构来说是卖出外币，所以民间非营利组织从银行等金融机构购入外币一般是按照外币卖出价购买的，因此，民间非营利组织在购入外币的会计核算中应当按照外币卖出价折算付出的记账本位币数额。民间非营利组织卖出外币则是银行等金融机构购入外币，民间非营利组织向银行卖出外币一般是按照银行等金融机构外币买入价计算的，因此，民间非营利组织在会计核算中对收入的记账本位币的数额应当按照银行等金融机构外币买入价折算。

【例 10－9】某民间非营利组织外币业务采用业务发生时的即期汇率折算。2026 年 2 月 19 日，因外汇支付需要，从银行购入 20 000 美元，当日银行美元卖出价为 1 美元＝7.3999 元人民币，当日的即期汇率为 1 美元＝7.3866 元人民币。

该民间非营利组织在对美元存款账户作增加记录时，按照当日的即期汇率折算为人民币 147 732 元（20 000×7.3866）；对银行存款人民币账户按照实际支付的人民币金额，作减少记录 147 998 元（20 000×7.3999）；

将其差额266 元（147 998 – 147 732）作为筹资费用。同时按照购入美元的金额登记相关的外币账户。其账务处理如下：

借：银行存款——美元户（20 000 美元）　　147 732
　　筹资费用　　266
　　贷：银行存款——人民币户　　147 998

【例 10 – 10】 某民间非营利组织外币业务采用业务发生时的即期汇率折算。2026 年 10 月 14 日，将 80 000 美元到银行兑换为人民币、当日的银行美元买入价为 1 美元 = 7. 2894 元人民币，即期汇率为 1 美元 = 7. 3898 元人民币。

该民间非营利组织对银行存款人民币账户按照实际收到的人民币金额，作增加记录 583 152 元（80 000 × 7. 2894）；对银行存款美元账户，按照即期汇率将售出的美元折算为人民币 591 184 元（80 000 × 7. 3898），作减少记录；同时将其差额 8 032 元（591 184 – 583 152）作为筹资费用。同时按照卖出美元的金额登记相关的外币账户。其账务处理如下：

借：银行存款——人民币户　　583 152
　　筹资费用　　8 032
　　贷：银行存款——美元户（80 000 美元）　　591 184

三、期末汇兑损益的计算及其账务处理

《民间非营利组织会计制度》规定，各种外币账户的外币余额，期末时应当按照期末的即期汇率折合为人民币。按照期末的即期汇率折合的人民币金额与账面人民币金额之间的差额，作为汇兑损益计入当期费用。但是，属于在借款费用应予资本化的期间内发生的与购建固定资产有关的外币专门借款本金及其利息所产生的汇兑差额，应当予以资本化，记入“在建工程”科目。

汇兑损益是在持有外币货币性资产和负债期间，由于外币汇率变动而

引起的外币货币性资产或负债的价值发生变动而产生的损益。外币货币性资产（如外币银行存款、应收账款）在持有期间外币汇率上升时，外币货币性资产可兑换出更多的记账本位币，则会引起民间非营利组织产生汇兑收益；在外币汇率下降时，只能兑换较少的记账本位币，则会引起民间非营利组织产生汇兑损失。外币货币性负债在持有期间外币汇率上升时，则会产生汇兑损失；在外币汇率下降时，则会产生汇兑收益。

【例 10－11】某民间非营利组织外币业务采用业务发生时的即期汇率折算，并按月计算汇兑损益。2026 年 4 月 30 日即期汇率为 1 美元 = 7.3880 元人民币，该日有关外币账户期末余额如表 10－1 所示。

表 10－1　　外币账户期末余额

项目	外币金额（美元）	汇率	记账本位币金额（人民币元）
银行存款	1 000 000	7.388	7 388 000
应收账款	200 000	7.388	1 477 600
应付账款	80 000	7.388	591 040

假定该民间非营利组织 2026 年 5 月发生如下外币业务（为简化起见，不考虑相关税费）：

（1）5 月 2 日，对外销售商品，价值 20 000 美元，销售款项尚未收到，即期汇率为 1 美元 = 7.3870 元人民币。

（2）5 月 6 日，从银行借入短期外币借款 100 000 美元，款项存入银行，即期汇率为 1 美元 = 7.3890 元人民币。

（3）5 月 17 日，从国外购买设备一台，价款 90 000 美元，款项尚未支付，即期汇率为 1 美元 = 7.3870 元人民币。

（4）5 月 19 日，从国外采购材料一批，货款 160 000 美元，款项由外币存款支付，即期汇率为 1 美元 = 7.3890 元人民币。

（5）5 月 28 日收到 5 月 2 日赊销货款 20 000 美元，即期汇率为 1 美元 = 7.3880 元人民币。

（6）5 月 30 日，偿还借入的短期外币借款 100 000 美元，即期汇率为 1 美元 =7.3900 元人民币。

（7）5 月 31 日即期场汇率为 1 美元 =7.3870 元人民币。

根据上述资料，该民间非营利组织 5 月外币业务的账务处理如下：

（1）该民间非营利组织 5 月 2 日对外赊销的商品销售收入应按当日的汇率折算为人民币 147 740 元（20 000 ×7.3870）入账，并确认相应的债权，计入应收账款；同时按照美元数登记应收账款外币账户。

借：应收账款——美元户（20 000 美元）　　　　147 740

　　贷：商品销售收入——非限定性收入　　　　　147 740

（2）该民间非营利组织 5 月 6 日从银行借入短期外币借款，按照当日的汇率折算为人民币 738 900 元（100 000 ×7.3890）入账，按美元数登记外币账户。

借：银行存款——美元户（100 000 美元）　　　　738 900

　　贷：短期借款——美元户（100 000 美元）　　　738 900

（3）该民间非营利组织 5 月 17 日从国外购买设备一台，应付的美元设备款按照当日汇率折算为人民币 664 830 元（90 000 ×7.3870），登记购买的设备及应付账款；同时按美元数登记应付账款外币账户。

借：固定资产　　　　　　　　　　　　　　　　664 830

　　贷：应付账款——美元户（90 000 美元）　　　664 830

（4）该民间非营利组织 5 月 19 日从国外采购材料支付的美元货款按照当日汇率折算为人民币 1 182 240 元（160 000 ×7.3890），登记采购的材料及银行存款；同时按美元数登记银行存款外币账户。

借：存货　　　　　　　　　　　　　　　　　1 182 240

　　贷：银行存款——美元户（160 000 美元）　　1 182 240

（5）该民间非营利组织 5 月 28 日收到赊销货款，按照当日汇率折算 147 760 元（20 000 ×7.3880）登记入账，并按照美元数登记银行存款及应收账款外币账户。

借：银行存款——美元户（20 000 美元） 147 760

　　贷：应收账款——美元户（20 000 美元） 147 760

（6）该民间非营利组织 5 月 30 日偿还借入的短期外币借款，按照当日汇率折算为人民币 739 000 元（$100\ 000 \times 7.3900$）登记短期借款和银行存款账户，同时按照美元数登记短期借款和银行存款外币账户。

借：短期借款——美元户（100 000 美元） 739 000

　　贷：银行存款——美元户（100 000 美元） 739 000

（7）期末汇兑损益的计算

银行存款账户汇兑损益 $860\ 000 \times 7.3870 - (1\ 000\ 000 \times 7.3880 + 100\ 000 \times 7.3890 - 160\ 000 \times 7.3890 + 20\ 000 \times 7.3880 - 100\ 000 \times 7.3900) = -600$（元），为汇兑损失。

应收账款账户汇兑损益 $200\ 000 \times 7.3870 - (200\ 000 \times 7.3880 + 20\ 000 \times 7.3870 - 20\ 000 \times 7.3880) = -180$（元），为汇兑损失。

短期借款账户汇兑损益 $100\ 000 \times 7.3900 - 100\ 000 \times 7.3890 = 100$（元），为汇兑损失。

应付账款账户汇兑损益 $170\ 000 \times 7.3870 - (80\ 000 \times 7.3880 + 90\ 000 \times 7.3870) = -80$（元），为汇兑收益。

该民间非营利组织 5 月汇兑损益 $(-600) + (-180) - 100 - (-80) = -800$（元），为汇兑损失，计入“筹资费用”科目。

期末汇兑损益的账务处理如下：

借：应付账款 80

　　筹资费用 800

　　贷：银行存款 600

　　　　应收账款 180

　　　　短期借款 100

2026 年 5 月 31 日编制会计报表时有关科目外币和记账本位币余额情况，如表 10 - 2 所示。

表 10 - 2　　有关科目外币和记账本位币余额

项目	外币金额（美元）	汇率	记账本位币金额（人民币元）
银行存款	860 000	7.387	6 352 820
应收账款	200 000	7.387	1 477 400
短期借款	0	7.387	0
应付账款	170 000	7.387	1 255 790

第三节　会计报表的外币折算

一、记账本位币为外币需编制折算为人民币的会计报表

根据《民间非营利组织会计制度》规定，业务收支以人民币以外的货币为主的民间非营利组织，可以选定其中一种货币作为记账本位币，但是编制的财务会计报告应当折算为人民币。记账本位币为外币的需编制折算为人民币的会计报表，外币折算主要涉及两大问题：一是采用何种汇率对外币会计报表中的项目数据进行折算；二是由于会计报表各项目所使用的折算汇率不同所产生的外币会计报表折算差额处理。以下介绍记账本位币为外币需编制折算为人民币的会计报表的具体原则。

（一）资产负债表

1. 年初数按照上年折算后的资产负债表的数额列示。

2. 所有资产、负债类项目的期末数均按照会计报表日的即期汇率折算为人民币。

3. 净资产类项目中，期初净资产部分应当以上一年末折算后的净额

列示，本期净资产变动额部分应当按照折算后的业务活动表中的相应项目金额列示，两者合计的金额即为期末净资产折算后的金额。

4. 折算后资产类项目与负债类项目和净资产类项目合计数的差额，作为“外币会计报表折算差额”在“限定性净资产”项目后单独列示。

（二）业务活动表

1. 业务活动表中有关反映发生额的项目应当按照会计报表的会计期间的平均汇率折算为人民币，也可以采用会计报表日的即期汇率折算为人民币。采用何种折算汇率，应当在会计报表附注中说明。

平均汇率一般可以根据当期期初、期末即期汇率计算确定，也可以采用其他恰当的方法计算确定。平均汇率计算方法一经采用前后各期必须连续使用，不得随意变更。如果确需变更，应当在会计报表附注说明变更理由及变更对会计报表的影响。

2. 上年实际数按照上期折算后的业务活动表的数额列示。

（三）现金流量表

根据我国会计准则，外币现金及现金等价物的增减净额是按期末汇率折算的外币现金余额减去按期初汇率折算的外币现金余额计算的，即期末与期初的差额。由于外币现金及现金等价物的增减净额已按期末汇率进行了调整，而外币现金流量是按现金流量发生日的即期汇率或平均汇率折算的，所以两者之间的差额即为汇率变动对外币现金及现金等价物的影响额。在实务中，这一影响额可以采用倒挤法、逐笔法、逐月法等方法计算确定。

现金流量表中，业务活动、投资活动和筹资活动产生的现金流量各项目按照现金流量发生日的汇率或平均汇率折算为人民币。“现金及现金等价物净增加额”项目，反映按照期末汇率将外币现金余额折算为人民币减去按期初汇率折算的外币现金余额折算为人民币的差额；“汇率变动对现金的影响额”项目，反映民间非营利组织外币现金流量折算为人民币金额与本表“现金及现金等价物净增加额”计算所得的人民币金额之间的差额。

二、有外币业务编制的财务报表

存在外币业务的民间非营利组织编制会计报表的过程中，也会涉及外币折算，但由于在日常业务核算（包括业务发生时和期末调整）时已经对外币进行了折算，因此在编制会计报表时，主要是在会计报表（现金流量表）由于各项目所使用的折算汇率不同产生的外币折算差额处理，即汇率变动对现金的影响。在日常存在外币业务的民间非营利组织编制现金流量表中的“汇率变动对现金的影响额”项目，反映民间非营利组织外币现金流量及境外所属分支机构的现金流量折算为人民币时，所采用的现金流量发生当日的即期汇率折算的人民币金额与本表“现金及现金等价物净增加额”中人民币金额之间的差额。“现金及现金等价物净增加额”为现金及现金等价物的期末余额减去期初余额的差额。

附　录

附录一

关于印发《民间非营利组织会计制度》的通知

财会〔2024〕25 号

国务院有关部委、有关直属机构，各省、自治区、直辖市、计划单列市财政厅（局），新疆生产建设兵团财政局，有关单位：

为规范民间非营利组织的会计核算，提高会计信息质量，根据《中华人民共和国会计法》等有关规定，我们对《民间非营利组织会计制度》（财会〔2004〕7 号）进行了修订，现将修订后的《民间非营利组织会计制度》印发，自 2026 年 1 月 1 日起施行。

附件：民间非营利组织会计制度

财政部

2024 年 12 月 20 日

附件

民间非营利组织会计制度

第一章 总 则

第一条 为了规范民间非营利组织的会计核算，保证会计信息质量，根据《中华人民共和国会计法》及国家其他有关法律、行政法规的规定，制定本制度。

第二条 本制度适用于在中华人民共和国境内依法设立的符合本制度规定特征的民间非营利组织。国务院财政部门另有规定的，从其规定。

前款所称的民间非营利组织包括依照国家法律、行政法规登记的社会团体、基金会、社会服务机构、宗教活动场所、国际性社会团体、外国商会和境外非政府组织在中国境内依法登记设立的代表机构等组织。

适用本制度的民间非营利组织应当同时具备以下特征：

（一）为公益目的或者其他非营利目的成立；

（二）资源提供者向该组织投入资源不取得经济回报；

（三）资源提供者对该组织的财产不保留或享有任何财产权利。

第三条 会计核算应当以民间非营利组织的交易或者事项为对象，记录和反映该组织本身的各项经济业务事项。

第四条 会计核算应当以民间非营利组织的持续开展活动为前提。

第五条 会计核算应当划分会计期间，分期结算账目和编制财务会计报告。会计期间至少分为年度和月度。会计年度、月度等会计期间的起讫日期采用公历日期。

第六条 会计核算应当以人民币作为记账本位币。业务收支以人民币以外的货币为主的民间非营利组织，可以选定其中一种货币作为记账本位币，但是编制的财务会计报告应当折算为人民币。

民间非营利组织在核算外币业务时，应当设置相应的外币账户。外币账户包括外币现金、外币银行存款、以外币结算的债权和债务账户等，这些账户应当与非外币的各该相同账户分别设置，并分别核算。

民间非营利组织发生外币业务时，应当将有关外币金额折算为记账本位币金额记账。除另有规定外，所有与外币业务有关的账户，应当采用业务发生当日的即期汇率。

各种外币账户的外币余额，期末时应当按照期末的即期汇率折合为记账本位币。按照期末的即期汇率折合的记账本位币金额与账面记账本位币金额之间的差额，作为汇兑损益计入当期费用。但是，属于在借款费用应予资本化的期间内发生的与购建固定资产、无形资产等非流动资产有关的外币专门借款本金及其利息所产生的汇兑差额，应当予以资本化，计入固定资产、无形资产等非流动资产成本。借款费用应予资本化的期间依照本制度第三十八条加以确定。

本制度所称外币业务是指以记账本位币以外的货币进行的款项收付、往来结算等业务。

本制度所称的专门借款是指为购建固定资产、无形资产等非流动资产而专门借入的款项。

第七条 会计核算应当以权责发生制为基础。

第八条 民间非营利组织在会计核算时，应当遵循以下基本原则：

（一）会计核算应当以实际发生的交易或者事项为依据，如实反映民间非营利组织的财务状况、业务活动情况和现金流量等信息。

（二）会计核算所提供的信息应当能够满足会计信息使用者（如出资人、设立人、捐赠人、会员、监管者等）的需要。

（三）会计核算应当按照交易或者事项的实质进行，而不应当仅仅按照它们的法律形式作为其依据。

（四）会计政策前后各期应当保持一致，不得随意变更。如有必要变更，应当在会计报表附注中披露变更的内容和理由、变更的累积影响数等，累积影响数不能合理确定的，应当披露累积影响数不能合理确定的理由。

（五）会计核算应当按照规定的会计处理方法进行，会计信息应当口径一致、相互可比。

（六）会计核算应当及时进行，不得提前或延后。

（七）会计核算和编制的财务会计报告应当清晰明了，便于理解和使用。

（八）在会计核算中，所发生的费用应当和与其相关的收入相配比，同一会计期间内的各项收入和与其相关的费用，应当在该会计期间内确认。

（九）会计核算应当遵循谨慎性原则。

（十）会计核算应当合理划分应当计入当期费用的支出和应当予以资本化的支出。

（十一）会计核算应当遵循重要性原则，对资产、负债、净资产、收入、费用等有较大影响，并进而影响财务会计报告使用者据以做出合理判断的重要会计事项，必须按照规定的会计方法和程序进行处理，并在财务会计报告中予以充分披露；对于非重要的会计事项，在不影响会计信息真实性和不至于误导会计信息使用者做出正确判断的前提下，可适当简化处理。

第九条 会计记账应当采用借贷记账法。

第十条 会计记录的文字应当使用中文。在民族自治地区，会计记录可以同时使用当地通用的一种民族文字。国际性社会团体、外国商会、境外非政府组织在中国境内依法登记设立的代表机构等机构，可以同时使用一种外国文字记账。

第十一条 民间非营利组织可以根据有关会计法律、行政法规和本制度的规定，在不违反本制度的前提下，结合其具体情况，制定会计核算细则。

第十二条 民间非营利组织填制会计凭证、登记会计账簿、编制财务会计报告、管理会计档案等，按照《中华人民共和国会计法》、《会计基础工作规范》和《会计档案管理办法》等规定执行。

第十三条 民间非营利组织应当根据国家有关法律、行政法规等，结合本单位的业务活动特点，建立健全本单位内部会计监督制度，并将其纳入本单位内部控制制度，提高会计信息质量和管理水平。

第二章 资 产

第十四条 资产是过去的交易或者事项形成并由民间非营利组织拥有或者控制的资源，该资源预期会给民间非营利组织带来经济利益或者服务潜力。资产分为流动资产、非流动资产和受托代理资产，非流动资产包括长期投资、固定资产、无形资产等。

第十五条 对符合本制度第十四条规定的资产定义的资源，在同时满足以下条件时，应当确认为资产：

（一）与该资源有关的服务潜力很可能实现或者经济利益很可能流入民间非营利组织；

（二）该资源的成本或者价值能够可靠地计量。

符合资产定义并确认的资产项目，应当列入资产负债表。

第十六条 资产在取得时应当按照实际成本计量，但本制度有特别规定的，按照特别规定的计量基础进行计量。其后，资产账面价值的调整，应当按照本制度的规定执行；除法律、行政法规和国家统一的会计制度另有规定外，民间非营利组织一律不得自行调整资产账面价值。

第十七条 民间非营利组织应当定期或者至少于每年年度终了，对短期投资、应收款项、存货、长期投资等资产是否发生了减值进行检查，如果这些资产发生了减值，应当计提减值准备，确认减值损失，并计入当期费用。对于固定资产、无形资产等其他资产，如果发生了重大减值，也应当计提减值准备，确认减值损失，并计入当期费用。如果已计提减值准备的资产价值在以后会计期间得以恢复，则应当在该资产已计提减值准备的范围内部分或全部转回已确认的减值损失，冲减当期费用。

第十八条　对于民间非营利组织接受捐赠收到的现金资产，应当按照实际收到的金额入账。对于民间非营利组织接受捐赠收到的股权，应当按照民间非营利组织根据有关规定开具的捐赠票据等凭据金额入账。对于民间非营利组织接受捐赠收到的其他非现金资产，应当按照以下方法确定其入账价值：

（一）如果捐赠方提供了有关凭据（如发票、报关单、有关协议等）的，应当按照凭据上标明的金额作为入账价值。

（二）如果捐赠方没有提供有关凭据，或者凭据上标明的金额与受赠资产公允价值相差较大，受赠资产应当以其公允价值作为入账价值。

（三）对于民间非营利组织接受的固定资产、无形资产捐赠，如果捐赠方没有提供有关凭据，且有确凿的证据表明该资产的公允价值确实无法可靠计量，应当按照名义金额（即人民币 1 元）入账。对于民间非营利组织接受的文物资源捐赠，如果捐赠方没有提供有关凭据，应当按照名义金额入账。

（四）对于民间非营利组织接受的服务捐赠，如果捐赠方提供了发票等有关凭据，且凭据上标明的金额能够反映受赠服务的公允价值，民间非营利组织应当按照凭据金额入账，其他情况不予确认。

（五）民间非营利组织接受非现金资产捐赠时发生的应归属于其自身的相关税费、运输费等，应当计入筹资费用。

第十九条　本制度中所称的公允价值是指市场参与者在计量日发生的有序交易中，出售一项资产所能收到或者转移一项负债所需支付的价格。公允价值的确定顺序如下：

（一）如果同类或者类似资产存在活跃市场的，应当按照同类或者类似资产的市场价格确定公允价值。

本项所指的市场价格，一般指取得资产当日捐赠方自产物资的出厂价、捐赠方所销售物资的销售价、政府指导价、知名大型电商平台同类或者类似商品价格等。

（二）如果同类或类似资产不存在活跃市场，或者无法找到同类或者类似资产的，应当采用合理的计价方法确定资产的公允价值。

第二十条 民间非营利组织如发生非货币性交易，应当按照以下原则处理：

（一）以换出资产的公允价值，加上应支付的相关税费，作为换入资产的入账价值。

（二）非货币性交易中如果发生补价，应区别不同情况处理：

1. 支付补价的，以换出资产的公允价值加上支付的补价和应支付的相关税费，作为换入资产的入账价值。换出资产的公允价值与其账面价值之间的差额计入当期损益。

有确凿证据表明换入资产的公允价值更加可靠的，以换入资产的公允价值和应支付的相关税费作为换入资产的初始计量金额，换入资产的公允价值减去支付补价的公允价值，与换出资产账面价值之间的差额计入当期损益。

2. 收到补价的，以换出资产的公允价值减去收到的补价再加上应支付的相关税费，作为换入资产的入账价值。换出资产的公允价值与其账面价值之间的差额计入当期损益。

有确凿证据表明换入资产的公允价值更加可靠的，以换入资产的公允价值和应支付的相关税费作为换入资产的初始计量金额，换入资产的公允价值加上收到补价的公允价值，与换出资产账面价值之间的差额计入当期损益。

（三）在非货币性交易中，如果同时换入多项资产，应按换入各项资产的公允价值占换入资产公允价值总额的比例，对换出资产的公允价值总额和应支付的相关税费进行分配，以确定各项换入资产的入账价值。

本制度所称非货币性交易是指交易双方以非货币性资产进行的交换，该交换不涉及或只涉及少量的货币性资产（即补价）。其中，货币性资产是指民间非营利组织持有的货币资金和收取固定或可确定金额的货币资金的权利；非货币性资产是指货币性资产以外的资产。

第一节　流动资产

第二十一条　流动资产是指预期可在1年以内（含1年）变现或者耗用的资产，主要包括货币资金、短期投资、应收款项、预付账款、存货、待摊费用等。

第二十二条　货币资金包括现金、银行存款和其他货币资金。民间非营利组织应当设置现金和银行存款日记账，按照业务发生顺序逐日逐笔登记。有外币现金和存款的民间非营利组织，还应当分别按人民币和外币进行明细核算。

现金的核算应当做到日清月结，其账面余额必须与库存数相符；银行存款的账面余额应当与银行对账单定期核对，并与按月编制的银行存款余额调节表调节相符。

本制度所称的账面余额是指会计科目的账面实际余额，不扣除作为该科目备抵的项目（如累计折旧、资产减值准备等）。

第二十三条　短期投资是指能够随时变现并且持有时间不准备超过1年（含1年）的投资。

（一）短期投资在取得时应当按照投资成本计量。短期投资取得时的投资成本按以下方法确定：

1. 以现金购入的短期投资，按照实际支付的全部价款，包括税金、手续费等相关税费作为其投资成本。实际支付的价款中包含的已宣告但尚未领取的现金股利或已到付息期但尚未领取的债券利息，应当作为应收款项单独核算，不构成短期投资成本。

2. 接受捐赠的短期投资，按照本制度第十八条的规定确定其投资成本。

3. 通过非货币性交易换入的短期投资，按照本制度第二十条的规定确定其投资成本。

（二）短期投资的利息或现金股利应当于实际收到时冲减投资的账面价值，但在购买时已计入应收款项的现金股利或者利息除外。

（三）期末，民间非营利组织应当按照本制度第十七条的规定对短期投资是否发生了减值进行检查。如果短期投资的市价低于其账面价值，应当按照市价低于账面价值的差额计提短期投资跌价准备，确认短期投资跌价损失并计入当期费用；如果短期投资的市价高于其账面价值，应当在该短期投资期初已计提跌价准备的范围内转回市价高于账面价值的差额，冲减当期费用。

（四）处置短期投资时，应当将实际取得价款与短期投资账面价值的差额确认为当期投资损益。

本制度所称的账面价值是指某会计科目的账面余额减去相关的备抵项目后的净额。

第二十四条 应收款项是指民间非营利组织在日常业务活动过程中发生的各项应收未收债权，包括应收票据、应收账款和其他应收款等。

（一）应收款项应当按照实际发生额入账，并按照往来单位或个人等设置明细账，进行明细核算。

（二）期末，应当分析应收款项的可收回性，对预计可能产生的坏账损失计提坏账准备，确认坏账损失并计入当期费用。

第二十五条 预付账款是指民间非营利组织预付给商品供应单位或者服务提供单位的款项。

预付账款应当按照实际发生额入账，并按照往来单位或个人等设置明细账，进行明细核算。

第二十六条 存货是指民间非营利组织在日常业务活动中持有以备出售或捐赠的，或者为了出售或捐赠仍处在生产过程中的，或者将在生产、提供服务或日常管理过程中耗用的材料、物资、商品等。

（一）存货在取得时，应当以其实际成本入账。存货成本包括采购成本、加工成本和其他成本。其中，采购成本一般包括实际支付的采购价款、相关税费、运输费、装卸费、保险费以及其他可直接归属于存货采购的费用。加工成本包括直接人工以及按照合理方法分配的与存货加工有关的间接费用。其他成本是指除采购成本、加工成本以外的，使存货达到目前场所和状态所发生的其他支出。接受捐赠的存货，按照本制度第十八条的规定确定其成本。通过非货币性交易换入的存货，按照本制度第二十条的规定确定其成本。

（二）存货在发出时，应当根据实际情况采用个别计价法、先进先出法或者加权平均法，确定发出存货的实际成本。

（三）存货应当定期进行清查盘点，每年至少盘点一次。对于发生的盘盈、盘亏以及变质、毁损等存货，应当及时查明原因，并根据民间非营利组织的管理权限，经理事会或类似权力机构批准后，在期末结账前处理完毕。对于盘盈的存货，应当按照其公允价值入账，并确认为当期收入；对于盘亏或者毁损的存货，应先扣除残料价值、可以收回的保险赔偿和过失人的赔偿等，将净损失确认为当期费用。

（四）期末，民间非营利组织应当按照本制度第十七条的规定对存货是否发生了减值进行检查。如果存货的可变现净值低于其账面价值，应当按照可变现净值低于账面价值的差额计提存货跌价准备，确认存货跌价损失并计入当期费用；如果存货的可变现净值高于其账面价值，应当在该存货期初已计提跌价准备的范围内转回可变现净值高于账面价值的差额，冲减当期费用。

本制度所称的可变现净值是指在正常业务活动中，以存货的估计售价减去至完工将要发生的成本以及销售所必需的费用后的金额。

第二十七条 待摊费用是指民间非营利组织已经支出，但应当由本期和以后各期分别负担的、分摊期在1年以内（含1年）的各项费用，如预付保险费、预付租金等。

待摊费用应当按其受益期限在1年内分期平均摊销，计入有关费用。

第二节 长期投资

第二十八条 长期投资，是指除短期投资以外的投资，包括长期股权投资、长期债权投资和其他长期投资等。

第二十九条 长期股权投资应当按照以下原则进行会计处理。

（一）长期股权投资在取得时，应当按取得时的实际成本作为初始投资成本。初始投资成本按以下方法确定：

1. 以现金购入的长期股权投资，按照实际支付的全部价款，包括税金、手续费等相关费用，作为初始投资成本。实际支付的价款中包含的已宣告但尚未领取的现金股利，应当作为应收款项单独核算，不构成初始投资成本。

2. 接受捐赠的长期股权投资，按照本制度第十八条的规定，确定其初始投资成本。

3. 通过非货币性交易换入的长期股权投资，按照本制度第二十条的规定确定其初始投资成本。

（二）长期股权投资应当采用成本法核算。

被投资单位经股东大会或者类似权力机构批准宣告发放的利润或现金股利，作为当期投资收益。被投资单位宣告分派的股票股利不作账务处理，但应当设置辅助账进行数量登记。

如果民间非营利组织对被投资单位具有控制、共同控制或重大影响，应当在会计报表附注中作相关披露。本制度所称的控制是指有权决定被投资单位的财务和经营政策，并能据以从该单位的经营活动中获得利益；本制度所称的共同控制，是指按合同约定对某项经济活动所共有的控制；本制度所称的重大影响，是指对被投资单位的财务和经营政策有参与决策的权力，但并不决定这些政策。对于接受股权捐赠形成的表决权、分红权与股权比例不一致的长期股权投资，民间非营利组织应当结合交易实质判断是否对被投资单位具有控制、共同控制或重大影响关系。

（三）处置长期股权投资时，应当将实际取得价款与投资账面价值的差额确认为当期投资损益。

第三十条 长期债权投资应当按照以下原则进行会计处理。

（一）长期债权投资在取得时，应当按取得时的实际成本作为初始投资成本。初始投资成本按以下方法确定：

1. 以现金购入的长期债权投资，按照实际支付的全部价款，包括税金、手续费等相关费用，作为初始投资成本。实际支付的价款中包含的已到付息期但尚未领取的债券利息，应当作为应收款项单独核算，不构成初始投资成本。

2. 接受捐赠取得的长期债权投资，按照本制度第十八条的规定确定其初始投资成本。

3. 通过非货币性交易换入的长期债权投资，按照本制度第二十条的规定确定其初始投资成本。

（二）长期债权投资应当按照票面价值与票面利率按期计算确认利息收入。长期债券投资的初始投资成本与债券面值之间的差额，应当在债券存续期间，按照直线法于确认相关债券利息收入时予以摊销。

（三）持有可转换公司债券的民间非营利组织，可转换公司债券在转换为股份之前，应当按一般债券投资进行处理。当民间非营利组织行使转换权利，将其持有的债券投资转换为股份时，应当按其账面价值减去收到的现金后的余额，作为股权投资的初始投资成本。

（四）处置长期债权投资时，应当将实际取得价款与投资账面价值的差额，确认为当期投资损益。

第三十一条 其他长期投资应当按照以下原则进行会计处理。

（一）其他长期投资在取得时，应当按取得时的实际成本作为初始投资成本。初始投资成本按以下方法确定：

1. 以现金购入的其他长期投资，按照实际支付的全部价款，包括税金、手续费等相关费用，作为初始投资成本。实际支付的价款中包含的已到期但尚未领取的收益，应当作为应收款项单独核算，不构成初始投资成本。

2. 接受捐赠取得的其他长期投资，按照本制度第十八条的规定确定其初始投资成本。

3. 通过非货币性交易换入的其他长期投资，按照本制度第二十条的规定确定其初始投资成本。

（二）其他长期投资在持有期间实际取得的分红、利息等现金收益，应当确认为投资收益。

（三）处置其他长期投资时，应当将实际取得价款与投资账面价值的差额，确认为当期投资损益。

第三十二条 民间非营利组织改变投资目的，将短期投资划转为长期投资，应当按短期投资的账面价值与市价孰低结转。

第三十三条 期末，民间非营利组织应当按照本制度第十七条的规定对长期投资是否发生了减值进行检查。如果长期投资的可收回金额低于其账面价值，应当按照可收回金额低于账面价值的差额计提长期投资减值准备，确认长期投资减值损失并计入当期费用；如果长期投资的可收回金额高于其账面价值，应当在该长期投资期初已计提减值准备的范围内转回可收回金额高于账面价值的差额，冲减当期费用。

本制度所称可收回金额是指资产的销售净价与预期从该资产的持续使用和使用寿命结束时的处置中形成的预计未来现金流量的现值两者之中的

较高者，其中销售净价是指销售价值减资产处置费用后的余额。

第三节 固定资产

第三十四条 固定资产，是指同时具有以下特征的有形资产：

（一）为行政管理、提供服务、生产商品或者出租目的而持有的；

（二）预计使用年限超过1年；

（三）单位价值较高。

第三十五条 固定资产在取得时，应当按取得时的实际成本入账。取得时的实际成本包括买价、包装费、运输费、缴纳的有关税金等相关费用，以及为使固定资产达到预定可使用状态前所必要的支出。固定资产取得时的实际成本应当根据具体情况分别确定：

（一）外购的固定资产，按照实际支付的买价、相关税费以及为使固定资产达到预定可使用状态前所发生的可直接归属于该固定资产的其他支出（如运输费、安装费、装卸费等）确定其成本。

如果以一笔款项购入多项没有单独标价的固定资产，按各项固定资产公允价值的比例对总成本进行分配，分别确定各项固定资产的成本。

（二）自行建造的固定资产，按照建造该项资产达到预定可使用状态前所发生的全部必要支出确定其成本。

（三）接受捐赠的固定资产，应当按照本制度第十八条的规定确定其成本。

（四）通过非货币性交易换入的固定资产，按照本制度第二十条的规定确定其成本。

（五）融资租入的固定资产，按照租赁协议或者合同确定的价款、运输费、途中保险费、安装调试费以及融资租入固定资产达到预定可使用状态前发生的借款费用等确定其成本。

第三十六条 在建工程，包括施工前期准备、正在施工中的建筑工程、安装工程、技术改造工程等。工程项目较多且工程支出较大的，应当按照工程项目的性质分项核算。

第三十七条 在建工程应当按照所建造工程达到预定可使用状态前实际发生的全部必要支出确定其工程成本，并单独核算。在建工程的工程成本应当根据以下具体情况分别确定：

（一）对于自营工程，按照直接材料、直接人工、直接机械使用费等确定其成本。

（二）对于出包工程，按照应支付的工程价款等确定其成本。

第三十八条 为购建固定资产而发生的专门借款的借款费用在规定的允许资本化的期间内，应当按照专门借款的借款费用的实际发生额予以资本化，计入在建工程成本。这里的借款费用包括因借款而发生的利息、辅助费用以及因外币借款而发生的汇兑差额。

只有在以下三个条件同时具备时，因专门借款所发生的借款费用才允许开始资本化：

（一）资产支出已经发生；

（二）借款费用已经发生；

（三）为使资产达到预定可使用状态所必要的购建活动已经开始。

如果固定资产的购建活动发生非正常中断，并且中断时间连续超过3个月（含3个月），应当暂停借款费用的资本化，将中断期间内所发生的借款费用确认为当期费用，直至资产的购建活动重新开始。但是，如果中断是使购建的固定资产达到预定可使用状态所必要的程序，则借款费用的资本化应当继续进行。

当所购建的固定资产达到预定可使用状态时，应当停止借款费用的资本化，之后所发生的借款费用应当于发生时计入当期费用。通常所购建的固定资产达到以下状态时，应当视为所购建的固定资产已经达到预定可使用状态：

（一）固定资产的实体建造（包括安装）工作已经全部完成或者实质

上已经完成；

（二）所购建的固定资产与设计要求或者合同要求相符或者基本相符，即使有极个别与设计或者合同要求不相符的地方，也不影响其正常使用；

（三）继续发生在所购建固定资产上的支出金额很少或者几乎不再发生。

第三十九条　所购建的固定资产已达到预定可使用状态时，应当自达到预定可使用状态之日起，将在建工程成本转入固定资产核算。

第四十条　民间非营利组织应当对固定资产计提折旧，在固定资产的预计使用寿命内系统地分摊固定资产的成本。

民间非营利组织应当根据固定资产的性质和消耗方式，合理地确定固定资产的预计使用年限和预计净残值。

民间非营利组织应当按照固定资产所含经济利益或者服务潜力的预期实现方式选择折旧方法，可选用的折旧方法包括年限平均法、工作量法、双倍余额递减法和年数总和法。折旧方法一经确定，不得随意变更。如果由于固定资产所含经济利益或者服务潜力预期实现方式发生重大改变而确实需要变更的，应当在会计报表附注中披露相关信息。

第四十一条　民间非营利组织应当按月提取折旧，当月增加的固定资产，当月计提折旧；当月减少的固定资产，当月不提折旧。

第四十二条　作为固定资产进行会计处理的图书档案、艺术品、标本模型、动植物和以名义金额计量的固定资产等不计提折旧。

第四十三条　与固定资产有关的后续支出，如果使可能流入民间非营利组织的经济利益或者服务潜力超过了原先的估计，如延长了固定资产的使用寿命，或者使服务质量实质性提高，或者使商品成本实质性降低，则应当计入固定资产账面价值，但其增计后的金额不应当超过该固定资产的可收回金额。其他后续支出，应当计入当期费用。

第四十四条　民间非营利组织由于出售、报废或者毁损等原因而发生的固定资产清理净损益，应当计入当期收入或者费用。

第四十五条 民间非营利组织对固定资产应当定期或者至少每年实地盘点一次。对盘盈、盘亏的固定资产，应当及时查明原因，写出书面报告，并根据管理权限经理事会或类似权力机构批准后，在期末结账前处理完毕。盘盈的固定资产应当按照其公允价值入账，并计入当期收入；盘亏的固定资产在减去过失人或者保险公司等赔款和残料价值之后计入当期费用。

第四十六条 民间非营利组织对固定资产的购建、出售、清理、报废和内部转移等都应当办理会计手续，并应当设置固定资产明细账（或者固定资产卡片）进行明细核算。

第四节 文物资源

第四十七条 按照《中华人民共和国文物保护法》等有关法律、行政法规规定被认定为文物的有形资产和尚未被认定为文物的古籍等藏品，作为文物资源单独核算。在资产负债表中，应当单列“文物资源”项目予以单独反映。

第四十八条 文物资源一般采用历史成本进行计量，无法取得历史成本的，按照名义金额计量。接受捐赠的文物资源，按照本制度第十八条的规定确定其成本。文物资源本体的修复修缮支出，在发生时计入费用。对于文物资源撤销退出等业务，在履行相关报批程序后，参照固定资产清理进行会计处理。

第四十九条 其他未纳入文物资源范围的图书档案、艺术品、标本模型等，应当按照存货、固定资产进行会计处理。

第五十条 文物资源不计提折旧。

第五节 无形资产

第五十一条 无形资产是指民间非营利组织为开展业务活动、出租给他人或为管理目的而持有的且没有实物形态的非货币性长期资产，包括专利权、非专利技术、商标权、著作权、土地使用权等。

第五十二条 民间非营利组织购入的不构成相关硬件不可缺少组成部分的软件，应当确认为无形资产。

第五十三条 无形资产在取得时，应当按照取得时的实际成本入账。

（一）购入的无形资产，按照实际支付的价款确定其实际成本。民间非营利组织委托软件公司开发的软件，视同外购无形资产确定其成本。

（二）自行开发并按法律程序申请取得的无形资产，按依法取得时发生的注册费、聘请律师费等费用，作为无形资产的实际成本。依法取得前，在研究与开发过程中发生的材料费用、直接参与开发人员的工资及福利费、开发过程中发生的租金、借款费用等直接计入当期费用。

（三）接受捐赠的无形资产，按照本制度第十八条的规定确定其实际成本。

（四）通过非货币性交易换入的无形资产，按照本制度第二十条的规定确定其实际成本。

第五十四条 民间非营利组织应当于取得或形成无形资产时合理确定其使用年限。无形资产的使用年限为有限的，应当估计该使用年限。无法预见无形资产为民间非营利组织产生服务潜力或者带来经济利益流入期限的，应当视为使用年限不确定的无形资产。使用年限不确定的无形资产不应摊销。

民间非营利组织应当对使用年限有限的无形资产进行摊销，但已摊销完毕仍继续使用的无形资产和以名义金额计量的无形资产除外。无形资产应当自取得当月起在预计使用年限内分期平均摊销，计入当期费用。

如预计使用年限超过了相关合同规定的受益年限或法律规定的有效年限，该无形资产的摊销年限按如下原则确定：

（一）合同规定了受益年限但法律没有规定有效年限的，摊销期不应超过合同规定的受益年限；

（二）合同没有规定受益年限但法律规定了有效年限的，摊销期不应超过法律规定的有效年限；

（三）合同规定了受益年限，法律也规定了有效年限的，摊销期不应超过受益年限和有效年限两者之中较短者。

如果合同没有规定受益年限，法律也没有规定有效年限的，摊销期不应超过 10 年。

第五十五条　民间非营利组织处置无形资产，应当将实际取得的价款与该项无形资产的账面价值之间的差额，计入当期收入或者费用。

第六节　长期待摊费用

第五十六条　长期待摊费用是民间非营利组织已经支出，但应由本期和以后各期负担的分摊期限在 1 年以上（不含 1 年）的各项支出，如对以经营租赁方式租入的固定资产发生的改良支出等。

第五十七条　长期待摊费用应当在对应资产的受益年限内平均摊销。如果某项长期待摊费用已经不能使民间非营利组织受益，应当将其摊余金额一次性计入当期费用。

第七节　受托代理资产

第五十八条　受托代理资产是指民间非营利组织接受委托方委托从事受托代理业务而收到的资产。在受托代理过程中，民间非营利组织通常只是从委托方收到受托资产，并按照委托人的意愿将资产转赠给指定的其他组织或者个人。民间非营利组织本身只是在委托代理过程中起中介作用，无权改变受托代理资产的用途或者变更受益人。

民间非营利组织应当对受托代理资产比照接受捐赠资产的原则进行确认和计量，但在确认一项受托代理资产时，应当同时确认一项受托代理负债。从事受托代理业务时发生的应归属于其自身的费用应当计入其他费用。

本制度所称的受托代理业务，是指有明确的转赠或者转交协议，或者虽然无协议但同时满足以下条件的业务：

（一）民间非营利组织在取得资产的同时即产生了向具体受益人转赠或转交资产的现时义务，不会导致自身净资产的增加。

（二）民间非营利组织仅起到中介而非主导发起作用，帮助委托人将资产转赠或转交给指定的受益人，并且没有权利改变受益人，也没有权利改变资产的用途。

（三）委托人已明确指出了具体受益人个人的姓名或受益单位的名称，包括从民间非营利组织提供的名单中指定一个或若干个受益人。

第三章　负　债

第五十九条　负债是指过去的交易或者事项形成的现时义务，履行该义务预期会导致含有经济利益或者服务潜力的资源流出民间非营利组织。负债分为流动负债、长期负债和受托代理负债等。

第六十条　对于符合本制度第五十九条规定的现时义务，在同时满足以下条件时，应当确认为负债：

（一）履行该义务很可能导致含有服务潜力或者经济利益的经济资源流出民间非营利组织；

（二）该义务的金额能够可靠计量。

符合负债定义并确认的负债项目，应当列入资产负债表。

第六十一条　或有事项是指过去的交易或者事项形成的一种状况，其结果须通过未来不确定事项的发生或不发生予以证实，未来事项是否发生不在民间非营利组织控制范围内。

如果与或有事项相关的义务同时符合以下条件，应当将其确认为负债，以清偿该负债所需支出的最佳估计数予以计量，并在资产负债表中单列项目予以反映：

（一）该义务是民间非营利组织承担的现时义务；

（二）该义务的履行很可能导致含有经济利益或者服务潜力的资源流

出民间非营利组织；

（三）该义务的金额能够可靠地计量。

第六十二条 流动负债是指将在1年以内（含1年）偿还的负债，包括短期借款、应付款项、应付职工薪酬、应交税费、预收账款、预提费用等。

（一）短期借款是指民间非营利组织向银行或其他金融机构等借入的期限在1年以内（含1年）的各种借款。

（二）应付款项是指民间非营利组织在日常业务活动过程中发生的各项应付票据、应付账款和其他应付款等应付未付款项。

（三）应付职工薪酬是指民间非营利组织按照有关规定应付给本组织职工及为职工支付的各种薪酬，包括职工工资、职工福利费、津贴补贴、奖金、社会保险费和住房公积金等。

（四）应交税费是指民间非营利组织应交未交的各种税费。

（五）预收账款是指民间非营利组织向服务和商品购买单位预收的各种款项。

（六）预提费用是指民间非营利组织预先提取的已经发生但尚未支付的费用，如预提的租金、保险费、借款利息等。

第六十三条 各项流动负债应当按实际发生额入账。

短期借款应当按照借款本金和确定的利率按期计提利息，计入当期费用。

第六十四条 长期负债是指偿还期限在1年以上（不含1年）的负债，包括长期借款、长期应付款、预计负债和其他长期负债。

（一）长期借款是指民间非营利组织向银行或其他金融机构等借入的期限在1年以上（不含1年）的各种借款。

（二）长期应付款主要是指民间非营利组织融资租入固定资产发生的应付租赁款。

（三）预计负债是指民间非营利组织对因或有事项所产生的现时义务而确认的负债。

（四）其他长期负债是指除长期借款、长期应付款和预计负债外的长期负债。

第六十五条　各项长期负债应当按实际发生额入账。

第六十六条　受托代理负债是指民间非营利组织因从事受托代理业务、接受受托代理资产而产生的负债。受托代理负债应当按照相对应的受托代理资产的金额予以确认和计量。

第四章　净资产

第六十七条　民间非营利组织的净资产是指资产减去负债后的余额。净资产应当按照其是否受到限制，分为限定性净资产和非限定性净资产。

如果资产或者资产所产生的经济利益（如资产的投资收益和利息等）的使用受到资产提供者或者国家有关法律、行政法规等所设置的时间限制或（和）用途限制，则由此形成的净资产即为限定性净资产，国家有关法律、行政法规等对净资产的使用直接设置限制的，该受限制的净资产亦为限定性净资产；除此之外的其他净资产，即为非限定性净资产。

本制度所称的限制，是指资产提供者或者国家有关法律、行政法规等所设置的，比民间非营利组织的宗旨、目的或章程等关于资产使用的要求更具体明确的限制。

本制度所称的时间限制，是指资产提供者或者国家有关法律、行政法规等要求民间非营利组织在收到资产后的特定时期之内或特定日期之后使用该项资产，或者对资产的使用设置了永久限制。

本制度所称的用途限制，是指资产提供者或者国家有关法律、行政法规等要求民间非营利组织将收到的资产用于某一特定的用途。

民间非营利组织的理事会或类似权力机构对净资产的使用所作的限定

性决策、决议或拨款限额等，属于民间非营利组织内部管理上对资产使用所作的限制，不属于本制度所界定的限定性净资产。

第六十八条 如果资产或者资产所产生的经济利益的使用受到限制，使用时按照实际用于时间限制或用途限制的相关资产金额计入相关限定性费用，期末转入限定性净资产。

第六十九条 如果限定性净资产的限制已经完全解除，应当对净资产进行重新分类，将限定性净资产转为非限定性净资产。

当同时符合下列情况时，可以认为限制已经完全解除：

（一）设置的限制时间已经到期或时间限制已经解除；

（二）设置的用途限制已经解除。

第七十条 对于资产提供者或者国家有关法律、行政法规等撤销对限定性净资产所设置限制的，应当在撤销时全额转为非限定性净资产。

第七十一条 民间非营利组织取得的注册资金，其使用受到时间限制或（和）用途限制的，在取得时直接计入限定性净资产；其使用没有受到时间限制或（和）用途限制的，在取得时直接计入非限定性净资产。

民间非营利组织用净资产转增注册资金，不引起资产和净资产的变动，无需进行会计处理。

第五章 收 入

第七十二条 收入是指民间非营利组织开展业务活动取得的、导致本期净资产增加的经济利益或者服务潜力的流入。收入应当按其来源分为捐赠收入、会费收入、提供服务收入、政府补助收入、商品销售收入、投资收益、总部拨款收入等主要业务活动收入和其他收入等。

民间非营利组织可以区分不同收入类型，按照项目、服务或业务大类进行核算和列报。

（一）捐赠收入是指民间非营利组织接受其他单位或者个人捐赠所取

得的收入。

（二）会费收入是指民间非营利组织根据章程等的规定向会员收取的会费。

（三）提供服务收入是指民间非营利组织根据章程等的规定向其服务对象提供服务取得的收入，包括学费收入、医疗费收入、培训收入、承接政府购买服务收入等。

（四）政府补助收入是指民间非营利组织接受政府拨款或者政府机构给予的补助而取得的收入。该补助是无偿的，不需要向政府交付商品或服务等对价。

（五）商品销售收入是指民间非营利组织销售商品等所形成的收入。

（六）投资收益是指民间非营利组织因对外投资取得的投资净损益。

（七）总部拨款收入是指境外非政府组织代表机构从其总部取得的拨款收入。

民间非营利组织如果有除上述捐赠收入、会费收入、提供服务收入、政府补助收入、商品销售收入、投资收益、总部拨款收入之外的其他主要业务活动收入，也应当单独核算。

（八）其他收入，是指除上述主要业务活动收入以外的其他收入，如存款利息、固定资产处置净收入、无形资产处置净收入等。

第七十三条 民间非营利组织在确认收入时，应当区分交换交易所形成的收入和非交换交易所形成的收入。

（一）交换交易是指按照等价交换原则所从事的交易，即当某一主体取得资产、获得服务或者解除债务时，需要向交易对方支付等值或者大致等值的现金，或者提供等值或者大致等值的货物、服务等的交易。如按照等价交换原则销售商品、提供服务等均属于交换交易。

对于交换交易所形成的商品销售收入，应当在下列条件下同时满足时予以确认：

1. 已将商品所有权上的主要风险和报酬转移给购货方；

2. 既没有保留通常与所有权相联系的继续管理权，也没有对已售出的商品实施控制；

3. 与交易相关的经济利益能够流入民间非营利组织；

4. 相关的收入和成本能够可靠地计量。

对于交换交易所形成的提供服务收入，应当按以下规定予以确认：

1. 在同一会计年度内开始并完成的服务，应当在完成服务时确认收入；

2. 如果服务的开始和完成分属不同的会计年度，可以按完工进度或完成的工作量确认收入。

对于交换交易所形成的因让渡资产使用权而发生的收入应当在下列条件同时满足时予以确认：

1. 与交易相关的经济利益能够流入民间非营利组织；

2. 收入的金额能够可靠地计量。

（二）非交换交易是指除交换交易之外的交易。在非交换交易中，某一主体取得资产、获得服务或者解除债务时，不必向交易对方支付等值或者大致等值的现金，或者提供等值或者大致等值的货物、服务等；或者某一主体在对外提供货物、服务等时，没有收到等值或者大致等值的现金、货物等。如捐赠、政府补助等均属于非交换交易。

对于非交换交易所形成的收入，应当在同时满足下列条件时予以确认：

1. 与交易相关的含有经济利益或者服务潜力的资源能够流入民间非营利组织并为其所控制，或者相关的债务能够得到解除；

2. 交易能够引起净资产的增加；

3. 收入的金额能够可靠地计量。

一般情况下，对于无条件的捐赠或政府补助，应当在捐赠或政府补助收到时确认收入；对于附条件的捐赠或政府补助，应当在取得捐赠资产或政府补助资产的控制权时确认收入。如果由于捐赠方或法律法规限制等民间非营利组织之外的原因存在需要偿还全部或部分捐赠资产或政府补助资产或者相应金额的现时义务时，应当根据需要偿还的金额，确认一项负债并相应冲减收入；如果由于民间非营利组织自身原因存在需要偿还全部或部分捐赠资产或者相应金额的现时义务时，应当根据需要偿还的金额，确认一项负债并计入当期费用。

第七十四条 民间非营利组织对于各项收入应当按是否存在限定区分为非限定性收入和限定性收入进行核算。

如果资产提供者对资产的使用设置了时间限制或（和）用途限制，则所确认的相关收入为限定性收入；除此之外的其他收入，为非限定性收入。

民间非营利组织的会费收入、提供服务收入、商品销售收入、投资收益、总部拨款收入等一般为非限定性收入，除非相关资产提供者对资产的使用设置了限制。民间非营利组织的捐赠收入和政府补助收入，应当视相关资产提供者对资产的使用是否设置了限制，分别记入限定性收入和非限定性收入进行核算。

第七十五条 期末，民间非营利组织应当将本期限定性收入和非限定性收入分别结转至净资产项下的限定性净资产和非限定性净资产。

第六章 费 用

第七十六条 费用是指民间非营利组织为开展业务活动所发生的、导致本期净资产减少的经济利益或者服务潜力的流出。费用应当按照其功能分为业务活动成本、税金及附加、管理费用、筹资费用、资产减值损失、所得税费用和其他费用等。

（一）业务活动成本，是指民间非营利组织为了实现其业务活动目标、开展其项目活动或者提供服务所发生的费用。如果民间非营利组织从事的项目、提供的服务或者开展的业务比较单一，可以将相关费用全部归集在“业务活动成本”项目下进行核算和列报；如果民间非营利组织从事的项目、提供的服务或者开展的业务种类较多，民间非营利组织应当在“业务活动成本”项目下分别项目、服务或者业务大类进行核算和列报。

（二）税金及附加，是指民间非营利组织业务活动发生的消费税、城市维护建设税、教育费附加、房产税、城镇土地使用税、车船税、印花税等相关税费。

（三）管理费用，是指民间非营利组织为组织和管理其业务活动所发生的各项费用，包括民间非营利组织理事会或者类似权力机构经费和行政管理人员的工资、奖金、福利费、住房公积金、住房补贴、社会保障费、残保金、离退休人员工资及补助，以及办公费、水电费、邮电费、物业管理费、差旅费、折旧费、修理费、租赁费、无形资产摊销费、资产盘亏损失、因预计负债所产生的损失、聘请中介机构费和因民间非营利组织自身原因应偿还的受赠资产或政府补助资产等。其中，福利费应当依法根据民间非营利组织的管理权限，按照理事会或类似权力机构等的规定据实列支。

（四）筹资费用，是指民间非营利组织为筹集业务活动所需资金而发生的费用，它包括民间非营利组织为了获得捐赠资产而发生的费用以及应当计入当期费用的借款费用、汇兑损失（减汇兑收益）等。民间非营利组织为了获得捐赠资产而发生的费用包括举办募款活动费、准备、印刷和发放募款宣传资料费以及其他与募款或者争取捐赠资产有关的费用。

（五）资产减值损失，是指民间非营利组织计提各项资产减值准备所形成的损失。

（六）所得税费用，是指有企业所得税缴纳义务的民间非营利组织按规定缴纳企业所得税所形成的费用。

（七）其他费用，是指民间非营利组织发生的、无法归属到上述费用中的费用，包括固定资产处置净损失、无形资产处置净损失等。

民间非营利组织的某些费用如果属于多项业务活动或者属于业务活动、管理活动和筹资活动等共同发生的，而且不能直接归属于某一类活动，应当将这些费用按照合理的方法在各项活动中进行分配。

第七十七条 民间非营利组织发生的业务活动成本、税金及附加、管理费用、筹资费用、资产减值损失、所得税费用和其他费用，应当在发生时按其发生额计入当期费用。

第七十八条 民间非营利组织对于各项费用应当按是否存在限定区分为非限定性费用和限定性费用进行核算。

如果资产提供者对资产的使用设置了时间限制或（和）用途限制，则所确认的相关费用为限定性费用；除此之外，为非限定性费用。

第七十九条 期末，民间非营利组织应当将本期限定性费用结转至净资产项下的限定性净资产，非限定性费用结转至净资产项下的非限定性净资产，作为净资产的减项。

第七章 财务会计报告

第八十条 财务会计报告是反映民间非营利组织某一特定日期的财务状况和某一会计期间的业务活动情况和现金流量等会计信息的书面文件。

第八十一条 财务会计报告分为年度财务会计报告和中期财务会计报告。以短于一个完整的会计年度的期间（如半年度、季度和月度）编制的财务会计报告称为中期财务会计报告。年度财务会计报告则是以整个会计年度为基础编制的财务会计报告。

第八十二条 财务会计报告由会计报表、会计报表附注和其他应当在财务会计报告中披露的相关信息和资料组成。民间非营利组织对外提供的财务会计报告的内容、会计报表的种类和格式、会计报表附注应予披露的主要内容等，由本制度规定；民间非营利组织内部管理需要的会计报表由单位自行规定。

民间非营利组织在编制中期财务会计报告时，应当采用与年度财务会计报告相一致的确认与计量原则。中期财务会计报告的内容相对于年度财务会计报告而言可以适当简化，但仍应包括与理解中期期末财务状况和中期业务活动情况及其现金流量相关的重要财务信息。

第八十三条 民间非营利组织采用的会计政策前后各期应当保持一致，不得随意变更，除非符合下列条件之一：

（一）法律或会计制度等行政法规、规章有明确要求；

（二）这种变更提供的会计信息能够更可靠、更相关地反映民间非营利组织的财务状况、业务活动情况和现金流量等。

民间非营利组织应当采用追溯调整法核算会计政策的变更，如果追溯调整法不可行，则应当采用未来适用法核算；如果相关法律或会计制度等另有规定，则应当按照相关规定进行核算。

会计政策，是指民间非营利组织在会计确认、计量和报告中所采用的原则、基础和会计处理方法。追溯调整法，是指对某项交易或者事项变更会计政策时，如同该交易或者事项初次发生时就开始采用新的会计政策，并以此对相关项目进行调整的方法。

第八十四条 资产负债表日至财务会计报告批准报出日之间发生的需要调整或说明的有利或不利事项，属于资产负债表日后事项。对于资产负债表日后事项，应当区分调整事项和非调整事项进行处理。

调整事项，是指资产负债表日后至财务会计报告批准报出日之间发生的，为资产负债表日已经存在的情况提供了新的或进一步证据，有助于对资产负债表日存在情况有关的金额作出重新估计的事项。民间非营利组织应当就调整事项，对资产负债表日所确认的相关资产、负债和净资产，以及资产负债表日所属期间的相关收入、费用等进行调整。

非调整事项，是指资产负债表日后至财务会计报告批准报出日之间才发生的，不影响资产负债表日的存在情况，但不加以说明将会影响财务会计报告使用者作出正确估计和决策的事项。民间非营利组织应当在会计报表附注中披露非调整事项的性质、内容，以及对财务状况和业务活动情况的影响。如无法估计其影响，应当说明理由。

第八十五条　民间非营利组织对会计估计变更应当采用未来适用法进行会计处理。

会计估计变更，是指由于资产和负债的当前状况及预期经济利益和义务发生了变化，从而对资产或负债的账面价值或者资产的定期消耗金额进行调整。未来适用法，是指将变更后的会计政策和会计估计应用于变更日及以后发生的交易或者事项，或者在会计差错发生或发现的当期更正差错的方法。

第八十六条　民间非营利组织本报告期发现的与前期相关的重大会计差错，如影响收入、费用的，应当按照其对收入、费用的影响数或者累积影响数调整发现当期期初的相关净资产项目，并调整其他相关项目的期初数；如不影响收入、费用的，应当调整发现当期相关项目的期初数。经上述调整后，视同该差错在差错发生的期间已经得到更正。

重大会计差错，是指民间非营利组织发现的使本期编制的报表不再具有可靠性的会计差错，一般是指差错的性质比较严重或者差错的金额比较大。该差错会影响报表使用者对民间非营利组织过去、现在或者未来的情况作出评价或者预测，则认为性质比较严重，如未遵循民间非营利组织会计制度、财务舞弊等原因产生的差错。通常情况下，导致差错的交易或者事项对报表某一具体项目的影响或者累积影响金额占该类交易或者事项对报表同一项目的影响金额的10%及以上，则认为金额比较大。民间非营利组织滥用会计政策、会计估计及其变更，应当作为重大会计差错予以更正。

本报告期发现的与前期相关的非重大会计差错，应当按照其影响数调整相关项目的本期数。

第八十七条 财务会计报告中的会计报表至少应当包括以下三张报表：

（一）资产负债表；

（二）业务活动表；

（三）现金流量表。

第八十八条 会计报表附注至少应当包括下列内容：

（一）会计报表编制基础及遵循民间非营利组织会计制度的声明。

（二）理事会或者类似权力机构成员和员工的数量、变动情况以及获得的薪金等报酬情况的说明。

（三）重要会计政策和会计估计及其变更情况的说明。

（四）分支机构、代表机构设立情况的说明，包括分支机构、代表机构名称、设立时间、负责人情况等。

（五）会计报表重要项目及其增减变动情况的说明。

（六）资产提供者设置了时间限制或（和）用途限制的相关资产情况的说明。

（七）受托代理业务情况的说明，包括受托代理资产的构成、计价基础和依据、用途等。

（八）重大资产减值情况的说明。

（九）公允价值无法可靠取得的受赠资产和其他资产的名称、数量、来源和用途等情况的说明。

（十）文物资源（包括按照名义金额计量的文物资源）类型、数量、来源等情况的说明。

（十一）对外承诺和或有事项情况的说明。

（十二）接受服务捐赠情况的说明。

（十三）长期股权投资中，对被投资单位持有股份情况的说明，包括名称、股份取得方式、认缴金额及出资时间、实缴金额及出资时间、持股比例情况等。

（十四）对被投资单位具有控制、共同控制或重大影响的长期股权投资情况的说明，包括对被投资单位的影响程度及变动情况、被投资单位当年实现的净利润或发生的净亏损（财务会计报告报出日前未获得被投资单位经审计的净利润或净亏损金额的，可按估计值披露，同时注明为估计值，并在下一年度财务会计报告中披露当年实际值）等。

（十五）担任慈善信托的委托人和受托人的情况，包括参与的所有慈善信托的设立、变更、终止、信托事务处理情况和财产状况等。

（十六）出资设立其他民间非营利组织情况的说明。

（十七）资产负债表日后非调整事项的说明。

（十八）发生关联方交易的说明，包括关联方关系的性质、交易类型及交易要素等。交易要素至少包括交易的金额，未结算项目的金额、条款和条件，未结算应收项目的坏账准备金额，定价政策等。

（十九）发生的重大差错更正的说明。

（二十）有助于理解和分析会计报表需要说明的其他事项。

第八十九条 本制度所称的关联方，是指一方控制、共同控制另一方或对另一方施加重大影响，以及两方或两方以上同受一方控制、共同控制或重大影响的相关各方。以下各方构成民间非营利组织的关联方：

（一）该民间非营利组织的设立人及其所属企业集团的其他成员单位；

（二）该民间非营利组织控制、共同控制或施加重大影响的企业；

（三）该民间非营利组织设立的其他民间非营利组织；

（四）由该民间非营利组织的出资人或设立人及其所属企业集团的其他成员单位共同控制或施加重大影响的企业；

（五）由该民间非营利组织的设立人及其所属企业集团的其他成员单位设立的其他民间非营利组织；

（六）该民间非营利组织的关键管理人员及与其关系密切的家庭成员。关键管理人员，是指有权力并负责计划、指挥和控制民间非营利组织活动的人员。与关键管理人员关系密切的家庭成员，是指在处理与该组织的交易时可能影响该个人或受该个人影响的家庭成员。关键管理人员一般包括：民间非营利组织负责人、理事、监事、分支（代表）机构负责人等；

（七）该民间非营利组织的关键管理人员或与其关系密切的家庭成员控制、共同控制或施加重大影响的企业；

（八）该民间非营利组织的关键管理人员或与其关系密切的家庭成员设立的其他民间非营利组织。

此外，以面向社会开展慈善活动为宗旨的民间非营利组织，与《中华人民共和国慈善法》所规定的主要捐赠人也构成关联方。

第九十条 本制度所称的关联方交易，是指关联方之间转移资源、服务或义务的行为，而不论是否收取价款。关联方交易的类型通常包括以下情况：购买或销售商品及其他资产、提供或接受服务、提供或接受捐赠、作为委托人设立慈善信托、作为受托人受托管理慈善信托、提供资金、租赁、代理、许可协议、代表民间非营利组织或由民间非营利组织代表另一方进行债务结算、关键管理人员薪酬等。

第九十一条 其他应当在财务会计报告中披露的相关信息和资料：

（一）民间非营利组织的登记情况、宗旨、组织结构以及人员配备等情况；

（二）民间非营利组织业务活动基本情况，年度计划和预算完成情况，产生差异的原因分析，下一会计期间业务活动计划和预算等；

（三）对民间非营利组织业务活动有重大影响的其他事项。

第九十二条 民间非营利组织的年度财务会计报告至少应当于年度终了后 4 个月内对外提供。如果民间非营利组织被要求对外提供中期财务会计报告的，应当在规定的时间内对外提供。

会计报表的填列，以人民币“元”为金额单位，“元”以下填至“分”。

第九十三条　民间非营利组织对外提供的财务会计报告应当依次编定页数，加具封面，装订成册，加盖公章。封面上应当注明：组织名称、组织登记证号、组织形式、地址、报表所属年度或者中期、报出日期，并由单位负责人和主管会计工作的负责人、会计机构负责人（会计主管人员）签名并盖章；设置总会计师的单位，还应当由总会计师签名并盖章。

第八章　附　则

第九十四条　本制度自2026年1月1日起施行。

第九十五条　2004年8月18日财政部印发的《财政部关于印发〈民间非营利组织会计制度〉的通知》（财会〔2004〕7号）、2020年6月15日财政部印发的《关于印发〈《民间非营利组织会计制度》若干问题的解释〉的通知》（财会〔2020〕9号）同时废止。

附录二

民间非营利组织新旧会计制度有关衔接问题的处理规定

（财会〔2025〕6 号）

我部对《民间非营利组织会计制度》（财会〔2004〕7 号，以下简称原制度）进行了全面修订，于 2024 年 12 月 20 日发布了《民间非营利组织会计制度》（财会〔2024〕25 号，以下简称新制度），自 2026 年 1 月 1 日起施行。为确保新旧会计制度顺利过渡，现对民间非营利组织执行新制度有关衔接问题规定如下：

一、新旧制度衔接总要求

（一）自 2026 年 1 月 1 日起，民间非营利组织应当严格按照新制度进行会计核算、编报财务会计报告。

（二）民间非营利组织应当按照本规定做好新旧会计制度衔接相关工作，主要包括以下几个方面：

1. 根据原账编制 2025 年 12 月 31 日的科目余额表。

2. 按照新制度设立 2026 年 1 月 1 日的新账。

3. 按照本规定要求，登记新账的科目余额，包括将原账科目转入新账会计科目（新旧制度会计科目对照表见附表）、将未入账事项登记新账科目、对相关新账科目余额进行调整 等。原账科目是指按照原制度规定设置的会计科目。

4. 按照登记后新账的各会计科目余额，编制 2026 年 1 月 1 日的科目余额表，作为新账各会计科目的期初余额。

5. 根据新账各会计科目期初余额，按照新制度编制 2026 年 1 月 1 日资产负债表。

（三）民间非营利组织应当按照新制度要求对原有会计信息系统进行及时更新和调试，实现数据准确转换，确保新旧账套的有效衔接。

二、会计科目新旧衔接

（一）资产类。

1. 原账“现金”“银行存款”“其他货币资金”“短期投资”“短期投资跌价准备”“应收票据”“应收账款”“其他应收款”“坏账准备”“预付账款”“存货”“存货跌价准备”“待摊费用”“长期投资减值准备”“固定资产”“累计折旧”“在建工程”“固定资产清理”“无形资产”“受托代理资产”科目余额直接转入新账的相应科目。

2. 民间非营利组织应当按照新制度有关规定，对原制度的长期股权投资、长期债权投资进行分析判断，属于长期股权投资的，将其账面余额转入新账的“长期股权投资”科目；属于长期债权投资的，将其账面余额转入新账的“长期债权 投资”科目；属于其他长期投资的，重新分类将其账面余额转入新账的“其他长期投资”科目。按照原制度采用权益法核算的长期股权投资，如果由于被投资单位发生净亏损导致账面余额减记至零，新账中，应当按照其初始投资成本的金 额，借记“长期股权投资”科目，贷记“长期投资减值准备”科目。

3. 民间非营利组织应当按照新制度有关规定，对原制度下的文物文化资产进行分析判断，重新分类为文物资源、固定资产、存货，转入新账的相应科目。

（二）负债类。

1. 原账“短期借款”“应付票据”“应付账款”“预收账款”“其他应

付款”“预提费用”“预计负债”“长期借款”“长期应付款”“受托代理负债”科目余额直接转入新账的相应科目。

2. 原账“应付工资”科目余额直接转入新账“应付职工薪酬”科目。

3. 原账“应交税金”科目余额直接转入新账“应交税费”科目。

（三）净资产类。

原账“限定性净资产”“非限定性净资产”科目余额直接转入新账的相应科目。

（四）收入费用类。

由于原账中收入费用类科目年末无余额，无需进行转账处理。自2026年1月1日起，按照新制度设置收入费用类科目并进行账务处理。

（五）其他要求。

民间非营利组织存在其他本规定未列举的原账科目余额，应当比照本规定转入新账的相应科目。新账的科目设有明细科目的，应将原账的相应科目余额加以分析，分别转入 新账中相应科目的相关明细科目。

民间非营利组织存在2025年12月31日前未入账事项的，应当按照新制度规定记入新账的相应科目。登记新账时，按照确定的资产金额，借记相关资产科目，贷记相关净资产科目；按照确定的负债金额，借记相关净资产科目，贷记相 关负债科目。

民间非营利组织在进行新旧衔接的转账时，应当编制转账工作底稿，并将转入新账的对应原科目余额及分拆原科目余额的依据作为原始凭证；对新账的会计科目补记未入账事项或对新账的相关会计科目期初余额进行调整时，应当编制 记账凭证，并将补充登记事项或调整事项的确认依据作为原始凭证。

三、财务会计报告新旧衔接

（一）编制2026年1月1日资产负债表。

民间非营利组织应当根据2026年1月1日新账的财务会计科目余额，

按照新制度编制2026年1月1日资产负债表（仅要求填列各项目“年初余额”）。

（二）2026年度财务会计报告的编制。

民间非营利组织应当按照新制度规定编制2026年财务会计报告。在编制2026年度业务活动表、现金流量表时，不要求填列上年比较数。

反侵权盗版声明